中国年鉴精品工程
High Quality Project of China's Yearbook

彭阳年鉴

PENGYANG YEARBOOK 2023

彭阳县委党史和地方志研究室 编

方志出版社
Publishing House of Local Records

图书在版编目(CIP)数据

彭阳年鉴. 2023 / 彭阳县委党史和地方志研究室编.
北京 ：方志出版社，2023.11
ISBN 978-7-5144-5917-3

Ⅰ. ①彭… Ⅱ. ①彭… Ⅲ. ①彭阳县—2023—年鉴
Ⅳ. ①Z524. 34

中国国家版本馆 CIP 数据核字(2023)第 234693号

责任编辑：王娜
责任校对：张玉霞
责任印制：梅中英
出 版 者：方志出版社
地　　址：北京市朝阳区潘家园东里 9 号(国家方志馆 4 层)
邮　　编：100021
网　　址：http://www.zgfzcb.cn
发　　行：方志出版社图书营销中心(010-67110500)
印　　刷：固原博奥彩色印刷有限公司
开　　本：889 毫米×1194 毫米　1/16
印　　张：21.75
字　　数：600 千字
版　　次：2023 年 11 月第 1 版
印　　次：2023 年 11 月第 1 次印刷
定　　价：198.00 元

彭阳县地方志编纂委员会

顾　问	张永强　何少庸　马文山
主　任	周　浩
副主任	刘　瑾　高云霞　王　儒　文珍珠
成　员	杨廷财　余长会　张建荣　孙有亮　刘世峰　张生录 安振杰　剡成龙　张和凯　王凤海　李　剑　虎俭斌 张晓东　王宏东　杨占辉　杨万库　余昊东　贺永顺 刘　惠　张　宝　韩治军　杨正虎　王永贤　乔　升 王克祥　景德镇　杨昌基　张志科　曹建刚　韩文涛 郭耀武　火占宝　吴生勤　罗会云　白云鹏　冯天生 袁　仁　海立平　杨如芝　张明山
史志顾问	杨　忠

《彭阳年鉴(2023)》编辑人员

主　编	杨占辉
执行主编	杨彦彬
编　辑	杨树林　李　娟　张智慧　李青杨

序

国务院办公厅2015年8月印发的《全国地方志事业发展规划纲要(2015—2020年)》(以下简称《规划纲要》)要求,到2020年要做到地方综合年鉴一年一鉴,公开出版,实现省、市、县三级综合年鉴全覆盖。《规划纲要》还要求,坚持存真求实,正确处理质量与进度的关系,将精品意识贯穿于年鉴编纂出版工作全过程。2015年12月,中国地方志指导小组办公室启动中国年鉴精品工程,将其与先期实施的中国志书精品工程视为姊妹工程,一道作为加强地方志质量建设的重要抓手。

实施中国年鉴精品工程有助于推动中华优秀传统文化传承发展。近年来,在党中央、国务院的高度重视和关心支持下,全国地方志事业发展迎来最好的发展时期。年鉴编纂发端于欧洲,鸦片战争后被引入我国,在我国走过了100多年的发展历史。在长期的编纂中,年鉴在内容和形式上不断发展,逐渐演变成为适合反映中国国情、具有鲜明中国特色的一种文化载体,并在改革开放后出现了快速发展的局面。2006年5月,国务院《地方志工作条例》颁布施行,明确将地方综合年鉴纳入地方志工作范畴,年鉴工作走上了有法可依的轨道。《规划纲要》出台,为从依法编鉴转变到依法治鉴指明了方向。2016年12月,中国地方志指导小组印发《全国年鉴事业发展规划(2016—2020年)》,更进一步明确了到2020年全国年鉴事业的任务书、时间表、路线图。经过多年的发展,年鉴工作已经成为地方志工作的重要组成部分,成为中华民族优秀文化传统的有机组成部分,其存史、育人、资政作用日益彰显。实施中国年鉴精品工程,是年鉴工作者紧扣时代脉搏、坚持创新发展的一项重要举措,对于坚定文化自信,传承弘扬好中华优秀传统文化意义重大。

实施中国年鉴精品工程有助于为全面建成小康社会提供更多智力支持和历史借鉴。党的十八大作出全面建成小康社会的战略部署。党的十八届五中全会提出到2020年如期实现全面建成小康社会的目标要求。完成《规划纲要》确定的目标任务是年鉴工作者的神圣使命,更是年鉴工作者以自身力量为全面建成小康社会献上的厚礼。一方面,可以更好地利用年鉴这种年度资料性文献,及时记录各地区在全面建成小康社会伟大征程中每年取得的新成绩和新经验、出现的新情况和新问题、涌现的优秀人物和典型事迹等;另一方面,可以更好地积累地情、国情资料,为推动经济社会发展和深化改革提供智力支持,为推进国家治理体系和治理能力现代化提供历史借鉴。

实施中国年鉴精品工程有助于全面推进地方志事业转型升级。地方志不是单纯修志编鉴工作,而是全体方志人"修志问道,以启未来"的一项事业,这项事业包含着巨大的时代担当与使命追求。地方志工作要在“五大建设”总体布局和“四个全面”战略布局中发挥与其自身价值、功能相匹配的作用，就要因时而谋、乘势而上、顺势而为，全面推进地方志事业转型升级。转型升级，当下最重要的目标就是完成“两全”目标，包括“年鉴全覆盖”目标；长远的目标就是基本形成地方志编修体系、理论研究和学科建设体系、质量保障体系、资源开发利用体系、工作保障体系“五位一体”的地方志事业发展综合体系，包括“五位一体”的年鉴事业发展综合体系。中国年鉴精品工程是一项探索工程，也是一项创新工程，是推进地方志事业转型升级的重要内容。通过实施中国年鉴精品工程，不仅有助于确保年鉴质量，不断编纂出版具有鲜明时代特征、年度特点和地域特色的精品年鉴，也有助于推动年鉴工作适应经济社会发展形势和时代需要，不断改革创新，与时俱进。

多年来，在中国地方志指导小组办公室的指导和全国各级地方志工作机构的共同努力下，年鉴种类数量快速增长，年鉴成果粲然可观，为实施中国年鉴精品工程奠定了坚实的基础。实施中国年鉴精品工程，就是要在全国地方志系统起到示范作用，进一步培育精品意识，打造精品年鉴，以点带面，在提高年鉴质量方面探索出一条切实可行之路，使这项探索工程和创新工程能够积累经验，发挥引领作用。

“万山磅礴，必有主峰；龙衮九章，但挈一领。”实施中国年鉴精品工程，是筑牢地方志事业特别是年鉴事业发展根基之举，其意义与价值不言而喻。但编修出年鉴精品佳作，绝非朝夕之功，需要付出长期艰辛的努力。希望通过实施中国年鉴精品工程，能够进一步推进年鉴质量建设，使年鉴真正成为传承中华民族优秀传统文化的重要载体，成为展示中国国情、地情的重要窗口，成为“为当代提供资政辅治之参考、为后世留下堪存堪鉴之记述”的资源宝库，在全面建成小康社会过程中作出更大贡献。

是为序。

中国社会科学院原副院长
原中国地方志指导小组常务副组长 李培林

编辑说明

一、《彭阳年鉴》是由彭阳县人民政府主办、彭阳县委党史和地方志研究室编纂的具有年度资料性质的地方综合年鉴，每年公开出版一卷。《彭阳年鉴(2023)》为第13卷。

二、《彭阳年鉴(2023)》以马克思列宁主义、毛泽东思想、邓小平理论、“三个代表”重要思想、科学发展观、习近平新时代中国特色社会主义思想为指导，坚持辩证唯物主义和历史唯物主义的立场、观点和方法，存真求实，全面、客观、准确地记载彭阳县2022年经济、政治、文化、社会和生态文明建设等方面发展情况。

三、《彭阳年鉴(2023)》收录的文字、图片资料时限为2022年1月1日至12月31日。

四、《彭阳年鉴（2023)》篇目设置大体遵循科学分类和社会分工相结合的原则，以类目、分目、条目为框架结构，设特载、专文、大事记、县情概览、中国共产党彭阳县委员会、彭阳县人民代表大会、彭阳县人民政府、中国人民政治协商会议彭阳县委员会、中共彭阳县纪律检查委员会　彭阳县监察委员会、群众团体、法治、军事、经济管理、农业、工业、商贸服务业、旅游业、交通邮政通信、金融业、城乡建设、乡村振兴、生态环境保护、应急管理、科学技术、教育、文化、卫生健康、体育、社会生活、乡镇、人物荣誉、文献资料、统计资料、附录、索引等内容。不同层次的标题，通过字体、字号和版式设计加以区别，条目标题统一用黑体字加【】标示。本卷共收录27个类目，172个分目，800个条目，表格38个，随文图片48幅。与上年相比，增加工业、乡村振兴类目，单设农业、旅游业、体育、文化等类目。

五、《彭阳年鉴（2023）》内容由彭阳县各乡镇、县直各部门（单位）供稿，并经供稿单位主要领导审核，编辑时按照年鉴编辑体例和要求进行编辑整理。卷首图片设千年古邑、绿色彭阳、特色种植、特色养殖、年度聚焦专题，由县融媒体中心和有关单位提供。2022 年获市级及以上表彰先进单位和个人，根据各公告单位提供的资料进行收录，排名不分先后。所列领导任职情况根据各乡镇、部门（单位）上报资料与中共彭阳县委组织部《彭阳县副科级以上干部名册（2022 年度）》收录。

六、《彭阳年鉴（2023）》数字用法、标点符号用法分别采用国家标准《出版物上数字用法》（GB/T 15835—2011）、《标点符号用法》（GB/T 15834—2011）；计量单位采用国家技术监督局 1993 年 12 月发布的《量和单位》系列国家标准，个别遵从习惯，如农田土地面积用“亩”表示。在使用“宁夏回族自治区”称谓时简称“自治区”“全区”，使用“固原市”称谓时简称“全市”“市”，使用“彭阳县”称谓时简称“全县”“县”。

七、《彭阳年鉴（2023）》涉及数据来源众多，相关数据或有差异，遇此情况以《彭阳县 2022 年国民经济和社会发展统计公报》为准。

八、全书前有详细目录和英文要目，后有索引，具有比较完善的检索系统。

彭阳名片

全国双拥模范县
全国政务公开工作先进县
全国平安建设先进县
国家卫生县城
“全国文明城市”提名城市
全国名特优经济林仁用杏之乡
中国辣椒之乡
全国造林绿化先进县
全国退耕还林先进县
全国经济林建设先进县
全国生态建设先进县
全国绿化模范县
全国生态建设突出贡献先进集体
全国信访工作示范县
全国休闲农业和乡村旅游示范县
全国民族团结进步创建示范县
健康扶贫先进县
全国脱贫攻坚先进集体
全国平安建设先进县
全国一事一议规范管理县
国家园林县城
全国文物工作先进县
全国民政工作先进县

数字彭阳·2022

总面积	2533.49 平方千米
年末常住人口	16.10 万人
人口自然增长率	1.24‰
城镇常住人口	6.32 万人
乡村常住人口	9.78 万人
地区生产总值	88.67 亿元
人均地区生产总值	55077 元
农林牧渔业总产值	35.44 亿元
粮食种植面积	74.70 万亩
全年粮食总产量	21.40 万吨
肉类总产量	2.11 万吨
工业总产值	49.016 亿元
工业企业	81 家
全社会固定资产投资	42.20 亿元
社会消费品零售总额	15.04 亿元
公路通车里程	3217 公里
财政总收入	17.85 亿元
财政总支出	44.33 亿元

地方一般公共预算收入	4.34 万元
地方一般公共预算支出	43.32 亿元
常住居民人均可支配收入	17829 元
城镇常住居民人均可支配收入	32207 元
农村常住居民人均可支配收入	14682 元
非营运机动车辆保有量	38884 辆
存款余额	82.03 亿元
贷款余额	63.82 亿元
商品房销售额	3.11 亿元
住宅平均销售价格	5100 元 / 平方米
电话普及率	86.1 部 /100 人
幼儿园	46 所
教学点	97 所
普通小学	74 所
普通初中	9 所
普通高中	2 所
职业高中	1 所
在校学生	30467 人
卫生机构	19 个
卫生机构人员	1438 人
医疗卫生机构床位	852 张
森林覆盖率	36.87%

千年古邑

彭阳县位于宁夏回族自治区东南部边缘，六盘山东麓，历史悠久，3 万年前的旧石器晚期就有人类生活，西周早期周王室在县境设获国，战国秦昭襄王三十五年（前 272）灭义渠后在县境设朝那等县，北宋咸平六年（1003）筑彭阳城，有“千年古邑·红色沃土·生态彭阳”之称。

◆ 彭阳县城一角 （2022 年 9 月 2 日，扈志明 摄）

◆ 姚河塬遗址鸟瞰 （马　强 摄）

◆ 姚河塬铸铜作坊区鸟瞰 （马　强 摄）

◆ 姚河塬刀把形马坑
（马　强 摄）

姚河塬遗址位于彭阳县新集乡姚河村，是西周早期获国的都邑，证实了3000年前的西周早期，宁夏南部就已经纳入了中央政府的管辖。2022年宁夏考古研究所姚河塬考古队继续在遗址内以铸铜作坊区为主进行考古发掘。

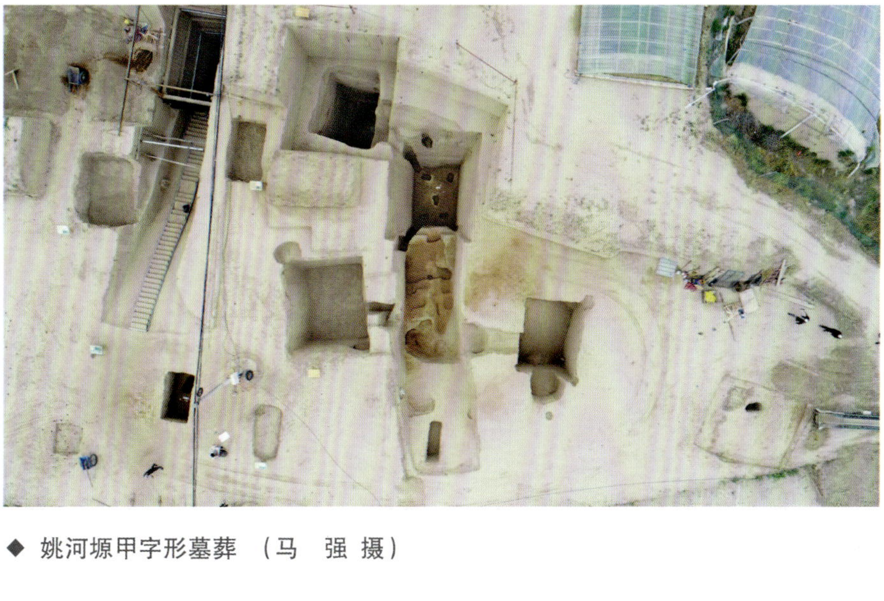

◆ 姚河塬甲字形墓葬 （马 强 摄）

◆ 彭阳县发端于北宋咸平六年(1003)为防御党项(西夏)而修筑的彭阳城,明清时又称彭阳堡或白杨城。图为彭阳城鸟瞰图 (2022 年 8 月 17 日,杨彦彬 摄)

◆ 2020 年 8 月，彭阳县委、县政府在彭阳城东北一隅按“修旧如旧，保留原貌”原则建成宋城公园。图为宋城公园一隅 （2022 年 9 月 20 日，杨彦彬 摄）

绿色彭阳

1983 年彭阳建县之初，森林覆盖率不足 3%，水土流失面积占 90%以上，曾被联合国粮农组织认定为“不适宜人类生存地区”。建县后，彭阳县坚持“生态立县”理念不动摇，一届接着一届干，一张蓝图绘到底，截至 2022 年末，全县累计治理水土流失面积 1920.9 平方千米，森林覆盖率提高到 36.87%，草原综合植被覆盖度达 95.6%。

◆ 茹河生态园 （2022 年 6 月，张彩云 摄）

◆ 20 世纪 80 年代，彭阳县植被稀少，水土流失严重 （县乡村振兴局 提供）

◆ 20 世纪 80 年代，干旱少雨的彭阳山塬 （县乡村振兴局 提供）

◆ 20 世纪 80 年代，人工修筑水平梯田 （县乡村振兴局 提供）

◆ 20 世纪 90 年代初，人工整修梯田 （县乡村振兴局 提供）

◆ 2012 年 4 月，彭阳县组织干部职工在王洼镇开展义务植树活动 （林生库 摄）

◆ 2022 年 3 月 15—21 日，彭阳县组织干部职工在古城镇郑庄村莱花沟开展义务植树活动 （张 治 摄）

◆ 经过三十余年植树造林后的白阳镇大沟湾流域 （2022 年 8 月 3 日，安文升 摄）

◆ 夏天的挂马沟 （2022 年 7 月 10 日，扈志明 摄）

◆ 鲜花盛开的 77 号公路 （2022 年 4 月 2 日，安文升 摄）

◆ 秋天的白阳镇蝼蚬村 （2022 年 10 月 2 日,扈志明 摄）

特色种植

2022 年，彭阳县全面加快乡村振兴步伐，培育乡村主导产业，集中精力发展具有地区影响力和竞争力的红梅杏、烟叶、冷凉蔬菜等特色产业。

之 红梅杏

红梅杏作为彭阳县特色优势产业，2022 年种植面积达到 5467 公顷，总产量 1650 吨，产值 4635 万元。

◆ 城阳乡长城村红梅杏基地 （2022 年 4 月 10 日，杨彦彬 摄）

◆ “彭阳红梅杏”获国家农产品地理标识

◆ 2022 年 2 月，果树专家到红河镇、城阳乡开展红梅杏树修剪技术指导培训（县自然资源局 提供）

◆ 2022 年，彭阳县利用无人机统防统治经济林（红梅杏）低温冻害示范 （县自然资源局 提供）

◆ 红梅杏采摘 （2022 年 7 月 10 日，刘喜臣 摄）

◆ 游客采摘红梅杏 （2022 年 7 月 12 日，张彩云 摄）

◆ 2022 年 6 月，彭阳县开展“彭阳红梅杏”专项打假行动，警醒售卖红梅杏相关人员不得以其他地域红梅杏冒充彭阳红梅杏 （县市监局 提供）

◆ 2022 年 7 月 11 日，彭阳红梅杏在福建厦门上市销售 （县交通局 提供）

◆ 直播销售红梅杏 （2022 年 7 月，张彩云 摄）

◆ 彭阳县在怡园广场举行红梅杏展销活动 （2022 年 7 月，张彩云 摄）

之 烟叶种植

彭阳县是宁夏唯一烟叶种植县区，自1988年开始，已累计种植烟叶14.7万亩，生产烟叶2015万千克，农民种烟收入近4亿元，烟叶种植区域有4000余户群众依靠种植烟叶实现脱贫，烤烟产业已成为彭阳烟农增收的传统特色产业。

◆ 城阳乡杨坪村烟叶种植区一隅 （2022年7月10日，扈志明 摄）

◆ 2022年8月，河南农业大学专家到彭阳对烟农进行技术指导 （扈志明 摄）

◆ 烟农进行田间管理 （2022 年 8 月，县烟草公司 提供）

◆ 智能化烤房 （扈志明 摄）

◆ 烟农向县烟草公司交售烟叶 （2022 年 11 月，县烟草公司 提供）

之冷凉蔬菜

2022年，彭阳县严格推行有机蔬菜生产标准，紧盯粤港高端蔬菜市场，重点抓育苗种植、田间管理、冷链物流等环节，建设高产高品冷凉蔬菜直供基地和粤港澳大湾区蔬菜生产供应基地。

◆ 彭阳县宽坪绿色蔬菜种植基地 （2022年6月，县农业农村局 提供）

◆ 新集乡姚河村的蔬菜基地 （2022 年 5 月 25 日，马昕芮 摄）

◆ 彭阳县红河镇有机蔬菜种植园区 （2022 年 6 月，县农业农村局 提供）

◆ 2022 年 5 月 18 日，红河镇宽坪村 20 余吨精品露地绿色蔬菜装车启程发往广东 （扈志明 摄）

特色养殖

2022年，彭阳县发挥本地特色优势资源，将肉牛、朝那鸡、月子鸡养殖作为推动乡村产业振兴、促进农民增收的有效途径。

之 肉牛养殖

2022年，彭阳县培育巩固肉牛养殖示范村71个，完成黄牛改良5万头，建成“出户入园”养殖园区7个，全县肉牛饲养量21.76万头。

◆ 白阳镇阳洼村出户入园肉牛养殖园区鸟瞰 （张彩云 摄）

◆ 白阳镇阳洼村出户入园肉牛养殖园区内景 （张彩云 摄）

◆ 西门塔尔肉牛耐热、抗病力高、繁殖能力强，截至2022年底，西门塔尔肉牛成为彭阳县肉牛养殖主要品种之一 （张彩云 摄）

之 朝那乌鸡养殖

彭阳县朝那乌鸡属高蛋白低脂肪食品，系国家地理标志保护产品、农产品地理标志登记产品，截至 2022 年底，全县朝那乌鸡饲养量达到 80 万只。

◆ 朝那乌鸡获农产品地理标志登记证书

◆ 草庙乡曹川村朝那乌鸡孵化育雏场 （2022 年 3 月 2 日，赵霞 提供）

◆ 朝那乌鸡加工生产线 （2022 年 9 月，杨万升 摄）

之月子鸡养殖

2022年，彭阳县孵化育雏投放月子鸡苗20万只，月子鸡和鸡蛋获得绿色食品金奖。

◆ 彭阳县益斌园农畜综合开发有限公司鸡蛋分拣车间（2022年7月，虎位斌 摄）

◆ 小岔乡月子鸡林下散养点 （2022年7月，虎位斌 摄）

年度聚焦

2022 年，彭阳县深入学习宣传贯彻党的二十大精神，坚决落实党中央及自治区、固原市党委决策部署，产业结构进一步优化。实现了新型数字经济产业乘势而上、玉米大豆带状复合种植任务超额完成，城乡居民人均收入持续增加。

◆ 王洼产业园区一角 （杨彦彬 摄）

2022年，为迎接党的二十大胜利召开，彭阳县开展“喜迎二十大·奋进新征程”系列活动。党的二十大胜利闭幕后，彭阳县把学习宣传贯彻党的二十大精神作为首要政治任务，召开系列会议传达学习，组织开展各个层面的宣传宣讲，迅速掀起学习宣传贯彻高潮。

◆ 2022年6月30日，彭阳县在怡园广场举办“听党话、感党恩、跟党走”“喜迎二十大·奋进新征程”彭阳县庆祝建党101周年文艺晚会，以歌舞、音乐剧、诗朗诵、杂技表演等形式回顾党的百年光辉历程 （扈广博 摄）

◆ 2022年7月23日，彭阳县“喜迎二十大 奋进新征程”红色经典诗词朗诵诗会在乔家渠红军长征毛泽东宿营地举行 （张彩云 摄）

◆ 2022 年10 月 16 日 10 时，中国共产党第二十次全国代表大会在北京人民大会堂开幕，图为全县公安系统干部职工收看党的二十大开幕会 （刘喜臣 摄）

◆ 2022 年 12 月 15 日，中共彭阳县委理论学习中心组（扩大）学习会暨党的二十大精神宣讲报告会在县城召开 （张彩云 摄）

2022年，彭阳县发展数据服务外包产业，加大人力资源招引力度，丰富县域数字经济业态，持续释放数字经济推动就业潜力。宁南数字经济产业园正式开始运营后，入驻企业20家，实现社会招聘稳定就业人员约470人，平均工资4000元，实现就业1000余人。

◆ 2022年7月1日，宁南数字经济产业园在彭阳县城正式开园。图为宁南数字经济产业园外景 （县人社局 提供）

◆ 宁南数字经济产业园客服业务区 （2022年9月，张彩云 摄）

◆ 宁南数字经济产业园阅读区 （县人社局 提供）

◆ 2022年，彭阳县从现有保障性租赁住房中选取353套建成人才公寓，满足宁南数字经济产业园区入职青年群体入住需求。图为人才公寓鸟瞰图 （县人社局 提供）

2022 年，彭阳县聚焦牢牢守住保障粮食安全底线，推广玉米大豆带状复合种植 16013.33 公顷，玉米总产 11193.42 万千克，大豆总产 1086.46 万千克，实现玉米不减产、多收一季豆。

◆ 2022 年 7 月 20 日，山庄村玉米大豆套种航拍图 （王洼镇 提供）

◆ 冯庄乡玉米大豆覆膜套种作业现场（2022 年 4 月 13 日，张　治 摄）

◆ 2022 年 7 月 2 日，农业农村部玉米大豆带状复合种植专家组到白阳镇中庄村开展玉米大豆带状复合种植技术指导（刘彭生 摄）

◆ 2022 年 9 月 5 日，白阳镇余沟村玉米大豆获得丰收。图为村民利用小型机械收割大豆 （刘小平 摄）

◆ 2022 年 8 月 17 日，固原市 2022 年乡村音乐节巡演活动走进彭阳县 （王 宁 摄）

◆ 2022 年 7 月 2 日，彭阳县梯田巷夜市在财富广场开业，逛夜市成为广大群众休闲娱乐的主要选择 （张 治 摄）

◆ 2022 年 6 月 24 日,“2022 年‘薪火传承 中国健康跑’宁夏彭阳站”活动在乔家渠红军长征毛泽东宿营地举行 （王 瑾 摄）

◆ 2022 年 2 月 25 日,“中国体育彩票杯”彭阳县第五届农民篮球争霸赛在县体育馆开赛 （张彩云 摄）

2022年，彭阳县坚持把基本财力向民生领域倾斜，加强普惠性、基础性、兜底性民生建设，持续推进富民增收，全年城镇居民人均可支配收入3.22万元，农村居民人均可支配收入1.47万元。

◆ 2022年12月，草庙乡新洼村经济合作社分红（王 宁 摄）

◆ 2022年3月7日，小岔乡举办欢庆三八国际妇女节主题活动（刘小平 摄）

高标准农田建设是彭阳县补齐“三农”领域短板、改善农业基础条件、推动农业产业发展、增加农业投资的重大支撑项目。2022 年，彭阳县坚持高标准建设集中连片推进，增加田面宽度、长度及田块平整度，建成高标准农田 13913.33 公顷，着力打造农业高质量发展的先行区和示范区。

◆ 白阳镇陡坡村高标准农田建设现场 （2022 年 3 月 11 日，张彩云 摄）

◆ 高标准农田项目实施后的古城镇温沟村西沟小流域鸟瞰图 （2022 年 4 月 14 日，张彩云 摄）

总目

Table of Contents

目 录
Contents

中国共产党彭阳县委员会

彭阳县人民代表大会

彭阳县人民政府

中国人民政治协商会议彭阳县委员会

中共彭阳县纪律检查委员会 彭阳县监察委员会

群众团体

法　治

军 事

经济管理

农 业

工 业

商贸服务业

旅游业

交通　邮政　通信

金融业

城乡建设

乡村振兴

生态环境保护

应急管理

科学技术

教 育

文 化

卫生健康

体　育

社会生活

乡　镇

人物荣誉

文献资料

统计资料

附　录

Contents

Special Excerpts

Special Records

Chronicle of Events

General Situation of Pengyang County

Pengyang County Committee of the Communist Party of China

Pengyang County People's Congress

Pengyang County People's Government

Pengyang County Committee of the Chinese People's Political Consultative Conference

Pengyang County Commission for Discipline Inspection of the Communist Party of China Pengyang Commission of Supervision

Mass Organizations

Rule of Law

Military Affairs

Economic Management

Agriculture

Industry

Business Services

Tourist Industry

Transportation, post and communication

Finance Industry

Urban and Rural Construction

Rural revitalization

Environmental Protection

Contingency Management

Science and Technology

Education

Culture

Hygiene and Health

Sports

Civil Life

Townships

Characters and Honors

Document

Statistical Material

Appendices

Indexes

县委常委会工作报告(摘要)

2022 年 12 月 26 日在中共彭阳县委九届第五次全体会议上的讲话

彭阳县委书记　张永强

同志们,这次全会的主要任务是:全面贯彻落实党的二十大和习近平总书记视察宁夏重要讲话重要指示批示精神,认真落实自治区第十三次党代会和自治区党委十三届二次全会及市委五届五次、六次、七次全会部署要求,动员全县各级党组织和广大党员干部群众,弘扬伟大建党精神,奋进新征程、担当新使命、展现新作为,团结奋斗开创现代化彭阳建设新局面。

一、攻坚克难抓发展,全县各项工作取得新成效

2022 年是党的二十大胜利召开之年,也是本届县委班子履新的第一年。一年来,县委常委会坚持以习近平新时代中国特色社会主义思想为指导,深入学习贯彻党的二十大和习近平总书记视察宁夏重要讲话重要指示批示精神,全面贯彻自治区第十三次党代会精神,坚决落实党中央及区、市党委决策部署,高效统筹疫情防控和经济社会发展,团结带领全县各级党组织和广大干部群众,埋头苦干、真抓实干,各项工作取得了新的进展。预计全年完成地区生产总值 89.34 亿元,增长 9%;固定资产投资 46.32 亿元,增长 40%;社会消费品零售总额 15.32 亿元,增长 2%;地方一般公共预算收入 4.1 亿元,同口径增长 3.5%;城乡居民人均可支配收入 3.26 万元和 1.49 万元,分别增长 7.3%和 10.5%,主要经济指标增速走在全区全市前列。

切实加强党的政治建设,“两个确立”的决定性意义领悟更加深刻,“两个维护”更加坚决。深入学习贯彻习近平新时代中国特色社会主义思想,扎实开展“大学习、大讨论、大宣传、大实践”活动,入脑入心深入学习领会,走深走实广泛宣传宣讲,对标对表全面贯彻落实。认真落实第一议题制度和“双随机”交流研讨机制，召开县委理论中心组学习研讨17次，举办专题辅导10场次，带动各级党组织学习研讨5500余场次，组织开展宣传宣讲1200余场次，广大党员干部衷心拥护“两个确立”、忠诚践行“两个维护”的政治自觉更加坚定。召开县委九届三次、四次全会，制定出台实施方案和任务清单，把党的二十大和自治区第十三次党代会精神具体化为彭阳回答。自觉扛起第二轮中央生态环保督察、中央依法治国办和自治区依法治区法治政府建设督查等反馈问题整改主体责任，分类制定方案，建立清单台账，狠抓整改落实，反馈问题全部整改到位。

聚焦守底线抓发展促振兴，巩固拓展脱贫攻坚成果同乡村振兴有效衔接取得新进展。采取“周调度、周汇总、周纠偏”形式，召开到乡到村视频会议19次，聚焦“三保障”和饮水安全、收入、政策保障等方面，建立问题、任务、责任“三个清单”，排查整改问题5500余条，高质量完成57个考核评估反馈问题整改，集中开展“清零行动”，脱贫户人均纯收入13267元、同比增长16%，圆满完成考核评估。扎实做好产业、就业、社会融入三件事，实施移民致富提升项目19个，建成就业帮扶车间5个，移民小区服务站6个。全面推进乡村振兴，高标准编制村庄规划30个，持续推进农村人居环境整治，建成18个美丽村庄，新建农村卫生厕所1018户，卫生厕所普及率62.1%，打造乡村振兴示范村17个。

加快调结构转方式换动能，推动经济高质量发展迈出新步伐。严格落实粮食安全党政同责，开展乱占耕地建房、撂荒耕地等专项整治，粮食总产量21.4万吨。全链条布局发展“五特四新四优”产业，完成大豆玉米带状复合种植24万亩，建成高标准农田20.87万亩，培育肉牛养殖示范村71个，建成“出户入园”规模养殖园区7个，打造千亩露地蔬菜示范基地5个，红梅杏直接销售额达到4635万元，综合产值突破7000万元，较上年增长3.15倍。苏宁矿山机械增材再制造、朗星LED光电制造基地、晋阳年产3万套空气源采暖设备等一批高质量项目落地建设，完成技改项目10个，规模以上工业增加值24.6亿元、增长16%。建设了乔家渠民宿等一批旅游项目，4家连锁酒店入驻建设改造或投入运营，举办山花节和红梅杏开园节，接待游客90万人次，实现社会综合收入4亿元。县财政R&D投入增长30.73%，投入强度0.17%，县科技局获评全国科技管理系统先进集体。举办两次重大项目集中开工仪式，开工建设重点项目108个，完成投资50亿元，G85银昆高速彭阳过境段等项目加快建设，新建续建农村公路98条，石家峡中型水库建设顺利推进，除险加固病险水库4座，新增高效节水灌溉农田6万亩，“互联网+城乡供水”全面建成运行。

全力抓好生态文明建设，天蓝地绿水美的美丽彭阳焕发新面貌。坚持以先行区建设为抓手，统筹推进山水林田湖草一体化保护和系统治理，加快实施水土保持、水源涵养、生态修复等重点工程，开展全域国土绿化行动，全面推行林长制，治理小流域41.25平方千米，完成造林15.75万亩，森林覆盖率36.8%，水土流失治理程度80.5%。持续打好蓝天、碧水、净土保卫战，中央和自治区环保督察及“回头看”反馈问题年度任务全部整改到位，开工建设县城西热源厂环保改造项目，建成第二污水处理厂，大气优良天数298天，红河、茹河、蒲河断面水质稳定达标，土壤环境质量保持稳定，垃圾处理率80%。实施了城镇特色街区、绿化美化等项目23个，完成30个老旧小区维修改造，建成区绿化覆盖率44.9%，城镇化率提高到42%，全国文明城市创建通过中期测评。

切实增进民生福祉，群众的获得感幸福感持续增强。深入实施“六大提升行动”，民生支出占支出总量85%以上。劳动力转移就业6.28万人，公益性岗位安置就业2384人，城镇新增就业1608人，建成宁南数字经济产业园A区，带动就业1000人以上，获评自治区数字经济示范园区培育对象和自治区级现代服务业集聚区。召开全县教育工作暨庆祝

第38个教师节表彰大会，全面完成“县管校聘”改革，县五中建成招生，控辍保学常态清零，2名彭阳籍优秀运动员入选国家田径集训队，荣获全国第一批全民运动健身模范县，体育旅游线路入选2022中国体育旅游精品项目。举全县之力在最短时间打赢了疫情防控战，因时因势优化疫情防控措施，护佑了人民生命安全。健康彭阳深入推进，综合医改全面深化，开工建设县人民医院王洼分院等4个项目，组建165个家庭医生签约服务团队，家庭医生签约率100%。公共文化服务质量全面提升。社会保障体系持续完善，居民养老、医疗保险参保率分别98.6%和96.1%，调增城乡最低生活保障、特困人员救助供养标准和孤儿养育津贴标准。

持续深化改革开放，增强发展新动力厚植发展新优势。深化283项重点改革任务，整改完成党的十八届三中全会以来中央和自治区出台、需要推动落实的重点改革任务2289项，探索实施了3项国家级和12项自治区级改革试点任务。蹄疾步稳推进“六权”改革，认真落实自治区“山林权”改革重点县责任，完成山林资源界定确权201万亩，完成率100%，率先在全区颁发林权类不动产登记“第一证”、发放林权类融资抵押“第一贷”、实现林权流转交易“第一笔”，改革经验在全区“六权”改革推进会上进行交流，林下经济年产值2亿元，带动群众增收3000万元。扎实推进“三统三分”农业经营体制改革，遴选联农带农新型经营主体56家，带动1708户农户增收726.8万元。全面深化“放管服”改革，网办率88.5%，涉企经营许可事项审批时限压缩47.4%。落地招商引资项目45个，增长45.2%，到位资金35.6亿元、增长28.7%。加强与宋基会、集美区、翔安区合作，谋划实施项目52个，签订《闽宁招商引资备忘录》，建成厦门特产馆，带动销售农副产品2亿元。

坚持统筹发展和安全，巩固发展了政通人和安定团结的好局面。加强和改进人大、政协工作，代表议案建议、政协提案办复率均100%。纵深推进维护政治安全“十大专项行动”，严格落实意识形态工作责任制，开展矛盾纠纷大排查大起底大化解专项行动，平安彭阳、法治彭阳建设有力有效，常态化扫黑除恶斗争走深走实，圆满完成党的二十大维稳安保任务。推动基层治理“1+6”任务落实，做实“1+1+3”党建引领基层治理机制，荣获全国信访工作示范县、平安宁夏建设示范县。爱国统一战线不断巩固和发展，群团组织能动性充分发挥。加强党管武装和预备役、退役军人服务管理工作，全国双拥模范县牌子不断擦亮。创建铸牢中华民族共同体意识示范单位60个，推广县域基层宗教治理“6+X”工作法，全国民族团结进步示范县创建成果持续巩固。严格落实党政领导干部安全生产责任制，切实加强食品药品安全工作，全县未发生重特大安全事故。

纵深推进全面从严治党，为各项事业发展提供坚强保证。从严落实抓党建主体责任，严明政治纪律和政治规矩，定期听取工作汇报，研究推进重点工作。突出政治标准选贤任能，对65个科级领导班子开展政治素质考察，提拔使用干部70人，晋升职务职级196人。扎实推进“一抓两整”创建行动，打造党建示范乡镇9个、村119个，整顿软弱涣散党组织11个，实施壮大村集体经济项目48个，所有村集体经济8万元以上，中央党建领导小组秘书组联系点的牌子持续擦亮。投入专项资金57万元，培育各类人才300余人。扎实开展“转作风 重实干 勇担当”活动，专项整治乡镇8个、部门5个，开展违反中央八项规定精神、群众身边腐败和不正之风、工程建设政府采购领域、粮食购销领域、违规收送红包礼金和不当收益及违规借转贷或高额放贷等专项整治，打造廉洁文化教育点9个，九届县委常规巡察7个乡镇，延伸基层党组织100个。

一年来，常委会切实抓好自身建设，带头深刻领悟“两个确立”的决定性意义，坚决做到“两个维护”，坚定不移在思想上政治上行动上同以习近平同志为核心的党中央保持高度一致。带头执行制度规定，认真贯彻民主集中制，坚决落实重大事项请示报告制度，严格执行中央八项规定及其实施细则精神和自治区“八条禁令”、市委“十项规定”，严格遵守廉洁从政各项纪律规定，带头团结奋斗、真抓实干，有效发挥了“头雁效应”。

二、深入学习贯彻落实，确保党的二十大精神见行见效

坚持把学习宣传贯彻党的二十大精神作为当前和今后一个时期的首要政治任务，扎实开展好党的二十大和习近平总书记视察宁夏重要讲话重要指示批示精神“大学习、大讨论、大宣传、大实践”活动，为现代化彭阳建设注入强大动力。

（一）坚决把思想行动统一到党的二十大精神上来。深入领会习近平总书记“五个牢牢把握”的重要要求，全面学习、全面把握、全面落实，把学习党的二十大精神与《习近平谈治国理政》第一、二、三、四卷贯通起来，与习近平总书记视察宁夏重要讲话和重要指示批示精神结合起来，原原本本、深入系统、学深悟透，引导党员干部衷心拥护“两个确立”、忠诚践行“两个维护”，不断提高政治判断力、政治领悟力、政治执行力，始终在政治立场、政治方向、政治原则、政治道路上同以习近平同志为核心的党中央保持高度一致，让“总书记怎么说、我们就怎么做”成为彭阳最鲜明的政治底色。

（二）坚决把工作重点聚焦到党的二十大部署任务上来。坚决贯彻中央《中共中央关于认真学习宣传贯彻党的二十大精神的决定》，全面落实自治区党委《中共宁夏回族自治区委员会关于学习贯彻党的二十大精神的意见》、市委《中共固原市委员会关于学习宣传贯彻党的二十大精神的实施意见》和我县《中共彭阳县委员会关于学习宣传贯彻党的二十大实施方案》，找准战略结合点、找到贯彻落实发力点，做好明年乃至更长时间的工作安排，对各项目标措施再研究再细化，建立任务清单和工作台账，完善充实项目库，列出“任务书”“时间表”“施工图”，把每一项工作责任到领导、部门和人员，把党的二十大精神转化为可操作、可执行的实际行动。要围绕党的二十大提出的重要思想观点、重大战略举措，聚焦事关全局的重大问题，县级领导干部带队开展专题调研，形成一批改革创新成果。

（三）坚决把所有力量凝聚到党的二十大精神落实上来。坚持把党的二十大精神作为根本遵循和行动指南，从政治、思想、思路、作风和措施上跟进，统筹抓好加快实施重大战略实践、落实发展重点任务实践、为人民群众办实事实践、防范化解风险隐患实践、工作质量标准提升实践，把党的二十大精神转化为推动高质量发展的具体行动、转化为惠及民生的实事好事、转化为维护安全的责任担当、转化为团结奋斗的精神力量。要加大对学习宣传贯彻工作的督促检查和考核，结果纳入领导班子和领导干部考核考评的重要内容。

三、凝心聚力狠抓落实，推动现代化彭阳建设开好局起好步

2023 年是全面贯彻落实党的二十大精神的开局之年，是落实自治区第十三次党代会精神和自治区党委十三届二次、三次全会及市委五届五次、六次、七次全会安排部署的发力之年，也是建县 40 周年，做好各项工作责任重大、任务艰巨、意义深远。全县工作的总体要求：以习近平新时代中国特色社会主义思想为指导，深入学习宣传贯彻党的二十大精神，把习近平总书记视察宁夏重要讲话和重要指示批示精神作为“纲”和“魂”，坚决贯彻中央经济工作会议精神，全面落实自治区第十三次党代会精神和自治区党委十三届二次、三次全会及市委五届五次、六次、七次全会部署，扎实推进中国式现代化，坚持以高质量发展为主题，坚持稳中求进工作总基调，完整准确全面贯彻新发展理念，主动服务和融入新发展格局，以黄河流域生态保护和高质量发展先行区建设为牵引，更好统筹疫情防控和经济社会发展，更好统筹发展和安全，持续实施“三个计划”，狠抓“七项重点”，在建设“五个县”上取得更大进展，坚定不移全面从严治党，大抓发展、抓大发展、抓高质量发展、实现“赶超式”发展，踔厉奋发、勇毅前行，在全面建设社会主义现代化美丽新宁夏中描绘彭阳新画卷。

明年预期目标：地区生产总值增速高于全国全区全市水平，城乡居民收入增速高于全国全区全市水平，固定资产投资和现代产业两方面指标增速要适度超前，完成区、市下达的各项约束性指标。之所以这样考虑，一是同过去两年平均经济增速相衔接。二是同我县经济潜在增长水平基本适应。三是有利于引导发展预期、提振信心、调动各方面积极性。

我们要全面落实市委五届七次全会提出的“树牢三种理念”“处理好四种关系”要求和部署的“五个新突破、四个扎实推进”重点任务，具体狠抓七个方面重点：

（一）狠抓巩固衔接，全面推进乡村振兴。聚焦“守底线、抓发展、促振兴”，严格落实“四个不摘”，统筹推进“五大振兴”，加快建设乡村全面振兴样板县。一要抓好巩固成果守底。持续强化责任、政策、工作落实，抓好考核评估问题整改，按期清仓见底。抓好网格化监测帮扶、链条化责任落实、常态化考评“三项机制”，落实“周调度、周汇总、周纠偏”制度，紧盯“三保障”和饮水安全、收入水平、政策落实等，对所有群众特别是“三类监测对象”常态化排查、动态化清零，坚决防止出现规模性返贫。突出抓好移民这个特殊群体，改造升级6个移民点基础设施，提升29个移民安置点产业发展水平。二要抓好产业延链富民。严格落实粮食安全党政同责，完成粮食播种面积74.7万亩以上，持续推进撂荒耕地等专项整治，建设高标准农田9万亩以上。高标准推进“高效节水灌溉+农业经营体制改革+一二三产融合发展”，新建高效节水灌溉农田6.1万亩。抓好“三统三分”改革，壮大新型农业经营主体，完善联农带农利益联结机制，新建社会化服务组织10家，以农业全产业链发展促进农民全利益链增收。三要抓好人才入乡强农。建立健全乡村人才培养、引进、管理、使用、流动、激励等政策体系，推行“人才+平台+产业+服务”机制，进一步加大投入力度，抓实人才专培工作，出台优惠政策，搭建创业平台，多措并举吸引优秀人才返乡创业、下乡立业、在乡守业、留乡兴业，培养造就一支懂农业、爱农村、爱农民的“三农”工作队伍。四要抓好文化浸润乡村。深入开展文明素养提升行动，扎实推进“思想政治引领、文明风尚提升、优秀文化传承、文化服务惠农、文化产业富农”五项重点工作，进一步深化农村精神文明创建活动，扎实开展“四个一”等文体活动，推广积分制、红黑榜，持续开展高价彩礼、大操大办等移风易俗重点领域问题专项治理。五要抓好生态赋能乡村。科学编制“多规合一”的实用性村庄规划，实施基本公共服务和农房质量安全提升工程，推动水电路气讯等向村覆盖、往户延伸。加大农村生态环境保护，坚持不懈改善农村人居环境，因地制宜推进农村改厕、生活垃圾治理、生活污水治理、村庄清洁，新建美丽村庄5个，创建农村人居环境整治示范村15个，以点带面、全面推进。六要抓好党建引领乡村。坚持抓党建促乡村振兴，严格落实“领导包抓+专班推进+驻村帮扶”责任机制，选优配强乡镇领导班子，持续优化村“两委”班子，提升第一书记和工作队帮扶质效。扎实推进“一抓两整”示范县乡创建行动，开展农村两个带头人广进优备、农村基层党组织强能增力、村级组织保障扩能增量“三项行动”，开展党建共同体试点发展新型农村集体经济，让农村基层党组织成为“活力、善治、文明”乡村的“主心骨”。

（二）狠抓产业发展，构建现代化产业体系。聚焦建设高质量发展先行县，大力实施产业倍增计划，抓住产业、企业、产业链、产业生态“四个着力点”，继续抓实“专班包抓、定期调度、考核激励”推进机制，全链条布局发展壮大“五特四新四优”产业，力争产值200亿元以上。一要推动“五特”产业提档升级。肉牛、冷凉蔬菜、红梅杏、特色板块、生态经济“五特”产业重点在延链强链上见成效，实施特色农业提质计划，引进集研发、种养、加工、营销、文化、生态为一体的现代农业全产业链龙头企业，建成辣椒一二三产融合、年加工5000吨脱水蔬菜、年产5万吨富钾富锶干果饮品生产线、2万吨红梅杏桃杏核及1万吨中药材深加工、牛羊定点屠宰加工厂、牛羊肉精分拣加工等项目，持续擦亮彭阳辣椒、彭阳红梅杏、朝那鸡等农业特色品牌，打造高端肉牛生产加工基地、高产高品冷凉蔬菜直供基地和粤港澳大湾区蔬菜生产供应基地。二要推动“四新”产业提速增量。煤炭综合利用、农副产品加工、轻工轻纺、数字信息“四新”产业重点在建链补链上见成效，建成投产煤矸石加工利用二期，全力推进苏宁矿山机械增材再制造、朗星LED光电制造基地、年产3万套空气源采暖设备、年产2万吨农用地膜和2000吨食品级高端保鲜膜生产加工等项目建设，争取坑口电站、矿井水综合利用等项目开工，建成宁南数字经济产业园二期，加快独立工矿区标准化厂房和园区道路及给排水管网、电力排管及排洪渠等基础设施及配套建设，打造绿色发展“双碳”“双控”实践基地、宁夏南部清洁能源基地。三要推动“四优”产业提质扩容。文化旅游、现代物流、健康养老、电子商务“四优”产业重点在壮链稳链上见成效，推进旅游重点项目建设，打造精品旅游线路，高水平举办山花节、梯田节、红梅杏开园节。大力提振市场信心，培育夜间经济、假日经济等新业态，新华百货正式开业运营，建设乡镇商贸中心，新培育一批商业主体，建成县物流园区、东昂冷链物流中心，运营县电商物流快递分拨中心和村级快递站点。

（三）狠抓城乡融合，促进区域协调发展。全面推进宁夏副中心城市标杆县，大力实施投资牵引计划，促进城乡融合、产城融合、区域协调。一要推进新型城镇化建设。大力推进以县城为重要载体的城镇化建设，实施城市更新行动，加快推进老旧小区基础设施提升和天然气老旧管网及配套综合建设、邮政局片区棚户区改造等建设进度，在全市率先创成全国文明城市，城镇化率45%以上，建成运行智慧城管二期，打造宜居、韧性、智慧城市。坚持“房住不炒”定位，支持刚性和改善性住房需求，大力发展保障性租赁住房。二要抓实项目促基础升级。继续抓实“领导包抓、专班推进、每月督查、定期通报”机制，加强项目要素保障力度，确保2023年全县100个建设项目一季度开工48个，二季度全部开工。滚动完善项目库，紧扣“五特四新四优”产业，全力招商引资，谋划实施一批增强发展后劲、带动产业升级、惠及广大群众的好项目、实项目、大项目。推进基础设施建设，新建改建农村公路80千米，加快G85银昆高速公路彭阳过境段项目建设，争取开工建设固庆高速彭青段与银昆高速彭阳过境段“高接高”等项目，扎实推进石家峡中型水库续建，争取引黄入彭项目开工建设，实施红茹河调水工程，建设城乡供水保障工程，打造“互联网+城乡供水”升级版。三要提升城乡融合发展水平。实施产业配套设施提质增效、公共服务设施提标扩面、环境基础设施提级扩能工程，强化县乡村统筹，推进县域内产业配套设施、公共服务设施统一规划、统一建设、统一管护，规划建设一批中心镇和特色小城镇，逐步构建“一条流域、一片经济带、一道生态廊”的区域发展布局。

（四）狠抓生态环境，推进美丽彭阳建设。深入贯彻习近平生态文明思想，协同推进降碳、减污、扩绿、增长，加快建设生态文旅特色示范县，争取创成全国“绿水青山就是金山银山”实践创新基地。一要锲而不舍建好生态系统。实施山水林田湖草综合治理、黄土高原水土流失综合治理等项目，争取推进山水林田湖草一体化保护和修复项目落地，科学开展大规模国土绿化行动，完成营造林9.58万亩，森林覆盖率38%，推进林长制“抓示范促提升”工作，林业产值增长22.9%，争创国家森林城市和生态文明示范县。二要深入开展污染防治行动。持续深入打好蓝天、碧水、净土保卫战，推进“四尘”同治、“五水”共治、“六废”联治，依法严厉打击生态环境违法行为，开工建设城镇污水处理设施及配套管网，实施好农村生活污水收集治理及资源化利用等项目，强化河长制责任落实，空气优良天数比例92%以上，“三河”国控断面水质稳定达Ⅲ类以上，土壤环境安全可控。三要推动绿色低碳循环发展。推广“生态+”模式，通过植树造林、植被修复，增加“碳汇量”，加快与广州绿石碳科技合作，完成碳汇资源评估等工作，率先开展林业碳汇交易，真正实现山绿与民富双赢。坚决遏制高污染、高耗能项目上马，大力发展风电产业，积极开展煤改气、煤改电等清洁能源替代。

（五）狠抓改革创新，主动融入新发展格局。坚持系统观念，大力实施改革创新计划，切实增强发展动力活力，在服务和融入新发展格局上奋力突破。一要深化重点领域改革。扎实推进“六权”等要素市场化改革，突出抓好山林权改革，创新“山林+”发展模式，探索建立林业资产价值评估、市场平台交易等机制，大力发展庭院经济、林下经济。纵深推进“放管服”改革，建成“智慧彭阳”全息化平台，打造“163”升级版。狠抓农业农村、国资国企、财税金融等重点领域改革，明确责任，细化举措，建立台账，确保任务落实。二要扎实推进对外开放。深化与宋基会、集美区、翔安区等交流合作，吸纳更多优势企业、优选项目、优质资本和优秀人才来我县创业发展。加强与毗邻市县（区）交流合作，积极争取承办一批全国性全区性大型赛事，扩大影响力和知名度。制定出台扶持民营经济发展政策举措，构建亲清政商关系，营商环境整体水平走在全区前列。三要提升科技创新能力。抢抓国家“科技支宁”和东西部科技合作引领区建设机遇，发挥企业在科技创新中的主体作用，整合政府扶持创新资金，撬动企业和社会加大科技研发投入，全面落实科技成果转移转化相关政策，加强知识产权保护和应用，全社会研发费用投入1500万元以上，R&D经费投入增长10%以上。

（六）狠抓民生福祉，提升人民生活品质。坚持把基本财力向民生领域倾斜，深入实施“六大提升行动”，加强普惠性、基础性、兜底性民生建设，扎实推进共同富裕。一要持续推进富民增收。持续抓实就业收入双增工程，实施居民收入“扩中提低”行动和促进创业带动就业行动，抓好高校毕业生、退役军人、农民工等重点群体就业，扩大经营性收入，稳定工资性收入，挖掘财产性收入，促进转移性收入，加强困难群众就业兜底帮扶。二要促进公共服务优质均衡。全面贯彻党的教育方针，落实立德树人根本任务，加快推进学前教育普及优质安全发展、义务教育优质均衡发展、普通高中教育优质多样发展、职业教育产教融合发展，在全县中小学探索开展“德育铸魂、智育提能、体教融合、美育润心、劳育最美”实践活动，深化教育综合改革，巩固“双减”成果，加强师德师风建设，擦亮全国全民运动健身模范县牌子。全面推进健康彭阳建设，启动县医院三乙等级创建，建成县人民医院王洼分院，加快县医院传染病大楼等项目建设，做实家庭医生服务。推进全民参保扩面提标，做好低收入家庭、生活困难群众基本生活救助。全面加强重大疫情防控救治体系和应急能力建设。三要推动新时代文化强县。全面落实意识形态工作责任制，加强意识形态阵地建设和管理。积极培育和践行社会主义核心价值观，实施公民道德建设和文明创建扩面提质工程，加强家庭家风家教建设。实施文化惠民工程，加强城乡公共文化设施建设，打造一批智慧图书馆等新型文化业态，推出一批高质量文艺作品，做好文物和文化遗产保护，推进长城长征文化公园建设。

（七）狠抓安全稳定，筑牢安全发展根基。充分调动一切积极因素，广泛凝聚各方智慧力量，把维护国家安全贯穿党和国家工作各方面全过程，确保国家安全和社会稳定。一要发展全过程人民民主。全面贯彻落实中央人大工作会议和自治区党委人大工作会议精神，召开县委人大工作会议，出台《加强和改进新时代人大工作的实施意见》，支持人大及其常委会依法行使职权，加强人大代表工作能力建设，强化乡镇人大工作，充分发挥人大代表作用。

支持人民政协充分发挥专门协商机构作用，健全发扬民主和增进团结相互贯通、建言资政和凝聚共识双向发力程序机制。巩固和发展爱国统一战线，加强同各民主党派人士和无党派人士的团结合作。更好发挥工、青、妇等群团组织的桥梁纽带作用。加强国防动员和后备力量建设，做好退役军人服务保障工作，巩固发展军政军民团结。二要全面推进法治彭阳建设。学深悟透践行习近平法治思想，更好发挥法治固根本、稳预期、利长远的保障作用，纵深推进法治彭阳建设。推进依法行政，推进法治政府建设全面提速，持续落实“一规划一清单一方案”任务，全面推进严格规范公正文明执法，全面推动“三项制度”落实。严格公正司法，完善监察权、审判权、检察权运行和监督机制，健全公安机关、检察机关、审判机关、司法行政机关各司其职、相互配合、相互制约的体制机制，提升司法透明度和公信力。建设法治社会，高质量完成“一规划两纲要”和“八五”普法宣传教育中期验收，加快建设覆盖城乡的公共法律服务体系，落实好领导干部会前学法、任前考法、年终述法和青少年“法律晨读”等各项制度，努力使尊法学法守法用法在全社会蔚然成风。三要坚决维护国家安全和社会稳定。坚定不移贯彻总体国家安全观，纵深推进维护政治安全“十大专项行动”，建立“部门协调联动、全县联管联控、网上网下衔接”管控机制，强化社会治安整体防控。防范化解重大风险隐患，积极稳妥化解政府债务，有效防范经济领域风险。常态化开展扫黑除恶斗争，巩固政法队伍教育整顿成果，抓好电信网络诈骗、养老诈骗、道路交通、安全生产、防溺水“五个专项整治”，扎实推进全域食品药品安全区和国家食品安全示范城市创建，持续深化“1+1+3”党建引领基层治理机制，常态化开展矛盾纠纷大排查大化解行动，健全共建共治共享的社会治理制度。深入推进安全生产风险专项整治。提高防灾减灾救灾和重大突发公共事件处置保障能力，加强县域应急力量建设，努力建设更高水平的平安彭阳。四要扎实做好民族宗教工作。持续深化感恩、认同、法治“三项教育”，大力推广“5585”创建模式，做实“党建民族团结进步+N”模式，加快建设铸牢中华民族共同体意识示范县。坚持我国宗教中国化方向，实施好教义教规中国化阐释、信教群众思想教育、教职人员素质提升“三大工程”，依法管理宗教场所、宗教活动、宗教教职人员、互联网宗教事务。

四、坚定不移全面从严治党，为现代化彭阳建设提供坚强保证

实现全会目标任务、落实全会决策部署，关键在党。要落实新时代党的建设总要求，把全面从严治党贯穿始终，以钉钉子的精神抓好各项任务落实。

（一）抓实政治建设筑牢忠诚。坚持以党的政治建设为统领，坚决贯彻《中共中央政治局关于加强和维护党中央集中统一领导的若干规定》及自治区党委《若干规定》、市委《实施细则》，严明政治纪律和政治规矩，认真贯彻民主集中制，严肃党内政治生活，严格执行请示报告制度，更加深刻地领会“两个确立”的决定性意义，坚决做到“两个维护”。压实党委（党组）主体责任、书记第一责任人责任、班子成员“一岗双责”、纪委监委监督责任，经常性开展政治体检，全面推进党的自我净化、自我完善、自我革新、自我提高。

（二）学深悟透党的创新理论。坚持不懈用习近平新时代中国特色社会主义思想凝心铸魂，开展党的创新理论学习教育计划，把习近平总书记视察宁夏重要讲话和重要指示批示精神作为“第一议题”学习、“第一遵循”贯彻、“第一政治要件”落实，引导广大党员干部自觉做习近平新时代中国特色社会主义思想的坚定信仰者、积极传播者、忠实实践者。按照中央部署，深入开展主题教育，统筹推进专题学习、宣传宣讲、教育培训、实践活动、检视问题和整改落实各项工作。常态化长效化开展党史学习教育，教育引导党员干部学史明理、学史增信、学史崇德、学史力行，传承红色基因，赓续红色血脉。

（三）建设高素质干部队伍。坚持新时代好干部标准和“四个特别”政治标准，推进干部队伍建设“源泉工程”，实施干部政治能力和专业化能力提升工程，注重在重大斗争中磨砺干部，大力选拔基层一线的干部，培养选拔优秀年轻干部。做深做实政治素质考察，加强干部全方位管理和经常性监督，落实“三个区分开来”，让干部敢为、乡镇敢闯、部门敢干。扎实推进“才聚宁夏1134行动”，大力实施人才强县战略，深化人才管理、评价、使用、流动四项制度改革，柔性引进高端人才，培育壮大本土人才，吸引乡土人才回归。

（四）锻造坚强有力战斗堡垒。树牢大抓基层鲜明导向，以增强党组织政治功能和组织功能为重点，大力实施基层党组织建设提质增效工程，深化中央党的建设领导小组秘书组联系点建设，统筹抓好农村、国企、城市、机关、学校、非公、社会组织等领域基层党建，常态化整顿软弱涣散基层党组织，打造“五型”模范机关，把基层党组织建设成有效实现党的领导的坚强战斗堡垒。强化新业态新就业群体党建，深化党支部规范提升行动，加强和改进党员特别是流动党员教育管理，严肃稳妥处置不合格党员。

（五）以严的基调强化正风肃纪。始终把中央八项规定作为长期有效的铁规矩、硬杠杠，严格执行自治区“八条禁令”和市委“十项规定”，持续深化纠治“四风”，重点纠治形式主义、官僚主义，持续为基层减负。常态化开展“转作风 重实干 勇担当”活动，大力推行任务一布置、马上落实，工作一部署、马上推动，工作一完成、马上反馈“三个马上”和任务项目化、项目清单化、清单具体化“三个机制”，做实“周例会、月分析、季考核”和“流动红旗”“黄牌警告”制度，压实重点工作县级领导干部包抓、乡镇和部门班子成员牵头责任制。持续深化“在编不在岗”专项整治，督促各级领导干部严于律己、严负其责、严管所辖。

（六）以零容忍态度坚决惩治腐败。坚持不敢腐、不能腐、不想腐一体推进，深化整治权力集中、资金密集、资源富集领域腐败，扎实推进群众身边腐败、民生领域“微腐败”整治，坚决查处政法、工程建设、政府采购、粮食购销等领域腐败问题，严肃查处领导干部配偶、子女及其配偶等亲属和身边工作人员利用影响力谋私贪腐问题，增强对“一把手”和领导班子监督实效。完善党内法规备案审查、评估清理、跟踪问效机制，推动审计、财会、统计等监督力量与巡察、纪委监委监督检查和审计调查相结合，深化政治巡察，稳步推进九届县委巡察，扎实做好“后半篇文章”。培育新时代廉洁文化，深化党性教育、纪法教育、警示教育，建设“清廉彭阳”。

名词解释

1.建设“五个县”：建设高质量发展先行县、宁夏副中心城市标杆县、生态文旅特色县、乡村全面振兴样板县、铸牢中华民族共同体意识示范县。

2.实施“三个计划”：实施产业倍增计划、投资牵引计划、改革创新计划。

3.“六权”改革：用水权、土地权、排污权、山林权、用能权、碳排放权改革。

4.“一抓两整”示范县乡创建行动：“抓乡促村、整乡推进、整县提升”示范县乡创建行动。

5.“1+1+3”党建引领基层治理机制：建强1个功能型党支部，建优1个综治中心平台，建好问题、责任、考核3张清单的党建引领基层治理机制。

6.“五型”模范机关：创建政治型、服务型、实干型、文明型、廉洁型机关。

7.“四个特别”的政治标准：维护党的集中统一领导态度特别坚决、明辨大是大非立场特别清醒、铸牢中华民族共同体意识行动特别坚定、热爱各族群众感情特别真挚。

政府工作报告(摘要)

2022年12月28日在彭阳县第十届人民代表大会第三次会议上的讲话

彭阳县人民政府县长　周　浩

一、2022年工作回顾

2022年是本届政府的开局之年，也是我们立足新起点、谋划新发展的一年。一年来，在区市党委、政府和县委的正确领导下，在县人大、政协的监督支持下，我们认真贯彻落实党的二十大、自治区第十三次党代会、市委五届五次六次七次全会和县委九届三次四次五次全会精神，以建设黄河流域生态保护和高质量发展先行区为统揽，抢抓机遇、开拓创新，较好完成县十届人大一次会议确定的各项目标任务。预计全年完成地区生产总值89.34亿元，增长9%；固定资产投资46.32亿元，增长40%；地方一般公共预算收入4.1亿元，同口径增长3.5%；城镇居民人均可支配收入3.26万元，增长7.3%；农村居民人均可支配收入1.49万元，增长10.5%。五项主要经济指标增速稳居全区前列。

过去一年，我们稳经济、促发展，综合实力显著增强。紧紧抓牢发展第一要务，全力盘活存量、引入增量、做大总量。政策措施持续发力。积极应对新冠疫情不利影响，坚决贯彻落实党中央和区市“稳保促”各项政策措施，新增市场主体1376户，经济总量升至全市第二。搭建银企对接平台，设立企业纾困专项信贷资金，建立县级领导包抓责任制，发放纾困贷款4300万元，同比增长217.8%，解决纾困资金2250万元，退减缓税8663万元。出台促消费政策12条，发放政府消费券20万张，预计实现社会消费品零售总额15.32亿元，同比增长2%。制定促进房地产市场平稳健康发展9条硬措施，商品房销售面积同比增长3.7%。工业经济支撑有力。坚持将发展工业作为稳经济的压舱石，实施规模以上企业培育倍增计划，预计新增规模以上企业5家，实现规模以上工业增加值24.6亿元、增长16%。有序推进园区“管委会+平台公司”改革，在全区率先建立产业高质量发展和乡村振兴引导资金，助力各类项目落地建设。加快基础设施改造，新修道路2条1.1千米，维修改造中小企业孵化园，园区面积3255亩。大力实施工业地产项目，建成标准化纺纱厂房2.3万平方米，落地工业项目19个，其中亿元以上项目5个，亩均产值275万元，增长13%。预计全年生产原煤850万吨、原油15.3万吨，实现工业总产值49亿元、增长26.7%，其中规模以上工业总产值44.8亿元、增长36.2%。项目建设加速给力。扎实开展“扩大有效投资攻坚年”活动，实行重大项目“清单管理、专班推进、跟踪通报”机制，出台重大项目前期工作经费管理办法，完善政府投资项目管理办法，项目管理审批更加规范高效。银昆高速彭阳段、石家峡水库等108个重点项目有序推进，其中84个项目高效建成，预计全年固定资产投资增速稳居全区第一。招引落地项目45个，增长45.2%，到位资金35.6亿元，增长28.7%，位列全市第一。

过去一年，我们抓巩固、促振兴，有效衔接扎实推进。以推进巩固拓展脱贫攻坚成果同乡村振兴有效衔接为主线，统筹“四个不摘”与“五大振兴”，乡村振兴基础进一步夯实。脱贫成果全面巩固。常态化开展“四查四补”，完善动态监测和精准帮扶机制，集中开展“清零”行动，消除风险监测对象634户2126人。全年发放小额贷款4953户2.96亿元、困难学生补助7.9万人次1.17亿元、务工就业补贴5883人639.35万元，完成贷款贴息1700万元，定额资助特困人群医保6.34万人1550万元，“乡村振兴健康保”实现脱贫户和监测对象全覆盖，守牢了不发生规模性返贫底线。富民产业持续壮大。采取参股引投、合作分红等方式，精准实施壮大村集体经济项目48个，全县村集体经济收益2500万元。整合财政涉农资金2.43亿元，实施产业帮扶项目21个，兑现产业补贴1.49亿元，培育联农带农经营主体56家，带动1708户增收726.8万元。实施移民致富提升项目19个，建成移民就业帮扶车间5个、就业服务站6个，脱贫人口人均纯收入增长16%，实现“两个高于”目标。发展基础愈加厚实。采取“抓两头、促中间”方式，高标准打造有效衔接示范村17个，整治乡村振兴薄弱村34个。抢抓春耕关键时期，集中建成高标准农田20.87万亩，新建北部调水、茹河灌区等6个骨干供水工程，改造提升农村供水干支管道477.3千米，发展高效节水灌溉6万亩。全区首条农村“黄土固化路”米沟段和孟城公路建成通车，惠红公路柴沟至常沟段改造完成，固红公路古城后峡段改造项目开工建设，硬化农村道路120千米，自然村道路硬化率96.4%。新改建电网436.39千米，动力电入户率100%，新建5G基站30处，乡村通信进一步改善。

过去一年，我们调结构、优布局，产业发展势头迅猛。深化供给侧结构性改革，三次产业深度融合发展，产业结构进一步优化。特色农业提档升级。培育肉牛养殖示范村71个，建成“出户入园”规模养殖园区7个，肉牛饲养量23万头。完成山杏高接改良2800亩，创新“七统一”营销模式，红梅杏直接销售额4635万元，产业链综合产值突破7000万元，较上年增长3.15倍。建成牛羊屠宰精深加工生产线，开工建设辣椒全产业链融合发展项目，引进落地年产5万吨富钾富锶干果饮品生产线，农业产业一二三产融合发展效益持续扩大。打造规模化种植基地8个，冷凉蔬菜、中药材、小杂粮种植面积16.5万亩，完成大豆玉米带状复合种植24万亩，农林牧渔业总产值33.01亿元、增长6%。新型产业乘势而上。实施结构、绿色、智能、技术“四大改造”行动，矿山机械增材再制造等一批制造业项目落地建设，煤矸石固废综合利用项目顺利推进，煤炭产业链条持续向下游延伸。鑫美隆轻纺一期和晟塬农业科技一期建成投产，新恒棉纱、朗星科技LED光电设备、凯邦纺织、晋阳机电空气源采暖设备等12个高质量工业项目基本建成，工业布局逐步优化。全社会R&D经费投入1324万元，完成技改项目10个，兑付奖补资金424万元，国家高新技术企业增加1家，总量达到3家，国家科技型企业达到26家、同比增长189%，区级科技型企业达到32家、同比增长52.4%，新增自治区农业高新技术企业2家，实现彭阳农高企零突破，县科技局获评全国科技管理系统先进集体。现代服务业扩容提质。建成宁南数字经济产业园A区，引进入驻企业20余家，吸纳就业1000余人，其中稳定就业500人以上，获评全市唯一自治区数字经济示范园区培育对象和全市近三年首个自治区级现代服务业集聚区。新华百货商业综合体签约落地，预计全年新增限上企业8家，同比增长89%。完成电商快递分拨中心升级改造，实现电商交易额1亿元。县城游客集散中心完成改造，大沟湾窑洞民宿开工建设，如家、骏怡、IU、希岸4家连锁酒店入驻建设改造或投入运营，“畅游彭阳”App开发上线，红梅杏“开园节”擦亮品牌，“77号彩虹路”晋位全区知名网红打卡地，累计接待游客90万人次、增长23%，实现社会综合收入4亿元、增长25%。

过去一年，我们优环境、提品质，城乡面貌变化显著。加快推进新型城镇化建设，科学编制国土空间规划，精准划定“三区三线”，城乡融合、区域协调、绿色发展成效突显。县城品质全面提升。公开向社会采购闲置房源，加强保障性租赁住房建设，东昂景苑南区、苏州公馆一期顺利推进，30个老旧小区维修改造全面完成。实施智慧城管二期，运行城市餐厨垃圾收运处理项目，生活垃圾无害化处理率100%。实施县城生态修复及花园城市建设工程，建成东门停车场，城区绿化覆盖率44.9%，顺利通过全国文明城市创建中期测评，城镇化率42%、增长2.8%。美丽乡村和谐宜居。高标准编制村庄规划30个，打造美丽村庄18个。扎实推进农村人居环境整治提升行动，整治农村“五土”3620处，栽植绿化美化树木11万株，创建农村“厕所革命”整村推进示范村14个，完成改厕1018户，卫生厕所普及率62.1%。新时代文明实践中心（所、站）规范运行，文明实践积分制全面推开，“一约四会”作用充分发挥，移风易俗深入人心。良好生态互促共融。聚焦提质增效、植绿增绿总目标，治理小流域3条41.25平方千米，完成造林15.75万亩，森林覆盖率预计36.8%。深入打好污染防治攻坚战，扎实推进环保督察反馈问题整改。投用县城第二污水处理厂，建成农村生活污水处理站43座，农村污水治理率42%，“三河”水质达标出境。完成农村生活垃圾填埋厂渗滤液处理扩容项目，实施农业面源污染综合治理项目，残膜回收利用率、粪污资源化利用率均95%以上，土壤环境安全可控。完成西热源厂环保改造工程，试点推广冬季清洁取暖项目，全年大气优良天数比例保持在90%以上。

过去一年，我们办实事、强保障，民生福祉持续增进。坚持在发展中保障和改善民生，坚持尽力而为、量力而行，惠民举措全面落实，民生实事全面办理，群众幸福感、获得感显著提升。教育体育均衡发展。稳妥推进乡村相对集中办学，整合提升小规模学校16所，县五中建成招生，控辍保学常态清零，“大校额”“大班额”彻底消除。加强书记、校（园）长队伍建设，坚持“推门听课”，全面完成“县管校聘”改革，与厦门大学附属中学、银川一中等区内外优质学校开展托管帮扶和协同办学，教学质量得到提升。拓宽职业教育校舍面积66亩，建设实训基地1.2万平方米、实训室5个，加强职技融合专业建设，职业教育办学能力有效提升。创建自治区级体育传统特色学校8所，公共体育场地设施实现乡村全覆盖，体育旅游线路入选全国体育旅游精品项目，荣获全国第一批全民运动健身模范县。文化卫生全面发展。持续推进文化惠民工程，开展“四个一”活动940场次，眉户剧《退彩礼》和广场舞《志愿者之歌》荣获全区群星奖评比三等奖。立碑保护文物点32处，有序推进姚河塬遗址保护开发，成功挖掘口弦、纸牌等非遗项目20个。实施全民健康水平提升行动，建成疾病预防控制中心办公楼，完成全民健康体检7.38万人，重点人群家庭医生签约率100%。稳步推进综合医改，完成健康总院党总支领导下的院长负责制改革，探索推行公立医院薪酬制度改革，在全区紧密型县域医共体试点县（区）改革中综合评价位列第一。社会保障坚实有力。落实“培训+指导+贷款+补贴”创业服务机制，发放创业贷款9182万元，培育创业实体473家，创业带动就业1449人。在全市率先建立编外聘用人员薪酬晋升制度，建成人力资源市场，公益性岗位安置就业2384人，转移就业6.28万人、创收15.12亿元。完成城乡低保提标，发放社会救助资金1.24亿元，居民养老、医疗保险参保率分别98.6%和96.1%。建成老年养护楼、失能特困人员照护服务中心，投用政府街社区日间照料中心，一站式服务为孤寡老人托起“幸福夕阳红”。

过去一年，我们推改革、破障碍，发展活力充分释放。坚持解放思想、转变观念，拓展开放深度、加大改革力度，高质量发展动能更强、后劲更足。重点改革实现突破。站位全区山林权改革重点县，充分盘活林业资源，林下经济年产值2亿元，带动群众增收3000万元。与广州绿石碳签订合作协议，碳汇资源开发迈出坚实一步。“山林+”改革模式得到区市充分肯定，山林地确权完成率位居全区第一。围绕“三统三分”，落实“四水四定”原则，以高效节灌设施统一建设与分业配套为主线，结合农业经营体制改革，打造了西沟流域综合治理改革样板区。水权确权3333.9万立方米，颁发用水权证152个，完成全区用水权市场化交易第一单。加快土地确权登记，农村土地承包经营权确权登记5.45万户，发证5.43万宗。完成改革任务44项，国企改革三年行动顺利收官。营商环境更加优化。持续深化“放管服”改革，梳理“四级四同”事项1280项，1190个事项实现“一网通办”，网办率88.5%，涉企经营许可事项审批时限压缩47.4%。实行工程建设项目全流程“一站式”审批，全面推开15类工程建设项目“分类定制审批”和简易低风险项目“清单制+承诺制”改革，项目审批全流程时限压减至65个工作日。出台覆盖更加全面的招商引资优惠政策23条，累计兑现招商引资奖补资金530万元，建立招商企业一对一“保姆式”服务机制，按下企业落户“加速键”。对外合作成果丰硕。深化与宋基会、集美区、翔安区合作，争取帮扶资金7180万元，谋划实施项目52个，建成儿童常见眼病防治中心，打造闽宁协作乡村振兴示范村5个。深化人才协作，104名专业技术人才参与对口交流学习，送教送医2000余人次。组织参加厦洽会、闽宁协作产业对接会等交流活动14场次，举办厦门·宁夏(固原)经贸合作对接会，签订《闽宁招商引资备忘录》，建成“厦门特产馆”，带动销售农副产品2亿元。

过去一年，我们强治理、保安全，社会大局和谐稳定。坚持把统筹发展和安全贯穿全县工作各方面全过程，以大安全护航了大发展。社会治理成效凸显。围绕基层治理“1+6”任务目标，构建“五治”融合治理格局，基层社会治理“1+1+3”机制在12个乡镇全面推行。常态化推进扫黑除恶斗争，创新发展新时代“枫桥经验”，扎实开展矛盾纠纷大排查大起底大化解专项行动，排查化解矛盾纠纷1888件，信访工作“五好”经验得到自治区信访联席会议肯定和推广，荣获全国信访工作示范县、平安宁夏建设示范县。扎实开展根治欠薪行动，顺利通过全国保障农民工工资支付现场抽检，工作成效得到国务院考核组充分肯定。国防建设、退役军人、妇女儿童、民族宗教、“八五”普法、行政复议等工作取得新成效。安全底线全面筑牢。深入开展耕地“非农化”“非粮化”专项整治行动，粮食产量21.4万吨。扎实推进安全生产大检查和百日专项行动，集中开展自建房、危化品、燃气、煤矿、地质灾害等15个领域专项整治，排查整治安全风险隐患1626处，安全生产三年专项整治行动圆满收官。大力推进质量强县和知识产权保护，持续开展食品药品安全“双创”行动，“舌尖上的安全”和消费者权益更有保障。防范化解重大风险有力有效，地方金融机构和政府债务风险安全可控。疫情防控科学精准。牢固树立“一盘棋”思想，累计选派20批次570名警务和医务志愿者驰援兄弟市县抗疫，彰显彭阳担当。

过去一年，我们坚持把政治建设放在首位，把学习宣传贯彻党的二十大精神、习近平总书记重要讲话和重要指示批示精神作为首要政治任务，扎实开展“大学习、大讨论、大宣传、大实践”活动，将党的二十大报告、《习近平谈治国理政》第一至第四卷等党的创新理论作为政府党组中心组学习、常务会第一议题，常学常新、深学深悟、笃信笃行。

过去一年，我们坚决落实党中央、区市党委和政府及县委各项决策部署，认真履行全面从严治党主体责任，依法行政重规范、强化能力抓落实、廉洁自律树形象，严格落实审计监督、“三重一大”和政务公开制度，加强法治政府建设，行政负责人出庭应诉率提高至90.9%，政府决策水平和治理效能进一步提升。自觉接受人大依法监督、政协民主监督和社会舆论监督，30件代表议案建议和61件委员提案全面办理，办复率100%。

二、2023年目标任务和工作重点

按照县委全会部署，2023年政府工作总体要求是：以习近平新时代中国特色社会主义思想为指导，深入学习宣传贯彻党的二十大精神，把习近平总书记视察宁夏重要讲话和重要指示批示精神作为“纲”和“魂”，坚决贯彻中央经济工作会议精神，认真落实自治区第十三次党代会、市委五届五次六次七次全会及县委九届三次四次五次全会部署，以中国式现代化为引领，坚持以高质量发展为主题，坚持稳中求进工作总基调，完整准确全面贯彻新发展理念，主动融入和服务新发展格局，更好统筹疫情防控和经济社会发展，以黄河流域生态保护和高质量发展先行区建设为牵引，坚持大抓发展、抓大发展、抓高质量发展、实现“赶超式”发展，加快建设“五个县”，突出“七项重点”，在“工业振兴、农业现代化、产城融合、科技赋能、改革增效、民生改善、统筹发展和安全”等具体抓手上下功夫，团结奋斗开创现代化彭阳建设新局面，在全面建设社会主义现代化美丽新宁夏中描绘彭阳新画卷。

主要预期目标是：地区生产总值增长7.5%，达到100亿元左右，规模以上工业增加值增长12%，全社会固定资产投资增长12%，地方一般公共预算收入增长6%，城乡居民人均可支配收入分别增长7.5%和10%。其他约束性指标控制在区市下达范围以内。

以工业振兴为抓手，全面壮大县域经济体量。坚持“工业强县”不动摇，深入实施“三大行动”，优化产业结构和布局，全面构建高质量发展产业体系，力争工业总产值达到70亿元、增长42.9%，其中规模以上工业总产值60亿元、增长33.9%。加大招商引资力度。聚焦“五特四新四优”产业，建立“政府主导、园区主抓承办、市场运作、全民参与”招商机制，全力营造大抓招商、全员招商、以商招商的浓厚氛围。组建产业招商专班，充实招商引资项目库，招引项目25个，到位资金33亿元，争取落地亿元以上项目10个以上。持续优化营商环境，制定出台扶持民营经济发展政策，健全包抓服务机制，定期召开招商引资推进会和政银企对接会，实行“一企一策”，以最优的服务让更多项目引得进、留得住、发展好。加快产业链条培育。投产煤矸石加工利用二期项目，争取坑口电站、矿井水综合利用等项目开工建设，推动煤炭综合利用向下游延伸。加快年产5万锭纺纱、4000万件无纺布系列产品、2000吨纺织原料和500万双高端袜子、3000万米宽幅织布等项目建设和招引，新签约落地服装纺织类企业5家以上，初步建立集纺纱、织布、服装于一体的纺织产业链。大力发展光电、风电、储能装备制造等新能源产业，投产LED光电设备制造项目，开工建设20兆瓦分散式风电、储能电站等新能源项目，争取年产2吉瓦时磷酸铁锂储能PACK封装项目落地建设。持续推进年产3万套空气源采暖设备、年产2万吨农用地膜和2000吨食品级高端保鲜膜生产加工等项目建设，加快培育新材料产业。加强园区平台建设。优化园区空间布局，新增标准化工业地产5.2万平方米。深化园区改革，发挥“管委会+平台公司”作用，实施园区基础设施改造项目，提升园区建管水平和服务能力，增强园区项目吸引力、产业集聚力、综合承载力，新增入园企业20家以上。持续实施中小企业孵化园维修改造工程，开展僵尸企业清理整顿，盘活利用低效土地100亩、闲置厂房5000平方米以上，有效破解建设用地瓶颈。接续实施规模以上工业企业倍增计划，制定“个转企、小升规、规改股、股上市”规划，建立“小升规”企业培育库，新增规模以上企业8家以上，规模以上工业增加值达33.5亿元以上。

以农业现代化为抓手，全面加快乡村振兴步伐。坚持农业农村优先发展，以一、二、三产融合发展为方向，整合资金、以点带面，打造一批乡村振兴示范乡（村），全力创建乡村全面振兴样板县。培育乡村主导产业。集中精力发展具有地区影响力和竞争力的农业产业，着力培育肉牛、冷凉蔬菜、红梅杏等特色产业。引进千头规模养殖场1家，培育500

头标准化肉牛养殖示范基地1家，新建“出户入园”养殖园区2个，巩固培育肉牛养殖示范村82个，争取肉牛饲养量突破25万头。种植以辣椒为主的冷凉蔬菜2万亩，试验种植大葱5000亩，打造蔬菜示范园区5个。科学管理已挂果红梅杏2.2万亩，实施防虫防霜冻2万亩，栽植红梅杏1500亩，高接改良山杏3000亩，培育优质苗木20万株，提升“七统一”营销成效，争取红梅杏综合产值在产量相对稳定的情况下达到1.5亿元左右。延伸农业产业链条。实施农业产业延链补链强链工程，全力提升农业附加值。建成辣椒一、二、三产融合、年产5万吨富钾富锶干果饮品、年加工5000吨脱水蔬菜、2万吨桃杏核及1万吨中药材深加工、蜜饯果脯果仁酥果糕生产线等项目，提高种植产业附加值。建成投用2万头/年牛羊定点屠宰加工厂、牛羊肉精分拣加工项目，延伸养殖产业链条。开工建设农产品加工冷藏配送中心，完善产业配套体系，力争农业全产业链产值增加5亿元。巩固拓展脱贫成果。严格落实“四个不摘”要求，紧盯“两个缩小”目标，健全监测、帮扶、责任、考核“四项机制”，采取大数据比对、动态分析等手段，常态化开展防返贫动态监测，应纳尽纳杜绝体外循环，一户一策实施精准帮扶，坚决守住不发生规模性返贫底线。坚持“周调度、周汇总、周纠偏”制度，聚焦巩固“两不愁三保障”和饮水安全成果，确保考核评估反馈问题动态清零。大力开展移民致富提升行动，实施6个移民点基础设施改造提升、29个移民安置点产业培育项目，全力做好产业、就业、社会融入三件事，不断增强移民群众的获得感。建设宜居宜业乡村。加强传统村落和特色民居保护，加快实用性村庄规划编制，争取实现所有行政村全覆盖。接续推进农村人居环境整治提升五年行动，创建示范村15个，完成改厕655户，农村卫生厕所普及率65%。建设高标准农田9万亩以上，发展高效节水灌溉6.1万亩，力争引黄入彭项目获批开工。实施农村生活污水收集治理及资源化利用项目，力争农田残膜回收利用率、畜禽粪便综合利用率均95%以上，打造农业面源污染治理示范县。

以产城融合为抓手，全面激发城乡内驱动力。坚持就业优先，加快推进以人为核心、以县城为主要载体、以产城融合为主要特征的新型城镇化建设。千方百计提升就业承载力。以高质量就业为支撑，实施就业收入双增工程，力争工业企业提供就业岗位1500个、数字经济企业提供就业岗位1000个，全社会新增稳定就业岗位达到4000个。全面落实援企稳岗返还、务工补贴、重点企业吸纳就业补贴等优惠政策，持之以恒推进农村富余劳动力县内转移就业，农村劳动力转移就业5.8万人，创收12.5亿元。推进创业服务提升工程，发放创业贷款6000万元、培育创业实体200个，创业带动就业1200人。建立健全农村城镇户籍居民享受同学同医同住同养老等政策体系，加快推进农业转移人口市民化。城乡共建提升人口容纳力。开展城乡面貌提升行动，实施县城基础设施改造项目，加快推进“存量”老旧小区改造，完成棚户区改造152户，建成城市公园或公共空间3个，补植补造绿地1万平方米。实施保障性租赁住房一期工程，改造或建设保租房610套，苏州公馆一期顺利建成，建发物业成功入驻，力争开工建设苏州公馆二期，投运智慧城管二期，促进县城常住人口达到6.4万人、其他主要镇区常住人口稳定在1.1万人，综合城镇化率45%，力争在全市率先创成全国文明城市。加快农村基础设施优化升级，新建续建美丽村庄5个，打造古城重点小镇，改造城乡供水管道265千米，完成中小型水库除险加固4座。力争自然村硬化路全覆盖、等级公路总里程突破3350千米，争创全国“四好农村路”示范县。新建5G基站40个，改造千伏线路168.4千米，安装充电桩40个，努力让农村居民享有与城市居民同样便利的公共服务。创新业态提升产业带动力。充分发挥游客集散中心串联作用，以县城为中心、辐射周边县区，打造精品旅游线路3条，创建AAAA级旅游景区1个、AAA级旅游1个，新增星级酒店1家，引入社会主体，多元化建设运营杨坪百窑古村、乔家渠精品民宿，办好“山花节”、红梅杏“开园节”，接待游客突破100万人次，社会综合收入达4.5亿元以上。建成宁南数字经济产业园二期，新增入园企业10家，统筹规划建设三期，争创自治区数字经济示范园区。深入挖掘消费潜力，升级打造“梯田夜肆”，建成宁南一流的网红夜市和消费街区，运营新华百货商业综合体，新建东昂南区商业综合体，新增电商企业5家、商业实体200家，培育限上企业7家，力争社会消费品零售总额达到16.1亿元、增长5%。

以科技赋能为抓手，全面增强创新发展动能。持续解放思想、转变观念，充分发挥科技创新引领发展第一动力的作用，着力打破制约经济社会发展的习惯思维和条条框框。推进科技与人才相得益彰。大力倡导全社会共同创新理念，围绕县域重点产业技术需求，深化“科技支宁”东西部合作，加快区域创新体系建设，营造人人重视科技、重视人才的良好氛围。围绕创新链构建科技服务体系，推进科技体制改革，培育企业技术中心1家、创新平台1家，每万人发明专利拥有量达到0.62件。深入实施人才强县战略“22条措施”，完善技术人才“引育培用留”长效机制，举办各类人才培训班8期，培育本土人才1000人，依托闽宁协作、名医名师工作室建设、校企合作等平台，引进一批高端人才，鼓励引导更多彭阳籍在外人才返乡创业，以高素质人才带动产业高质量发展。推进科技与企业相辅相成。发挥企业在科技创新中的主体作用，提高企业家创新意识，有效解决科技与产业“两张皮”问题。加强知识产权保护，落实企业研发费用加计扣除、科技创新后补助、“宁科贷”等政策，力争全社会研发费用投入达1500万元以上，R&D经费投入增长10%以上。强化企业技术改造提升，投资技改资金8000万元，支持企业实施技改项目10个，新培育战略性新兴企业1家、国家高新技术企业2家、自治区农业高新技术企业2家、自治区级专精特新企业3家。推进科技与产业相互促进。健全产学研协同转化机制，争取自治区重点研发项目2个，申报自治区县域科技成果引进示范推广项目5个以上，转化科技成果2个以上。聚焦产业技术转型升级，引进农业示范推广新品种85个，转化应用和示范推广智慧农业、良种繁育、农副产品加工等新技术31项，加快推进红梅杏防霜冻、肉牛母本品种选育等技术攻关，加大纺织制造、煤矸石利用等科技支持力度，全力破解产业效益低的难题。

以改革增效为抓手，全面激活资源市场活力。持续推进“六权”等重点领域改革，大胆探索，争创经验，增强高质量发展的动力活力。深入推进山林权改革。创新“山林+”改革模式，大力发展庭院经济、林下经济，分步骤建设酸枣基地2万亩，以企业为主体建成2万亩以上山杏和红梅杏高产片区，培育庭院经果林4000亩、生态鸡100万只，实现林业产值5亿元，增长22.9%。探索建立林业资产价值评估、市场平台交易等机制，鼓励支持农户开展山林地经营权和林木所有权流转。加快推进与广州绿石碳科技合作，率先开展林业碳汇交易。聚焦创建“两山基地”，实施山水林田湖草综合治理6万亩，治理小流域40平方千米，水土流失治理程度83.9%。完成营造林9.58万亩，森林覆盖率38%，争创国家森林城市和生态文明示范县。全面推进“五权”改革。深化土地权改革，全面盘活闲置土地，鼓励多种方式流转承包土地经营权。制定出台产业用地“标准地”政策，实现“拿地即开工”。深化用水权改革，分级分类制定差别化水价，推动水资源向高效益工业、高产出农业流动。深化排污权改革，坚决抓好各级各类环保督察反馈问题整改，推动降污赋能增益。推开碳排放权、用能权改革，聚焦“减碳增汇”“扩能增产”，科学编制改革方案，充分发挥市场作用，破解高耗能、高排放等难题。扎实推进其他领域改革。纵深推进"放管服"改革,打造"163"升级版,深化"一窗综办""一网通办",优化"异地可办""跨省通办",让群众办事更加高效便利。上线"彭阳工程建设项目审批"微信小程序,优化审批流程,大幅压减工程建设项目审批时限。全面推开第二轮土地承包到期后再延长30年先行试点工作。深入开展知识产权行政执法专项行动,推行企业信用风险分类管理,纵深推进财税金融、要素市场化配置等重点领域改革。巩固拓展国企改革三年行动成果,稳步开展国有企业集中化规范化专业化财务管理和混合所有制改革,打造全区国有企业改革示范县。

以民生改善为抓手,全面提升群众幸福指数。坚持以人民为中心的发展思想,在学有所教、劳有所得、病有所医、老有所养、弱有所扶上持续用力,全方位改善人民生活。提升教育体育水平。深化教育综合改革,建立教育评价制度机制,促进职普融通、产教融合,深化县域小学、中学同县外优质学校跨区域联合办学,努力办好人民满意的教育。新建红河中心小学教学楼、县第四小学综合楼等项目,改造提升中小学校18所,义务教育优质均衡率75%。开工建设新集全民健身中心,承办全区第六届农民篮球争霸赛,办好全县职工运动会,擦亮全国全民运动健身模范县牌子。提升健康服务水平。推进县域综合医改,加快县域紧密型医共体建设,落实"七不变"政策,实行"五统一"管理,提升医疗资源利用率。启动县医院三乙等级创建,加快县医院传染病综合楼项目、县医疗健康总院"五大中心"和乡镇卫生院创优达标工程建设,建成县人民医院王洼分院。依托闽宁协作和中央定点帮扶,引进专家40人,培育学科带头人及业务骨干35人,完善分级诊疗体系,力争基层诊疗率65%以上、县域内就诊率90%以上。提升社会治理水平。深化党建引领基层社会治理"1+1+3"工作机制,建成县级综治中心,规范提升12个乡镇综治中心,全面提高治理能力。推行"红、黄、绿"三色矛盾风险等级管理,坚持多元化解,及时解决群众合理诉求,确保矛盾纠纷化解在萌芽、解决在基层。做好"八五"普法中期验收工作,充分发挥法律明白人作用,不断提升公共法律服务能力。充分发挥工青妇等群团组织桥梁纽带作用,加强妇女儿童、未成年人关心关爱,支持国防建设、退役军人等事业健康发展。推广"5585"创建模式,依法加强民族宗教事务治理,妥善有效解决影响宗教健康传承突出问题,打造铸牢中华民族共同体意识示范县。提升文明素养水平。推进文化惠民工程,优化城乡文化资源配置,着力策划、创作一批内容深刻的文化精品,讲好彭阳故事。加强姚河塬遗址保护利用、无量山石窟保护开发,深入发掘优秀非物质文化遗产资源,申报一批国家、区、市非遗项目及传承人。扎实开展文明素养提升行动,持续推进高额彩礼、大操大办等移风易俗重点领域问题专项治理,着力培育文明乡风、良好家风、淳朴民风。提升社会保障水平。紧盯"老有颐养、幼有善育"目标,投运王洼镇社区日间照料中心,完成特困老年人居家适老化改造500户,完善三孩生育政策配套,规范运行162个儿童之家。综合运用"一单三制"工作机制,切实保障农民工合法权益。聚焦特殊困难人群,规范落实低保、残疾人两项补贴、临时救助、法律援助等政策,做好全民参保,兜牢民生底线,让困难群众的生活更温暖。

以统筹发展和安全为抓手,全面营造平安稳定发展环境。坚决贯彻总体国家安全观,努力形成以大安全促大发展,以大发展保大安全的格局。突出项目牵引。紧密围绕县域产业布局和上级政策导向,全力确保开工建设项目100个,建设总投资175.73亿元,当年计划投资78.44亿元,其中当年投资亿元以上项目16个、5000万元以上项目29个,争取开工项目30个,力争全年完成固定资产投资50亿元。落实"领导包抓、部门推进、专人负责"的项目建设和服务保障机制,建成石家峡水库、矿山机械增材再制造、西气东输西三线彭阳分输压气站等项目，加快推进G85银昆高速彭阳过境段、北方地区冬季取暖等项目建设，积极争取红茹河流域综合生态治理、S70彭青段与G85彭阳过境段“高接高”等重大项目，跑出项目建设“加速度”。守牢经济安全。压紧压实粮食安全党政同责，深入实施“藏粮于地、藏粮于技”战略，坚决遏制耕地“非农化”、防止永久基本农田“非粮化”。持续扩大煤炭、原油产能，扩建王洼、银洞沟煤矿主排水系统，新建矿井水处理系统扩容、2×66万千瓦火电机组项目，力争南湾煤矿实现矿权出让、开工建设，原煤产出量达1000万吨以上。深化金融监管合作联动，依法打击非法集资、违规放贷等非法金融活动，用好金融纠纷多元化解机制，加大不良贷款清收化解力度，加强政府债务、企业融资管理，抓好风险处置各项工作，确保不发生系统性金融风险。维护社会安全。严格落实疫情防控优化政策措施，加强县域医药保障和健康服务资源储备，全面提高疫情防控科学性、精准性、时效性。强化食品药品安全监管，全力争创“国家食品安全示范城市”“全域食品药品安全区”。加强社会治安整体防控，常态化开展扫黑除恶斗争，积极防范打击治理电信网络诈骗等突出违法犯罪活动，扎实推进“净网”专项行动，提升源头净网、依法治网、技术护网、协同管网的能力和水平，全力维护网络环境安全清朗。坚持安全第一、预防为主，建立完善县乡村三级应急管理体系，提高防灾减灾救灾和急难险重突发公共事件处置保障能力。

三、加强政府自身建设

更加注重高效简政。深化简政放权，用政府的减权限权不断激发市场主体活力和社会创新活力，以目标倒逼进度，以督查倒逼落实，能三天办的一天办，能一天办的半天办，减少不必要的工作留痕，让干部把更多精力用在推动工作、解决问题上。

更加注重务实勤政。深化作风纪律整顿，大力倡导求真务实的工作作风，把履职尽责、干事创业精神牢记于心，保持积极向上、奋发有为的精神状态，对组织、对群众、对历史负责，在真心干事中提升政府的执行力。

更加注重依法行政。严格执行重大事项请示报告制度，坚持科学决策、民主决策、依法决策，建立严格规范公正文明执法体系，加强行政复议，努力化解行政争议，全面推进法治政府建设。自觉接受县人大法律监督和县政协民主监督，广泛接受新闻舆论和社会公众监督，积极推行党务公开、政务公开，增强政府工作透明度。

更加注重廉洁从政。牢固树立“过紧日子”思想，严格执行预算管理，严控“三公”经费，把有限的资金用在刀刃上。深入推进政府系统党风廉政建设和反腐败斗争，严格落实中央八项规定精神，持续改进工作作风，严于律己、严负其责、严管所辖，以“关键少数”的自身严带动“绝大多数”的全面严。扎实做好帮扶资金、财政资金、政府投资项目等审计监督工作，树立好为民、务实、清廉的政府形象。

名词解释

1.“四个不摘”：指摘帽不摘责任、摘帽不摘政策、摘帽不摘帮扶和摘帽不摘监管。

2.“五大振兴”：指乡村产业、人才、文化、生态、组织振兴。

3.“四查四补”：指查损补失、查漏补缺、查短补齐、查弱补强。

4.三类监测对象：指脱贫不稳定户、边缘易致贫户、突发严重困难户。

5.“两个高于”目标：指脱贫群众收入增速高于当地农民收入增速，脱贫地区农民收入增速高于全国农民收入增速。

6.出户入园：指从以家庭为单元畜禽养殖到统筹资源建设集中的畜禽养殖园区，实行专业化、规模化、标准化、精细化的饲养。

7.“五土”:指农村土窑、土房、土墙、土棚、土路。

8.“七统一”营销模式:指统一营销方式、统一宣传推介、统一质量标准、统一购销价格、统一包装制作、统一中转基地、统一物流配送的营销模式。

9.“三区三线”:指根据城镇空间、农业空间、生态空间三种类型的空间,分别对应划定的城镇开发边界、永久基本农田保护红线、生态保护红线三条控制线。

10.“一约四会”: 指村规民约和红白理事会、道德评议会、村民议事会和禁毒禁赌会的简称。

11.“山林+”改革模式:指“山林+高接换头”“山林+延链加工”“山林+林下经济”“山林+以林养林”“山林+庭院经济”“山林+碳汇开发”“山林+基金赋能”改革模式。

12.“四个一”活动:指讲一堂党课,举办一场体育赛事,开展一场文艺活动,开展一次群众问题发展需求的意见征集活动。

13.“三统三分”机制:指农村土地统一经营与农民分项获利、高效节灌设施统一建设与分业配套、农业经营主体改革统一组织与分工协作机制。

14.“三重一大”:指重大事项决策、重要干部任免、重要项目安排、大额资金的使用,必须经集体讨论做出决定的制度。

15.“四水四定”原则:指以水定城、以水定地、以水定人、以水定产原则。

16.党建引领基层社会治理“1+1+3”工作机制:指“一个功能型党支部+一个综治中心+三张清单”的工作机制。

17.食品药品安全“双创”行动:指自治区全域“食品药品安全区”和固原市“全国食品安全示范城市”两个创建行动。

18.五个县:宁夏副中心城市标杆县、生态文旅特色县、高质量发展先行县、乡村全面振兴样板县、铸牢中华民族共同体意识示范县。

19.两个缩小:逐步缩小脱贫群众与其他农民的收入差距,逐步缩小脱贫县与其他地区的发展差距。

20.“五特四新四优”:“五特”即肉牛、冷凉蔬菜、红梅杏、生态经济、特色板块产业;“四新”即煤炭综合利用、农副产品加工、轻工纺织、数字信息产业;“四优”即文化旅游、现代物流、健康养老、电子商务。

21.“两山”基地:指“绿水青山就是金山银山”实践创新基地。

22.“七不变”政策:指各成员单位原法人资格、单位性质、人员编制、经费渠道、功能职责、优惠政策、原有名不变。

23.“五统一”管理:指人员、资金、业务、信息、药械统一。

24.“一单三制”工作机制:指隐患清单和督转办制、销号制、通报制。

25.“5585”创建模式:“5”即聚焦中华民族共同体意识显著增强、推进现代化建设取得显著成效、各民族交往交流交融显著拓展、治理能力和治理水平显著提升、示范创建质量和水平显著提高“五大目标”;“5”即实施党员干部培元固本工程、青少年学生夯基育苗工程、各族群众凝心聚魂工程、社科理论正本清源工程、中华民族共有精神家园建设工程“五大工程”;“8”即开展各民族交往交流交融促进行动、创建工作提质增效行动、建设先行区促进共同富裕行动、公共服务保障能力和水平提升行动、法治保障同权行动、民族事务依法治理行动、民族领域风险隐患防范化解行动、民族工作夯基培才行动“八大行动”;“5”即健全完善组织领导机制、考核评价机制、督促检查机制、协调联动机制、激励促进机制“五项机制”。

彭阳县推进“三统三分”农业经营体制改革实践

近年来，彭阳县全面贯彻习近平总书记关于“三农”工作的重要论述，坚决落实《中共固原市委、市人民政府关于深化农业经营体制改革推进农业产业现代化发展的实施意见》，把激发农业发展活力，推进现代农业产业体系、生产体系、经营体系建设，实现农村改革增能、农业发展增效、农民获利增收作为“三农”工作的中心任务，着眼于山区耕地条件差、集约化程度低、农业综合产出低、农民稳定增收潜力不足等瓶颈问题，建立深化农业经营体制改革“三统三分”(农村土地统一经营与农民分项获利、高效节灌设施统一建设与分业配套、农业经营主体改革统一组织与分工协作)机制，进一步转变土地经营方式，破解农业发展难题，探索适合全县农业高质量发展的新路子。

一、高效节灌设施统一建设分业配套，变“低产旱地”为“高效良田”

县委和政府高度重视“三农”工作，统筹推进流域综合治理和梯田改造，实施节水灌溉设施配套建设，提高土地生产能力，促使闲置土地高效利用，培育壮大产业、促进农民增收。

一是做足“土地文章”。针对村庄“空心化”、农村“老龄化”造成劳动力不足、坡耕梯田撂荒较为严重的情形，开展全覆盖地毯式排查，把小流域综合治理、高标准农田建设、粮食核心区改造和撂荒地整治结合起来，坚持“田路渠统筹规划、梁沟坡综合治理”，推进农村土地基础建设，整合涉农项目资金6.4万元，按照宽、大、平标准，打破原有地界，对原先的“皮条田”采取“二合一”“三合一”的办法进行合并，实现耕地“宜机化”改造，拓宽新修生产道路。累计在12个乡镇125个行政村建成集中连片、适应现代农业生产和经营方式相适应的高标准农田53.5万亩，其中高效节水灌溉农田10.5万亩。2022年上半年，严格落实奖罚硬措施，集中整治撂荒地，2个月内完成高标准农田20.8万亩。打造了古城温沟、新集张化等万亩高标准农田建设示范区，改善了农业生产条件，实现“泥不下山、水不出田”，夯实发展现代农业基础。

二是配优节灌设施。以水定地、分业配水，统筹利用好全县库井灌溉用水，精准核定农业灌溉用水量3199.8万立方米、规模化畜禽养殖用水量26.5万立方米。按照“确权到村、管理到户”的要求，将初始农业用水权与便于土地经营权流转结合起来，颁发用水权确权证152个，建立“完全成本+合理利润”的水价形成机制和超定额累计加价制度，促使

农业产业结构进一步优化，发展节水型农业和高附加值种养业，灌溉规模控制在21.9万亩以内，高效节水灌溉率90%。

三是创新运营模式。坚持节约、高效用水，配套种植玉米、马铃薯、叶菜等产业田间滴灌设施9.6万亩，引进“互联网+田间灌溉”自动化设备，满足农业灌溉规模化、集约化和标准化升级要求，推进水、肥、药一体化管理服务，构建投、建、管、服综合运营模式，农业综合机械化水平73%以上。形成农民“土地租金+股份分红+经营获利”增收机制，建立“公司（合作社）+集体经济+农户”作价入股机制，鼓励村集体和农民以土地、资金、资产入股龙头企业或合作社，引导农民通过流转经营权实现“一地生四金”，确保稳定增收。年内组织培训农民8000人次，让群众适应产业劳务市场并有“一技之长”，能实现就近就地务工，既方便抢抓农时，又保证群众增加一份收入，土地流转带给项目区农民户均年工资收入近2万元。

二、农村土地统一经营农民分项获利，变“家庭承包”为“企业经营”

采取市场化方式，引进龙头企业或培育产业化企农联合经营主体，把一家一户分散经营的承包地整体打包推向市场，统一转租给龙头企业，实现规模化、集约化经营。

一是做强“龙头”、带动土地增值。坚持培育和引进并重，提升东升、三泰等龙头企业36家，农民专业合作社及家庭农场56家，农业生产社会化托管服务组织12家，建立新型经营主体与农户之间的紧密利益联结机制，发挥龙头企业引领带动作用，让农民分享到产、加、销全产业链增值收益。红河镇引进龙头企业广州东升农场有限公司，统一流转宽坪、什字村3000余亩耕地经营权，规模化种植茄果类蔬菜及叶菜，建成千亩绿色蔬菜农业产业园区，采取“龙头企业+基地+农户”的发展模式，示范引领蔬菜产业向标准化、产业化、品牌化方向发展，年蔬菜产值实现8000余万元，土地流转金收益93万元，村集体经济收入近16万元，300余名农民工年务工收入720余万元。引进春又发农副产品有限公司，集中流转位于西沟流域的古城镇温沟村、新集乡张化村土地2000亩，建立千亩露天蔬菜基地，规模化种植甘蓝、大白菜、娃娃菜等叶菜，亩均年收入4000余元；在草庙乡米塬、刘塬村流转土地1100余亩，建立千亩标准化瓜菜种植育苗研发基地，建成钢架塑料拱棚2350余栋，种植无籽西瓜等瓜果蔬菜，外销上海、广东、港澳等地区，128户农户年增加收入近50万元。王洼镇王洼村引进海原宁康牡丹专业合作社，流转该村土地1800亩，建立千亩红葱种植基地，采取“企业+合作社+农户”发展模式，预计年收入360万元，带动附近50余人在家门口务工，年务工收入16万余元。

二是企农联合、推动产业提质。聚焦肉牛、冷凉蔬菜、红梅杏等“五特”产业高质量发展，积极引导和鼓励农户通过转包、出租、入股合作等形式，推进农村土地规模化流转，激活土地资源，优化土地、劳动力、农业新技术等生产要素配置，采取“特色种养业+合作社（家庭农场、种养大户）+农民出租（入股）”形式，累计流转土地14.3万亩，全县土地规模化经营占比14%以上，其中向龙头企业、合作社流转耕地3万余亩，向农民专业合作社流转土地6.9万亩、向家庭农场流转土地0.9万亩、向种养大户流转土地3.5万亩。古城镇温沟村建立“绿色蔬菜产业+政府投资改造+龙头企业+农户”的联农带农机制，组建“一体发展、分工协作、利益共享”的企农利益联合体，就近安排当地200余名农民工长期务工，年务工收入240万元，近5年每亩每年依次按“22334”（200元、200元、300元、300元、400元）标准保证农户土地租金，年土地流转金收益35万元。草庙乡米塬村建立“企业订单种植带动+村集体示范种植引领+农户分散种植主体”的联农带帮扶机制，实行“统一建设、统一种植、统一管理、统一销售”，全程机械化作业，落实水肥一体化技术，促进蔬菜产业走科学化、集约化、规模化发展路子。白阳镇阳洼村联合邻近3个村，成立宁夏青瑞畜牧有限责任公司，以“出户入园”项目带动，流转土地1000余亩建立饲草基地，将29户有意愿农户吸纳为股东，35户农户年土地流转费收入15万元，带动20多人长年务工，实现农民务工挣薪水、农户土地流转收租金、村集体经济组织联合发展赚股金。孟塬乡小石沟村成立村农业发展有限公司，集中流转土地3600余亩，建立“村集体经济+农户”联农带农模式，成立农机耕作服务队，市场化实施耕、种、收托管劳务，年机耕服务2.8万亩次，盘活利用村小学闲置房屋实施小米等杂粮加工，小杂粮年线上销售收入近30万元，带动当地群众年务工收入50余万元。

三是深度融合、延长产业链条。构建推进种植、分级、外销等一体化运营建设，推动农业产业由种养环节向加工、流通环节延伸，引导项目区农民全程参与配套经营、全产业链享受增值收益。推进农产品流通方式改革，转变冷凉蔬菜和马铃薯田间地头零销零卖方式，盘活利用全县蔬菜冷藏库，建立宽坪蔬菜集中配送中心1个，“净菜入超”2万吨，推行“订单农业”“直播带货”等销售新模式，保证农产品等市场销售畅通。抓好农业综合服务中心在农资供应、农机作业、储运销售、市场营销等多元化、全方位社会服务。提升农产品品牌溢价能力，发展肉牛、朝那鸡、中华蜂、蔬菜行业协会4个，申报红梅杏、张杂谷等产品品牌，打造“彭阳辣椒”“六盘山清凉蔬菜”等品牌。

三、农业经营体制改革统一组织分工协作，变“单户种植”为“合力推进”

实行村党组织牵头，村集体经济组织集中管理，龙头企业（合作社）等经营主体按照农业产业规划布局、经营规模、高效化灌溉条件，带动农户建立规模化粮食基地、标准化蔬菜基地，形成村集体+龙头企业（或合作社）+农户一体协同发展、分工协作、共担风险、共享利益的联结机制。将土地整体打包推向市场，让企业集中经营，促进科技强农、机械强农，推进农业产业经营规模化、生产标准化、产品品牌化。

一是坚持科学谋划布局。落实全市统一规划要求，建立“县委领导、政府主导、部门协同、社会参与”的工作机制，凝聚“推进农业增效、农民持续增收、发展现代农业”的强大合力，在茹河流域古城镇温沟、白阳镇任湾、城阳乡刘河村农业灌溉区规划高效规模化土地统一经营基地，发展节水冷凉蔬菜、马铃薯、青贮玉米8万亩，一体化综合配套田、土、水、管节水设施，提高耕地质量，加快传统分散农业生产向集约化现代农业升级转型。

二是坚持分步统一经营。尊重农民群众意愿，充分发挥乡村基层党组织统一领导、服务监督作用，统筹做好宣传动员、土地流转、面积核实、龙头企业衔接等工作，对出租面积超过千亩的，实行村集体经济组织统一流转农户土地承包经营权，统一合同管理、统一质量标准、统一监督管理、统一运营台账，确保建成一片、成效一片，带动一方群众稳定增收。从农民收益来看，保证农户每年稳定收取土地租金、有组织积极参与务工。从村集体收益来看，探索“托管服务、代耕代种、集中流转”新模式，通过土地集中经营托管服务等增加村集体经济收益，有效遏制耕地“非农化”、严防耕地“非粮化”“撂荒化”。从龙头企业收益看，加大科技投入，通过集约化、科学化经营，实现产业增收。

三是坚持典型示范带动。分区域、分产业在各乡镇打造集中示范点，探索路子、总结经验，以点带面、稳步推开，扩大集约化经营规模，解决农村“有地无人耕、有地无力种”的“空心化”“老龄化”现象，激活土地资源，推行大型机械耕地、施肥、灌溉，让土地多产粮、让各方都受益。红河镇宽坪千亩绿色蔬菜农业产业园区建立集新品种展示、科技成果和现代化管理等示范功能于一体，引领蔬菜产业向标准化、品牌化方向发展。西沟流域千亩蔬菜示范基地建立“政府统一投资建设+龙头企业统一经营+农民出租土地分项获利”的发展机制，实现“引水上山、蔬菜上山”，示范效应作用明显。

总体来看，“三统三分”农业经营体制改革在彭阳的实践落实，初步探索推进“高效节水灌溉+农业经营体制改革+一二三产业融合发展”的新路子，在一定程度上缓解了农村劳动生产力，激活了土地资源，将土地传统的分散经营进行转变，促进了农业特色产业规模和质量“双提升”，有效规范了土地经营权流转程序，使农民能够从土地流转收租、基地务工收薪、产业经营获利中实现多渠道增收。

（刘　怡）

彭阳县大豆玉米带状复合种植调研报告

彭阳县为持续深入学习贯彻习近平总书记关于“三农”工作的重要论述，全面贯彻落实中央一号文件精神，坚决扛稳扛牢粮食安全重任，坚持将做好大豆玉米带状复合种植工作作为重要政治任务，全面完成 14666.67 公顷大豆玉米带状复合种植任务。

一、基本情况

2022 年，全县共完成大豆玉米带状复合种植面积 16240 公顷，顺利通过区级抽查验收，合格率 98.94%，合格面积 16066.67 公顷，占下达任务面积的 109.5%。大豆玉米带状复合种植全部为全膜双垄覆盖，“4+3” 模式种植面积 15786.67 公顷，占 98.26%，“4+2”“4+5”“2+3”等模式均为零星种植，其中玉米面积占 67%，折算面积 10880 公顷，大豆面积占 33%，折算面积 5360 公顷。

二、2022 年产量结果及效益

根据对全县 54 个点位实测结果（带状复合玉米 23 个，带状复合大豆 31 个，单种玉米 10 个），带状复合种植玉米亩穗数 2516~3339 穗，平均亩穗数 2820 穗，实测 14%标准水份百粒重 27.5~35.7 克，平均 32.7 克，实测产量 459.5 千克，比单种玉米亩均减产 153 千克，平均减产率 25%，总产 11193.42 万千克；大豆亩株数 3016~10556 株，平均亩株数 5653.8 株，实测 13%标准水份百粒重 18.95~27.86 克，平均 22.5 克，实测亩产量 44.6 千克，总产 1086.456 万千克。大豆玉米带状复合种植亩综合产量 504.1 千克，亩产值 1578.0 元，总产值 38440.08 万元，平均亩投入 936.0 元，亩净收入 642.0 元，比单作玉米亩净收入减少 149.5 元。因大豆玉米带状复合种植财政给予 200 元/亩的种植补贴，单种玉米财政没有补贴政策，因此大豆玉米带状复合种植比单种要多出 200 元/亩的政策性转移收入。

三、存在的问题

*一是种植密度未达到技术标准。*受当地种植习惯影响，2022 年我县大豆玉米带状复合种植大豆平均种植密度为 3720 穴/亩，每穴种 2 粒，每亩 7480 粒，加之受播种期墒情及苗期冻害影响，实际出苗及保苗大幅下降，平均空穴率 5.7%（双粒播种，正常年份空穴率在 2%以下），测产调查实际亩株数 5654 株。带状复合种植玉米亩种植穴数 2935 穴，亩株数 2840 株，空穴率 3.3%（为减少间苗，当地玉米多为单粒播种，空穴率与正常年份相当），空杆率 0.7%，实测亩穗数 2820 穗，二者在种植密度上均未达到我县制定的技术标准，各项状态与往年基本相当。

*二是品种选择不尽合理。*由于全国大面积推广大豆玉米带状复合种植，大豆种子紧俏，种子采购期受市场货源限制，我县大面积新引进推广种植的黑农 52、垦豆 43、绥农 26 三个大豆品种，均属中早熟品种。大田生育各阶段农艺性状在当地表现为有限生长，封顶早，结荚少，生育期短，抗旱能力不强。与本地多年种植的成熟品种中黄 30 相比，产量差异明显，根据测产结果，中黄 30 平均亩产 48.3 千克，黑农 52 平均亩产 43.2 千克，垦豆 43 平均亩产 39.6 千克，绥农 26 平均亩产 45.4 千克。近年来，玉米种子因市场开放，加之网购进农家，品种多、乱、杂，据统计，2022 年全县从事玉米种子经营门店 65 家，经国家或省级审定的、省级备案推广的玉米品种多达 100 多个，品种同质化严重，缺少推广面积达 10 万亩以上的优良骨干品种，尤其缺少带状复合种植的耐密、紧凑、低杆（株高 260 厘米以下）玉米品种。

*三是种植苗期除草成本较高。*由于玉米属单子叶禾本科，大豆属双子叶豆科，二者对除草剂选择性不同，如隔离措施不完善或遇风发生药液漂移，相互用药药害明显，苗后除草成为大豆玉米带状复合种植新技术推广目前面临的最大困难。据调查，在进行土壤封闭除草条件下，单种玉米田块一般苗

后人工开展一次除草或用苗后除草剂一次性灭杀杂草，玉豆复合种植田块大豆带至少要进行两次人工除草。如：单种玉米一次除草亩用工时4小时工费40元(工费按10元/时计算)，玉豆复合种植田块玉米带一次大豆两次除草亩用工时6小时工费60元，玉豆复合种植比单种每亩增加除草用工2小时工费20元，加之一部分农户在农闲时期外出务工，除草不及时导致杂草过大拔除更加费时费工。

四是机械化种植程度不高。大豆玉米带状复合种植以“4+3”模式为主，大豆带收割宽幅在180厘米以内，而单种玉米收割宽幅一般在200~240厘米之间，所用收割机复合种植不适用，且目前缺乏引进成熟的窄幅收割机，造成90%以上的田块需人工收获，而单种玉米相对连片面积普遍采用机械化一次性收获脱粒作业，农村劳动力供给远远无法满足大面积复合种植，因此机械化种植程度不高成为限制面积扩大的重要因素。

四、下一步对策

一是种植密度要因地制宜。应适当降低密度，确保节本增效，以当地大田单种玉米密度3500~4500株/亩为参考，大豆玉米带状复合种植田块”4+3“模式玉米密度应保持在2800~3600株/亩为宜，根据当地播种器实际规格，建议瘠薄田块株距26.7厘米(6嘴)，亩穴数2775，中等地力田块株距22.9厘米(7嘴)，亩穴数3235，补灌田和高肥力田株距20厘米(8嘴)，亩穴数3704，大豆密度根据品种特性以主茎结荚为主的双粒播种穴距13.3厘米(12嘴)，亩穴数4177，亩粒数8354，分枝能力强的品种可以适当降低密度。

二是科学合理选择品种。积极对接自治区农林科学院、种子管理站、农技推广总站等单位，加强大豆新品种引进试验示范，进行适应性、抗逆性、农艺性状及产量等要素的综合对比筛选，储备产量高、品质好、抗逆性强的大豆优良品种，并在当地大面积推广。玉米品种选择耐密、紧凑、低杆丰产品种，增加带状种植综合效益。同时要加强种子市场执法检查及法制宣传，教育引导农户购买在当地审定和备案的玉米品种，杜绝因种伤农事件发生，确保大豆玉米带状复合种植新技术能够真正达到一地双收、稳粮增豆的目标，守牢粮食安全生产底线。

三是充分做好苗期除草准备工作。今后应进一步加大培训力度，重点推广播前封闭除草，同时加强技术研究，积极对接植保企业，采用定制生产等方式，引进新型苗后隔离喷药设备，最大限度灭除杂草，减少养分水分消耗，力求稳产高产。

四是强化收贮等要素保障。下一步应积极开展市场考察，联系农机企业根据当地种植模式实际进行定制生产，并大面积推广应用，减少人力，节本增效。如大面积实行机械收割，后续存在晾晒贮存困难，要尽力创造条件，做好晾晒，并积极引进粮食烘干企业，解决产业发展后顾之忧。

五是选择适合我县的种植模式。从大豆玉米带状复合种植的各种试验示范模式看，在我县大面积旱作条件下，“4+3”模式(即两垄玉米一垄大豆，种4行玉米、3行大豆，玉米大豆占地比为2:1)能保证玉米最大限度少减产，综合效益相对较好，适合一家一户小面积种植；“4+5”或“4+6”模式(即两垄玉米两垄大豆，种4行玉米、5行(或6行)大豆，玉米大豆占地比为1:1)最能兼顾产量、机械收获、便于除草等，实现最好结合，达到耕地合理轮作倒茬、用养结合、化肥减量增效的目的，大豆带和玉米带收割宽幅也均达240厘米以上，利于机械化收获，适合大户、新型经营主体等大面积种植；“2+3”模式(即一垄玉米一垄大豆，种2行玉米、3行大豆，玉米大豆占比1:1)是农业农村部主推的成熟种植模式，但结合当地实际，受有限降雨条件限制，只适宜在有灌溉条件的田块推广种植。下一步，要根据实际情况，在县内不同区块、不同条件下选择2种以上适合的组合方式，可以更有效地提升生产效率和产生效益。

（县农业农村局）

彭阳县肉牛产业发展调研报告

近年来，彭阳县深入学习贯彻习近平总书记关于推动黄河流域生态保护和高质量发展重要讲话精神，坚决对标自治区党委“九个重点产业”和市委“5+4”产业的决策部署，把发展肉牛产业作为优势主导产业，聚焦“提升品质、延链增值、合理承载”要求，坚持产品、品种、饲草、生产“四线并进”，突出园区建设、示范培育、精深加工“三项重点”，主攻品种改良、饲草调制“两个要害”，加快“北繁南育”“山繁川育”“北草南用”“北扩东进”步伐和饲草供给良种繁育、“三品一标”等“八项体系建设”，有力推动肉牛产业品种培优、品质提升、品牌打造，为巩固拓展脱贫攻坚成果同乡村振兴有效衔接提供有力支撑。

一、肉牛产业发展现状

（一）产业规模不断扩大。全县现有肉牛养殖户1.5万户，占农村常住人口的50%左右。2022年，彭阳县培育巩固“2652”“5350”模式肉牛养殖示范村72个，打造加特农业、百泉牧业500头以上规模养殖场3个，培育长城禾之牧千头以上规模养殖企业1个。完善饲草体系，种植青贮玉米20万亩、新建饲草配送中心6个。健全良种体系，年完成黄牛冷配改良4.5万头、肉牛见犊补母4万头；推进“出户入园”，坚持“政府引导、集体主导、群众参与”，严格按照固原市“八统一、六分离”要求，建成“出户入园”养殖园区7个，全县肉牛饲养量达到23万头。

（二）种养结合更加紧密。全县现建成饲草配送中心2个，引进培育草业区级龙头企业2家（荣发、宝发），草业收购加工厂42家，年收购外销草颗粒、草块、草粉、草捆、包膜青贮等草产品达到5万吨以上。2022年，全县计划新建饲草配送中心6个、青贮池2000座，青贮池面积累计达到53万立方米，年青贮饲草50万立方米；种植青贮玉米（粮饲兼用型）20万亩，打造500亩以上种植基地32个、1000亩以上种植基地8个，力争优质牧草面积稳定在65万亩。

（三）产业基础全面改善。全县现有活畜交易市场12个，农民经纪人200余人，日交易肉牛300余头以上，年交易量达7万头以上。累计建成标准化养殖暖棚137万平方米，推广大型铡草机械2.3万台，其中200平方米以上新型双面养殖暖棚1500多栋，青贮玉米籽粒破碎收割机35台，肉牛养殖综合机械化水平达30%以上。2022年，建成县肉牛、肉羊定点屠宰场1个，年屠宰加工肉牛2万头；新建粪污处理中心1座、粪污收集站7座、标准化粪污处理设施430座。

（四）良繁体系日趋完善。全县现有政府购卖兽医社会化服务组织11个，配套肉牛冷配改良站（点）55个，基本建立覆盖县、乡、村三级良种繁育技术推广体系，年实施黄牛冷配改良4.5万头、“见犊补母”4万头，肉牛良种化率达到91.2%，其中以西门塔尔为主的良种母牛存栏比例达到75%。

二、存在问题和短板

（一）思想观念不新，饲养管理不精。广大养殖户对现代畜牧业理念认识不高，科技意识不强，养殖方式落后，科技支撑不足，机制不活，饲养管理粗放，致使草畜产业虽然年年有发展，但难以实现质的跨跃。

（二）资金投入不足，社会资本不活。一直以来，对草畜产业的资金扶持没有形成固定的投入机制，加之养殖场（户）缺乏有效担保质押物，仅有的质押物多为活畜和圈棚作为质押很难获得商业银行贷款，贷款难、融资额度小的问题比较突出，导致一些养殖场户难以扩大养殖规模。

（三）组织化程度低，龙头带动作用不强。已成立的专业合作社大多只是一个养殖场或养殖大户，自身发展也是困难重重，对于社员产前牛源购入、产中技术服务、产后销售服务等还没有起到相应的服务和带动作用。产、加、销各环节无有效衔接，产业关联度较差，加工、营销环节薄弱，辐射带动作用不强，缺乏内联农户、外联市场、引导生产、深化加工、带动草畜产业发展的龙头企业，产业的发展基础仍有待夯实。

（四）品牌建设滞后，市场影响力不强。现有企业的产品为初加工产品，精深加工产品、品牌产品、高附加值产品为零，产品质量、价格优势没有充分发挥，产业效益不突出、发展动力不足，优质不优价问题突出。

（五）疫病防控能力弱，疫情传入风险高。随着肉牛养殖规模的不断扩大，集中度不断提高，跨区域调运频繁，口蹄疫、传染性鼻气管炎等疫病防控难度加大；布病、结核病净化成本走高，牛呼吸疾病综合征、犊牛腹泻等疾病频发多发；牛结节性皮肤病等外来疫病传入风险增加。

三、意见建议

（一）持续推动产业标准化。立足我县农村居住分散、山区为主、农民增收难度加大的基本县情，结合畜牧业发展的阶段性特征，我县加快发展肉牛产业，要在继续推行千家万户分散饲养基础母牛的同时，推行以育肥为主的规模化、标准化肉牛产业发展之路。在肉牛品种改良技术路线方面，以西门塔尔为父本，以当地西杂牛为母本实施杂交改良，建立良种基础母牛群，走商品化生产之路，加快肉牛商品化进程。在生产方式上，要大力发展以标准化养殖为基础、适度规模为主导、山繁川育、种养结合的生态循环养殖模式；在产业结构上，要走龙头企业做大做强、基地发展规范有序、产业经营形式创新的发展路子。全力推进肉牛产业扩量提质增效，产业发展逐步走上基地规模化、生产标准化、服务社会化、经营产业化、产品品牌化的路子。

（二）持续强化品牌建设。政府要突出肉牛品牌的目标导向作用，把推进和实施肉牛品牌摆到重要议事日程上，实行政府推动、市场引导、科技支撑、企业运作的工作机制，建立目标责任制，抓好肉牛繁育户和繁育场建设。农业农村及相关部门要开拓思路，积极探索市场经济条件下推进草畜产业区域布局，提升农业整体素质和农产品市场竞争力的有效形式和机制，积极做好协调与服务工作，资金投入、技术人员、配套设备、技术服务“四到位”，使肉牛品牌建设规划顺利实施。

（三）持续加强招商引资。要优化产业发展环境，积极招商引资，吸引社会资金和国内大中型企业投资我县肉牛品牌培育，发展产业经营。金融机构要简化贷款流程，提高服务效率，加大信贷支持力度。积极发挥公共财政资金的引导作用，吸引社会资本投资养殖和屠宰加工业，建立多元化投融资机制，为草畜产业品牌持续健康发展注入活力。

（四）持续提升技术服务能力。不断提升畜牧兽医技术推广机构的服务能力，进一步转变职能，把县、乡技术推广机构专业技术人员从繁杂的事务中解脱出来，集中精力开展技术服务。支持农民合作社、专业服务公司、专业技术协会、涉农企业和科研教学单位开展技术示范集成，加快推广优质饲草生产加工、舍饲养殖、品种改良、疫病防控等先进实用技术。

（刘　怡）

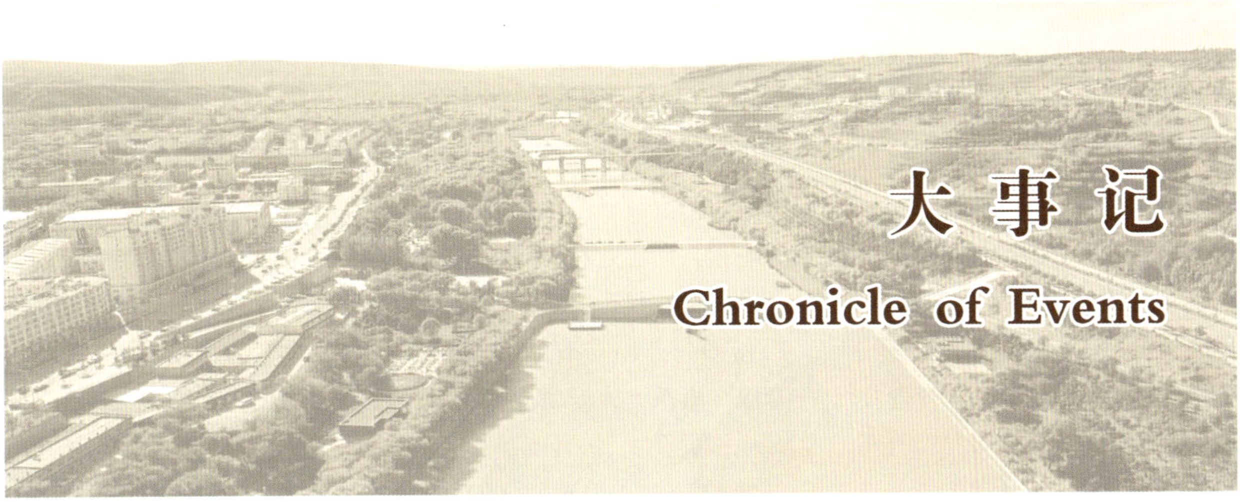

大事记

Chronicle of Events

1月

5—6日 彭阳县第十届人民代表大会第二次会议召开，县委书记张永强主持会议。大会应出席代表196人，实到代表182人。会议表决通过彭阳县第十届人民代表大会第二次会议选举办法(草案)。会议选举周浩为县人民政府县长。

10日 中国共产党彭阳县第九届委员会第二次全体会议召开。出席县委委员30名、候补委员8名。

是月 《彭阳县扶贫志》由宁夏人民出版社出版发行。该志书是宁夏首部县级扶贫专业志书，也是彭阳县第8部行业志书。

是月 固原市首个智能讲解机器人“花生”在彭阳县博物馆正式上岗。机器人“花生”能够根据历史发展先后顺序带领游客们进行参观游览，对展厅内陈列的文物进行讲解。

2月

9日 彭阳县委办公室、县人民政府办公室印发《2022年彭阳县草畜产业高质量发展实施方案》和《2022年彭阳县绿色食品产业高质量发展实施方案》。

18日 彭阳县人民政府召开全体(扩大)会议暨廉政工作会议，安排部署2022年政府重点工作，动员全县上下凝聚思想共识，迅速调整状态，加压奋进、合力攻坚，形成提速争先的浓厚氛围，为实现全年目标任务奠定坚实基础。

23日 G85银昆高速(彭阳段)根治欠薪工作警示教育会议在彭阳召开。会议通报2021年度G85银昆高速彭阳各标段农民工工资支付工作情况及欠薪问题，分析交通领域欠薪问题多发、频发主要原因，并结合工作实际提出下一步工作要求。

25日 “中国体育彩票杯”宁夏彭阳县第五届农民篮球争霸赛在县体育馆开赛，共有来自全县乡镇10支代表队120名运动员参赛。

27日 彭阳县召开县委农村工作会议，安排部署2022年农业农村工作，动员全县上下凝聚共识、担当实干、主动作为，全面促进农业高质高效、乡村宜居宜业、农民富裕富足。

3月

2日 彭阳县召开全域创建“食品药品安全区”推进会、创建国家食品安全示范城市启动会暨2022年食安委第一季度工作例会。讨论审定《彭阳县创建国家食品安全示范城市工作方案》，县市场监管局负责人对全县全域创建“食品药品安全区”工作进行安排部署。

4日 彭阳县2022年“学雷锋志愿服务月”活动在怡园广场

启动。

同日 彭阳县举办2022年林果产业高质量发展春季果树修剪及低温冻害防御培训班。培训班采取理论培训与实地操作相结合的方式进行。围绕彭阳县林果产业高质量发展对策及建议、春季果树低温冻害防御、乔化短枝型苹果整形修剪及果园管理技术、红梅杏整形修剪及果园管理技术等内容进行具体讲解。

5日 彭阳县举办全县“三农”干部“大学习大轮训”专题培训，动员和激励广大“三农”干部继续提能增效，赋能乡村发展。县农业农村局、乡村振兴局全体干部，各乡镇全体干部，各行政村（社区）“两委”班子成员、网格员、驻村第一书记、工作队员和各村在家党员参加培训。

7日 彭阳县自然资源局工作人员及摄影爱好者在店洼水库拍摄到2只世界极度濒危鸟——青头潜鸭。这是有“鸟中大熊猫”之称的青头潜鸭首次“做客”彭阳。

9日 国家一级演员、宁夏演艺集团秦腔剧院院长侯艳带领剧院团队到彭阳县白阳镇中庄村开展2022年“送戏下乡”惠民文艺演出活动。宁夏演艺集团秦腔剧院与彭阳县秦声演艺有限公司现场签订“结对帮扶”协议。

11日 彭阳县委常委、政府副县长高云霞做客宁夏新闻广播《1061民生热线》融媒体直播节目，介绍彭阳县人民政府2021年为民办实事项目的办结情况以及彭阳县人民政府2022年为民办实事的相关内容。

同日 彭阳县用水权改革确权颁证仪式在古城镇举行。县水务局负责人宣读《彭阳县用水权确权结果》，向农业和工业确权户代表颁发用水权确权证书。

18日 彭阳县举行2022年宁夏第一批重大建设项目集中开工现场推进会。

20日 彭阳县举办大豆玉米带状复合种植技术乡（镇）领导培训班。

23日 彭阳县召开创建全国文明城市2021年工作总结暨2022年工作部署会。

同日 彭阳县乔家渠“红色+长征精神”廉洁文化教育点揭牌暨“全县领导干部廉政警示教育周”活动启动。

25日 自治区农林科学院农业资源与环境研究所在彭阳县白阳镇玉洼村金鸡坪田间学校举办“小流域生态保护与高质量发展模式”大豆玉米带状复合种植技术培训班。

4月

2日 第十八届宁夏六盘山山花节暨第十届“梯田花海·醉美彭阳”文化旅游节“云上”开幕。

4日 “彭阳梯田公园”上榜全国赏花地图。

4—5日 自治区党委书记梁言顺到固原市调研脱贫攻坚成果巩固、乡村全面振兴、生态环境保护等工作。调研期间，梁言顺到彭阳县生态移民安置村——古城镇皇甫村调研就业帮扶车间、产业发展情况。

14日 宁夏2022年山区大豆玉米带状复合种植现场观摩培训会在城阳乡城阳村举行。会上，自治区农业农村厅副厅长赖伟利安排部署山区大豆玉米带状复合种植工作。

16日 彭阳县人民政府办公室印发《“彭阳红梅杏”地理标志专用标志使用管理办法》。

18日 厦门市东西部科技协作项目《彭阳县羊肚菌大棚栽培技术研究》示范基地挂牌仪式在城阳乡刘河村举行。

20日 彭阳县举办红梅杏产销对接会暨培训会。

21日 银昆高速太阳山至彭阳段武家堡隧道贯通。

26日 彭阳县召开迎接国务院2021年度保障农民工工资支付考核工作动员部署暨2022年根治欠薪第一季度工作例会。

同日 彭阳县“喜迎二十大·永远跟党走·奋进新征程”2022年新发展团员集中入团示范仪式在县第三中学举办。

28日 彭阳县红十字会召开首届会员代表大会。大会审议通过彭阳县红十字会工作报告、《彭阳县红十字事业发展“十四五”规划》、彭阳县红十字会首届会员代表大会选举办法、彭阳县红十字会首届会员代表大会选举总监票人、监票人建议名单。大会选举产生第一届理事会、监事会。

是月 彭阳县自然资源局、县农业农村局利用无人机通过喷洒防冻剂对全县集中连片的红梅杏及苹果示范园、种植大户经济林进行统防统治。

是月 彭阳县完成机修高标准农田13333.33公顷，涉及12个乡镇76个行政村，受益人口11207户36974人。

5月

7日 银川市第二十一小学湖畔分校与彭阳县第四小学签订合作办学协议。

12日 银川市二十一小学与彭阳县第一小学签订合作办学协议。第十三届全国人大代表、国家督学、中国教育学会小学教育专业委员会理事、教育部教育教学指导委员会综合实践活动指导专委会委员、银川市二十一小学党总支书记马恒燕为全县教育工作者作题为《以人为本 以文化人》的讲座。

17日 彭阳县人民政府与甘肃省临夏厦临集团有限公司考察团就育肥牛养殖、农副产品加工、纺织服装企业引进、消费帮扶等事宜举行座谈会。

同日 彭阳县人民政府办公室印发《2022年彭阳县科技赋能产业高质量发展实施方案》。

18日 国网彭阳供电公司员工汪海寰在西安唐都医院将自己200毫升造血干细胞无偿捐赠给一名10岁血液病患者，成为宁夏第91例、固原市第9例、彭阳县首例造血干细胞志愿捐献者。

21日 固原市陕西商会联合宁夏金成林农林生态科技有限公司与彭阳县古城镇挂马沟村结对共建。

23日 年产2000吨纺织原料生产项目落地彭阳。该项目总投资5000万元，建设内容包括多层标准化纺织厂房、办公楼、仓库等附属设施。项目预计2023年1月正式投产，年产值约3000万元。

24日 彭阳县防汛抗旱工作会议召开，贯彻落实全国和区、市防汛抗旱工作会议精神，安排部署2022年防汛抗旱工作。

31日 彭阳县召开中小微企业运行纾困座谈会。

6月

1日 彭阳县司法局联合县法院走进县第四中学，开展以“民法典进校园 法律保驾护航”为主题的普法宣讲活动。

6日 中国广电宁夏网络有限公司彭阳县分公司兴彭大街5G营业厅正式揭牌，标志着彭阳县全国有线电视网络整合和广电5G建设一体化发展时代的到来。

7日 彭阳县制定印发《彭阳县房地产市场发展若干措施》，促进房地产业健康发展和良性循环。

8日 厦门市政企考察组到彭阳县城阳乡长城村闽宁现代循环农业（食用菌）科技示范园、长城塬矮砧苹果种植基地、红河镇宽坪村闽宁协作农业产业园、宁夏万升实业有限责任公司、彭阳县农副产品产销对接中心考察东西部协作工作开展情况。

10日 银川一中与彭阳县第一中学、第三中学签订合作办学协议。

11日 彭阳县印发《彭阳县2022年支持扩大消费实施方案》，从10个方面提出12条“硬核”措施综合施策打出组合拳进一步激发消费潜力，扩大消费需求。

15—21日 彭阳县在固原市教育体育局、市青少年校园足球工作领导小组举办的“奔跑吧·少年”2022年固原市第三届青少年校园足球联赛中取得3个第一名、1个第二名、2个第三名、4名最佳射手和6名优秀教练员的成绩。

22日 2022年“薪火传承 中国健康跑”彭阳站在城阳乡乔家渠红军长征毛泽东宿营地开跑，800余名爱好者报名参赛。

同日 彭阳县开始发放340万元“惠享精品好物 乐购生态彭阳”政府消费券。

28日 彭阳县直机关工委举行“光荣在党50年”纪念章颁发仪式。

29日 彭阳县水务局与宁夏彭阳农村商业银行股份有限公司负责人共同签订《彭阳县金融支持“用水权”改革工作合作协议》，并共同向彭阳县集中供暖有限责任公司发放“用水权”质押授信贷款 1000 万元。

30 日 彭阳县举行宁夏(彭阳)红梅杏开园节暨六盘山特色农产品线上线下展销活动。

同日 导演张艺谋通过短视频向全国推介彭阳县红梅杏。

同日 “听党话、感党恩、跟党走”“喜迎二十大 奋进新征程”庆祝中国共产党成立 101 周年文艺晚会在县城举办。

7 月

1 日 宁南数字经济产业园开园。

2 日 农业农村部大豆玉米带状复合种植专家组组长、四川农业大学副校长杨文钰带领专家组一行到白阳镇中庄村进行大豆玉米带状复合种植技术指导。

同日 彭阳县举办深入学习贯彻自治区第十三次党代会精神宣讲会，县委书记张永强以《贯彻落实自治区第十三次党代会精神，奋力谱写全面建设社会主义现代化美丽新宁夏彭阳篇章》为题向全县副科级以上领导干部作自治区第十三次党代会专题宣讲报告。

同日 彭阳县梯田巷夜市在财富广场开业。

3 日 彭阳县幼儿园园长马秀萍被自治区教育厅列为创新素养教育“名校(园)长工作室”建设项目；彭阳县第一中学教师秋平被列为创新素养教育“名师工作室”建设项目。

5 日 银昆高速太阳山至彭阳段节点性工程马渠隧道顺利贯通。

6 日 城阳乡长城村被宁夏回族自治区文化和旅游厅确定为第二批宁夏特色旅游村。

6—9 日 “2022 宁静的夏天·凉爽的固原暨第十季网络达人浪固原”活动走进彭阳县。来自人民网、《光明日报》、《宁夏日报》等传统媒体和政务新媒体、社会自媒体以及社交网络等媒体平台近 50 名网络达人齐聚彭阳，赏美景、品人文，宣传推介彭阳。

7 日 彭阳县委副书记、政府县长周浩带领考察组到福建省集美区、翔安区考察对接东西部协作工作。

10 日 宁夏茹河伟业林果开发专业合作社分红暨成果分享会在城阳乡杨塬村举行。杨塬村 18 户村民领取首次盈利分红资金共计 34386.15 元，合作社还为杨塬村村集体发放爱心基金 1 万元。

12—16 日 “奔跑吧·少年”彭阳县第三届中小学生校园足球联赛在县城举办。

14—16 日 彭阳县跆拳道协会 20 名队员在中宁县教育体育局、中宁县体育服务中心举办的“奔跑吧·少年”2022 年宁夏回族自治区首届跆拳道俱乐部联赛(中宁站)中获得 3 枚金牌、4 枚银牌、8枚铜牌、5 个勇士奖，彭阳县跆拳道俱乐部被评为优秀俱乐部。

15 日 厦门市绿百合食品有限公司辣椒一、二、三产业融合发展项目落地彭阳。项目总投资 6000 万元，预计年产值 6000 万元。

同日 国家牧草产业技术体系“一县一业”服务彭阳县牧草产业发展座谈会在彭阳县召开，国家牧草产业技术体系首席科学家、中国农业大学草业科学与技术学院院长张英俊带领各地专家、教授、学者与彭阳县草畜产业相关技术人员，就打造“一县一业”支撑县域经济发展的安排部署、牧草产业发展及技术需求等进行交流座谈。

16 日 彭阳县委教育工作领导小组召开 2022 年第二次会议暨全县“双减”工作暑期调度会议。审议通过《彭阳县开展校外培训整治攻坚行动实施方案》《彭阳县校外培训治理安全风险隐患防范工作实施方案》等 4 个方案。

同日 福建省立医院副院长、主任医师、骨科专家徐杰带领医院妇科、骨科、眼科等科室 18 名专家到彭阳县开展为期 3 天的学术讲座、教学查房、手术示教、义诊、白内障复明手术等活动。

20 日 彭阳县安全生产委员会召开 2022 年第 4 次(扩大)会议暨全县安全生产“百日专项整治行动”部署会。通报全县第二季度安全生产问题隐患整改情况，安排部署全县安全生产“百日专项整治行动”工作。

同日 彭阳县召开 2022 年拥军优属拥政爱民领导小组全体会议。

同日 苏宁新能源彭阳县矿山机械增材再制造、宁夏鑫美隆轻纺科技年产4000万件无纺布系列产品、宁夏凯邦纺织科技年产2000吨纺织原料及500万双高端袜子等一批项目正式开工。

20—24日　“喜迎二十大 奋进新征程 建功新时代”第三届“塞上之声”暨农民歌手大赛在城阳乡乔家渠红军长征毛泽东宿营地旧址举办。

24日　彭阳县开展“书香伴我成长·强国复兴有我”青少年阅读成果展示系列活动。

26日　彭阳县科学技术协会联合宁夏医院管理协会在白阳镇卫生院开展医疗科技志愿服务活动。

28日　中国工商银行固原彭阳支行开业。

同日　2022宁夏足协乙级联赛彭阳赛区暨彭阳县第二届足球联赛在县城开赛。

29—30日　“铸牢中华民族共同体意识，喜迎党的二十大胜利召开”彭阳县第三届“民族团结暨双拥共建杯”乒乓球和羽毛球比赛在县体育馆举行。

30日　彭阳县冯庄乡举办“喜迎二十大 奋进新征程”暨首届“双拥杯”农民运动会。

8月

1日　孟塬乡草滩村中央红军长征十三大队宿营地旧址被固原市委党史研究室命名为“固原党史宣传教育基地”。

2日　厦门市集美区侨英街道党工委副书记、办事处主任吕火渠，集美区产业投资有限公司工会主席陈文挺带领工作组到彭阳县金鸡坪梯田公园、乔家渠红军长征毛泽东宿营地、茹河瀑布、罗洼乡实地考察旅游开发建设情况和结对帮扶工作。

4日　彭阳县开展2022年铸牢中华民族共同体意识示范单位创建互观互检活动。

5日　年产5万吨富钾富锶干果饮品及年产2000吨红梅杏条、年加工3万吨桃杏核及1万吨中药材、跨区域农产品分拣包装冷链配送中心及豆制品加工3个项目签约彭阳。

11日　彭阳辣椒、朝那乌鸡、彭阳杏子被中华人民共和国农业部授牌农产品地理标志。

12日　彭阳县行政争议协调化解中心正式挂牌成立。

15日　宁夏厦临纺织有限公司与彭阳县线上签订年加工100万件针织服饰项目。

16日　自治区体育局主办，宁夏社会体育服务中心、彭阳县人民政府、彭阳县教育体育局和彭阳县体育中心承办的2022年全区健身气功站点联赛在彭阳县举行。

17日　宁夏晋阳机电科技有限公司与彭阳签约年产3万套空气源采暖设备项目。

同日　以“喜迎二十大 奋进新征程 宁静的夏天 凉爽的固原”为主题的固原市2022年乡村音乐节巡演活动走进彭阳县。

23日　以“书香伴我成长 强国复兴有我”为主题的青少年阅读成果展示经典诗文诵读比赛在县城举办。

26—27日　宁夏青少年铁人三项锦标赛在青铜峡黄河奥体中心举办。彭阳县代表队马坤在铁人三项U11男子迷你距离项目中获得第一名，马健在铁人三项U13男子超短距离项目中获得第一名，牛硕在铁人三项U15男子短距离项目中获得第一名，马凯在铁人三项U15男子短距离项目中获得第四名。

是月　宁南数字经济产业园通过自治区发改委认定，升级成为2022年自治区级现代服务业集聚区，获得首批250万元奖励。

是月　王洼镇马掌村农家女孩马蕊入选国家集训营备战巴黎奥运会。这是固原市女子青少年百米短跑运动员首次进入国家集训营。

9月

5日　彭阳县VR线上博物馆正式上线运营。

7日　全国0—6岁儿童眼保健示范县彭阳县试点项目启动。

8日　彭阳县教体局举办全县教体系统“喜迎二十大 庆祝教师节”师生书画摄影手工作品展。

9日　彭阳县召开教育体育工作暨庆祝第38个教师节表彰大会。

同日　以“喜迎二十大 奋进

新宁夏 同心跟党走”为主题的彭阳县2022年“民族团结进步月”活动暨铸牢中华民族共同体意识专题文艺巡演在城阳乡沟圈村和红河镇何塬村举行。

10日 以“闽宁携手共进 强国复兴有我——我们的节日·中秋节”为主题的文化演出活动在县城举办。

18日 宁南数字经济产业园二期举行招聘会，江苏润晴网络科技公司为广大求职者提供300余个就业岗位，涉及大数据服务、外呼系统、大型呼叫中心、教育类在线服务等领域。

25日 厦门市朗星科技股份有限公司与彭阳签订LED光电设备制造基地建设项目。

26日 彭阳县红十字会携手宁夏金秋农业科技有限公司为彭阳县医疗健康总院捐赠物资，助力疫情防控工作。

10月

3日 彭阳县同华电（宁夏）能源有限公司签订200兆瓦/400兆瓦时共享储能电站建设协议，标志着彭阳县清洁能源开发进入实质操作阶段。该电站规划用地2.33公顷，拟安装80套2.5兆瓦/5兆瓦时预制式储能电池舱，配套建设升压站、送出线路等附属设施，总投资约8亿元。

8日 彭阳县召开2022年第三次招商引资工作推进会。

16日 彭阳县广大干部群众收听收看中国共产党第二十次全国代表大会开幕。

19日 彭阳县白阳镇茹河街社区被国家卫生健康委、全国老龄办命名为2022年全国示范性老年友好型社区。

同日 彭阳县市场监督管理局举行以“实施阳光监管 严守安全底线”为主题的2022年“政府开放日”活动。部分县人大代表、政协委员、消费者代表、企业代表等参加活动。

22日 中国铁建投资集团有限公司投资建设的G85银昆高速彭阳过境段正式开始沥青施工作业。

26日 彭阳县投资促进服务中心与彭阳县黑马农业科技有限公司签约落地2万只肉羊养殖项目。该项目租赁或购买彭阳县古城镇为民阳光牧业养殖园区，养殖肉羊2万只，概算投资5000万元。

31日 宁夏在建特大桥——银昆高速公路友联红河特大桥连续刚构所有“0+1号块”提前25天完成施工任务。该桥全长2161米，有主墩18个，最高主墩102米，最大跨度140米，是宁夏墩身最高、跨度最大、单体投资规模最大的桥梁。

同日 中铁二十一局集团银昆高速LJ12-1标施工的银昆高速彭阳大沟圈沟1号特大桥全线贯通。该桥全长1183米，桥梁下部结构由26个薄壁空心墩和98个圆柱墩组成，最大墩高56.3米，上部结构由536片预应力简支T梁组成。大桥横跨黄土斜坡及冲沟，总体桥址区域交通条件极差，施工难度大，为该标段重点工程。

是月 彭阳县民政局印发《彭阳县民政局关于进一步做好将红白理事会纳入社会组织备案管理的通知》，明确备案登记范围、条件等，将全县红白理事会纳入社会组织备案管理范围。

是月 彭阳县人武部、县退役军人事务局先后到白阳镇、红河镇，为获三等功的韩卓军、常付成、薛宏宇3名军人家属送去立功喜报，送上党和政府的关怀和问候。

11月

4日 彭阳县人民政府办公室发布公开征集2023年民生实事意见建议的公告。

8日 彭阳县2022年总河长会议召开。

9日 彭阳县被国家体育总局命名为第一批全民运动健身模范县。

14日 彭阳县举办离退休干部书法绘画摄影作品展暨文体比赛颁奖仪式。

同日 彭阳县召开2022年度根治欠薪冬季攻坚行动动员部署暨第四季度例会。

同日 彭阳县民政局联合县怡辰社会工作服务中心在王洼镇开展“温暖夕阳 为老服务”活动，为60岁以上孤寡独居老年人、城乡特困、低收入家庭中的失能、半失能老人开展上门清洁、助餐、心理疏导等服务。

17日 彭阳县科技局被人力资源社会保障部、科技部评选为全国科技管理系统先进集体。

19日 彭阳县基层体育志愿服务活动在县城雷河滩全民健身中心足球场举行。来自城乡各站点社会指导员、爱好者等120余人参加。

21日 彭阳县投资促进服务中心通过“云签约”方式与郑州吉锋农机制造有限公司签约年产1万台农业机械设备生产加工项目。该项目拟租赁县城工业园区宁夏奥龙现代农业综合开发有限公司闲置厂房4500平方米，投资1500万元，建设年产1万台各种大中小型铡草机、玉米脱粒机、残膜回收机等农机具加工项目，年产值3000万元以上，可提供30多个就业岗位。

21—23日 彭阳县公安局警务实战大练兵暨第四届警体运动会在悦龙山体育馆举办。

22日 彭阳县人民政府办公室、县人力资源和社会保障局、县机关事务服务中心联合举办以“打造阳光政府，构建美丽彭阳”为主题的“政府开放日”活动。邀请部分社区工作者、政务公开义务监督员、市民代表参加。

同日 新华百货商业综合体项目正式签约落地彭阳。该项目落地入住利民广场，盘活闲置商业地产约3万平方米，概算总投资3亿元。

24日 彭阳县王洼镇中心学校被教育部评为“全国乡村温馨校园典型案例学校”。

27日 《彭阳统计年鉴(2016—2020)》出版发行。

12月

1日 彭阳县被国家体育总局授予“全民运动健身模范县(市、区)”称号。

8日 国网彭阳县供电公司与彭阳县白阳镇姚河村村委会签订“村网共建”助力乡村振兴战略合作框架协议。全县156个行政村“村网共建”助力乡村振兴战略合作框架协议签订实现全覆盖，打造宁夏首个全县域“村网共建”电力服务体系，推动共享共治、建立村网协同服务机制。

9日 中国宋庆龄青少年科技文化交流中心联合彭阳县第三小学举办主题为“探客同行·创想未来”的彭阳探客工坊第一届探客创玩节公益活动。

11日 年产5000吨脱水蔬菜生产加工、年产2万吨农用地膜和2000吨食品级高端保鲜膜生产加工、年加工1000吨果仁果糕食品和1000万瓶饮用水生产线、年产3000吨扣件等建筑用装配件生产加工等4个招商引资项目在彭阳签约。

16日 彭阳县举办智慧林长管理系统培训班，邀请国家林业和草原局西北调查规划设计院工程师成钰作专题培训。

同日 在彭阳县第五小学支教的厦门市杏南中学教师洪东明自筹资金4万元，为该校70名特殊困难家庭儿童捐赠春、冬季两套价值300元的校服，为35名品学兼优的学生每人发放300元奖学金，为学校购买移动硬盘20个。

27日 共青团中央、教育部、全国少工委发布《关于表彰2022年度全国优秀少先队员、全国优秀少先队辅导员、全国优秀少先队集体的决定》。彭阳县王洼镇中心学校少先队大队辅导员来进玲(女)被评为2022年度全国优秀少先队辅导员。

27—28日 政协彭阳县第十届委员会第二次会议召开。

28—29日 彭阳县第十届人民代表大会第三次会议召开。

县情概览
General Situation of Pengyang County

建置区划

【位置面积】 彭阳县位于宁夏东南部边缘，六盘山东麓，西连宁夏原州区，东、南、北分别环临甘肃省镇原县、平凉市和环县，1983年由原固原县分设建县，总土地面积2533.49平方千米。属典型中温带半干旱大陆性季风气候，自然灾害相对频繁，经济以农业为主。

【建置沿革】 彭阳县历史悠久，3万年前就有人类在红河、茹河流域繁衍生息。西周初年，周王室在彭阳县境分封获国，将宁夏南部大部地区纳入中央王朝的管辖范围。西周中期，戎族迁居宁夏南部，彭阳境内有乌氏、朝那等戎。战国秦昭襄王三十五年（前272），秦国将宁夏南部纳入统治区域，设乌氏、朝那等县。汉文帝十四年（前166），匈奴单于率十四万骑入朝那、萧关，杀北地郡都尉孙卬。东汉后期，西北爆发羌族起义，安定郡、朝那县一度内迁，到西魏大统元年（535）将朝那县迁至今甘肃灵台县朝那镇。北朝时，县境设平凉郡，北魏及北周设长城郡、黄石县、长城县、平凉县，隋唐设百泉县。北宋咸平六年（1003）筑彭阳城，金置东山县，元设广安县又升州，明初撤广安州并入开城县，明清以后隶属固原州、固原直隶州、固原县。中华人民共和国成立后，彭阳先后为固原县彭阳区、彭阳公社驻地，1983年10月从固原县析彭阳县。

【行政区划】 彭阳县辖4个镇8个乡，156个行政村、6个居民委员会。其中，白阳镇辖17个行政村、5个社区居委会，古城镇辖20个行政村，王洼镇辖20个行政村、1个社区居委会，红河镇辖12个行政村，新集乡辖20个行政村，城阳乡辖10个行政村，草庙乡辖14个行政村，孟塬乡辖11个行政村，冯庄乡辖11个行政村，小岔乡辖7个行政村，罗洼乡辖7个行政村，交岔乡辖7个行政村。

（高　磊）

自然环境

【地质地貌】 彭阳县地势西北高东南低，呈坡状倾斜。全县可分为两大类型区，即中低山土石质山区和黄土丘陵沟附亚区。在附亚区又可分为两个亚区（北部丘陵沟区和红茹河谷残区）。土壤以湘黄土为主，其余为灰褐土、山地棕土、山地草甸土、暗黄土等。有机质含量较高，土壤肥沃。

【河流湖泊】 彭阳县有3条河流，均系泾河支流，由西北向东南出境。红河发源于彭阳县新集乡窦家山庄，境内流程63千米，流域面积359平方千米，径流总量

2022年彭阳县下辖乡(镇)、行政村(社区)一览表

表1

序号	乡镇名称	下辖行政村(社区)名称
1	白阳镇	友谊街、政府街、郑河街、茹河街、富阳路、南山村、陡坡村、崾岘村、周沟村、玉洼村、姬山村、姚河村、白岔村、刘台村、余沟村、阳洼村、罗堡村、老庄村、姜洼村、任湾村、中庄村、双磨村
2	古城镇	温沟村、店洼村、高庄村、任河村、古城村、甘海村、川口村、田庄村、郑庄村、田壕村、罗山村、羊坊村、皇甫村、海口村、乃河村、王大户村、小岔沟村、丁岗堡村、刘沟门村、挂马沟村
3	王洼镇	矿区街、北洼村、李寨村、路寨村、王洼村、赵沟村、姚岔村、梁壕村、杨寨村、崖堡村、马掌村、团庄村、石岔村、山庄村、孙阳村、花芦村、陡沟村、李洼村、邓岔村、李岔村、尚台村
4	红河镇	友联村、韩堡村、红河村、常沟村、夏塬村、徐塬村、宽坪村、什字村、上王村、文沟村、何塬村、黑牛沟村
5	新集乡	新集村、张化村、上蔡村、白林村、谢寨村、周庄村、大火村、峁堡村、姚河村、沟口村、白河村、张湾村、太寺村、何山村、赵沟村、团结村、白草洼村、马旺堡村、下马洼村、上马洼村
6	城阳乡	刘河村、城阳村、陈沟村、韩寨村、杨坪村、沟圈村、北塬村、杨塬村、涝池村、长城村
7	草庙乡	包山村、和谐村、草庙村、赵洼村、新洼村、张街村、曹川村、丑畔村、周庄村、刘塬村、米塬村、牛湾村、王岔村、和沟村
8	孟塬乡	何岘村、玉塬村、高岔村、双树村、草滩村、牛耳塬村、虎山庄村、椿树岔村、小石沟村、白杨庄村、赵山庄村
9	冯庄乡	冯庄村、小寺村、虎崾岘村、崖湾村、小湾村、茨湾村、高庄村、上湾村、雅石沟村、羊草湾村、小园子村
10	小岔乡	米沟村、榆树村、李渠村、小岔村、吊岔村、耳城村、柳湾村
11	罗洼乡	罗洼村、马涝村、石沟村、寨科村、张湾村、薛套村、红崾岘村
12	交岔乡	东洼村、交岔村、庙庄村、关口村、保阳村、大坪村、关堡台村

1800万立方米。茹河发源于原州区大湾水沟壕,境内流程92.8千米,流域面积2088平方千米,径流总量8040万立方米。安家川河发源于甘肃省环县芦湾乡庙儿掌,境内流程56千米,流域面积803平方千米,径流总量2250万立方米。朝那湫,系山间湖泊,位于彭阳县古城镇海口村马场组,水面约2公顷,蓄水2.71万立方米。陶家海子是红河支流小河的发源地,历史上水面较宽广,2022年水面仅200余平方米。

【土壤植被】 彭阳县土壤分为4个土类、12个亚类、22个土属、49个土种,黑垆土面积2.19万公顷,占土地总面积的86.7%,山地灰褐土面积为1.65万公顷,占土地总面积的6.5%,粗骨土面积970公顷,占土地总面积的0.4%。彭阳县植被分为草原、草甸、森林、人工4类,草原植被分布在除县境西南部以外的广阔地区,面积73887公顷,占植被总面积的87.1%,覆盖度25%~90%;草甸植被主要分布在海拔1700~2400米的县境西南部黄赤山、瓦亭梁一带地区,面积约1万公顷,占植被总面积的11.8%,阳坡、半阳坡的植被覆盖度为80%~96%,阴坡为93%~95%;森林植被主要分布在县境西南部土石质山区的挂马沟,面积0.09万公顷,占植被总面积的1.1%,覆盖度100%;人工植被面积11.67万公顷,其中,退耕地造林5.13万公顷,经济林面积5467公顷,荒山荒地造林5.15万公顷,治理沟道449条1.62万公顷。

【气候物候】 彭阳县属中温带大

陆性半阴湿半干旱气候，冬寒长，春暖迟，夏热短，秋凉早，日照时数长。2022年，彭阳县年平均气温为9℃，较历年平均值7.9℃偏高1.1℃，其中，1月、3月、4月、6月、7月、8月、9月、10月、11月、12月分别偏高2℃、3.8℃、0.6℃、0.8℃、1.4℃、1.3℃、2.6℃、0.7℃、1.1℃、1.7℃，2月、5月偏低2℃、0.7℃；最高气温34.7℃，出现在7月8日；最低气温为-18.5℃，出现在12月18日。全年日照总时数为2173.6小时，较历年同期2360.2小时偏少186.6小时。全年总降水量为307.9毫米，较历年同期值448.5毫米偏少140.6毫米、其中，3月、4月、5月、6月、8月、9月、10月分别偏少13.3毫米、10.8毫米、28.1毫米、26.4毫米、31毫米、42毫米、0.5毫米，1月、2月、7月、11月分别偏多4毫米、6.8毫米、1.8毫米、0.7毫米，12月较历年持平，微量降水。农业主要自然灾害有霜冻、干旱、雨涝、冰雹等。

（高　磊）

自然灾害

【概况】 彭阳县地处六盘山东麓，大部分地区属黄土高原丘陵地貌，历史时期地质灾害、气候灾害、生态环境灾害频发，其中又尤以干旱、冰雹、霜冻等气候灾害为主。2022年，彭阳县发生11次自然灾害。全县12个乡镇156个行政村都不同程度遭遇了自然灾害的侵袭，累计受灾人口达23068人次，农作物受灾面积2424.96公顷，严重倒损人居住房6间，一般倒损人居住房15间。灾害造成直接经济损失达1643.95万元。

【雹灾】 2022年，彭阳县发生4次雹灾，涉及交岔乡、罗洼乡、孟塬乡、草庙乡、王洼镇5个乡镇，最长持续时间约20分钟，最大雹径20毫米，最大地面积雹厚度3厘米。雹灾导致4717人受灾，经济损失约1450.49万元。

【冻灾】 2022年，彭阳县发生2次冻灾，涉及白阳镇、城阳乡、冯庄乡、古城镇、红河镇、王洼镇、小岔乡、新集乡、孟塬乡、罗洼乡10个乡镇，导致17651人受灾、经济损失约142.16万元。

【雨灾】 2022年，彭阳县发生2次雨灾，涉及白阳镇、城阳乡、孟塬乡3个乡镇，导致632人受灾，12间房屋受损，经济损失约45.8万元。

【崩塌】 2022年，彭阳县发生2次崩塌，涉及白阳镇、红河镇2个乡镇，导致9人受灾，3间房屋受损，9头牛死亡，经济损失约46.76万元。

【大风】 2022年，彭阳县发生1次大风，涉及小岔乡，导致4人受灾，3间房屋受损，经济损失约2万元。

（高　磊）

自然资源

【土地资源】 彭阳县国土总面积253353.33公顷，其中耕地面积67906.67公顷，林地面积116593.33公顷，耕地和林地面积184666.67公顷，占全县土地总面积的73%；草地面积9046.67公顷，其他农用地16966.67公顷，建设用地面积14313.33公顷，未利用地面积27400公顷。全县划定耕地保有量67273.33公顷，永久基本农田保护面积58880公顷，占耕地保有量面积的87.52%。

【矿产资源】 彭阳县是煤炭和石油资源富集区，境内已探明煤炭、石油、石灰岩等矿产资源6种，其中煤炭已探明地质储量30亿吨，远景储量140亿吨以上，煤质优良，可广泛用于发电、动力、冶金和化工领域；石油已探明地质储量5000万吨，远景储量5亿吨；石灰岩、砖瓦黏土、石英砂岩等地质储量可观。截至2022年年底，全县原煤、原油年产分别达1200万吨和12万吨以上，富锶型矿泉水日出水量2700立方米，开发潜力巨大。

【野生动物资源】 彭阳县境内重点区域监测各种鸟类16目42科166种0.6万只左右，主要包括：鸊鷉目、雁形目、鹤形目、鸻形目、雀形目、佛法僧目、鸡形目、啄木鸟目、鸽形目、鹰形目、鸮形目、鹃形目、犀鸟目，其中国家一级保护动物4种（黑鹳、青头潜鸭、乌雕、草原雕），国家二级保护动物21种。监测到各种兽类7目14科25属30种，主要包括食肉目的猫科、犬科、鼬科；偶蹄目的猪科、鹿科；猬形目的猬科；兔形目的兔科、鼠兔科；啮齿目的松鼠科、跳鼠科、仓鼠科、鼠科；食虫目的鼹科；翼手目的蝙蝠科等，其中国家一级保护动物1种（豺），国家二级保护动物1种（豹猫）。主要分布于全县河流、水库、人工湿地和县域内主要林区。

【野生植物资源】 彭阳县境内重点区域监测木本植物100余种，主要有山杨、山柳、山榆、山桃、山杏、白桦、椴树、红桦、辽东栎、扁核木（马茹刺）、杜梨、刺柏、山楂、枸子、酸刺、毛榛子、虎榛子、川榛子、白蜡、花楸、沙棘（黑刺）、胡颓子、藤五加、海棠等；草本植物300余种，主要有赖草、芒草、二色棘豆、兴安胡枝子、冰草、短炳草、尖叶胡枝子、红花岩黄芪、短翼岩黄茂、草木栖状黄芪、糙叶黄芪、狗尾草、金色狗尾草、山野豌豆、白羊草、白草、苦荬菜、百里香、细叶韭、细叶苔草、无芒雀草、披肩草、垂穗披肩草、老芒麦等，有毒草本植物主要有黄花棘豆、乏羊草、醉马草、狼毒等；药用植物200余种，主要有葫芦巴（苦豆子）、花菽、党参、羌活、赤芍、白芍、远志、山桃、杏、麦芽、芹艽、柴胡、沙参、黄精、细叶立黄芪（沙打旺）、仙鹤草、防风、膜荚黄芪、钟楼、前胡、黄芦木、毛叶小檗、香藿、贝母、节节草（土麻黄）、角茴香、节裂角茴香、山罂粟、黄花草等。

【自然景观资源】 彭阳县因得天独厚的地理条件造就的自然景观有朝那湫、五峰山、龙虎山、二龙山、七个山、八蜡台、栖凤山、茹河瀑布、石峡河、小巫峡、响桥子等。成功打造的生态景观有阳洼流域、大沟湾流域、白岔流域、小虎洼流域、杨寨流域、新洼流域、麻喇湾流域、黑窑滩流域、挂马沟木林海、长城塬、茹北观光果园等。

（高　磊）

2022年末彭阳县人口数及其构成一览表

表2

指　标	年末数（万人）	比重（%）
一、户籍人口情况		
户籍总户数（万户）	7.49	100.00
户籍总人口	24.45	100.00
其中：城镇人口	6.57	26.87
乡村人口	17.88	73.13
其中：男性人口	12.75	52.17
女性人口	11.69	47.83
其中：汉族	16.72	68.39
回族	7.71	31.56
其他少数民族	0.01	0.05
其中：0~17岁	5.66	23.14
18~34岁	6.50	26.60
35~59岁	8.96	36.64
60岁及以上	3.33	13.62
二、常住人口情况		
常住总户数（万户）	5.77	100.00
常住总人口	16.10	100.00
其中：城镇人口	6.32	39.25
乡村人口	9.78	60.75
其中：男性人口	8.63	53.60
女性人口	7.47	46.40
其中：汉族人口	11.01	68.39
回族人口	5.08	31.55
其他少数民族人口	0.01	0.06

人口和民族宗教

【人口】 在三万年前的旧石器时代，古人类已经在今彭阳县境繁衍生息，经过历代统治者数次大规模的官方移民和民间自发移民，到2022年年底，彭阳县总人口24.45万人，常住人口16.10万人，其中城镇人口6.32万人、乡村人口9.78万人。男性人口8.63万人，女性人口7.47万人，性别比为115.5（以女性为100）。汉族人口11.01万人，回族人口5.08万人，其他少数民族人口0.01万人。全年常住人口出生率为11.18‰，死亡率为9.94‰，自然增长率为1.24‰。

【民族】 自古以来，彭阳县就是一个多民族迁居地，自西周以后，历代最主要的民族有汉族、西戎族、匈奴族、吐蕃族、蒙古族、回族等，经过长期的民族交往、交流、交融，逐渐形成汉族为主，回族次之，兼有其他少数民族构成的格局。到2022年年底，彭阳县居住着汉族、回族、满族、蒙古族、壮族、藏族、土族、侗族、苗族、布依族、土家族、维吾尔族、东乡族、彝族、羌族、傣族、黎族等24个民族，其中回族人口5.08万人，占常住人口的31.55%。在全县12个乡镇中，回族人口占50%以上的有古城镇、新集乡、交岔乡3个乡镇。

【宗教】 由于历代统治者的倡导、古代各民族迁入，到明清时期，佛教、道教、伊斯兰教是彭阳县境人民群众信奉的主要宗教，同时佛教和道教也逐渐合一。到2022年年底，全县有信教群众23151人，其中，道教、伊斯兰教、天主教、基督教信教群众分别为7178人、15965人、1人、7人，有宗教活动场所139座，其中伊斯兰教场所131座，有备案认证的宗教教职人员233人（道教教职人员16人、伊斯兰教教职人员217人）。

（高　磊）

中共红河地下支部旧址　（杨彦彬 摄）

历史文化

【历史遗存】 彭阳县历史遗存众多。自旧石器时代就有人类在彭阳县境繁衍生息，有岭儿、刘河遗址。新石器时代各类遗址有上百处，以打石沟遗址为代表出土大量玉器及玉料残片。彭阳还发现西周初期获国的都邑遗址，遗址中出土周文化、商文化和寺洼文化遗物。战国时秦国在县境修建战国秦长城，距今已2200余年。秦汉以后，县境先后有朝那县、长城郡、黄石县、长城县、平凉县、百泉县、东山县、广安州等，并遗留下大量城堡、烽燧及墓葬。

【红色文化】 彭阳县是中国共产党在宁夏开展革命工作较早的地区之一，属陕甘宁边区的重要组成部分，曾有58%的土地和46%的人口属于陕甘宁革命边区，是宁夏革命老区一类县。1935年10月7日，毛泽东、周恩来、王稼祥等率领中国工农红军陕甘支队（即中央红军）翻越六盘山。7日和8日晚，毛泽东分别宿营小岔沟、乔家渠。1949年7月31日，中国人民解放军在彭阳任山河打响了解放宁夏的第一枪。至中华人民共和国成立前夕，中国共产党在彭阳县境先后建立固北、固原2个县委，麻子沟圈、草庙、二

2022 年彭阳县非物质文化遗产一览表

表 3

序号	类别	项目名称	级别	代表性传承人
1	传统美术	剪纸	自治区级	张金霞(女)、杨志仓
2	传统技艺	草编	自治区级	吴丽霞
3	传统技艺	蜂蜜黄酒	市级	虎忠龙
4	传统美术	麦秆画	市级	瓮国胜
5	传统美术	根雕	市级	常金理
6	传统技艺	十大碗	市级	罗有升
7	传统美术	剪纸	市级	刘克斌、赵玉贵、石贵斌、杨会兰(女)、杨立荣
8	传统美术	刺绣	市级	刘茹(女)、赵秉兰(女)、安冬梅(女)、李巧红(女)、刘粉金(女)、陈彩霞(女)
9	传统音乐	原生态花儿	市级	张平(回族)
10	传统音乐	宁夏山花儿	市级	姬满录(回族)
11	传统美术	剪纸	县级	王淑霞(女)、李治勇
12	传统美术	刺绣	县级	陈玉慧(女)、祁晓梅(女)、虎小兰(女)、张彩霞(女)、安亚春(女)
13	传统音乐	花儿	县级	海生满(回族)
14	传统技艺	笼食、燕麦酒	县级	刘彩芳(女)

龙山 3 个区委，安家川 1 个乡级苏维埃政府，峁堡、解岘 2 个地下交通站，25 个地下党支部，18 个抗敌后援会。

【非物质文化遗产】 2022 年，彭阳县有自治区级非遗项目 2 项、市级非遗项目 7 项；市级非遗传承保护基地 4 个；非遗项目代表性传承人 30 人，其中区级传承人 3 人、市级传承人 17 人、县级传承人 10 人。

【历史名人】 乌氏倮，战国末年乌氏戎人，把马、牛、羊贩卖到关中地区，从关中收购丝织品带回来牧区进献给戎王，并从戎王那里换取了 10 倍的利润，由此他成为当时西北地区有名的大牧主兼大商人，秦始皇也给予了他“比封君”的待遇。皇甫谧，魏晋时期的著名学者，出生于安定郡朝那县（今彭阳县古城镇），虽然一生未曾出仕，但他所著诗赋诔颂论甚多，著有《针灸甲乙经》《帝王世纪》《玄晏春秋》《年历》等书，《高士》《逸士》《列女》等传，其中《针灸甲乙经》是当今世界保存的最早一部针灸医学专著，皇甫谧也因此被尊为世界针灸鼻祖。胡安戎，北宋时曾担任彭阳城寨主，任职期间组织民众在城内修路、植树，他也是彭阳有史可考的生态建设第一人。

（高　磊）

风景名胜

【姚河塬遗址】 姚河塬遗址位于彭阳县新集乡姚河村，距彭阳县城 25 千米。经考古发掘，姚河塬遗址是西周早期获国的都邑，遗址内有墓葬区、宫殿、城墙、车马坑、铸铜作坊、制陶作坊、护城河等，先后出土青铜器、玉器、骨角牙蚌器等各类文物 1000 余件，其中甲骨文有 100 余字，为将获国纳入西周分封体制提供了最为直接的证据。姚河塬遗址是彭阳县商周考古的重大发现之一，填补了西周历史的空白，也证实了 3000 年前的西周早期，宁夏南部就已经被纳入中央政府的管辖范围。国内专家对彭阳姚河塬遗址评价为：最西北的西周早期封国都邑城址、最西北的西周早期诸侯级墓葬、最西北的甲骨文发现地、最西北的原始瓷器出土地、最西北的铸铜作坊遗址。2018 年 4 月，姚河塬遗址入选“2017 年度全国十大考古新发现”。

【无量山石窟】 无量山石窟位于彭阳县古城镇田庄村北塬组，距彭阳县城 22 千米。石窟为北宋时期建造，分东、西两窟，东窟窟顶呈窟窿形，石质造像5尊，3尊主佛并排而坐，居中为释迦牟尼，右为无量寿佛，左为弥勒佛，形态各异。在3尊主佛东侧又有道教的北方玄武大帝石像。西窟造像20尊，呈一线排列。这些造像融合了圆雕、浮雕阴刻等多种雕凿艺术手法，造像体形圆润，线条流畅活泼，栩栩如生，尤其对衣褶、眼神等刻画更是细致入微，创造出了一种敦厚含蓄、优美健康的艺术形象。民国《固原县志》载："石家峡，形势壮丽，草木蒙茸。山腰古石佛三，罗汉一十有八。水出峡口，淙淙之声，无间冬夏，烟云霭霭，朝夕不散。"1988年1月，无量山石窟被公布为自治区（省）级文物保护单位。

【璎珞宝塔】 璎珞宝塔位于彭阳县冯庄乡小湾村牛湾组，距彭阳县城54千米。璎珞宝塔始建于明嘉靖三十年（1551），为仿木结构七层八角楼阁式空心砖塔。塔通高20米，由塔基、塔身、塔刹三部分组成。塔基呈八角形，用红砂岩砌筑，高0.25米。整个塔身各层由下而上逐级缓收，显得挺拔稳健。每层以叠涩砖出檐，檐下各面正中及转角处均饰以砖雕一斗三升斗拱。塔身第二层背壁正中嵌有一块长0.9米、宽0.45米的长方形石匾。中间双阴线镌刻横书"璎珞宝塔"四个大字，右竖刻"发心功德主张侃高氏"，左竖刻"嘉靖三十年二月初一日立"。塔室采用厚壁空心式木构楼层结构，原有木梯可以攀登。塔周围曾出土陶质文吏俑、提梁俑、瓦当、筒瓦、柱础、殿宇饰件、吻兽件。民国《固原县志》载："张侃，固原卫人，家居七个山。嘉靖三十年春，有堪舆士过其庄，上下相度，谓侃曰：'此山若塔，当主斯郡文风日进，科第联翩。'侃应之曰：'若然，当勉之。'于是竭资鸠工，阅一年而告成，塔高五丈余，至今犹巍然生色也，自题曰：'璎珞宝塔'。"璎珞宝塔是宁夏南部山区现存的唯一一座有确切纪年的明代古塔，有较高的历史、科学、艺术价值。1988年被公布为自治区（省）级文物保护单位。

（高　磊）

璎珞宝塔 （杨彦彬 摄）

土特名产

【红梅杏】 彭阳红梅杏因鲜艳的色泽、亮丽的果面、独特的风味、良好的口感，深受广大顾客青睐，系国家地理标志产品。截至2022年红梅杏已成为彭阳县特色优势产业之一，累计发展面积5467公顷，其中挂果面积1467公顷，实现产量1650吨、产值4635万元。

【果脯】 彭阳杏脯色泽美观，酸甜可口，色香味俱全，保持了鲜杏的天然色泽。果脯蜜饯营养丰富，含有大量的葡萄糖、果糖、矿物质、多种维生素等对人体健康有益的物质。2022年，彭阳县有云雾山、栖凤、茹河等3家加工企业，从业人员150人，年生产杏脯及各种果脯产品2000吨，实现产值6000万元。

【小杂粮】 小杂粮是彭阳县当地传统种植的耐旱稳产粮食作物，也是全县特色产业之一，小杂粮种植面积稳定在4000公顷左右，主要有夏杂豌豆和秋杂谷子、糜子、荞麦、燕麦。近年在全县产业政策影响下，种植面积逐渐趋于

白阳镇中庄村 33.33 公顷张杂谷基地　（2022 年 9 月 17 日，扈志明　摄）

集中，种植大户及新型经营主体建设 20 公顷以上种植基地达到 60 个，其中 66.67 公顷以上 2 个，总面积 1120 公顷。

【朝那乌鸡】 彭阳县朝那乌鸡饱和脂肪酸含量低，不饱和脂肪酸含量高，富含人体 8 种必需氨基酸和 10 种非必需氨基酸，属高蛋白低脂肪食品，系国家地理标志保护产品、国家地理标志登记产品。朝那乌鸡已成为彭阳县特色优势产业之一，截至 2022 年年底，全县朝那乌鸡饲养量达到 80 万只。

【月子鸡】 彭阳县月子鸡学名为黑羽乌骨鸡，通体黑色，羽毛黑亮，个头较小，平均每只重 1.75 千克左右，肉质细嫩、清香干润、味道鲜美，富含丰富的蛋白质、氨基酸和维生素 A、D、E，以及钙、铁、锌等多种人体所需的营养成分，其营养成分高于一般土鸡 2~3 倍，而且脂肪含量极低，营养价值高，是妇女生孩子“坐月子”增强营养的首选鸡。月子鸡蛋皮淡绿，蛋黄金黄，蛋清稠密，富含多种微量元素。2022 年，年孵化月子鸡苗 20 多万只，带动就业 500 多人，实现产值 3300 万元。

（高　磊）

2022 年经济社会发展

【政治建设】 2022 年，彭阳县深入学习贯彻习近平新时代中国特色社会主义思想，扎实开展“大学习、大讨论、大宣传、大实践”活动。落实“第一议题”制度，召开县委理论学习中心组学习研讨 17 次，举办专题辅导 10 场次，各级党组织学习研讨 5500 余场次，组织开展宣传宣讲 1200 余场次。年内召开县委九届三次、四次全会，制定出台实施方案和任务清单，把党的二十大精神和自治区第十三次党代会精神具体化为彭阳回答。第二轮中央生态环保督察、中央依法治国办和自治区依法治区法治政府建设督查等反馈问题全部整改到位。从严落实抓党建主体责任，严明政治纪律和政治规矩，定期听取工作汇报，研究推进重点工作。突出政治标准选贤任能，对 65 个科级领导班子开展政治素质考察，提拔使用干部 70 人，晋升职务职级 196 人。扎实推进“一抓两整”创建行动，打造党建示范乡镇 9 个、村 119 个，整顿软弱涣散党组织 11 个，实施壮大村集体经济项目 48 个，所有村集体经济达到 8 万元以上。投入专项资金 57 万元，培育各类人才 300 余人。扎实开展“转作风重实干勇担当”活动，专项整治乡镇 8 个、部门 5 个，开展违反中央八项规定精神、群众身边腐败和不正之风、工程建设政府采购领域、粮食购销领域、违规收送红包礼金和不当收益及违规借转贷或高额放贷等专项整治，打造廉洁文化教育点 9 个，九届县委常规巡察 7 个乡镇，延伸基层党组织 100 个。

【经济建设】 2022 年，彭阳县地区生产总值 88.67 亿元，比上年增长 7.0%，增速分别高于自治区、固原市 3 个和 2.4 个百分点，位居自治区第三、固原市第一。全县完成规模以上工业增加值 25.24 亿元，比上年增长 19.4%，增速位居全区第二、全市第一。完成固定资产投资39.25亿元,比上年增长36.9%,增速位居全区第二、全市第一。完成社会消费品零售总额15.04亿元,比上年增长0.2%,增速与全区持平。完成地方一般公共预算收入4.34亿元，同口径增长8.9%；地方一般公共预算支出43.32亿元,比上年增长4.6%,增速位居全市第二。

严格落实粮食安全党政同责,开展乱占耕地建房、撂荒耕地等专项整治,粮食总产量21.4万吨。全链条布局发展"五特四新四优"("五特"即肉牛、冷凉蔬菜、红梅杏、生态经济、特色板块产业;"四新" 即煤炭综合利用、农副产品加工、轻工纺织、数字信息产业;"四优" 即文化旅游、现代物流、健康养老、电子商务)产业,完成大豆玉米带状复合种植16000公顷,建成高标准农田13913.33公顷,培育肉牛养殖示范村71个,建成"出户入园"规模养殖园区7个,打造千亩露地蔬菜示范基地5个,红梅杏直接销售额达到4635万元，综合产值突破7000万元，较上年增长3.15倍。苏宁矿山机械增材再制造、朗星LED光电制造基地、晋阳年产3万套空气源采暖设备等一批高质量项目落地建设,完成技改项目10个，规模以上工业增加值24.6亿元、增长16%。建设乔家渠民宿等一批旅游项目,4家连锁酒店入驻建设改造或投入运营,举办山花节和红梅杏开园节,接待游客90万人次,实现社会综合收入4亿元。县财政R&D(研究与试验发展)经费投入增长30.73%，投入强度0.17%，县科技局获评全国科技管理系统先进集体。举办两次重大项目集中开工仪式,开工建设重点项目108个，完成投资50亿元,G85银昆高速彭阳过境段等项目加快建设,新建续建农村公路98条，石家峡中型水库建设顺利推进,除险加固病险水库4座，新增高效节水灌溉农田4000公顷,"互联网+城乡供水"全面建成运行。

【文化建设】 2022年,彭阳县结合"转作风重实干勇担当"活动,广泛开展群众文化活动,提升公共文化服务水平，壮大文艺队伍，切实推动文化艺术普及,奋力推进文化乐民。彭阳县持续推进文化惠民工程,开展"讲一堂党课、办一场体育赛事、演一场文艺节目、做一次意见征集"活动940场次,眉户剧《退彩礼》和广场舞《志愿者之歌》获全区群星奖评比三等奖。立碑保护文物点32处，有序推进姚河塬遗址保护开发,成功挖掘口弦、纸牌等非遗项目20个。普及全民艺术,开展周末公益性免费培训班2期、暑期公益性免费培训班1期,开设少儿书法、舞蹈、古筝、电子琴等培训课程,聘请县内音乐、美术、舞蹈等13名专业老师对500余名学员开展免费培训,加强青少年文艺人才的挖掘和培养。补齐乡村文化短板,助推公共文化服务水平上台阶,为38个乡村振兴战略薄弱村(社区)、乡村振兴战略示范村、移民薄弱村(社区)和5个城乡文化示范点配发音响、乐器等文化活动设备器材;评估检查乡镇综合文化站12个、村(社区)综合文化服务中心162个,扶持农民文化大院32家。加强文化娱乐场所监管，采取明查与暗访相结合、重点抽查与日常巡查相结合、重点时段和重点区域相结合、重点监管和跟踪监管相结合的方式,加大日常监管和专项整治力度,先后检查网吧69家次、歌舞娱乐场所270家次,对2家未办理许可证擅自经营的单位责令关停。检查书店及印刷复制行业258家次,立案查处2家,罚款1.035万元。发挥"扫黄打非"文化执法主力军作用,开展网络淫秽色情信息专项治理"净网"行动、秋季开学季"护苗2022"专项行动、深化查堵非法有害出版活动专项治理"清源"行动、全县校园周边专项治理等多个专项行动,出动执法人员516人次,排查出不适宜中小学生阅读书籍78本,下架问题书籍73本,对2起区、市"扫黄打非" 办移交线索立案查处,查处回复率100%。加强校外培训机构监管，对全县12家艺术类校外培训机构就登记信息、经营场地面积、运营情况、收费管理、师资队伍、安全生产、从业人员资质、学员数量、收费标准等方面进行了全面摸排，督促指导机构在全国校外教育培训监管与服务综合平台完成资金监管、课程上架等工作，完成率100%。健全完善联合执法机制，全年对网吧、歌舞娱乐场所、电影院、书店、校外培训机构、印刷企业等重点领域联合执法检查15次，出动执法人员118人次，检查文化旅游经营场所121家次。

【社会建设】 2022年，彭阳县落实“培训+指导+贷款+补贴”创业服务机制，发放创业贷款9182万元，培育创业实体473家，创业带动就业1449人。在全市率先建立编外聘用人员薪酬晋升制度，建成人力资源市场，公益性岗位安置就业2384人，转移就业6.28万人、创收15.12亿元。完成城乡低保提标，发放社会救助资金1.24亿元，居民养老、医疗保险参保率分别为98.6%和96.1%。建成老年养护楼、失能特困人员照护服务中心，投用政府街社区日间照料中心，一站式为孤寡老人服务。推进乡村相对集中办学，整合提升小规模学校16所，县五中建成招生，控辍保学常态清零，“大校额”“大班额”彻底消除。加强书记、校（园）长队伍建设，坚持“推门听课”，全面完成“县管校聘”改革，与厦门大学附属中学、银川一中等区内外优质学校开展托管帮扶和协同办学。拓宽职业教育校舍面积4.4公顷，建设实训基地1.2万平方米、实训室5个，加强职技融合专业建设，职业教育办学能力有效提升。创建自治区级体育传统特色学校8所，公共体育场地设施实现乡村全覆盖，体育旅游线路入选全国体育旅游精品项目，荣获全国第一批全民运动健身模范县。实施全民健康水平提升行动，建成疾病预防控制中心办公楼，完成全民健康体检7.38万人，组建165个家庭医生签约服务团队，重点人群家庭医生签约率100%。稳步推进综合医改，开工建设县人民医院王洼分院等4个项目，完成健康总院党总支领导下的院长负责制改革，探索推行公立医院薪酬制度改革，在全区紧密型县域医共体试点县（区）改革中综合评价位列第一。常态化开展“四查四补”，完善动态监测和精准帮扶机制，集中开展“清零”行动，消除风险监测对象634户2126人。全年发放小额贷款4953户2.96亿元、困难学生补助7.9万人次1.17亿元、务工就业补贴5883人639.35万元，完成贷款贴息1700万元，定额资助特困人群医保6.34万人1550万元，“乡村振兴健康保”实现脱贫户和监测对象全覆盖，守牢不发生规模性返贫底线。

【生态环境建设】 2022年，彭阳县坚持以先行区建设为抓手，统筹推进山水林田湖草一体化保护和系统治理，加快实施水土保持、水源涵养、生态修复等重点工程，开展全域国土绿化行动持续打好蓝天、碧水、净土保卫战，中央和自治区环保督察及“回头看”反馈问题年度任务全部整改到位。治理小流域3条41.25平方千米，完成造林10500公顷，森林覆盖率36.87%。实施城镇特色街区、绿化美化等项目23个，建成区绿化覆盖率44.9%。投用县城第二污水处理厂，建成农村生活污水处理站43座，农村污水治理率42%，红河、茹河、蒲河水质达标出境。完成农村生活垃圾填埋厂渗滤液处理扩容项目，实施农业面源污染综合治理项目，残膜回收利用率、粪污资源化利用率均95%以上，土壤环境安全可控。完成西热源厂环保改造工程，试点推广冬季清洁取暖项目，全年大气优良天数比例保持在90%以上。

（袁国庆）

中国共产党彭阳县委员会

Pengyang County Committee of the Communist Party of China

综　述

【深化改革】 2022 年，中共彭阳县委深化 283 项重点改革任务，探索实施 3 项国家级和 12 项自治区级改革试点任务。稳步推进用水权、土地权、排污权、山林权、用能权、碳排放权“六权”改革，落实自治区“山林权”改革重点县责任，完成山林资源界定确权 13.4 万公顷，创新“山林+”发展模式，林下经济年产值达到 2 亿元，带动群众增收 3000 万元。营商环境持续优化。全面深化“放管服”改革，网办率 88.5%，涉企经营许可事项审批时限压缩 47.4%。出台招商引资优惠政策 23 条、闽籍企业特惠政策 11 条，建立招商企业“一对一”服务机制，累计兑现招商引资奖补资金 530 万元。深化与宋庆龄基金会、福建省集美区和翔安区合作，争取帮扶资金 7180 万元，谋划实施项目 52 个，打造闽宁协作乡村振兴示范村 5 个，签订《闽宁招商引资备忘录》，建成“厦门特产馆”，带动销售农副产品 2 亿元。

【产业转型】 2022 年，中共彭阳县委持续深化供给侧结构性改革，特色农业方面，培育肉牛养殖示范村 71 个，建成“出户入园”规模养殖园区 7 个，肉牛饲养量达到 25 万头。打造千亩露地蔬菜示范基地 5 个，红梅杏直接销售额达到 4635 万元，综合产值突破 7000 万元，较上年增长 3.15 倍。新型工业方面，实施结构、绿色、智能、技术“四大改造”行动，矿山机械增材再制造项目落地建设，煤矸石固废综合利用项目顺利推进，煤炭产业链条持续向下游延伸。朗星科技 LED 光电设备等 14 个高质量工业项目基本建成，工业布局逐步优化。全社会 R&D(研究与实验发展)经费投入 1324 万元，完成技改项目 10 个，科技赋能、创新驱动成效显著。优质服务业方面，建成宁南数字经济产业园 A 区，吸纳就业 1000 余人，获评固原市唯一自治区数字经济示范园区培育对象和固原市近三年首个自治区级现代服务业集聚区。新华百货商业综合体签约落地，“梯田巷”夜市建成投用，县城游客集散中心完成改造，如家等 4 家连锁酒店入驻运营，红梅杏“开园节”等擦亮品牌，接待游客 90 万人次，实现社会综合收入 4 亿元。

【城乡发展】 2022 年，中共彭阳县委采取“周调度、周汇总、周纠偏”形式，召开到乡到村视频会议 19 次，围绕义务教育、基本医疗、住房安全有保障和饮水安全、收入、政策保障等方面，建立问题、任务、责任“清单”，排查整改问题 5500 余条，完成 57 个考核评估反馈问题整改，集中开展“清零行动”，脱贫户人均纯收入 13267 元、比上年增长 16%，完成考核评估。围绕产业、就业、社会融入，实施移民致富提升项目 19 个，建成就业帮扶车间 5 个，移民小区服务站 6 个。全面推进乡村振兴，高标准编制村庄规划 30 个，持续推进农村人居环境整治，建成 18 个美丽村庄，新建农村卫生厕所 1018 户，卫生厕所普及率 62.1%，打造乡村振兴示范村 17 个。

【生态环境】 2022 年，中共彭阳县委统筹推进山水林田湖草一体化保护和系统治理，实施水土保持、水源涵养、生态修复等重点工程，开展全域国土绿化行动，推行林长制，治理小流域 41.25 平方千米，完成造林 10500 公顷，森林覆盖率 36.87%，水土流失治理程度 80.5%。中央和自治区环保督察及“回头看”反馈问题年度任务全部整改到位，开工建设县城西热源厂环保改造项目，建成第二污水处理厂，空气质量优良天数 298 天，红河、茹河、蒲河断面水质稳定达标，土壤环境质量保持稳定，垃圾处理率 80%。实施城镇特色街区、绿化美化等项目 23 个，完成 30 个老旧小区维修改造，建成区绿化覆盖率 44.9%，城镇化率提高到 42%，全国文明城市创建通过中期测评。

【和谐社会建设】 2022 年，中共彭阳县委落实意识形态工作责任制，常态化开展扫黑除恶斗争，严厉打击违法犯罪活动，直接劝阻电信诈骗金额 15 万元。推进基层治理模式，全年矛盾纠纷化解率 97.9%，信访化解率 98%。推进安全生产专项整治集中攻坚行动，开展矿山、危化品、交通道路、消防和特种设备等领域行政执法，排查整改安全隐患 1900 余处。加强自然灾害风险隐患排查整治，拨付 6700 余万元全力以赴防汛抗旱救灾，下拨灾害救助资金 450 万元。

（袁国庆）

重要会议

【县委全委会会议】 2022 年，中共彭阳县委全委会会议共召开 4 次。

1 月 15 日，县委九届二次全体会议召开。审议出席中国共产党第二十次全国代表大会代表候选人推荐人选名单；听取县委常委会 2021 年干部选拔任用工作情况报告，对 2021 年干部选拔任用工作、新提拔任用干部和县委书记抓党建工作进行评议。

7 月 31 日，县委九届三次全体会议召开。会议审议《中共彭阳县委员会关于深入学习宣传贯彻落实自治区第十三次党代会和市委五届五次全会精神任务责任清单》。

11 月 8 日，县委九届四次全体会议召开。会议审议《中共彭阳县委员会关于学习宣传贯彻中共二十大精神的实施方案（讨论稿）》《中国共产党彭阳县第九届委员会第四次全体会议公报（草案）》，对全县学习宣传贯彻党的二十大及自治区党委十三届二次全会、固原市委五届六次全会精神作出安排部署。

12 月 26 日，县委九届五次全体会议召开。县委书记张永强代表县委常委会向全委会报告工作，安排部署 2023 年工作。

【县委常委会会议】 2022 年，中共彭阳县委常委会会议共召开 42 次。（详见表 4）

（袁国庆）

2022 年中共彭阳县委常委会会议情况一览表

表 4

会议时间	会议名称	会议内容
1 月 15 日	九届县委 2022 年第二次常委会会议	研究《彭阳县 2022 年“两节”慰问及困难群众救助工作方案》、出席自治区第十三次党代会代表候选人推荐人选、出席中国共产党第二十次全国代表大会代表候选人推荐人选等事宜

续表 4

会议时间	会议名称	会议内容
1月28日	九届县委2022年第三次常委会会议	研究《关于召开中共彭阳县第九届纪律检查委员会第二次全体会议的请示》《中共彭阳县纪委九届二次全会工作报告(讨论稿)》《彭阳县全面推行林长制实施方案》《2022年彭阳县林果产业高质量建设方案》《彭阳县用水权确权结果》《2022年彭阳县草畜产业高质量发展实施方案》《2022年彭阳县绿色食品产业高质量发展实施方案》《彭阳县第二轮土地承包到期后再延长三十年试点工作方案》《彭阳县推进工业经济高质量发展实施方案》《市委涉粮问题专项巡察彭阳县委政府的反馈意见》《市委涉粮问题专项巡察县委政府反馈意见整改方案》《中共彭阳县委贯彻落实中央民族工作会议、自治区党委十二届十三次全会、市委四届十二次全会精神工作方案和责任清单》、国有建设用地出让等事宜
2月22日	九届县委2022年第五次常委会会议	研究《彭阳县深化新时代教育督导体制机制改革的实施方案》《2022年彭阳县中药材和食用菌产业高质量发展实施方案》《彭阳县数据服务外包产业发展方案》《彭阳县促进数据服务外包产业发展暂行办法》《彭阳县2022年巩固拓展脱贫攻坚成果同乡村振兴项目库建设、财政涉农资金整合和闽宁资金使用方案》《彭阳县招商引资政策若干规定》、调整县委议事协调机构和全县议事协调机构、县级领导干部联系乡镇和社区、包抓薄弱村示范村移民安置区及科级领导干部包抓行政村(社区)和成立社区治理工作专班等事宜
2月26日	九届县委2022年第六次常委会会议	审议《彭阳县全面推进乡村振兴战略重点工作实施方案》《2022年彭阳县农业农村工作要点》《彭阳县农村人居环境整治提升五年行动实施方案(2021—2025年)》《彭阳县2022年实施“四大提升行动”任务清单》《彭阳县2022年巩固拓展脱贫攻坚成果同乡村振兴有效衔接示范村工作方案》《彭阳县实施乡村振兴战略薄弱村(社区)综合整治工作方案》《彭阳县2022年实施移民薄弱村(社区)综合整治工作方案》,研究《彭阳县公务接待管理办法(修订稿)》等事宜
3月16日	九届县委2022年第八次常委会会议	听取全县信访维稳工作汇报、美丽茹河PPP项目运营情况汇报,研究《彭阳县2022年组织宣传统战政法工作会议筹备方案》《彭阳县创建全国文明城市2021年工作总结暨2022年工作部署会筹备方案》《彭阳县乔家渠红色廉洁文化教育基地揭牌暨“全县领导干部廉政警示教育周”活动启动仪式方案》,审议《县委审计委员会2021年度工作总结和2022年度工作要点》《彭阳县2022年度审计项目计划》
4月2日	九届县委2022年第九次常委会会议	研究《彭阳县贯彻落实中央生态环境保护督察曝光典型案例整改方案》《彭阳县贯彻落实〈地方党委和政府领导班子及其成员粮食安全责任制规定〉实施方案》《关于改革完善彭阳县粮食储备体制机制加强粮食储备安全管理的实施方案》《彭阳县县级政府临时粮食储备实施方案》《彭阳县委全面深化改革委员会2022年工作要点》《彭阳县2022年县直部门(单位)重点改革任务清单》《彭阳县“四权”改革2022年任务清单》、彭阳县2022年造林绿化任务及资金安排、国有建设用地出让、召开彭阳县红十字会第一届会员代表大会、购销公司部分粮站收回及危仓维修等事宜

续表4

会议时间	会议名称	会议内容
4月15日	九届县委2022年第十一次常委会会议	研究《中共彭阳县九届委员会巡察工作规划(2022—2026年)》《中共宁夏回族自治区委员会关于新时代坚持和完善人民代表大会制度加强和改进人大工作的实施意见》《2022年彭阳县全面从严治党、党风廉政建设和反腐败工作主要任务分工方案》《彭阳县推动现代职业教育高质量发展工作实施方案》《彭阳县2022年大豆价格保险实施方案》、彭阳县王洼产业园区区块三道路及招商项目用地征迁资金事宜，听取全县工程建设政府采购等重点领域突出问题专项治理工作汇报、近期新冠疫情防控工作汇报，审议《彭阳县党的建设领导小组2022年工作要点》
4月27日	九届县委2022年第十二次常委会会议	研究《关于做好统一战线防范化解风险隐患工作迎接党的二十大胜利召开的实施方案》《民族宗教领域“五查五治”工作方案》《彭阳县民族宗教方面突发事件应急预案（试行）》《彭阳县2022年铸牢中华民族共同体意识示范点建设方案》《县委国家安全委员会2022年工作要点》《关于维护全县政治安全工作实施方案》《彭阳县数据安全工作协调机制工作方案》《彭阳县加强数据安全工作重点任务分工方案》《平安彭阳建设2022年工作要点》《党的二十大安保维稳风险隐患排查整治“百日攻坚”专项行动方案》《彭阳县进一步加强基层治理体系和治理能力现代化建设的任务清单》《彭阳县拓展新时代文明实践中心建设实施方案》、国有建设用地出让、红十字会第一届理事会和监事会建议人选事宜，听取全县维护政治安全暨中共二十大安保维稳风险隐患排查整治工作汇报
5月8日	九届县委2022年第十三次常委会会议	研究《彭阳县2021年度巩固拓展脱贫攻坚成果同乡村振兴有效衔接考核评估问题整改方案》《2022年彭阳县扶持壮大村级集体经济实施方案》、收回彭阳县磷肥厂硫酸车间国有建设用地使用权及地上建筑物其他附着物和闽宁彭阳大数据灾备中心项目国有建设用地使用权及地上附着物事宜、研究国有建设用地出让事宜、县红十字会换届选举结果、有关违纪案件事宜，听取2022年第一季度受处分党员干部处分决定宣布情况报告、全县全域创建食品药品安全区和创建国家食品安全示范城市工作汇报，审议《县委全面依法治县委员会2022年工作要点(审议稿)》
5月22日	九届县委2022年第十五次常委会会议	研究《关于巩固全县政法队伍教育整顿成果推进全面从严管党治警的实施方案》《自治区党委督查调研中央和自治区党委政协工作会议精神贯彻落实情况通报问题整改方案》《彭阳县推进社会主义文艺繁荣发展实施方案》
5月31日	九届县委2022年第十六次常委会会议	研究《彭阳县物流保通保畅工作方案》《彭阳县乡村振兴基金设立方案》《彭阳县乡村振兴融资担保基金管理办法》、2021年度全县公务员考核优秀嘉奖、记三等功事宜，听取安全生产和信访安全保障工作汇报
6月17日	九届县委2022年第十七次常委会会议	研究《彭阳县副科级及以上领导干部请假报告制度》《彭阳县加强退出领导岗位干部管理实施办法》《彭阳县稳经济保增长促发展守底线政策措施》《彭阳县2022年支持扩大消费实施方案》《促进彭阳县房地产市场平稳健康发展若干措施》《彭阳县中小学教师“县管校聘”改革工作实施方案》《林业碳汇项目合同》《彭阳县关于解决不动产登记历史遗留问题的方案》《彭阳县用水权收储交易及收益分配管理暂行办法》《彭阳县水资源最大刚性约束制度实施方案》，听取全县小额信贷逾期催缴和2022年青贮玉米任务落实情况汇报、全县贯彻落实中央依法治国办反馈问题整改情况和打击整治养老诈骗专项行动工作情况汇报

续表 4

会议时间	会议名称	会议内容
7 月 30 日	九届县委 2022 年第二十四次常委会会议	研究《彭阳县“十四五”闽宁协作规划分工方案》《2022 年闽宁协作重点工作任务分工方案》《关于巩固拓展党史学习教育成果推动党史学习教育常态化长效化的实施方案》、2022 年彭阳县扶持发展壮大村级集体经济项目调整事宜、《彭阳县巩固拓展脱贫攻坚成果同乡村振兴有效衔接区、市督查反馈问题及自查发现问题整改方案》，听取上半年全县公安工作汇报、全县农村户厕改造和农村问题户厕摸排整改工作汇报
8 月 8 日	九届县委 2022 年第二十六次常委会会议	研究彭阳县参与全国有线电视网络整合相关事宜，听取县纪委监委上半年党风政风监督信访举报执纪执法审查调查情况汇报、全县加强未成年人思想道德建设工作情况汇报、全域创建食品药品安全区工作情况汇报、全县 2018—2021 年度审计查出问题整改情况汇报，审议《关于进一步加强干部作风建设的实施方案(讨论稿)》《关于广泛开展习近平总书记视察宁夏重要讲话和重要指示批示精神“大学习、大讨论、大宣传、大实践”活动的实施方案》《彭阳县委党校(行政学院)办学质量评估反馈问题整改方案》《彭阳县全面贯彻落实审计查出问题整改长效机制实施方案》《中共彭阳县委审计委员会审计监督重大事项督察督办工作办法》《彭阳县党政部门(单位)领导干部履行经济责任审计常见问题提示清单》《彭阳县国有企业主要领导人员经济责任审计常见问题提示清单》《彭阳县政府投资项目审计常见问题提示清单》《彭阳县 2022 年度审计项目调整计划（审议稿)》《彭阳县 2021 年财政预算执行情况和决算草案及其他财政支出审计情况报告》
8 月 21 日	九届县委 2022 年第二十八次常委会会议	研究 2022 年彭阳县人才项目专项资金事宜，召开县委人才工作会议有关事宜、研究 2022 年财政预算调整事宜、彭阳县集中供热特许经营项目提前终止政府补偿财政承受能力评估事宜，听取全县 1—7 月主要经济指标运行情况、2022 年项目建设情况汇报、全县生态环境保护各级反馈问题整改情况汇报、全县上半年意识形态工作汇报、全县上半年创建全国文明城市工作汇报、涉粮问题专项巡察反馈意见整改情况汇报、2021 年财政决算(草案)2022 年上半年财政预算执行情况汇报
9 月 2 日	九届县委 2022 年第三十次常委会会议	研究彭阳县 2022 年“民族团结进步月”活动有关事宜、成立全县扶贫志编纂工作指导小组、建立“六大提升行动”和“五特四新四优”产业包抓专班事宜、2022 年闽宁协作发展资金使用计划调整事宜，审议《彭阳县王洼产业园区机制体制改革和高质量发展实施意见》
9 月 30 日	九届县委 2022 年第三十二次常委会会议	听取全县 2022 年工程建设政府采购等重点领域突出问题专项治理工作进展情况汇报、九届县委第一轮巡察反馈问题整改情况汇报、县人大政府和政协领导外出考察和招商引资情况汇报、退役军人事务工作情况汇报、全县推行林长制工作情况汇报、中共二十大安保维稳新冠疫情防控安全生产洪涝灾害防范工作情况汇报，审议《关于九届县委第二轮巡察情况的综合报告》《县委退役军人事务工作领导小组 2022 年度退役军人工作任务清单（送审稿)》《彭阳县支持重点劳动密集型企业发展稳岗就业实施方案》《彭阳县审计查出问题整改考核方案》
10 月 17 日	九届县委 2022 年第三十四次常委会会议	研究 2016 年、2017 年棚户区改造项目贷款定价基准利率转换事宜，审议《彭阳县共青团基层组织改革工作实施方案》《彭阳县建设项目节水设施“三同时”管理制度(试行)》《彭阳县取用水户节约用水信用管理制度(试行)》

续表 4

会议时间	会议名称	会议内容
10月24日	九届县委2022年第三十五次常委会会议	研究彭阳县2022年石油天然气井场部署计划，听取各级各类生态环境保护反馈问题整改情况汇报，审议《彭阳县贯彻落实第二轮中央生态环境保护督察报告整改方案》《彭阳县行政复议体制改革实施方案》《彭阳县建设黄河流域体育公共服务体系高质量发展先行区实施方案》
11月8日	九届县委2022年第三十六次常委会会议	研究彭阳县巩固拓展脱贫攻坚成果同乡村振兴有效衔接2022年项目库调整及2023年项目库建设事宜、彭阳县2022年涉农资金统筹整合使用方案调整事宜、推荐补选彭阳县第十届人民代表大会代表候选人事宜，听取“10·28”突发新冠疫情防控应急处置工作情况汇报、2023年建设项目谋划及前期准备工作进展情况汇报、拖欠农民工工资和农民土地流转费排查整治情况汇报、“推门听课”制度落实情况汇报、2022年度河长制工作情况汇报，审议《关于召开中国共产党彭阳县第九届委员会第四次全体会议的请示》《中国共产党彭阳县委员会关于学习宣传贯彻党的二十大精神的实施方案（讨论稿）》《彭阳县党的二十大精神宣传工作方案（送审稿）》《彭阳县党的二十大精神宣讲工作方案(送审稿)》《彭阳县“十二五”移民旧宅基管理使用方案》
12月13日	九届县委2022年第三十九次常委会会议	听取1—11月经济运行情况汇报，审议《彭阳县乡村建设行动实施方案(2022—2025年)》《彭阳县推动城乡建设绿色发展实施方案》《彭阳县肉牛产业高质量发展实施方案（2023—2027年）》《彭阳县冷凉蔬菜产业高质量发展实施方案（2023—2027年）》《彭阳县特色板块产业高质量发展实施方案(2023—2027年)》《彭阳县红梅杏产业高质量发展规划》(2023—2027年)》《彭阳县生态经济产业高质量发展规划(2023—2027年)》《彭阳县妇女发展规划(2021—2030年)》《彭阳县儿童发展规划(2021—2030年)》《2022年度彭阳县效能目标管理考核方案》
12月25日	九届县委2022年第四十一次常委会会议	研究县两会有关事宜、购买盘活闲置房源改造建设保障性租赁住房及相关资金事宜、《彭阳县深化国防动员体制改革实施方案》、县残疾人联合会第八次代表大会选举结果、追授郭明为全县优秀共产党员事宜。审议《彭阳县人民政府工作报告(送审稿)》《彭阳县人大常委会工作报告(送审稿)》《政协彭阳县委员会工作报告(送审稿)》《彭阳县人民法院工作报告(送审稿)》《彭阳县人民检察院工作报告（送审稿)》《彭阳县2022年国民经济和社会发展计划执行情况与2023年国民经济和社会发展计划（草案)(送审稿)》《彭阳县2022年财政预算执行情况和2023年财政预算(草案)的报告(送审稿)》《彭阳县推进文化旅游、现代物流、健康养老、电子商务产业高质量发展实施方案(送审稿)》《彭阳县推进煤炭综合利用、农副产品加工、轻工纺织、数字信息产业高质量发展实施方案(送审稿)》《彭阳县实施教育质量提升行动工作方案(送审稿)》《彭阳县2023年重点建设项目清单(送审稿)》《彭阳县机关事业单位编外聘用人员薪酬实施方案(试行)(送审稿)》

县委综合事务

【文稿起草】 2022年，中共彭阳县委办公室(以下简称县委办)按照《办公室发文程序审核制度》要求，围绕县委重大决策部署和工作安排，开展各类文件、材料起草、校对、印发、归档工作。全年处理各类公文1725件，制发各类公文255件，规范性文件33件。

【信息调研】 2022年，县委办紧扣县委中心工作，整理全县工作动态、社情民意以及改革发展的好经验、好典型、好做法，向区委、市委和县委领导反映实际情况。全年撰写重要文稿180余篇，编报党务信息351篇。

【督促检查】 2022年，彭阳县委督查室围绕中央和区委、市委重大方针政策贯彻执行以及县委决策部署落实情况，成立3个督查小组，进行定期督查。全年跟踪办理县委主要领导批示办理情况和县委常委会议定事项办理情况500余件。围绕新冠疫情防控、巩固拓展脱贫攻坚成果同乡村振兴有效衔接、大豆玉米带状复合种植等重点工作开展专项督查，下发督查通报12期。

【机要保密】 2022年，中共彭阳县委保密委员会办公室加大保密宣传、管理和执法力度，定期开展涉密载体和涉密信息系统保密大检查，增强工作人员的保密意识，杜绝各类泄密事件发生。按照“确保绝对安全，绝对畅通”的工作要求，加强机要办公设备和安全防范设施建设与管理，严格执行24小时值班制度，定期开展安全检查隐患排查。全年密码工作未发生一起错漏、迟办等事故，视频会议全部通畅。

【保障服务】 2022年，县委办按照《办公室制度汇编》要求，开展办公室日常管理、办公用品配置、车辆运行保障、干部职工关爱等相关工作。组织县委重要会议和重大活动，全年负责筹办会议52次，服务县委常委会会议41场，接待区委、市委主要领导调研10余次，实现“零差错”。

（袁国庆）

重大决策

【2022年彭阳县林果产业高质量建设方案】 林果产业是彭阳县重点培育产业之一，为有效巩固脱贫攻坚成果并与乡村振兴实现衔接，拓宽农民增收渠道，促进林果产业持续健康发展。县自然资源局编制《2022年彭阳县林果产业高质量建设方案》(以下简称《方案》)，经调研走访农户、乡村干部、农业农村、林草部门技术干部和发放调查问卷、咨询专家等，在广泛征求发改、财政、审计等部门和各乡镇人民政府意见的基础上，经政府专题会、常务会及县委常委会讨论研究通过后，于2022年2月21日由中共彭阳县委办公室印发。《方案》由指导思想、建设内容、发展模式、苗木标准、补贴办法、技术服务团队建设、品牌保护、其他补贴、投资概算、考核奖惩等10个部分组成。《方案》提出结合山林权改革及国家储备林建设，引导发展以房前屋后、庭院四旁为主的庭院林果，重点发展红梅杏、苹果产业，引种试验栽培枸杞叶菜、无花果等新品种，探索经济林发展新模式，巩固脱贫攻坚成果，着力提升乡村绿化美化质量，助推乡村振兴。项目建设总面积666.67公顷，其中，零散户庭院经济林110.67公顷，乡村振兴示范村整村推进49.33公顷，山杏高接改良186.67公顷，红梅杏良种繁育圃6.67公顷，枸杞叶菜133.33公顷，国家储备林180公顷。

【彭阳县推进工业经济高质量发展方案】 为巩固脱贫攻坚成果同乡村振兴有效衔接，推进产业由短平快发展向中长期培育转变，彭阳县发改局结合全县工业发展实际，起草《彭阳县关于推进工业经济高质量发展实施方案》(以下简称《方案》)，并提请九届县委2022年第3次常委会议审定通过。于2022年1月28日，中共彭阳县委办公室印发《方案》，《方案》由总体思路、目标任务、推进措施、工作要求4部分组成。《方案》提出力争在龙头企业培育、产业链延伸上实现新突破，抢抓战略机遇、勇毅克难前行，在稳定工业经济增长、加快新旧动能转换、促进产业优化升级、激发市场主体活力、推动绿色低碳发展上持续发力，奋力开创工业经济高质量发展新局面。2022年计划完成全部工业增加值20.6亿元，同比增长8%以上，实现规模以上工业增加值19.25亿元，同比增长10%以上；实施结构改造、智能改造、技术改造、绿色改造项目10个以上，投资增长15%以上；力争生产原煤1000万吨，生产原油15万吨；培育规模以上企业8家、国家级高新技术企业1家、专精特新示范企业2家、自治区科技型企业2家；力争招商落地投资1亿元以上工业产业类项目10个以上，着力打造宁南山区百万千瓦级新能源产业基地。

【关于加快推动彭阳县王洼产业园区体制机制改革和高质量发展的实施意见】 为深化开发体制机制，有效激发开发区内生动力和发展活力，2022 年 9 月 21 日，中共彭阳县委办公室印发《关于加快推动彭阳县王洼产业园区体制机制改革和高质量发展的实施意见》(以下简称《实施意见》)，《实施意见》由总体要求、加快推动园区市场化改革、深化园区管理机制改革、加快推进园区转型升级、扎实推进园区低碳绿色集约发展、保障措施 6 个部分组成。《实施意见》提出要以深化供给侧结构性改革为主线，以市场化改革为方向，以推行“管委会+公司”模式为牵引，坚持问题导向，创新管理机制，完善服务体系，优化营商环境，推动绿色发展，着力破解制约园区发展的体制机制障碍，构建运转高效、富有活力、竞相发展、提质增效的园区建设发展新局面，将园区打造成为推动全县工业经济高质量发展主阵地。

【彭阳县红梅杏产业高质量发展规划(2023—2027 年)】 为聚焦发展壮大县域经济，推行“绿色+”发展模式，坚持生态效益与经济效益并重，将林业生态建设与乡村振兴及发展全域旅游产业有机结合，彭阳县自然资源局编制《彭阳县红梅杏产业高质量发展规划(2023—2027)》(以下简称《规划》)，经政府专题会、常务会及县委常委会讨论研究通过后，于 2022 年 12 月 30 日由中共彭阳县委办公室印发。《规划》由指导思想、产业现状、产业发展的短板弱项、目标任务、实施内容、政府扶持政策、保障措施 7 部分组成。《规划》提出坚持政府引导、社会参与原则，以政府投入撬动企业扩大投资，用政策配套吸引农户积极参与，制定产业扶持政策，帮助涉林经营主体扩大种植面积，规模发展，全产业链布局发展全县红梅杏产业，通过“小杏子”撬动大产业的模式，逐步做精做优彭阳红梅杏产业。结合“一院两园”及美丽村庄建设，利用庭院“四旁”栽植红梅杏 1333.33 公顷，选择适合发展红梅杏的退耕及荒山低产山杏林，高接改良红梅杏 1000 公顷，通过抚育管理等技术措施提质增效红梅杏园 5333.33 公顷，选择优树 1000 棵作为红梅杏母树，新建采穗圃 0.67 公顷，良种繁育圃 6.67 公顷，培育红梅杏优质苗木 100 万株，提供良种接穗 100 万根，健全“七统一”销售体系、延链加工体系、品牌保护体系、科技服务体系等产加销一体化产业体系。到 2027 年全产业链产值达到 6.35 亿元。

【彭阳县中小学教师县管校聘改革工作方案】 为加快推进教育现代化，深化教育体制机制改革，合理配置教师资源，推进义务教育优质均衡发展，有效盘活教师资源，落实学校用人自主权，针对编制、岗位管理机制不畅、全县教师队伍整体活力不足、乡镇村级小学教师短缺、教师学科结构、岗位设置不合理等问题，彭阳县教育体育局编制《彭阳县中小学教师“县管校聘”改革工作实施方案(试行)》(以下简称《实施方案》)，经政府专题会、常务会及县委常委会讨论研究通过后，于 2022 年 7 月 15 日由中共彭阳县委办公室印发。《实施方案》由指导思想、目标任务、工作原则、实施范围、主要内容、工作步骤、保障措施 7 个部分组成。改革范围包括全县义务教育阶段在编在岗教师及县一中、县三中、县职业技术学校教师。《实施方案》提出全面实施中小学校教师“县管校聘”人事制度改革，完善教师聘任管理制度，推行县管人员编制、人员结构、岗位设置、交流轮岗，校管岗位聘用、绩效工资分配和考核奖惩的教师管理机制，深入推进集团化办学，落实中小学校用人自主权，逐步实现县域内各学校师资配置更加均衡，教师年龄结构、学科结构基本合理，有效解决教师区域性短缺和学科结构性短缺问题，全面促进教育公平发展。

(袁国庆)

组织工作

【党员发展】 2022 年，彭阳县有基层党组织 422 个，其中，乡镇党委 12 个，县委派出工委 5 个，县直机关工委下辖机关党委 5 个，党总支 24 个，党支部 376 个。全县有党组34个，有党员10612名，其中预备党员168名，占党员总数的1.58%；其中女党员2130名，占党员总数的20.1%。2022年新发展党员168人，其中女党员62名，占新发展党员总数的36.9%。

【公务员管理】 2022年，彭阳县招录公务员72名，完成公务员转正定级79名，公务员（参公）登记20名，公务员年度晋级晋档685名，兑现各类岗位津贴28人次，对2021年度考核为优秀等次的147名公务员予以嘉奖，对连续三年考核为优秀等次的15名公务员记三等功。大力选树先进典型，1人被评选为全区“人民满意的公务员”。

【干部培训】 2022年，彭阳县实施“习近平新时代中国特色社会主义思想教育培训计划”“换届后领导班子培训计划”等，累计培训干部2600余人次。巩固拓展党史学习教育成果，建立随机抽点列席、随机抽点发言“双随机”机制，完善理论学习中心组学习巡听旁听、包抓分管领域理论学习等机制，对事关全局重要学习议题，利用“云视通”系统扩大到部门、乡村，县乡村三级干部。组织党员干部走村入社、宣传政策，帮助解决群众急难愁盼问题6000余件。实施干部政治能力和专业能力提升“两大工程”，制订年度干部教育培训计划，采取“点题培训+点名调训”方式，先后举办乡村振兴、基层治理等培训班7场，培训党员干部6000余人次，选派160名干部参加区市调训。通过临时组织活动、模拟应对突发事件等方式，先后组织开展山洪防治应急演练和新冠疫情防治应急演练2场次。

【党的建设】 2022年，彭阳县推进农村党建工作，打造党建示范村119个、示范乡镇9个，整顿软弱涣散基层党组织3个。关注换届后乡村领导班子运行和领导干部履职情况，成立3个调研组对12个乡镇和156个行政村全覆盖回访调研，调整撤换村党组织书记19名。坚持搭建党员技能培训平台，开设“精品课题”“典型课题”等专课，加大肉牛养殖、特色种植等政策扶持力度，累计培育致富带头人2173名，党员致富带头人952名，“二合一”（村党组织带头人和致富带头人）带头人138名。开展党员“亮牌上岗”活动，通过亮身份、亮岗位、亮职责、亮承诺、亮成效，督促党员在乡村振兴、新冠疫情防控、基层治理中发挥作用。完成城阳乡长城村红色美丽村庄建设，打造乡村振兴示范样板。整合党建、综治等网格，划分2293个城乡“全科网格”，建立“村党组织—网格（村民小组）党小组—党员联系户”体系，每名农村党员固定联系10~15户群众，探索建立以党建引领为核心的基层治理模式，推动化解积案矛盾。推进党员活动阵地标准化建设，整合党建工作经费、各类项目资金800余万元维修村级组织活动阵地42个。

彭阳县推进社区党建，整顿软弱涣散社区党组织1个。健全社区“联合党委”运行机制，督促机关企事业单位与社区签订“共驻共建协议书”100份、协商建立123项服务事项清单，2900余名在职党员主动到社区报到开展志愿服务。建立社区四级网格化管理责任体系，由县级领导包抓乡镇和社区，科级干部包抓小区，形成“平时服务治理、战时快速响应”机制。先后划拨党费30万元支持社区新冠疫情防控工作，48个县直部门（单位）选派200余名党员干部包抓51个小区。

彭阳县整顿学校、医院软弱涣散党组织2个，成立学校、医院党总支各1个。党组织领导下校长负责制50%，以党建引领师德师风、医德医风建设。

彭阳县整顿国有企业党组织1个，采取示范教学、随机抽查、现场观摩等方式，促进党建制度规范落实。围绕国有企业改革重点任务，修订完善公司章程，健全党建工作制度，以党建引领企业有效治理。

彭阳县推进非公有制企业和社会组织党建，打造自治区非公有制企业党建示范点1个，整顿软弱涣散党组织1个。开展“抓覆盖、强功能、树典型、促提升”行动，健全工作台账，采取联合组建的方式新成立互联网行业党组织1个，非公企业和社会组织党组织覆盖率分别为90%和89%。在非公有制企业和社会组织中培养入党积极分子7名，发展党员3名。按照“业务对口、双向选择”原则，选派19名党建工作指导员，完成9个非公有制企业党支部换届工作，非公有制企业及社会组织开展党的工作覆盖率100%。

【干部队伍建设】 2022年，彭阳县委制定《县委管理领导班子和领导干部政治素质能力调查摸底工作方案》，抽调18人成立3个调查组对65个部门（单位）和乡镇进行全覆盖调查摸底。召开年轻干部暨选调生座谈会，开展年轻干部专项调研，发现储备优秀科级干部64名、优秀“85后”副科级干部49名、优秀“90后”干部89名、其他优秀干部24名。实施年轻干部“墩苗计划”，选派55名年轻干部到信访、巡察、乡村振兴、数据外包、节水灌溉等基层一线、吃劲岗位挂职锻炼。落实谈心谈话、提醒、函询、诫勉等制度，先后提醒谈话11人次，召开新任职干部集体谈话会2次。开展“在编不在岗”专项整治，制定《彭阳县乡科级及以上领导干部请假报告制度》和《彭阳县加强退出领导岗位干部管理实施办法》，加强干部日常管理。深化公务员分类改革，实施人民警察执法勤务、警务技术、法官、检察官及书记员等职级序列管理，先后完成公务员转正定级79名，公务员（参公）登记20名，公务员年度晋级晋档685名，兑现各类岗位津贴28人次，晋升职级196名。提拔重用干部74名，抽调21名领导干部投入新冠疫情防控工作。对2021年度考核为优秀等次的147名公务员予以嘉奖，对连续三年考核为优秀等次的15名公务员记三等功，推荐1名全区“人民满意的公务员”人选。

【人才工作】 2022年，彭阳县人才工作领导小组成员单位由17个增加至25个，出台《彭阳县推进新时代人才强县战略若干措施》。筹资4600万元打造水岸星城人才公寓，为4名高层次人才发放一次性补助资金80万元。按照“统一规划、归口管理、专项申报、专款专用”原则，投入人才专项资金57万元，谋划实施县本级人才项目5个，引进专家团队2个，培育各类人才300余人，带动200余户农民增收致富。实施“引凤还巢”工程，建立健全县乡村干部结对联系在外优秀人才制度，召回扈忠辉等274名优秀人才回乡投资兴业。通过兼职挂职、定期服务、项目合作等方式柔性引进区内外院校专家团队7批次，医疗专家20余人次、优秀教师15余人次。依托闽宁协作平台，先后引进农牧、教育、卫生等行业领域37名专业技术人员到彭开展技术服务，先后安排350余名学生到宁南数字经济产业园顶岗实习。落实人才专项资金50万元，建设草畜产业、肉牛养殖产业人才工作站2个。县委人才工作领导小组实施“农村实用人才培育计划”，累计培育农村实用人才300余人次。围绕教育、医疗卫生改革发展，打造名师工作室1个，优秀特色科室1个，先后选派2名专业技术骨干参加自治区“基层之星”研修学习。实施规模以上工业翻倍行动和科技创新赋能行动，拓展煤炭产业链条，开工建设煤矸石分选加工项目，建设纺纱织布“园中园”，引进建成合业制衣、无纺布系列产品加工、煤矸石固废资源循环利用等项目。打造宁南数字经济产业园，引进宁夏信禾数智产业园管理有限公司等5家企业入园，入驻员工1100余人。

【离退休老干部工作】 2022年，彭阳县举办全县离退休干部工作者和离退休干部党组织书记培训班，组织开展全县离退休干部县域经济观摩暨自治区第十三次党代会精神宣讲活动。采取网上推送、送学上门等形式，向离退休老干部宣传宣讲解读中共二十大精神。印发《彭阳县离退休干部“喜迎二十大·建功新时代”系列活动方案》，开展以“集中培训、座谈交流、主题征文、文体比赛、文艺展演、走访慰问、志愿服务、荣退仪式”为主要内容的九项活动，开展宣讲活动6场次，征集意见建议21条、主题文章9篇、书法作品34件、绘画及剪纸作品26幅。举办“光荣在党50年”纪念章颁授仪式，向李天恩、杨治文等老党员

2022年6月28日，彭阳县直机关工委向李天恩、杨治文等9名老党员颁发“光荣在党50年”纪念章。图为老党员面向党旗重温入党誓词　（张彩云　摄）

颁发纪念章。打造2个“夕阳红”志愿服务工作室，划拨5000元工作经费支持志愿服务队开展活动。建立健全困难离休干部遗孀帮扶机制，对纳入困难帮扶范围的离休干部遗孀建档立卡，实施精准帮扶，7名离休干部遗孀享受离休干部遗孀生活困难补助，为3名离休干部提高生活补贴标准。

【关工委工作】 2022年，彭阳县关心下一代工作委员会在全县青少年中开展“中国梦我的梦——培育和践行社会主义核心价值观”“两学三爱活动进校园”“延安精神进校园”等主题红歌比赛、书画比赛、演讲比赛等实践活动。开展“彭阳县山窝窝助学圆梦”行动，搭建“互联网+”公益募捐平台，争取区内外基金会、企业和爱心人士开展捐资助学活动，共筹集“山窝窝助学圆梦”资金63万余元，全县769名中小学生得到现金资助，1860名中小学生得到物资资助。开展“关爱明天、普法先行”主题教育，以《中华人民共和国宪法》《中华人民共和国民法典》《中华人民共和国国旗法》等法律法规为重点，结合青少年身心发展规律特点，组织开展演讲比赛、知识竞赛、安全文明校星评选等教育活动，帮助未成年人增强法律意识。筹资7.1万元，为全县中小学生购买法律书籍4650套。年内，彭阳县关心下一代工作委员会被评为全国第四届关爱明天普法先行先进集体。

【“两新”组织党建】 2022年，彭阳县先后举办非公有制企业和社会组织党组织书记、党务工作者培训班2期。采取联合组建的方式新成立互联网行业党组织1个，非公有制企业和社会组织党组织覆盖率分别为90%和89%。在非公有制企业和社会组织中培养入党积极分子7名，发展党员3名。按照“业务对口、双向选择”原则，选派19名党建工作指导员，指导非公有制企业及社会组织开展党建工作，党的工作覆盖率100%。完成9个非公有制企业党支部换届工作。县委组织部推进非公有制企业及社会组织党支部规范化标准化建设，改造提升非公有制企业活动阵地3个，打造全县非公有制企业党群服务中心1个。落实财政专项列支、党费全额返还、党务工作者津贴发放等制度，列支党建经费5万元，返还2021年度非公有制企业和社会组织党费20656.7元，为15名优秀党务工作者发放工作津贴3.6万元。

【离退休干部书法绘画摄影作品展】 2022年11月14日，彭阳县在行政中心举办离退休干部书法绘画摄影作品展。此次展览，有64位离退休干部的70余幅作品展出，这些作品从不同形式、不同角度，再现了党领导彭阳人民波澜壮阔的奋斗历程和彭阳大地翻天覆地的伟大变革，反映了彭阳城乡群众和建设者的丰富实践及伟大成就，表达了爱党、爱国、爱家的真实情感。

（王子春）

宣传工作

【概况】 2022年，彭阳县坚持以习近平新时代中国特色社会主义思想为指导，开展习近平新时代中国特色社会主义思想等各类宣传宣讲1700余场次。以全县中心工作为重点，加强新闻宣传，在中央及区、市主流媒体共计发稿

2490余篇。以创建全国文明城市为目标，常态开展各类志愿服务活动1400余场次，提升精神文明建设。

【理论学习】 2022年，彭阳县制定印发《县委理论学习中心组2022年专题学习计划》，县委理论学习中心组开展集中学习18次，组织交流研讨发言25人次、专题辅导11场次，印发学习资料300余份，带动全县各级党组织开展学习交流580场次。制定印发《彭阳县关于开展“强国复兴有我”“听党话感党恩跟党走”主题活动实施方案》，把“四史”(党史、新中国史、改革开放史、社会主义发展史)学习、政策理论、科学技术等作为宣传宣讲重要内容，采取流动宣讲、现场宣讲、文艺宣讲、网络宣讲等形式进行宣讲。全年开展习近平新时代中国特色社会主义思想、习近平总书记视察宁夏重要讲话和重要指示批示精神宣讲450余场次，开展中共二十大精神和自治区第十三次党代会精神宣讲510余场次，开展马克思主义国家观、民族观、历史观、文化观、宗教观宣传宣讲以及乡村振兴、扫黑除恶斗争、移风易俗、产业发展等各类政策宣讲650余场次。

【主流媒体宣传】 2022年，中央电视台《新闻联播》《在希望的田野 领略大美中国》《大美中国》《天气预报》等栏目中多次播出彭阳山花、梯田等航拍特写镜头，CCTV-13播出《“走进老区看新貌”宁夏彭阳：绿水青山出颜值 金山银山有价值》，时长3分49秒。彭阳县金鸡坪梯田航拍作为宁夏银川天气预报景观图片，展示彭阳生态文明建设成果和良好形象。《人民日报》、新华社、《光明日报》等主流媒体刊发《山花烂漫好时节 宁夏彭阳开启“云”游梯田花海模式》《这里的春天与山花有关》《张艺谋推介宁夏彭阳红梅杏》《宁夏彭阳县：小小红梅杏 富民大产业》等20余篇新闻报道，浏览量1000万人次，首届宁夏彭阳红梅杏开园节暨线上销售全网点击量超过2亿人次。

【媒体融合发展】 2022年，彭阳县深化媒体融合，推进体制机制改革，按照移动优先原则，整合电视、网络平台资源，建立“移动首发、全媒跟进、新媒传播”的工作模式，宣传报道县域内各项工作推进落实情况、先进典型、辉煌成就等，提升正面宣传的深度和广度。坚持运用互联网思维，构建起对外宣传矩阵，用好“黄河云视”客户端，在微信、抖音、快手等网络平台开通“彭阳融媒”账号，官媒影响力较上年显著提升。

2022年彭阳县在国家级媒体发稿(报道)一览表

表5

序号	日 期	新 闻 标 题	媒体名称	记 者
1	4月28日	宁夏彭阳县山花开	人民日报客户端	蔡文刚
2	4月29日	宁夏彭阳：山川披绿杏林香	人民日报客户端	秦瑞杰
3	4月29日	改善生态 黄土塬披上绿装（奋进新征程 建功新时代·老区新貌）	人民日报客户端	付 文 原韬雄 秦瑞杰
4	5月2日	宁夏彭阳 走进老区看新貌 绿水青山出颜值 金山银山有价值	CCTV-13	—
5	5月2日	宁夏彭阳：绿水青山出颜值 金山银山有价值	中国新闻网	刘 湃
6	5月4日	一亩田“种”出两份钱——宁夏西海固“一地两种”生产一线见闻	新华网	何晨阳 靳 赫

续表 5

序号	日　期	新　闻　标　题	媒体名称	记　者
7	5 月 4 日	新华全媒+|在西海固大地的“指纹”里 寻找增产的秘密	新华网	何晨阳　吕　泽
8	5 月 5 日	宁夏彭阳:立夏万物皆长大 旱地梯田美如画	央视频	—
9	5 月 6 日	推进“双创”走深走实 宁夏彭阳全力以赴迎检	中国食品报网	郑亚洁
10	5 月 7 日	宁夏彭阳县:旱作梯田美如画	人民日报客户端	—
11	5 月 7 日	宁夏彭阳县第一中学举办书香校园汇报展演活动	廉政中国网	—
12	5 月 13 日	“四权”改革“点金”六盘山——西海固向改革要动力推动乡村振兴	新华网	王永前　李钧德　张　亮
13	5 月 13 日	改革“魔法”唤醒沉睡资源	新华网	王永前　李钧德　卢　鹰
14	5 月 13 日	国社“宁”聚力|凯歌前行 描绘乡村振兴“新画卷”	新华网	—
15	5 月 19 日	宁夏:在彭阳读懂皇甫谧	人民日报客户端	—
16	5 月 20 日	宁夏彭阳红梅杏 与您“杏”福有约	中国新闻网	—
17	5 月 20 日	宁夏彭阳县:红梅杏香引客来	人民网	—
18	5 月 21 日	宛如仙境 宁夏彭阳初夏现绝美云海	人民网	秦瑞杰　阎梦婕
19	5 月 21 日	这个夏天,来品尝酸酸甜甜的彭阳红梅杏!	新华网	—
20	5 月 22 日	宛如仙境! 宁夏彭阳县初夏现绝美云海	人民日报客户端	秦瑞杰　阎梦婕
21	5 月 22 日	宁夏:六盘山下 红梅杏香	人民日报客户端	—
22	5 月 23 日	宁夏师范学院到彭阳县开展校地共建工作调研	廉政中国网	—
23	5 月 27 日	宁夏彭阳富阳路社区:“小网格”推动“大治理”	中国新闻网	李佩珊
24	5 月 27 日	宁夏彭阳红河镇:“菜园子”鼓起农民“钱袋子”	中国新闻网	李佩珊
25	5 月 29 日	宁夏考古见证文明的交流融合	光明日报	—
26	5 月 30 日	宁夏彭阳:移民社区产业兴 稳定就业助增收	中国新闻网	李佩珊　张兴邦
27	5 月 30 日	宁夏彭阳县:“五条路径”壮大村集体经济	人民日报客户端	—
28	5 月 31 日	抓治理、优服务、带就业 宁夏彭阳县助推社区移民增收致富	人民日报客户端	秦瑞杰　杨　婷
29	6 月 1 日	宁夏彭阳县实施“四大工程”为高质量发展提供人才保证	人民日报客户端	刘　峰　杨　婷
30	6 月 7 日	宁夏彭阳:端午在岗守食安	中国食品报网	韩忻竹
31	6 月 11 日	宁夏彭阳县出台 41 条政策措施助推经济稳发展	人民日报客户端	—
32	6 月 10 日	宁夏彭阳出台促进房地产市场平稳健康发展措施	中国新闻网	李佩珊
33	6 月 10 日	宁夏彭阳 12 条措施硬核促消费、助增长	中国新闻网	李佩珊
34	6 月 10 日	宁夏彭阳出台 41 条政策措施稳经济保增长促发展守底线	中国新闻网	李佩珊

续表 5

序号	日　期	新　闻　标　题	媒体名称	记　者
35	6月12日	西海固走向“机遇之海”	新华网	—
36	6月13日	人民巷会客厅·聚焦党代会丨彭阳县委书记张永强：弘扬“三苦”精神把党代会精神坚决落实到位	人民日报客户端	—
37	6月15日	追忆宁夏民警郭明：二十一载用心守护一方平安	中国新闻网	—
38	6月16日	年仅41岁！宁夏一派出所所长突发心梗去世，长期资助困难学生	人民网	刘　峰　穆国虎
39	6月16日	宁夏一派出所所长倒下了，年仅41岁！	人民日报客户端	刘　峰　穆国虎
40	6月23日	宁夏 麦收时节 多举措确保夏粮颗粒归仓	央视新闻	—
41	6月23日	宁夏彭阳县：麦收时节好“丰”景	人民日报客户端	刘　峰　阎梦婕
42	6月23日	彭阳县全面推进“一抓两整”创建行动	人民日报客户端	—
43	7月2日	一颗红梅杏，如何从小农经济“破圈”	人民日报客户端	—
44	7月2日	宁夏彭阳宁南数字经济产业园开园	人民网	刘　峰　穆国虎
45	7月4日	“东数西算”！宁南山区首朵数字产业之花绽放彭阳	人民日报客户端	张文攀
46	7月6日	人民巷头条丨宁夏：多方齐发力 护航就业路	人民网	刘　峰　穆国虎
47	7月8日	宁夏彭阳：做实做细政治素质考察 严把选人用人政治关	中国新闻网	李佩珊
48	7月13日	宁夏彭阳：“生态＋旅游＋红色＋民宿”为乡村振兴聚活力	光明日报	许晋豫
49	7月16日	放映员张富君：将更多好电影带给农村老百姓	人民日报客户端	—
50	7月19日	【促就业·全社会在行动】大山深处，“长”出一群AI数据标注师	人民日报客户端	—
51	7月20日	宁夏彭阳：旅游迈新步 产业有新路	人民网	刘　峰
52	7月21日	彭阳县互联互动释放社区治理新效能	人民网	—
53	8月5日	宁夏彭阳红色税务、蓝色税务多彩税务党建品牌引领税收高质量发展	中国新闻	—
54	8月16日	宁夏彭阳县：把“大学习、大讨论、大宣传、大实践”活动落实在大地上	人民日报客户端	—
55	8月25日	一张蓝图绘到底！彭阳生态立县近四十年从未改变	《光明日报》	—
56	8月25日	宁夏彭阳：“三个五”机制高质量建设红色美丽村庄	新华网	张　亮　杨稳玺
57	9月13日	宁夏彭阳 为好日子“充满电”	中国日报网	胡冬梅

续表 5

序号	日　期	新　闻　标　题	媒体名称	记　者
58	9月14日	彭阳县:绘就美丽乡村新蓝图	人民网	阎梦捷　宽　容
59	9月16日	彭阳县:建立“四个机制”以硬作风啃下“硬骨头”	人民网	阎梦捷　宽　容
60	9月26日	宁夏彭阳县:昔日秃山变田园	人民网	刘　峰　阎梦捷
61	10月4日	秋高气爽醉人心　彭阳秋景美如画	央视频	—
62	10月4日	金秋时节　六盘山上好风景	新华网	卢　鹰
63	10月6日	山河锦绣　宁夏彭阳　杂交谷子粒粒饱满　漫山遍野一片金黄	央视影音	—
64	10月10日	山河锦绣　壮美宁夏　带你看宁夏壮美山川　秋日盛景	央视新闻	—
65	10月11日	闽宁协作描绘美丽彭阳新画卷	人民网	闫梦婕　宽　容
66	10月11日	宁夏彭阳:漫山尽披“黄金衣”秋染梯田穗满仓	央视新闻	—

【意识形态】 2022年，彭阳县坚持党对意识形态工作的领导权，把意识形态纳入重要议事日程，纳入党建工作责任制，纳入领导班子、领导干部目标管理。建立意识形态联席会议制度，全县各级党委(党组)专题研究意识形态工作50次，召开意识形态联席会4次、专题辅导5次。落实《全县网络意识形态工作责任制实施办法》《彭阳县意识形态领域防止出现政治性风险问题监测预警审核制度》等5项制度。常态推进“扫黄打非”工作，联合网信、公安、文广等部门检查19次，查处网络案件3起、违规印刷案件1起。

（姬玉龙　安文升）

统战工作

【概况】 2022年，彭阳县理论学习中心组先后2次围绕“回顾伟大成就增进团结”进行学习研讨，县级领导带头深入部门、乡镇、村(社区)开展党的民族宗教政策宣讲活动。中国共产党彭阳县委员会统战部(以下简称县委统战部)组织各乡镇统战委员和统战干事赴银川能源学院开展为期一周的教育培训。各乡镇、各部门(单位)围绕马克思主义国家观、民族观、历史观、文化观、宗教观和中共党史、新中国史、改革开放史、社会主义发展史、中华民族发展史教育，举办专题研讨班、学习培训班，开展“百场万人”大宣讲活动420场次，受众3.1万余人次。组织部门狠抓党员干部教育引导，把4月主题党日活动主题确定为“践行总体国家安全观”，教育引导党员干部坚守政治立场、把握政治原则、亮明政治态度。以社会主义核心价值观为引领，教育引导各民族群众自觉维护民族团结进步和社会和谐稳定。

【党外人士工作】 2022年，彭阳县组织召开党外知识分子联谊会会议，开展学习教育、建言献策、服务社会等活动，鼓励支持民主党派人士和党外知识分子结合专业特长，围绕全县经济社会高质量发展、基层治理体系和治理能力现代化、守好“三条生命线”(促进民族团结、维护政治安全、改善生态环境）等重点难点问题深入开展调查研究，两会期间党外知识分子联谊会成员提出的提案、议案超过10件次。

【非公有制经济工作】 2022年，彭阳县按照班子建设好、团结教育好、服务发展好、自律规范好的要求，推进所属商会注册登记等改革，指导所属商会完善法人治理体系和商会管理制度。采取“请进来、走出去”方式对民营经济人士进行教育培训，组织民营企业家20余人赴福建、湖北等地开展观摩学习，配合开展乡村振兴、商协会发展改革调研4次，参加政企座谈会2次，走访会员企业40余家。

（姬武军）

政策研究

【概况】 2022年，彭阳县编制《全面深化改革文件汇编》《“四权”改革文件汇编》。中国共产党彭阳县委员会政策研究室（以下简称县委政研室）服务县委、县政府决策，研究制定《彭阳县贯彻落实自治区第十三次党代会精神 继续推进全面深化改革任务落实清单》《彭阳县贯彻落实中央财经委员会第十次会议有关任务工作清单》《彭阳县2022年领导干部、县直部门（单位）调研任务清单》，完成市县级调研课题31项。

【调查研究】 2022年，彭阳县围绕区市县党代会和全会确定的年度重点目标任务，研究制定《彭阳县2022年领导干部、县直部门（单位）调研任务清单》，完成市级调研课题2项、县级调研课题29项并印发《调查与思考》。配合市委政研室围绕煤化工、肉牛产业、乡村治理、社区治理等开展调查研究，形成调研报告4篇，其中中庄村乡村治理探索实践经市委政研室整理，在《宁夏工作研究》刊发。围绕移民致富提升行动、肉牛产业发展、大豆玉米带状复合种植、巩固拓展脱贫攻坚同乡村振兴有效衔接、贯彻落实自治区第十三次党代会精神等开展调研活动5次，形成调研报告5篇。

【深化改革】 2022年，彭阳县按照12个改革领域梳理重点改革任务39项、县直部门（单位）重点改革事项296项、“四权”（山林权、用水权、土地权、排污权）改革重点改革事项45项，实行“一月一盘点、一季一汇总”，“已经完成”和“长期坚持”305项、“正在推进”75项。推进全面深化改革重点任务“回头看”和2021年全面深化改革考核反馈问题整改，编制《全面深化改革文件汇编》，中共十八届三中全会以来中央和自治区出台、需要推动落实的157个改革文件2204项改革事项、自治区党委部署的85项重点改革任务和26项督查调研反馈问题全部整改到位。贯彻自治区党委深改委第十九次会议精神，制定《彭阳县贯彻落实自治区第十三次党代会精神 继续推进全面深化改革任务落实清单》，建立工作台账和年度任务、配套政策、改革项目、责任分工清单，推动重要领域和关键环节改革。编制《“四权”改革文件汇编》，落实山林权、用水权、土地权、排污权改革年度重点任务，在全区山林权、用水权、土地权、排污权、用能权、碳排放权改革推进会上进行观摩交流。

【财办工作】 2022年，彭阳县制定《彭阳县贯彻落实中央财经委员会第十次会议有关任务工作清单》，围绕防范化解重大金融风险、做好金融稳定发展等九大重点任务，梳理具体任务42项、工作措施71条，督促指导开展中小银行、金融机构风险隐患排查，化解存量风险、遏制增量风险。落实中央稳经济一揽子政策、自治区稳经济保增长促发展50条、固原市稳经济保增长促发展守底线43条政策措施和彭阳县41条具体措施，推进经济社会发展。

（刘　怡）

网络安全与信息化

【概况】 2022年，彭阳县围绕网上重大主题宣传、重要会议活动、重大事件节点等开展评论工作。

【网络宣传教育】 2022年，彭阳县为提升干部群众网络安全意识和防护技能，举办全县网络安全知识培训2次，以“网络安全宣传教育月”“网络安全宣传周”等主题宣传活动为载体，开展线下集中宣传5次，发放宣传资料6500余份，举办线上网络安全知识挑战赛，参与网络答题7300余人次，增强了干部群众的网络安全和防护意识。

【网络事务处置】 2022年，彭阳县有网民咨询、投诉、意见建议等74件，办结率100%，及时回应网民关切，处置有力有序。

【网络阵地建设】 2022年，彭阳县与国家计算机网络与信息安全管理中心宁夏分中心签订技术支撑合同，先后3次对各乡镇各部门（单位）、重点涉网单位及关键基础信息设施进行网络安全检查，督促各单位落实网络安全主体责任。围绕巩固拓展脱贫攻坚成果同乡村振兴有效衔接等重点工作。

【第十季网络达人浪固原活动】 2022年8月10—14日，固原市第二届网络文化节系列活动之第十季网络达人浪固原活动开展。彭阳县以“奋进新征程 固原更出彩”为主题，邀请人民网、新华社、《光明日报》、中新社等媒体记者和来自北京、天津、山东、陕西、海南等全国多地的网络名人70余人，到乔家渠红军长征毛泽东宿营地、青云湾生态综合治理示范区、彭阳博物馆、艾草加工扶贫车间等点位进行体验式采访，对彭阳县的历史、生态、人文、美食、乡村振兴等进行了全方位、多角度、多形式宣传。

【信息化发展】 2022年，彭阳县建成4G基站38个，5G基站30个，达到全县156个行政村4G信号全覆盖，有效解决偏远地区通信质量问题。建成彭阳县126个乡村电商服务站和100个村级快递服务站点，实现代购代销、存取款、代缴费、快递寄送等服务功能。依托信息通信保障企业数字化发展，引进数据外包企业入驻，投资建成宁南数字经济产业园，可实现2000人以上就业。持续完善“163”一体化平台建设，在系统内置审管联动模块，实时跟踪监管运行状况。

（王雪晶　焦宏梅）

机构编制工作

【概况】 2022年，彭阳县按照区、市、县党委及编委决策部署要求，统筹机构编制资源配置，完成49家事业单位法人设立、变更登记及统一社会信用代码证书换领工作和106家事业单位法人年度报告公示、实地核查工作。

【重点领域改革】 2022年，彭阳县安全生产执法监察大队更名并加挂“彭阳县应急管理综合行政执法大队”牌子，整合3个部门（单位）相关职责，由县应急管理综合行政执法大队承担。彭阳县结合县域医共体机构设置相关政策和工作实际，核减乡镇卫生院事业编制并调整到县直医疗卫生服务机构，在17家成员单位加挂医疗健康总院分院的牌子。配合开展全县中小学教师“县管校聘”改革，在教师编制总量内重新核定各中小学校教师编制。摸清全县承担疾病预防控制职责的事业单位机构设置、职责履行、人员编制等情况，为推进疾病预防体系改革做好准备工作。

【编制资源配置优化】 2022年，彭阳县制定年度用编计划，在现有编制总量内调剂解决编制，依托实名制库信息管理平台，年内完成712名人员任职调整、退休减少、新招录人员入编等信息更新完善工作。根据实际工作需要，经编委会研究同意，设立彭阳县文明实践指导中心，调整县教师发展中心、科技服务中心、气象站3家事业单位级别，调整优化5家事业单位编制。

【机构改革成果深化】 2022年，彭阳县按照《机构编制管理评估办法（试行）》和有关工作安排，对4个部门（单位）提出的机构编制申请事项，围绕职责、编制等5个方面开展实地调研评估。坚持权责清单动态调整机制，梳理更新并公示民政、交通等5个系统权力清单指导目录。按照区、市《关于开展乡镇（街道）机构改革评估工作的实施方案》要求，深入所辖12个乡镇开展自评工作。

【机构编制法治建设】 2022年，彭阳县从思想强化、规范管理、督导检查等方面入手，将机构编制法规政策纳入编委会集中学习范围，编印下发《机构编制政策法规选编》378册，督促各乡镇、各部门组织干部学习《中国共产党机构编制工作条例》及配套法规制度。建立与纪检监察、组织、财政、人社、审计、巡察等部门的配合联动机制，结合县委巡视巡察工作、年度督查检查考核计划、选人用人专项检查和党政主要领导干部经济责任审计等工作，监督检查机构编制是否存在违规违纪行为。

（王晓霞）

党校工作

【概况】 中国共产党彭阳县委员会党校（以下简称县委党校）主要负责培训彭阳县局（镇）级以下党员领导干部，参与制定实施彭阳县干部教育与培训计划，为基层党组织的党员轮训、入党积极分子培训等提供教育、培训服务。2022年举办培训班7期，现场教学70场，开展各类宣传宣讲24场次，开展党史学习教育和理论阐释宣传。

【党校培训】 2022年，县委党校按照县委干部培训计划，先后举办科级干部学习中共十九届六中全会培训班、换届后乡镇领导班子能力提升培训班以及军队转业士官培训班、全县科级干部学习贯彻自治区第十三次党代会精神专题培训班、全县乡村干部政治能力提升培训班、全县新录用选调生和统一招录公务员初任培训班，全年培训干部2929人。

【党校教学】 2022年，县委党校制定《县委党校教研咨一体化方案》和2022年备课及科研工作计划，按教学出题目、科研出成果、成果进课堂进决策的要求，从理论教育、党性教育、特色课程和现场教学、科研与决策咨询等方面，确定教师的教学和科研课题。突出习近平新时代中国特色社会主义思想理论课，开发完善习近平法治思想、铸牢中华民族共同体意识等体现马克思主义中国化最新成果、反映党性教育理论和实践创新的重点课程，探索用实践讲理论、用学术讲政治。利用乔家渠、阳洼流域等现场教学基地开展现场教学70场3921人次。组织学习中共十九届六中全会、自治区第十三次党代会精神，以及开展“千场党课下基层”“青春百年路、感恩跟党走”等主题的宣传宣讲24场1089人次。

【办学质量评估】 2022年6月9日，自治区党校组织对县委党校进行办学质量评估，7月22日，在彭阳召开反馈会，下发《关于中共彭阳县委党校（行政学校）办学质量评估的反馈意见》，提出整改要求。8月8日，县委党校提请县委常委会审议并通过《彭阳县委党校（行政学校）办学质量评估反馈问题整改方案》，围绕6个方面12个问题，制定整改措施17条，建立整改清单并制定《彭阳县委党校深化教研咨一体化改革方案》《彭阳县委党校现场教学基地建设方案》《彭阳县委党校深化教学改革实施方案》。

2022年8月3日，彭阳县委党校开展学习贯彻自治区第十三次党代会精神宣讲活动
（县委党校 提供）

【新校建设】 县委党校新校占地面积18400平方米，建筑面积11041平方米，其中，教学综合楼1栋，建筑面积4070平方米；食堂1栋，建筑面积1445平方米；学员楼2栋，单栋建筑面积均为2727平方米。新校内设200人报告厅、5个教室、5个研讨室及1个多媒体教室、1个图书室，可满足同期培训200~300人、150人住宿、240人就餐。2022年7月完成搬迁。

（李海燕）

党史编研

【党史研究】 2022年，彭阳县完成新集、王洼、古城、冯庄、红河、小岔6个乡镇的红色历史资料整理工作，并将整理的资料在“彭阳史志”微信公众号上发布和推送。组织干部先后到王洼镇王洼村长流水、马掌村马家山和城阳乡长城村、涝池村、杨坪村等地，实地调查论证有关历史事实、人物事迹，并及时整理撰写《退伍红军战士赵有邦的朴实人生》《一个牛皮钱包见证一段军民情谊》等研究性文章。配合固原市地方志研究室完成《固原通史》第十章“新民主主义革命的胜利”内容编纂任务。

【党史宣传】 2022年3月，县委史志研究室联合县委组织部、党校在乔家渠毛泽东长征宿营地旧址三孔窑洞中，以文字和图片形式展示1936年7月至2021年12月彭阳党的组织建设史，展览建成后，全年参观人数6000余人次。年内，先后在乔家渠、小岔沟、虎草滩、任山河等革命旧址遗址，向区内外部门（单位）、干部群众宣讲中央红军在彭阳的三天两夜、彭阳红色资源、彭阳组织史等40余场次，现场听众2000余人。

【固原党史宣传教育基地授牌】 中央红军长征十三大队宿营地旧址位于孟塬乡草滩村古庄院虎骏隆、虎建隆旧宅。1935年10月8日，陕甘支队二纵队十三大队夜宿孟家塬草滩古庄院，当地村民精心救治因伤情掉队的战士郭文海。2022年8月1日，固原市委党史研究室将中央红军长征十三大队宿营地旧址命名为固原党史宣传教育基地。

（张智慧）

彭阳县人民代表大会

Pengyang County People’s Congress

综　述

【**概况**】 彭阳县人民代表大会常务委员会（以下简称县人大常委会）是彭阳县人民代表大会常设机构。2022年，县人大常委会召开党组会议22次、常委会会议8次、主任会议15次，组织视察调研21次，执法检查2次，听取和审议“一府一委两院”专项工作报告19项，开展专题询问1次。

【**人大代表构成**】 2022年，彭阳县第十届人民代表大会有代表197名，男性代表144名，占73.1%；女性代表53名，占26.9%。人大代表中汉族135人，回族62人。

【**人大常委会自身建设**】 2022年，县人大常委会坚持以政治建设为统领，以制度建设为抓手，以作风建设为保障，提升自身建设水平；以“三强九严”（“三强”：强化党组织党委书记领导责任、强化机关党委书记直接负责、强化党支部书记主体责任；“九严”：严格落实党组织设置规定、严格落实三会一课制度、严格落实组织生活制度、严格落实民主评议党员制度、严格落实谈话谈心制度、严格落实支部主题党日制度、严格落实党员组织关系和党费处理规定、严格落实党组织星级评定制度、严格落实换届规定）工程为抓手，加强党员教育管理；制定全面从严治党清单，签订党风廉政建设责任书，落实重大问题决策、重要干部任免、重大项目投资决策，大额资金使用事项决策办法，定期开展警示教育，筑牢思想道德防线和廉洁从政底线；落实中央八项规定精神，开展“转作风重实干勇担当”活动和“违规收送红包礼金和不当收益及违规借转贷

2022年彭阳县人大常委会组成人员一览表

表6

职　务	姓　名
党组书记、主任	何少庸
党组副书记、副主任	王志会
副主任	王　儒
党组成员、副主任	马素贵（回族）、陈宗惠
成　员	马东颖（回族）、马学武（回族）、马玲（女，回族）、马玲玲（女，回族）、马继祥（回族）、王霖、王效雄、王雪晶（女，回族）、安海斌、李伟、李佐江、杨廷财、杨慧（女）、佘春广、张建荣、张锐、张翔、侯正平、贺永乾、海东（回族）、海鹏（回族）、姬秀金（回族）、姬秀娟（女，回族）、职晓霞（女）、韩广新、韩瑜（女）

2022年彭阳县人大代表一览表

表7

单位：人

级别	属地	姓名	数量
区第十三届人大代表	彭阳县	陈春平、李志达、马世军(回族)、郎伟(回族)、马瑾(回族)、张永强、周浩、何少庸、马文龙(回族)、杨凤鹏、闫生栋、兰武英(回族)、剡晓娟(女,回族)、海小燕(女,回族)	14
市五届人大代表	彭阳县	柳富、马玉芳(女,回族)、位西北、任立新(回族)、袁秉和、李建平、王成明、王伦、王志贤、马瑾(回族)、魏文彬、张永强、周浩、何少庸、李芊、刘旭、蔡文刚、刘瑾、孙有平、王东强、马文生、叶力进、余长会、乔升、王克祥、曹建刚、罗会云(女)、职晓霞(女)、陈伯洲、罗金彩(女)、王霞(女)、林淑玲(女)、马贵仁(回族)、王玉君、蔺瑞峰、马江驰(回族)、夏涛(女)、王蕾(女)、翟红霞(女)、刘蕊(女)、马花(女,回族)、海小燕(女,回族)、海正芳(女,回族)、海曈(女,回族)、姬志琴(女,回族)、马志林(回族)、徐万信、马玲玲(女,回族)、杨治刚、海鹏(回族)	50
县十届人大代表	白阳镇	丁志刚(回族)、马东颖(女,回族)、马成文(回族)、马玲(女,回族)、王应芳(女)、王国成、王国恩、王雪晶(女,回族)、王银玲(女)、公永军、邓志峰、邓爱霞(女)、周浩、刘淑(女)、闫生栋、安振杰、安续堂、祁士龙、李芊、杨飞、杨志(回族)、吴天德、何昀龙、余生智(回族)、张永刚、张立坤、陈伯洲、陈福广、赵志栋、侯正平、晁主铎、高正文、高荣、席旭红、海东(回族)、海劼(女,回族)、姬秀娟(女,回族)、黄贵存、黄梅(女)、韩平、韩占珍、韩瑜(女)、蔺志杰、薛强	44
	古城镇	马小蓉(女,回族)、马凤仓(回族)、马文生、马文成(回族)、马玉秀(女,回族)、马占华(回族)、马伟(回族)、马守林(回族)、马国峰(回族)、马和梅(女,回族)、马玲玲(女,回族)、王蓉(女)、王固平、文小荣、田志科、刘娟娟(女)、孙有平、杨生科(回族)、张凤琪(回族)、张永强、高云霞(女,回族)、高应广、海东升(回族)、海占智(回族)、姬秀金(回族)、戴小维	26
	王洼镇	马小琴(女,回族)、马玉梅(女,回族)、马继祥(回族)、王立明、叶力进、刘秀云(女)、刘岩(女)、祁涛、李佐江、杨国龙、何少庸、何宪福、张锐、张国仁、张治有、陈宗惠、海立凤(女,回族)、海林(回族)、海金刚(回族)、梁建国、薛凯	21
	红河镇	马文山(回族)、马良晓(女,回族)、马学武(回族)、王生东、王克占、王树茂、王爱彬、兰魏(回族)、李双美(女)、杨国儒、张成秀(女,回族)、张建荣、范忠于、徐万信、职晓霞(女)、常珍霞(女)、路卫军	17
	新集乡	马文龙(回族)、马玉兰(女、回族)、马成林(回族)、马成荣(回族)、马应祥(回族)、马志霞(女,回族)、马丽(女,回族)、马林(回族)、马素贵(回族)、马鹏才(回族)、王志会、王儒、田润香(女)、买红艳(女,回族)、李万斌、李龙、杨国(回族)、余长会、余秀发(回族)、宋来宝、张英台(回族)、张穆榕(回族)、陆耀东、罗会云(女)、单玉龙(回族)、赵万刚(回族)、剡文林(回族)、海玉山(回族)、海保宗(回族)、姬文鲜(女,回族)	30
	城阳乡	王霖、刘旭、刘建东、祁宏、祁国佐、李文德、杨军利、何治玉、宋来功、张玉霞(女)、张玮(女)、张科、周红(女)、姚世平、袁春梅(女)、徐枫兰(女)、郭仁	17
	草庙乡	王玉宝、王东强、刘秀霞(女)、李勇、余春广、赵世有、贾晓婧(女)、倪娜(女)、高平、韩钊、雅玉贵、蔡文刚	12
	孟塬乡	王效雄、王娟(女)、刘瑾、杨慧(女)、陈万银、陈志栋、陈福霞(女)、姚永锋、高文学、魏国栋	10
	冯庄乡	万丽(女)、安海斌、祁飞京、张恒仪、张耀辉、陈彩云(女)、彭波	7
	小岔乡	王芳军、王继东、罗金彩(女)、韩芳鸿(女)	4
	罗洼乡	马婕(女,回族)、王兴峰、王霞(女)、刘库、张翔	5
	交岔乡	杨海鹏(回族)、余德明、张春燕(女,回族)、海鹏(回族)	4

或高额放贷专项整治”;制定《加强人大及其常委会“四个机关”建设实施方案》及工作清单，新制定、修订人大常委会工作制度24项、机关内控制度10项，提高机关运转效率、工作质量;制定《人大常委会审议意见办理及检查评价办法》,建立人民政府、监察委员会、人民法院、人民检察院负责人当场对审议意见整改落实作表态发言和审议意见督办“回头看”机制,督办审议意见落实情况11次。

（张　蓉）

重要会议

【概况】 2022年,彭阳县召开县人民代表大会2次、县人大常委会会议8次,对29项重大事项作出决议决定，任免国家机关工作人员58人次。

【县人民代表大会会议】 2022年，彭阳县召开人民代表大会2次。1月5—6日县第十届人民代表大会第二次会议在彭阳县城召开。会议应到代表196人，实到代表182人,符合法定人数。会上,进行人大代表履职培训,学习党的十九届六中全会精神、中央人大工作会议精神、固原市第五次党代会精神和五届人大一次会议精神;补选周浩为彭阳县人民政府县长。

12月28—29日，县第十届人民代表大会第三次会议在彭阳县城召开。会议应到代表197人，实到代表145人,符合法定人数。会上，代表听取和审议县人民政府工作报告；审查和批准彭阳县2022年国民经济和社会发展计划执行情况与2023年国民经济和社会发展计划草案的报告;批准2023年彭阳县国民经济和社会发展计划；审查和批准彭阳县2022年财政预算执行情况和2023年财政预算草案的报告;批准2023年彭阳县财政预算;听取和审议县人大常委会工作报告、县人民法院工作报告、县人民检察院工作报告；表决通过关于县人民政府工作报告的决议、关于2022年国民经济和社会发展计划执行情况与2023年国民经济和社会发展计划的决议、关于2022年财政预算执行情况和2023年财政预算的决议、关于县人大常委会工作报告的决议、关于县人民法院工作报告的决议、关于县人民检察院工作报告的决议。

【人大常委会会议】 2022年,彭阳县召开人大常委会会议8次。(详见表8)

（张　蓉）

2022年彭阳县召开人大常委会会议情况一览表

表8

会议时间	会议名称	会议内容
2月25日	彭阳县十届人大常委会第三次会议	听取和审议县人民政府关于2021年法治政府建设工作情况的报告、关于消防工作情况的报告;审议县人大常委会调研组关于2021年法治政府建设工作情况的调研报告、县人大常委会执法检查组关于《中华人民共和国消防法》贯彻执行情况的检查报告;审议通过县人大常委会相关制度修订事宜;审议县人大常委会关于许可对彭阳县十届人大代表宋来宝采取行政强制措施的决定；审议通过县人大常委会关于接受李万斌辞去彭阳县第十届人大常委会委员职务的决定、关于接受赫丽娟辞去县人民政府副县长职务的决定;审议县人民政府、监察委员会、人民法院提请的人事任免议案,依法决定任命范忠于为县人民政府副县长、张志科为县水务局局长、火占宝为县退役军人事务局局长、吴生勤为县应急管理局局长,依法任命宽富平为县人民法院审判委员会委员、综合审判庭庭长、韩治国为县人民法院审判委员会委员、王洼人民法庭庭长、查安为县人民法院审判委员会委员、曹海波为县人民法院审判委员会委员、刘具文为县人民法院立案庭庭长、白昊为为县人民法院审判员、陈蓓苑为县人民法院审判员

续表 8

会议时间	会议名称	会议内容
5 月 10 日	彭阳县十届人大常委会第四次会议	听取和审议县人民政府关于优化营商环境工作情况的报告、关于土地管理工作情况的报告、关于全民健康水平提升行动工作情况的报告；审议县人大常委会调研组关于优化营商环境工作情况的调研报告、关于全民健康水平提升行动工作情况的调研报告、执法检查组关于《中华人民共和国土地管理法》《中华人民共和国土地管理法实施条例》贯彻执行情况的检查报告；审议通过彭阳县人大常委会制度制定、修订事宜；审议通过县人大常委会关于接受荆瑞芳辞去县人民政府副县长职务的决定；审议县人民政府提请的人事任免议案，依法决定任命刘洪涛为县人民政府副县长
6 月 23 日	彭阳县十届人大常委会第五次会议	听取和审议县人民政府关于移民致富提升行动、创建全国文明城市、用水权改革工作情况的报告；审议县人大常委会调研组关于移民致富提升行动、创建全国文明城市、用水权改革工作情况的调研报告；审议通过县人大常委会关于接受贺永乾辞去县十届人民代表大会代表、委员职务的决定，关于接受韩广新辞去县十届人民代表大会代表、委员职务的决定，关于接受张学辞去县人民政府副县长职务的决定(草案)；审议县人大常委会、人民政府、监察委员会、人民检察院提请的人事任免议案，依法决定任命戴小维为县人民政府副县长、公安局局长，任命张欢欢为县人大常委会办公室副主任、张彦春为县监察委员会委员、高春琴为县人民检察院检察员。专题询问创建全国文明城市工作
8 月 29 日	彭阳县十届人大常委会第六次会议	会议听取和审议县人民政府关于 2021 年财政决算(草案)、2021 年本级预算执行和其他财政收支审计工作情况、2022 年上半年国民经济和社会发展计划执行情况、2022 年上半年财政预算执行及国有资产管理情况、草畜产业发展情况的报告；听取和审议县人大常委会财经工作委员会关于 2021 年财政决算（草案)的审查报告；审议通过县人大常委会关于批准 2021 年度财政决算的决议；审议县人大常委会调研组关于全县草畜产业发展情况的调研报告；审议县人民政府关于提请调整 2022 年财政预算、批准 2022 年政府债务限额的议案；审议通过县人大常委会关于批准调整 2022 年财政预算的决定、关于批准 2022 年政府债务限额的决定、关于接受杨廷财辞去县十届人民代表大会代表及委员职务的决定、关于接受李伟辞去县十届人民代表大会常务委员会委员职务的决定、关于接受王继讲辞去县人民政府副县长职务的决定；审议县人民政府、监察委员会、人民法院、人民检察院提请的人事任免议案，依法决定任命杨志为县人民政府副县长、余昊东为县发展改革局局长、杨正虎为县司法局局长、乔升为县人力资源和社会保障局局长，任命杨廷财为县监察委员会副主任、张庚红为县监察委员会副主任，任命曹海波为县人民法院草庙人民法庭庭长，任命陈永明为县人民检察院副检察长、高春琴为县人民检察院检察委员会委员
10 月 27 日	彭阳县十届人大常委会第七次会议	听取和审议县人民政府关于县十届人大一次会议代表议案建议办理情况的报告；听取县人大常委会视察组关于 2022 年重点项目及 10 件民生实事办理情况的视察报告；听取和审议县监察委员会关于开展廉政教育工作情况的报告；听取县人大常委会法工委关于 2022 年规范性文件备案审查工作情况的报告
11 月 24 日	彭阳县十届人大常委会第八次会议	依法免去李峥嵘县人民法院审判员职务
12 月 6 日	彭阳县十届人大常委会第九次会议	补选刘瑾、王伦为固原市第五届人民代表大会代表

续表 8

会议时间	会议名称	会议内容
12 月 26 日	彭阳县十届人大常委会第十次会议	听取和审议县人民政府关于基础教育质量提升及义务教育优质均衡发展工作、2022 年全县环境状况和环境保护目标完成情况、县人民法院关于执行工作情况、县人民检察院关于未成年检察工作情况的报告；审议县人大常委会调研组关于基础教育质量提升及义务教育优质均衡发展工作的调研报告；审议县人民政府关于提请调整 2022 年财政预算、批准 2022 年政府债务限额的议案；审议通过县人大常委会 2023 年工作要点(审议稿)、关于县十届人大二次会议以来代表变动及补选代表资格审查情况的报告；审议县人大常委会关于召开彭阳县第十届人民代表大会第三次会议的决定、县人大常委会工作报告、县人大常委会关于召开彭阳县第十届人民代表大会第三次会议有关事宜

重大决定和人事任免

【重大决定】 2022 年，彭阳县制定《彭阳县人大常委会讨论决定重大事项的规定》，先后对预算调整、政府债务限额等 29 项重大事项作出决议决定。

【人事任免】 2022 年，彭阳县坚持党管干部和人大依法任免有机统一，任免国家机关工作人员 58 人。组织新任职人员向宪法宣誓 5 次，引导国家机关工作人员尊崇宪法、依法履职。

（张　蓉）

2022 年彭阳县人大常委会对国家机关工作人员职务任命一览表

表 9

姓　名	任命职务	县人大常委会决定任职的届次会议及时间
范忠于	县人民政府副县长	2 月 25 日县十届人大常委会第三次会议
张志科	县水务局局长	2 月 25 日县十届人大常委会第三次会议
火占宝	县退役军人事务局局长	2 月 25 日县十届人大常委会第三次会议
吴生勤	县应急管理局局长	2 月 25 日县十届人大常委会第三次会议
宽富平	县人民法院审判委员会委员、综合审判庭庭长	2 月 25 日县十届人大常委会第三次会议
韩治国	县人民法院审判委员会委员、王洼人民法庭庭长	2 月 25 日县十届人大常委会第三次会议
查　安	县人民法院审判委员会委员	2 月 25 日县十届人大常委会第三次会议
曹海波	县人民法院审判委员会委员	2 月 25 日县十届人大常委会第三次会议
刘具文	县人民法院立案庭庭长	2 月 25 日县十届人大常委会第三次会议
白昊为	县人民法院审判员	2 月 25 日县十届人大常委会第三次会议
陈蓓苑	县人民法院审判员	2 月 25 日县十届人大常委会第三次会议
刘洪涛	县人民政府副县长	5 月 10 日县十届人大常委会第四次会议
戴小维	县人民政府副县长、公安局局长	6 月 23 日县十届人大常委会第五次会议
张欢欢	县人大常委会办公室副主任	6 月 23 日县十届人大常委会第五次会议
张彦春	县监察委员会委员	6 月 23 日县十届人大常委会第五次会议
高春琴	县人民检察院检察员	6 月 23 日县十届人大常委会第五次会议
杨　志	县人民政府副县长	8 月 29 日县十届人大常委会第六次会议
余昊东	县发展改革局局长	8 月 29 日县十届人大常委会第六次会议
杨正虎	县司法局局长	8 月 29 日县十届人大常委会第六次会议
乔　升	县人力资源和社会保障局局长	8 月 29 日县十届人大常委会第六次会议
杨廷财	县监察委员会副主任	8 月 29 日县十届人大常委会第六次会议
张庚红	县监察委员会副主任	8 月 29 日县十届人大常委会第六次会议

续表 9

姓　名	任命职务	县人大常委会决定任职的届次会议及时间
曹海波	县人民法院草庙人民法庭庭长	8 月 29 日县十届人大常委会第六次会议
陈永明	县人民检察院副检察长	8 月 29 日县十届人大常委会第六次会议
高春琴	县人民检察院检察委员会委员	8 月 29 日县十届人大常委会第六次会议

2022 年彭阳县人大常委会对国家机关工作人员免去职务一览表

表 10

姓　名	免去职务	县人大常委会决定任职的届次会议及时间
郝丽娟	县人民政府副县长	2 月 25 日县十届人大常委会第三次会议
赵　坤	县水务局局长	2 月 25 日县十届人大常委会第三次会议
马　福	县退役军人事务局局长	2 月 25 日县十届人大常委会第三次会议
张晓东	县应急管理局局长	2 月 25 日县十届人大常委会第三次会议
李万斌	县十届人民代表大会常务委员会委员	2 月 25 日县十届人大常委会第三次会议
张生录	县监察委员会副主任	2 月 25 日县十届人大常委会第三次会议
韩国斌	县人民法院审判委员会委员	2 月 25 日县十届人大常委会第三次会议
杨生发	县人民法院审判委员会委员	2 月 25 日县十届人大常委会第三次会议
李峥嵘	县人民法院审判委员会委员	2 月 25 日县十届人大常委会第三次会议
宽富平	县人民法院王洼人民法庭庭长	2 月 25 日县十届人大常委会第三次会议
韩治国	县人民法院草庙人民法庭庭长	2 月 25 日县十届人大常委会第三次会议
刘具文	县人民法院综合审判庭庭长	2 月 25 日县十届人大常委会第三次会议
海　文	县人民法院立案庭庭长	2 月 25 日县十届人大常委会第三次会议
荆瑞芳	县人民政府副县长	5 月 10 日县十届人大常委会第四次会议
贺永乾	县十届人民代表大会代表、县十届人大常委会委员	6 月 23 日县十届人大常委会第五次会议
韩广新	县十届人民代表大会代表、县十届人大常委会委员	6 月 23 日县十届人大常委会第五次会议
张　学	县人民政府副县长、公安局局长	6 月 23 日县十届人大常委会第五次会议
马文生	县发展和改革局局长	6 月 23 日县十届人大常委会第五次会议
韩春东	县人大常委会办公室副主任	6 月 23 日县十届人大常委会第五次会议
马爱琴	县监察委员会委员	6 月 23 日县十届人大常委会第五次会议
马清香	县人民检察院检察员、检察委员会委员	6 月 23 日县十届人大常委会第五次会议
王　宁	县人民检察院检察员、检察委员会委员	6 月 23 日县十届人大常委会第五次会议
李　伟	县十届人民代表大会常务委员会委员	8 月 29 日县十届人大常委会第六次会议
杨廷财	县十届人民代表大会代表、县十届人大常委会委员	8 月 29 日县十届人大常委会第六次会议
王继讲	县人民政府副县长	8 月 29 日县十届人大常委会第六次会议
李　伟	县人大常委会财政经济工作委员会主任	8 月 29 日县十届人大常委会第六次会议
乔　升	县司法局局长	8 月 29 日县十届人大常委会第六次会议
杨正虎	县人力资源和社会保障局局长	8 月 29 日县十届人大常委会第六次会议
虎佑峰	县监察委员会副主任	8 月 29 日县十届人大常委会第六次会议
曹海波	县人民法院综合审判庭副庭长	8 月 29 日县十届人大常委会第六次会议
刘　广	县人民检察院副检察长	8 月 29 日县十届人大常委会第六次会议
张庚红	县人民检察院检察员、检察委员会委员	8 月 29 日县十届人大常委会第六次会议
李峥嵘	县人民法院审判员	11 月 24 日县十届人大常委会第八次会议

人大监督

【概况】 2022年，县人大常委会围绕党中央和区市县党委重大决策部署，围绕人民群众所思所盼，听取和审议人民政府、监察委员会、人民法院、人民检察院专项工作报告19项，开展专题询问1次。

【经济领域监督】 2022年，县人大常委会围绕经济社会平稳健康发展，听取审议计划、预算执行工作报告，批准预算变动调整，跟踪监督稳经济、保增长、促发展各项政策措施落实。听取审议财政决算、国有资产管理、审计工作情况报告，提出优化财政支出结构、科学编制预算、提高资金使用绩效等审议意见9条。

【民生领域监督】 2022年，县人大常委会对全民健康水平、移民致富、基础教育质量提升行动进行调研，听取和审议专项工作报告，提出审议意见11条，督促提升医疗卫生机构服务质量、改善移民安置区基础设施和公共服务。

【生态保护监督】 2022年，县人大常委会将生态环境保护作为重要监督议题，对全县环境状况和环境保护目标完成情况进行专题调研，督促中央及区委、市委督察反馈问题整改落实，推动生态环境持续向好。听取和审议用水权改革工作报告，提出审议意见4条，用水权改革工作稳步推进，自治区内二级市场第一笔交易在彭阳率先完成。

2022年8月，彭阳县人大常委会组织部分人大代表到灵武市调研优化营商环境工作（县人大办公室 提供）

【法律监督】 2022年，县人大常委会围绕推进依法行政，严格公正司法，就法治政府建设、法院执行、检察院未成年人检察等工作开展监督，推动法治彭阳建设水平提升。首次听取监察委员会廉政教育工作报告，提出审议意见3条，推动廉政建设走深走实。严守耕地保护红线，对《中华人民共和国土地管理法》《中华人民共和国土地管理法实施条例》贯彻执行情况进行执法检查，坚决遏制耕地“非农化”、基本农田“非粮化”，筑牢粮食安全基础。从维护人民群众生命财产安全出发，对《中华人民共和国消防法》贯彻实施情况开展执法检查，推动王洼镇小型消防站立项建设，补齐消防短板。

（张　蓉）

视察调研

【视察全县重点项目及改善民生实事办理情况】 2022年，县人大常委会组织区、市、县部分人大代表对全县重点项目建设及改善民生10件实事办理情况进行视察，保障代表知情知政，让发展成果更多惠及群众。

【调研创建全国文明城市工作】 2022年，县人大常委会对全国文明城市创建工作进行监督，专题调研全国文明城市创建工作1次，组织开展专题询问，回应群众关切，推动提升城市精细化管理水平。

【调研优化营商环境工作】 2022年，县人大常委会通过听取汇报、实地查看、询问交流、召开座谈会、发放调查问卷等方式，对优化营商环境工作进行详细调研，提出审议意见 5 条，推动营商环境持续优化。

【调研草畜产业发展】 2022 年，县人大常委会围绕“五特四新四优”产业发展，组织对全县草畜产业发展情况开展调研，提出要完善动物防疫体制机制、延伸产业链条等审议意见 5 条。

（张　蓉）

议案建议

【概况】 彭阳县十届人大一次会议收到代表提交的意见建议 20 条，意见建议涉及全县经济、政治、文化、社会、生态文明建设等各个方面。彭阳县人大常委会共立代表议案 10 件，已全部办结。共立代表建议 20 件，已办结 9 件，占总数的 45%；办理阶段 6 件，占总数的 30%；争取办理 5 件，占总数的 25%。

【关于实施彭阳县西沟流域山水林田路草综合治理项目的议案】 彭阳县第十届人民代表大会第一次会议期间，高应广等代表提出“关于实施彭阳县西沟流域山水林田路草综合治理项目”的议案。西沟流域综合治理项目包含 10 个子项目，新修高效节灌良田 133.33 公顷，铺设供水管道 2.5 千米，建设田间生产道路 21.7 千米，总投资 11120 万元，2022 年底已完成全部建设内容。

【关于在红河镇何塬村及宽坪村建设饲草配送中心的议案】 彭阳县第十届人民代表大会第一次会议期间，王生东等代表提出“关于在红河镇何塬村及宽坪村建设饲草配送中心的议案”的议案。按照彭阳县草滩村、何塬村、宽坪村饲草配送中心建设项目设计批复要求，2022 年底已完成全部工程建设任务，青贮包膜机、收割机等设备已全部采购到位。

（张　蓉）

彭阳县十届人大一次会议代表建议办理情况一览表

表 11

序号	建议名称	主办单位	进展情况
1	关于硬化白阳镇阳洼村钻洞组道路的建议	县交通局	已完成项目立项和招投标等前期工作，因占用基本农田，待“三区三线”划定审核通过、项目建设用地问题解后开复工建设
2	关于硬化孟塬乡白杨庄村西岔洼组道路的建议	县交通局	因项目道路拓宽需新增占用耕地和基本农田，且农村公路建设资金短缺，暂无法立项实施，下一步将根据县财政及农村公路建设用地调整情况，力争列入下年度项目建设计划
3	关于硬化古城镇乃河村石窑沟至海口居民点道路的建议	县交通局	因项目道路拓宽需新增占用耕地和基本农田，且农村公路建设资金短缺，暂无法立项实施，下一步将根据县财政及农村公路建设用地调整情况，力争列入下年度项目建设计划
4	关于维修红河镇韩堡村原 203 省道路段的建议	县交通局	已办结。实施 2022 年隐患处治及新增排水工程，新建混凝土边沟 300 米，安装过户涵管 48 米，新铺路面 1.089 千米
5	关于新建古城镇第二小学西侧道路的建议	县交通局	因项目道路拓宽需新增占用耕地和基本农田，且农村公路建设资金短缺，暂无法立项实施，下一步将根据县财政及农村公路建设用地调整情况，力争列入下年度项目建设计划
6	关于硬化新集乡新集村团庄组道路的建议	县交通局	已完成项目立项和招投标等前期工作，因项目占用基本农田，待“三区三线”划定审核通过、项目建设用地问题解后开复工建设

续表 11

序号	建议名称	主办单位	进展情况
7	关于硬化草庙乡丑畔村村组道路的建议	县交通局	已完成项目立项和招投标等前期工作,因项目占用基本农田,待"三区三线"划定审核通过、项目建设用地问题解后开复工建设
8	关于修建冯庄乡上湾村中庄组老坟湾崾岘至河滩道路的建议	县交通局	已完成项目立项和招投标等前期工作,因项目占用基本农田,待"三区三线"划定审核通过、项目建设用地问题解后开复工建设
9	关于续建红河镇宽坪蔬菜标准化示范园区的建议	县农业农村局	已办结。依托东升、春又发等龙头企业,扩展基地面积600亩,建设连栋育苗温棚7000平方米,利用无纺布覆盖开展春提早栽培模式示范
10	关于立项建设小岔乡榆树示范村的建议	县农业农村局	已办结。完成榆树村"5350"示范村项目建设,培育示范户26户,存栏肉牛219头,建成青贮池30户,青贮玉米种植1138亩
11	关于改造提升红河镇韩堡村设施农业园区的建议	县农业农村局	已办结。共计维修红河韩堡蔬菜大棚252栋
12	关于加强城阳乡涝池村"十三五"移民安置点基础设施建设的建议	县乡村振兴局	已办结。已完成所有建设内容
13	关于在交岔乡街道建设标准化水厕及配套污水管网的建议	县住建局	已办结。建成2座水冲式公厕,每座80平方米,可以满足交岔乡街道常住人口使用
14	关于建设古城镇街道停车场的建议	县住建局	已完成停车场前期规划,建设面积约400平方米,计划争取自治区2023年古城镇重点镇建设项目一并实施
15	关于对孟城公路沿线绿化美化的建议	县自然资源局 县住建局	已列入孟城公路两侧排水工程项目一并实施,正在进行前期测绘
16	关于修建罗洼乡马涝村部至田湾组森林防火通道的建议	县自然资源局	已办结。已完成马涝村部至田湾组防火通道建设,共修建防火通道2.2千米
17	关于对小岔乡中心小学崖面进行砌护的建议	县教体局	已完成现场勘察,计划对原崖面清理并砌筑护坡,经预算,砌筑工程量2106立方米,所需资金208万元,由于崖面上方是路面,目前正与有关方面协调沟通
18	关于维修红河镇宽坪至常沟段北干防洪灌溉渠的建议	县水务局	已办结。新建排洪渠1660米,生产桥9座,完成投资67.47万元
19	关于在罗洼乡街道电管站及乡政府门口安装限速摄像头的建议	县公安局	已办结。该路段已于2021年10月安装了红绿灯和电子警察设备一套,按照公安部有关国省道车辆限速不得低于70千米的要求,该路段暂不适宜安装限速设备
20	关于建设冯庄小园子红色文化广场的建议	县文广局	因项目用地不符合规划,待土地调规完成后组织实施冯庄小园子红色文化广场

2022 年彭阳县十届人大一次会议代表议案办理情况一览表

表 12

序号	议案名称	主办单位	进展情况
1	关于实施彭阳县西沟流域山水林田路草综合治理项目的议案	县水务局	已办结。西沟流域综合治理项目共包含 10 个子项目，新修高效节灌良田 133.33 公顷，铺设供水管道 2.5 千米，建设田间生产道路 21.7 千米，总投资 11120 万元，已完成全部建设内容
2	关于在红河镇韩堡村实施高效节水改造项目的议案	县水务局	已办结。该项目与红河什字高效节水灌溉田间工程打捆招标，已完成全部建设内容，并投入运行
3	关于在红河镇何塬村及宽坪村建设饲草配送中心的议案	县农业农村局	已办结。按照彭阳县草滩村、何塬村、宽坪村饲草配送中心建设项目设计批复要求，已完成全部工程建设任务，青贮包膜机、收割机等设备已全部采购到位
4	关于在栖凤山修建应急防火物资储备库及山下实施排洪渠改造工程的议案	县自然资源局 县住建局	已办结。栖凤山应急防火物资储备库工程和排洪渠改造工程已完成全部建设任务
5	关于建设彭阳县教育城域网的议案	县教体局	已办结。教育专网基本架构已于 11 月底搭建完成，正在进行学校节点汇聚、专线割接和主干专网接入
6	关于在新集及沟口街道建设标准化水厕的议案	县住建局	已办结。在新集村、沟口村街道建成砖混结构公共卫生间 3 座，配套建设给排水、消防、通暖、电气等附属工程，已建成投用
7	关于硬化王洼镇部分村组道路的议案	县交通局	已办结。王洼陡沟村部至彭石公路已建成投用，王洼矿区至鸦儿沟公路、王洼陡沟至石头沟公路和王洼团庄村部至马山公路完成土方路基、涵洞和沙砾基层及混凝土边沟预制
8	关于修建白阳镇双磨村寨湾居民点排洪渠及灌溉支渠的议案	县水务局	已办结。新建排洪渠 760 米、农渠 100 米，硬化防汛道路 470 米，完成投资 63.33 万元
9	关于治理孟塬乡白杨庄村雅石岔组沟头的议案	县水务局	已办结。建成排水工程 1 处，铺设排水管道 800 米，治理沟头 1 处，人工填筑沟埂 310 米，营造水土保持林 0.15 平方千米，完成投资 70.81 万元
10	关于维修加固城阳乡农田灌溉渠的议案	县水务局	已办结。清淤干渠 2020 米、支渠 10167 米，拆除重建支渠 2142 米，新建跌水桥 1 座、生产桥 2 座，维修利用退水损坏桥 2 座，完成投资 33 万元

代表工作

【阵地建设】 2022 年，县人大常委会制定印发《关于推进全县人大代表联络站（家、室）标准化建设的指导意见》，建成人大代表联络站 1 个、代表之家 17 个、代表活动室 94 个，代表活动阵地实现全覆盖。制定《人大代表小组活动制度》，组建代表活动小组 99 个，开展代表活动 300 余场次。组织开展代表向选民述职评议活动，县、乡 198 名人大代表向选区选民述职接受选民监督。

【闭会期间代表活动】 2022 年，县人大常委会制定《人大常委会组成人员联系人大代表和人大代表联系人民群众的实施意见》，常委会组成人员联系人大代表 84 名，县乡人大代表联系人民群众 5412 名，走访联系群众 1000 余次，收集反映社情民意 200 余条。修订完善代表活动、人大代表列席、公民旁听人大常委会会议暂行办法，全年邀请 300 余名代表公民列席旁听县人大常委会会议，参与视察、调研、检查以及县人民政府、县监察委员会、县人民法院、县人民检察院组织的听证会、开放日、“百案大回访”等活动。开展市县人大代表补选工作，依法选举市人大代表2名、县人大代表8名。

【履职培训】 2022年,彭阳县十届人大代表选举产生后，组织代表初任培训。组织42名常委会组成人员、人大代表赴全国人大培训基地培训学习。坚持常委会会前学法制度,举办法治讲座4期,辅导学习《中华人民共和国水法》《中华人民共和国民法典》等法律法规,参学人次200余人次。

（张　蓉）

工作委员会与专门委员会

【财政经济工作委员会】 2022年,彭阳县人大常委会财经工作委员会对2021年度财政预算执行和其他财政收支审计情况、2021年财政决算情况、2022年上半年财政预算执行情况及国有资产管理工作开展专题调研,提出审议意见9条。调研优化营商环境、全国文明城市创建、国民经济和社会发展计划执行情况及自建房安全专项整治等工作,提出审议意见12条。十届人大三次会议期间,对县人民政府《关于彭阳县2022年国民经济和社会发展计划执行情况与2023年国民经济和社会发展计划草案的报告》《关于彭阳县2022年财政预算执行情况和2023年财政预算草案的报告》进行初步审查，并提交审查报告。组织部分常委会组成人员及部门负责人赴石嘴山市大武口区、银川市、灵武市、吴忠市利通区和同心县等地考察学习优化营商环境、创建全国文明城市以及人大工作。

【法制工作委员会】 2022年,彭阳县人大常委会法制工作委员会听取和审议县人民政府关于2021年法治政府建设工作情况的报告，提出加大法律法规宣传培训力度、抓好“八五”普法工作、加强执法保障力度等审议意见。先后组织对县人民政府贯彻执行《中华人民共和国消防法》《中华人民共和国土地管理法》《土地管理法实施条例》开展执法检查,并听取和审议专项报告。组织对县人民法院审判管理工作、县人民检察院社区矫正检察监督工作进行专题调研,提出意见建议8条。举办法治讲座2期,辅导学习《中华人民共和国消防法》《中华人民共和国水法》《宁夏回族自治区水资源管理条例》《中华人民共和国民法典》等，参学人员150余人次。县法制工作委员会做好规范性文件备案审查工作，发挥备案审查的监督功能，依法审查2件规范性文件，并在县十届人大常委会第七次会议上提交关于2022年规范性文件备案审查工作情况的报告。

【教科文卫工作委员会】 2022年，彭阳县人大常委会教科文卫工作委员会组织开展全县全民健康水平提升行动、基础教育质量提升和优质教育均衡发展工作情况专题调研,形成调研报告2篇。听取和审议县人民政府关于全民健康水平提升行动、基础教育质量提升和优质教育均衡发展工作情况的报告,并进行满意度测评,向政府转交审议意见8条。

【代表联络选举工作委员会】 2022年,彭阳县人大常委会代表联络和选举工作委员会组织部分区市县人大代表对2022年重点项目及10件民生实事办理情况进行视察。举办代表初任培训班,组织42名常委会组成人员、人大代表赴全国人大培训基地培训学习。制定《人大常委会组成人员联系人大代表和人大代表联系人民群众的实施意见》,走访联系群众1000余次，收集反映社情民意200余条。制定印发《关于推进全县人大代表联络站(家、室)标准化建设的指导意见》,建成人大代表联络站1个、代表之家17个、代表活动室94个。县代表联络选举工作委员会组建代表活动小组99个，开展代表活动300余场次。邀请300余名代表公民列席旁听县人大常委会会议，参与视察、调研、检查以及人民政府、监察委员会、人民法院、人民检察院组织的听证会、开放日、“百案大回访”等活动,推动代表履职融入经济社会发展。组织开展代表向选民述职评议活动,县、乡198名人大代表向选区选民述职，自觉接受选民监督。做好市县人大代表补选工作，依法选举市人大代表2名、县人大代表8名。

（张　蓉）

彭阳县人民政府

Pengyang County People's Government

综 述

【巩固拓展脱贫攻坚成果同乡村振兴有效衔接】 2022年，彭阳县完善动态监测和精准帮扶机制，开展“清零”行动，消除风险监测对象634户2126人。全年发放小额贷款4953户2.96亿元、困难学生补助7.9万人次1.17亿元、务工就业补贴5883人639.35万元，完成贷款贴息1700万元，定额资助特困人群医保6.34万人1550万元。采取参股引投、合作分红等方式，精准实施壮大村集体经济项目48个，全县村集体经济收益达到2500万元。整合财政涉农资金2.43亿元，实施产业帮扶项目21个，兑现产业补贴1.49亿元，培育联农带农经营主体56家，带动1708户增收726.8万元。实施移民致富提升项目19个，建成移民就业帮扶车间5个、就业服务站6个，脱贫人口人均纯收入增长16%。打造有效衔接示范村17个，整治乡村振兴薄弱村34个。

【深化改革】 2022年，彭阳县加快山林权、用水权、土地权、排污权、用能权、碳排放权资源入市交易，创新推进“山林+”，山林地确权完成率100%，位居全区第一，探索实施碳汇资源开发，落实“双碳”（碳达峰、碳中和）、“双控”（安全生产分级管控与隐患排查治理）目标。深化“互联网+政务服务”，政务大厅整合设置64个服务窗口，162个村（社区）全部设置便民服务站。1280项事项实现“不见面、网上办”，企业开办时间压减到1小时，政务服务“一网通办”全面实现。推进重点领域改革，确定第二轮土地承包到期后再延长30年试点村2个。落地招商引资项目41个，概算总投资131.7亿元，其中投资亿元以上项目10个以上。继续开展东西部协作和定点帮扶工作，全年投入资金6369.3万元，谋划实施项目43个。

【农业发展】 2022年，彭阳县培育巩固肉牛养殖示范村72个，建设养殖园区7个，全县饲养肉牛21.76万头、朝那乌鸡100万只；新建钢架结构塑料拱棚66.67公顷，种植蔬菜5666.67公顷；集中建成高标准农田13913.33公顷，新建北部调水、茹河灌区等6个骨干供水工程，改造提升农村供水干支管道477.3千米，发展高效节水灌溉4000公顷，全县高标准农田累计达39100公顷；完成大豆玉米带状复合种植16013.33公顷，粮食总产量21.4万吨；红梅杏种植面积5333.33公顷，销售1650吨，实现综合产值1亿元。拥有全国“名特优新”农产品3个、农业农村部登记地理标志农产品3个。

【二、三产业】 2022年，彭阳县引进落地苏宁新能源矿用机械增材再制造、共享储能电站等项目，完成技改项目8个，拟兑现奖补资金424万元，培育规模以上工业企业8家，规模以上工业增加值25.24亿元，比上年增长19.4%以上；生产原煤591万吨、原油11万吨，产值分别达28.7亿元、5.5亿元。打造宁南数字经济产业园，投运一期、建成二期，累计解决就业1000余人，提供就业岗位超过2000个，获评固原市三年来首个自治区现代服务业集聚区。彭阳县建成梯田巷夜市步行街，举办夜市啤酒节暨商品交流会，带动消费3000余万元；发放核销消费券15.8万张448.7万余元，直接带动消费5000余万元。新建县城游客集散中心，打造精品旅游线路3条、旅游景点7个，全县旅游景区景点共接待游客89万人次，实现社会综合收入4亿元。

【城乡面貌】 2022年，彭阳县新建停车场2个，完成11个老旧小区改造，建成人才公寓，苏州公馆等商住开发项目顺利推进，城镇化率43%。建成美丽村庄18个，完成厕所改造1018户，新修高标准农田13333.33公顷，新建农村公路31条150千米，改造农村电网256.74千米。实施黄土高原综合治理和冬季清洁取暖项目，治理小流域3条41.25平方千米，第二污水处理厂建成投用，完成营造林10500公顷，全县森林覆盖率36.87%，空气质量优良天数90%以上。全区首条农村“黄土固化路”米沟段和孟城公路建成通车，惠红公路柴沟至常沟段改造完成，固红公路古城后峡段改造项目开工建设，硬化农村道路120千米，全县等级公路总里程达到3204.96千米、等级公路密度126.5千米/百平方千米、自然村道路硬化率96.4%。新改建电网436.39千米，动力电入户率100%，新建5G基站30处。

【民生事业】 2022年，彭阳县累计发放救助资金9686万元，养老、医疗参保率分别为98.6%和97%。完成城乡可转移就业劳动力摸底调查66780户，登记劳动力11.38万人，落实创业“培训+指导+贷款+补贴”服务机制，开展就业创业培训2485人，发放创业担保贷款4378万元，培育创业实体473个，创造新岗位652个，23个扶贫车间吸纳就近就业203人，累计劳动力转移就业6.28万人，创工资性收入15.06亿元。完成“县管校聘”(县级管理，学校聘用)高标准，彭阳一中等学校与4所全区前列中小学签订合作办学协议。全年有民政定期保障对象19558人，完成108户残疾人家庭无障碍改造，建成儿童之家162个、公建公营养老服务机构8所、农村老饭桌44个、农村互助院2个、社区日间照料中心5个、区级残疾人扶贫基地3个。开展青少年视力筛查，年内，全民健康体检7.38万人。

【社会治理】 2022年，彭阳县开展平安彭阳建设，彭阳“枫桥式派出所”经验在自治区、固原市推广。建立党建引领基层社会治理工作机制，推进网格化管理，全域推广“红黑榜”“积分卡”制度，实行矛盾纠纷和风险隐患黄橙红“三色”预警管理。2022年信访总量539件652人次，排查化解矛盾纠纷1538件，化解率98%，全县信访案件、矛盾纠纷、治安案件、刑事案件比上年分别下降17.8%、23.5%、0.87%、17.6%。推进安全生产大检查和百日专项行动，集中开展自建房、危化品、燃气、煤矿、地质灾害等15个领域专项整治，排查整治安全风险隐患1626处，安全生产三年专项整治行动圆满收官。年内，通过全国保障农民工工资支付现场抽检。

【宋庆龄基金会帮扶】 2022年，宋庆龄基金会选优派强驻村第一书记和挂职帮扶干部，为全面推进乡村振兴、巩固拓展脱贫攻坚成果提供干部支持。结合基金会实际，直接投入帮扶资金749.8万元，引进帮扶资金230万元，培训基层干部40人，培训医护人员37人。

（李华龙）

重要会议

【政府全体会议】 2022年，彭阳县召开政府全体会议1次。2022

年2月18日，县人民政府召开全体(扩大)暨廉政工作会议，动员全县上下凝聚思想共识，迅速调整状态，加压奋进、合力攻坚，形成提速争先的浓厚氛围，为实现全年目标任务奠定坚实基础。会上传达学习中央经济工作会议，中央农村工作会议、国务院、自治区、固原市政府全体会议精神，政府各副县长安排部署2022年政府重点工作。

【政府常务会议】 2022年，彭阳县召开政府常务会议27次。(详见表13)

（李华龙）

2022年彭阳县召开政府常务会议情况一览表

表13

会议时间	会议名称	会议内容
1月12日	第一次政府常务会议	听取全县“双节”期间市场监管重点工作开展情况汇报；审议《彭阳县2022年“两节”慰问及困难群众救助工作方案》《彭阳县全面推行林长制实施方案》《2022年彭阳县林果产业建设方案》《2022年彭阳县草畜产业高质量发展实施方案》《2022年彭阳县绿色食品产业高质量发展实施方案》《彭阳县开展农村撂荒耕地专项整治行动工作方案》《彭阳县用水权确权结果》(《彭阳县地下水取水井专项治理行动实施方案》《彭阳县第二轮土地承包到期后再延长三十年试点工作方案》；研究彭阳县2022年春节灯展及氛围营造、红河镇上王村设施农业园区遗留和拖欠土地流转费、收回何万刚等4宗国有建设用地使用权、彭地(G)〔2021〕07号宗地国有建设用地使用权重新挂牌、彭地(G)〔2021〕03号宗地放弃竞得资格、资金等事宜
1月27日	第二次政府常务会议	听取2021年经济形势分析和2022年总体工作部署情况的汇报，安排部署下一步工作；听取“两节”期间市场保供、森林草原防灭火、信访安全保障、新冠疫情防控工作汇报，安排部署下一步工作；听取全县粮食安全工作汇报，研究审议《市委涉粮问题专项巡察县委政府反馈的问题整改方案》；研究审议《彭阳县深化新时代教育督导体制机制改革的实施方案》《彭阳县扶贫项目资产监督管理办法(试行)》《彭阳县2022年巩固拓展脱贫攻坚成果同乡村振兴项目库建设、财政涉农资金整合和闽宁资金使用方案》《彭阳县推进工业经济高质量发展实施方案》《彭阳县数据服务外包产业发展方案》《彭阳县促进数据服务外包产业发展暂行办法》；研究迁建王洼镇石岔小学、收回朝那乌鸡(静原鸡)保种场项目国有建设用地使用权、店洼水库湿地公园工程设计费、彭阳县美丽茹河建设PPP项目2021年度可用性服务费政府付费等事宜
2月21日	第三次政府常务会议	研究审议《彭阳县公务接待管理办法（修订稿)》《彭阳县招商引资优惠政策》；研究安排数据外包产业园项目资金、固定资产处置、资金等事宜
3月21日	第四次政府常务会议	研究审议《彭阳县关于贯彻落实中央生态环境保护督察通报典型案例整改方案》；研究审议《彭阳县创建国家食品安全示范城市工作方案》《彭阳县贯彻落实地方党委和政府领导班子及其成员粮食安全责任制规定实施方案》《改革完善彭阳县粮食储备体制机制加强粮食储备安全管理的实施方案》《彭阳县县级政府临时粮食储备实施方案》《彭阳县乡村振兴基金设立方案》《彭阳县乡村振兴融资担保基金管理办法》《彭阳县农业保险实施方案》；研究整合彭阳县国有粮食购销企业粮库(站)、彭阳县红河流域厕所改造及管网连接项目建设及资金、彭阳县2022年现代农业高效节水灌溉项目建设及资金、增加城镇社区专职网格员及工资保障、彭阳县王洼煤矿独立工矿区改造项目内容及投资概算变更、解决退耕还林地资源界定所需技术费用资金、彭阳县2022年造林绿化任务及资金安排、划拨任山河烈士陵园纪念设施维修改造(二期)等4个项目建设用地、出让彭地(G)〔2022〕01号国有建设用地、资金等事宜

续表 13

会议时间	会议名称	会议内容
4月2日	第五次政府常务会议	听取全县信访安全保障工作汇报，安排部署下一步工作；研究审议《彭阳县推动现代职业教育高质量发展工作实施方案》《彭阳县2022年大豆价格保险实施方案》；研究解决彭阳县王洼产业园区区块三道路及招商项目用地征迁资金，关于加入“宁科贷”合作单位、解决风险补偿贷款资金等事宜
4月22日	第六次政府常务会议	听取全县第一季度经济运行和项目建设进展情况汇报，安排部署下一步工作；听取自治区经济责任审计反馈问题整改情况汇报，安排部署下一步工作；研究《2022年彭阳县扶持壮大村级集体经济实施方案》《彭阳县2022年“乡村振兴健康保”项目实施方案》及相关资金事宜；研究调整议事协调机构小组；听取综合医改工作进展情况汇报，安排部署下一步工作；研究收回彭阳县第四小学换热站项目国有建设用地使用权，出让彭地(G)〔2022〕03号国有建设用地，划拨长庆油田分公司第十一采油厂孟11-3等61个石油井场项目建设用地，彭阳县草庙特困人员供养服务设施(敬老院)可再生能源供暖项目和王洼、草庙敬老院生活设施及厨房设备采购项目及资金等事宜
5月7日	第七次政府常务会议	听取全县近期安全生产、自治区党委督查和全区安全生产巡查督查反馈问题整改落实工作情况汇报，安排部署下一步工作；听取全县近期新冠疫情防控、疫苗接种总体情况汇报，安排部署下一步工作；研究审议《2022年彭阳县科技赋能产业发展实施方案》《彭阳县磷肥厂硫酸车间国有建设用地使用权及地上建筑物其他附着物收回方案》《闽宁彭阳大数据灾备中心项目国有建设用地使用权及地上附着物收回方案》；研究彭阳县2022年村庄规划编制及资金、彭阳县历史遗留矿山恢复治理、出让国有建设用地、彭阳县200套公共租赁住房维修及资金等事宜
6月1日	第八次政府常务会议	听取全县1—4月经济运行和项目建设进展情况汇报，安排部署下一步工作；听取全县数字经济产业发展情况汇报，安排部署下一步工作；听取全县自建房安全专项整治情况汇报，安排部署下一步工作；听取全县巩固拓展脱贫攻坚成果同乡村振兴有效衔接考核评估反馈问题整改情况汇报，安排部署下一步工作；听取中央环保督察反馈问题及自治区、市级环保督察反馈问题和信访转办件整改情况汇报，安排部署下一步工作；研究审议《彭阳县稳经济保增长促发展守底线政策措施》《彭阳县2022年支持扩大消费实施方案》《促进彭阳县房地产市场平稳健康发展若干措施》；研究收回县关平路项目国有建设用地使用权、出让国有建设用地、采购人才保障性租赁住房及资金等事宜
6月7日	第九次政府常务会议	听取全县人居环境整治工作情况汇报，安排部署下一步工作；研究审议《彭阳县本级保留需现场提交证明事项清单》《彭阳县实行告知承诺制的证明事项清单(第一批)》《彭阳县水资源最大刚性约束制度实施方案》《彭阳县用水权收储交易及收益分配管理暂行办法》《林业碳汇项目合同》《“彭阳红梅杏”地理标志产品使用管理办法》《彭阳县光伏帮扶项目收益分配管理办法》《彭阳县关于不动产登记历史遗留问题的解决方案》《彭阳县中小学教师“县管校聘”改革工作实施方案》《2022年彭阳县公开招聘公办幼儿园县聘教师实施方案》

续表 13

会议时间	会议名称	会议内容
6月17日	第十次政府常务会议	听取全县1—5月经济运行情况汇报，安排部署下一步工作；听取全县贯彻落实中央依法治国办反馈问题整改情况汇报，安排部署下一步工作；研究审议《宁夏回族自治区彭阳县人民政府 中铁一局集团有限公司 中铁融信（天津）投资管理有限公司 中国农业发展银行固原市分行合作协议》；研究固定资产处置、古城镇皇甫村人居环境整治项目及资金、维修改造应急物资贮备库房工程项目及资金等有关事宜
7月20日	第十一次政府常务会议	听取全县2022年上半年经济运行情况汇报，安排下一步工作；听取全县行政应诉情况汇报，安排下一步工作；召开彭阳县安全生产委员会2022年第四次（扩大）会议暨全县安全生产“百日专项整治行动”部署会，安排部署全县安全生产“百日专项整治行动”工作；召开彭阳县2022年拥军优属拥政爱民领导小组会，听取县双拥领导小组2021年工作汇报，研究审议彭阳县2022年拥军优属拥政爱民工作要点；研究审议《彭阳县防汛抗旱应急预案》《彭阳县自建房安全专项整治工作实施方案》《彭阳县布鲁氏杆菌病防治工作实施方案》；研究收回闽宁彭阳大数据灾备中心项目国有建设用地使用权及地上附着物和相关资金、调整出让彭地（G）〔2022〕03号宗地相关挂牌条件、支付宁夏彭阳县巨能热力有限公司部分资产补偿、批复2019年城阳乡长城村和2021年30个村庄规划、划拨王洼独立工矿集中供热改造提升项目二期工程等项目建设用地、供给红河镇宽坪村和什字村集体建设用地、政府安置专业士官等人员薪酬待遇调整、彭阳县2021年度巩固拓展脱贫攻坚成果同乡村振兴有效衔接考核评估反馈饮水安全问题整改工作经费等事宜；听取县人大议案（建议）、政协提案、10件民生实事办理进展情况的汇报，安排下一步工作
7月29日	第十二次政府常务会议	听取全县社会治安维稳和信访安全保障工作汇报，安排下一步工作；听取彭阳县加强未成年人思想道德建设工作情况汇报，安排下一步工作；通报全县2022年闽宁协作进展情况，研究审议《彭阳县“十四五”闽宁协作规划分工方案》《2022年闽宁协作重点工作任务分工方案》；研究彭阳县参与全国有线电视网络整合涉及的房产、地产、网络设备资产、债权等相关事宜及国有建设用地事宜
8月7日	第十三次政府常务会议	听取2021年财政决算（草案）、2022年上半年财政预算执行情况，研究2022年财政预算调整方案；研究兑现仓储物流园项目招商引资优惠政策资金、出让国有建设用地及资金有关事宜
8月13日	第十四次政府常务会议	听取全县安全生产“百日专项整治行动”进展情况汇报；听取全县重点项目建设情况汇报；听取彭阳县“三区三线”（“三区”：城镇、农业、生态三类空间；“三线”：城镇开发边界、永久基本农田保护红线、生态保护红线）划定工作情况汇报；研究申请调拨固定资产（房屋）、划拨县第四中学部分闲置校舍和空地用于县职业中学扩容提质建设、收回原彭阳县运输公司部分国有建设用地使用权、彭阳县集中供热特许经营项目提前终止政府补偿财政承受能力评估报告

续表 13

会议时间	会议名称	会议内容
8 月 24 日	第十五次政府常务会议	听取中央环保督察反馈问题及自治区、市级环保督察反馈问题和信访转办件整改情况汇报，安排下一步工作；研究修改《彭阳县促进数据服务外包产业发展暂行办法》；研究 2022 年闽宁协作发展资金使用计划调整事宜；审议《彭阳县王洼产业园区机制体制改革和高质量发展实施意见》；研究给予县消防救援大队记集体三等功，县第四、第五幼儿园移交公办及相关资金，固定资产处置及资金分配事宜
9 月 2 日	第十六次政府常务会议	研究审议《彭阳县贯彻落实自治区第十三次党代会市委五届五次全会及县委九届三次全会精神推进文化旅游、现代物流、健康养老、电子商务产业高质量发展实施方案》《彭阳县贯彻落实自治区第十三次党代会 市委五届五次全会及县委九届三次全会精神推进煤炭综合利用、农副产品加工、轻工纺织、数字信息产业高质量发展实施方案》；研究安排彭阳县 2022 年农村群众安全住房保障奖励工作经费及资金，解决彭阳县“互联网 + 医疗健康”信息化建设第三方网络数据服务费用、解决彭阳县政府街社区卫生服务中心建设费用，调整宁夏固原市彭阳县王洼独立工矿区居民避险搬迁工程—北洼台安置点建设项目建设地点、建设内容和规模，收回王洼镇劳务移民安置区项目部分国有建设用地使用权，出让 2 宗国有建设用地事宜、教师节表彰等事宜
9 月 5 日	第十七次政府常务会议	研究审议《彭阳县审计查出问题整改考核方案》；研究彭阳县 2022 年第二批及 2023 年村庄规划编制计划及相关资金、出让 2 宗国有建设用地事宜、彭阳县集体土地所有权变更调查和确权登记成果更新汇交及资金等事宜
9 月 16 日	第十八次政府常务会议	听取全县生态环境保护问题排查整治工作进展情况汇报，安排下一步工作；听取 2022 年全县工程建设政府采购等重点领域突出问题专项治理工作进展情况汇报，安排下一步工作；研究审议《彭阳县城乡面貌提升行动实施方案(2022—2026 年)》《彭阳县推动城乡建设绿色发展实施方案》《彭阳县冬季清洁取暖项目实施方案》；听取全县国有企业改革三年行动重点工作任务落实情况汇报，安排下一步工作；研究划拨石家峡水库等项目建设用地、解决县粮食购销有限公司资金事宜
9 月 16 日	第十九次政府常务会议	听取全县新冠疫情防控工作汇报，安排下一步工作；研究彭阳县 2022 年衔接资金阶段性审查和绩效评价(第一阶段)反馈资金使用成效方面问题整改措施事宜；安排 2020 年度“扶贫保”项目资金；审议《彭阳县 2022 年闽宁协作社会帮扶资金使用方案》；研究解决县融媒体中心业务经费、出让 3 宗国有建设用地、园区管委会招商引资项目政策兑现等事宜
10 月 14 日	第二十次政府常务会议	研究审议《彭阳县重大项目前期工作经费管理暂行办法》《彭阳县建设项目节水设施“三同时”管理制度(试行)》《彭阳县取用水户节约用水信用管理制度(试行)》《彭阳县王洼产业园区中小微企业孵化园管理办法》；研究彭阳县标准化厂房(纺纱)项目设计变更、划拨彭阳县红河镇全民健身中心等项目建设用地、确认交通小区土地出让价款评估结果、2016 年和 2017 年棚户区改造项目贷款定价基准利率转换、解决彭阳县茹河玉桥防洪补救工程和牛羊定点屠宰厂防洪工程建设资金、彭阳县政务服务大厅续聘工作人员、资金分配等相关事宜

续表 13

会议时间	会议名称	会议内容
10月21日	第二十一次政府常务会议	研究审议《彭阳县预防和化解行政争议府院联席会议制度》《彭阳县依法推进行政争议协调化解工作的实施方案》《关于行政复议体制改革的实施方案》《彭阳县建设黄河流域体育公共服务体系高质量发展先行区实施方案》《彭阳县贯彻落实第二轮中央生态环境保护督察报告整改方案》《彭阳县2022年闽宁协作发展资金使用方案》;研究彭阳县2022年石油天然气井场部署计划
11月2日	第二十二次政府常务会议	听取全县前三季度经济运行情况汇报,分析经济形势,安排下一步工作;研究自治区效能目标考核涉及全县政府部门主要任务分工,安排下一步工作;听取2022年人大代表议案建议、政协委员提案和民生实事办理情况汇报,安排下一步工作;研究修改《彭阳县政府投资项目管理办法》;研究审议《彭阳县乡村建设行动实施方案(2022—2025年)》;听取全县保障农民工工资支付工作情况汇报,安排下一步工作;听取自治区水利厅专项稽查大中型水库移民后续扶持政策实施情况发现反馈问题整改情况的汇报，安排下一步工作;研究审议《彭阳县机关事业单位编外聘用人员薪酬实施方案(试行)》;研究解决县粮食购销有限公司资金事宜
11月9日	第二十三次政府常务会议	研究支付彭阳县杜家沟(工业园区)沿路刷坡土方工程款项、出让国有建设用地等事宜
11月18日	第二十四次政府常务会议	研究审议《彭阳县妇女发展规划（2021—2030年)》《彭阳县儿童发展规划(2021—2030年)》《彭阳县肉牛产业高质量发展实施方案(2022—2026年)》《彭阳县冷凉蔬菜产业高质量发展实施方案（2022—2026年)》《彭阳县板块产业高质量发展实施方案(2022—2026年)》《彭阳县红梅杏产业高质量发展规划》(2023—2027年)》《彭阳县生态经济产业高质量发展规划(2023—2027年)》；听取彭阳县2022年违法占用耕地问题专项整治行动进展情况汇报；研究划拨冯庄乡派出所迁建项目建设用地、招商引资项目奖励资金兑现、教育城域网建设及资金事宜
11月25日	第二十五次政府常务会议	研究审议《关于设立彭阳县“产业高质量发展和乡村振兴引导资金”的请示》《彭阳县产业高质量发展和乡村振兴引导资金管理制度》《彭阳县2022年闽宁财政专项资金分配使用方案》《彭阳县2022年巩固拓展脱贫攻坚成果同乡村振兴有效衔接工作经费使用方案》《彭阳县乡村振兴重点帮扶县相关政策落实和资金审计问题整改清单》《闽籍企业来彭投资特惠政策》；研究北山等五所转播台维修项目及相关资金、解决新冠疫情防控工作经费等事宜
12月15日	第二十六次政府常务会议	听取全县重点弱势群体疫苗接种情况汇报,安排下一步工作;学习《扩大内需战略规划纲要(2022—2035年)》,听取全县2023年争项目争资金申报情况汇报,研究审议《彭阳县2023年重点建设项目清单》;研究审议《彭阳县实施教育质量提升行动工作方案》;研究审议《彭阳县富民贷工作实施方案》;研究彭阳县农业面源污染综合治理项目第三方检测评估费用事宜；听取彭阳县冬季清洁能源取暖项目进展情况汇报,安排下一步工作;研究成立彭阳县城市建设发展公司、购买盘活闲置房源改造建设保障性租赁住房及相关资金、中盐宁夏商业集团有限公司彭阳配送站征迁安置、划拨彭阳县任山河烈士陵园等项目建设用地、出让3宗国有建设用地事宜;召开彭阳县政府性债务管理领导小组会议,听取全县政府债务管理情况汇报,研究全县隐性债务化解计划;研究资金有关事宜

续表 13

会议时间	会议名称	会议内容
12 月 25 日	第二十七次政府常务会议	研究审议《2023 年彭阳县政府工作报告(审议稿)》《关于县十届人大一次会议代表议案、建议办理情况的报告(审议稿)》《关于 2022 年度县人大常委会审议意见办理情况的报告(审议稿)》《关于县政协十届一次会议委员提案办理情况的报告(审议稿)》《2022 年民生实事办理情况的报告(审议稿)》《彭阳县 2022 年国民经济和社会发展计划执行情况与 2023 年国民经济和社会发展计划(草案)(送审稿)》《彭阳县 2022 年财政预算执行情况和 2023 年财政预算(草案)的报告(送审稿)》;研究变更调整彭阳县姚河塬遗址项目名称、主要建设规模和内容及投资估算等有关事宜;研究审议《2022 年财政预算调整方案》,审定 2022 年政府债务限额;研究资金分配事宜

政府综合事务

【政务服务】 2022 年,彭阳县人民政府办公室开展调查研究,牵头起草政府工作报告、全县工作汇报和乡村振兴、生态环保、产城融合等领域专项汇报 49 份,参与起草各类材料 520 余篇,审核报送各类信息 370 篇、新闻宣传稿件 20 余篇,编发《政务信息》8 期,发行政府公报 6 期 1920 份。收发处理中央、国务院和区、市来文来电 6143 件,彭阳县文件 518 件。全年组织召开县政府常务会 27 次,县长办公会、政府专题会、视频调度会等各种会议 210 余次。参与组织协调区市县各类现场观摩会、线上山花节、红梅杏开园节、宁南数字产业园区开园节等大型活动 10 余次。

【督查督办】 2022 年,彭阳县人民政府共开展各类督查 87 次,承办县领导批交办事项 35 件,按时办结率 100%,办结 10 件人大代表议案、5 件政协委员重点提案,20 件人大代表建议和 56 件政协委员提案办理情况良好。

【政务公开】 2022 年,彭阳县通过县政府门户网站、公众号等平台主动公开重点领域信息 25829 条,举办"政府开放日"活动,受理政民互动投诉件 117 件,规范办理各类意见建议 25 条,发布政策解读 42 条。

【建议和提案办理】 2022 年,彭阳县十届人大一次会议期间共立代表议案 10 件,年内交由县水务局、农业农村局、自然资源局、住建局、教体局、交通局办理并全部办结,办结率 100%。县政协十届一次会议期间共立重点提案 5 件,年内交由县农业农村局、自然资源局、水务局、交通局、住建局办理,已办结 4 件,1 件正在办理,办结率 80%。县十届人大一次会议期间共收到代表建议 20 件,已办结 9 件,占总数的 45%;办理中 6 件,占总数的 30%;争取办理 5 件,占总数的 25%。县政协十届一次会议期间共立委员提案 56 件,已办结 45 件,占总数的 80.4%;办理中 6 件,占总数的 10.7%;争取办理 5 件,占总数的 8.9%。

2022 年 11 月 22 日,彭阳县举办以"打造阳光政府,构建美丽彭阳"为主题的"政府开放日"活动座谈会 (王 宁 摄)

【政府热线】 2022年，彭阳县政务服务大厅转派全区“12345”便民热线工单4326件，其中，求助工单2473件、投诉工单1528件、咨询工单219件、举报工单60件、建议工单45件、表扬工单1件。按期办结3266件，按时办结率75.5%，市民满意率91.6%。其中投诉工单投诉问题主要集中在供暖供水日常生活投诉、噪声扰民、垃圾污水污染、拆迁征地承包补偿纠纷、交通问题、户籍问题及历史遗留问题上。

（李华龙）

信访工作

【概况】 2022年，彭阳县信访总量539件652人次，其中接待群众来访230批350人次，群众网上信访309件，网上重复信访57件。信访事项及时受理率100%，按期办结率100%，群众满意率95%以上。

【信访接待】 2022年，彭阳县落实领导坐班接访、包案化解制度，每天安排一名县级领导在县信访接待大厅坐班接待来访群众，为群众答疑解惑，对疑难复杂信访案件实行领导包案。县信访局对全县已办结的信访事项、人民网地方领导留言板及区、市、县领导信箱等投诉反映的问题逐件进行回访，政府主要领导对不满意的信访事项亲自督办。全年县级领导坐班接待群众来访185批290人，化解突出信访问题56件。

【矛盾化解】 2022年，彭阳县坚持网格管理+精准摸排，以村组社区（楼栋）为单位，将全县划分为162个大网格、2293个小网格，实行网格内全员、全地域、全事务管理，做到“人在网中走，事在网中解”。落实“村组报告，乡镇吹哨，部门报到”的网格化管理服务机制，推动全县12个乡镇建立乡级信访工作联席会议，开展社会矛盾化解工作。

【积案办理】 2022年，彭阳县开展集中治理重复信访化解信访积案专项行动，针对国家及区、市两次交办的52件重复信访事项，先后落实47名县级领导包案、38个责任单位牵头办理，已于2022年3月底提前办结。集中开展化解信访突出问题“百日攻坚”专项行动，针对区市信访局交办的4件信访事项，落实4名县级领导包案，7个责任单位牵头办理，已全部按期办结。县信联办4次摸排交办重点信访事项59件，落实29名县级领导包案、23个责任单位牵头办理，已化解56件，化解率95%以上。

【矛盾纠纷大排查大起底大化解“奋战100天”专项行动】 2022年8月，彭阳县集中开展信访突出问题大排查、大起底、大攻坚、大化解“百日攻坚”专项行动。通过此次行动，全县排查梳理重点信访事项23件，通过13名县级领导包案、18个责任单位牵头，建立彭阳县集中开展化解信访突出问题“百日攻坚”专项行动问题清单、责任清单和化解清单，挂账督办，推动解决了一批群众反映强烈的问题。

【信访宣传】 2022年，彭阳县将《信访工作条例》纳入党校培训教学计划，6月10—11日，在县委组织部、县委党校举办的全县乡村两级领导班子能力提升培训班上，邀请自治区信访局党组成员、副局长马振林现场宣讲《信访工作条例》，开展《信访工作条例》“赶大集”宣传活动1次，以《信访工作条例》“宣传月”活动为契机，组织23个成员单位在县怡园广场开展《信访工作条例》集中宣传活动1次，组织“五进”活动245场次。

（叶　珮）

行政审批

【概况】 2022年，彭阳县完成12个乡镇便民服务中心和162个村（社区）便民服务站标准化建设，政务实体大厅进驻事项1190项，119项政务服务事项下放乡镇民生服务中心，48项事项实现村（社区）就近代办。建成一体化政务服务平台，一窗综合受理、“一网通办”31个政府部门784个法人单位事项，即来即办530项自然人事项。推行政务服务“好差评”，实现了县乡两级全覆盖和网上办事"一事一评"线下办理"一次一评"，倒逼窗口服务提质增效，18919 人次参与测评，满意率为 99.99%。

【一窗受理集中服务】 2022 年，彭阳县分两批次将全县 31 个部门的 784 项行政许可事项集中到政务服务大厅办理，集中率为 88.6%。启用"彭阳县审批服务管理局审批专用章"，实行"一枚印章管审批""一个大厅全办结"。对承接的所有审批事项逐项梳理论证，通过"三减"(减环节、减流程、减材料)工作，缩短办理时限，先后三轮"瘦身"，涉及"三减"事项 138 项，材料减少 5.9%，承诺时限减少 47.9%，办理环节减少 17.4%。设置企业开办并联办理和工程建设项目审批综合受理窗口，对工程建设项目审批和企业套餐服务"一件事"事项实行"无差别一窗综合受理""全流程无偿代办"。重组窗口布局，优化市场准入类、工程建设类、社会事务类等事项办理流程，组织各股室开展综合业务培训 4 次，推动落实"一窗受理，集成服务"。

【网上审批】 2022 年，彭阳县全面推进"不见面"审批模式，实行"一网"通办。按照自治区统一安排，完成全县 1278 个自治区、市、县、乡同一名称、同一依据、同一类别、同一编码事项名称、编码、依据、类型标准化、流程最优化工作，审批效率得到提高。依托宁夏政务服务网彭阳网上办事大厅和"我的宁夏"手机 App，推行"不见面"网上办理。年内，全县网上办理 39115 件，入库电子证照 23951 件。

【服务提升】 2022 年，彭阳县建成"163"一体化政务服务平台，并向乡镇延伸，推动服务模式从"事项供给"向"场景服务"转变。推行"证照免提交"服务，对线下窗口 58 台高拍仪进行升级，引导办事群众通过"亮码"方式办理政务服务事项，免提交范围覆盖企业和群众办事高频使用证照的 80%以上。梳理出"零材料"事项 74 项，"一照(证)通办"事项 72 项，大幅精简申报材料，提交一种证照即可办理政务服务事项，压缩办理时限，提速扩大电子证照应用覆盖面。完成 12 个乡镇便民服务中心和 162 个村(社区)"家门口"服务站建设。彭阳县制定《彭阳县完善基层审批服务规范化建设实施方案》，推进公安、税务、市监等 10 个部门单位 123 项进驻乡镇便民服务中心办理。建立"好差评"数据生成、归集、传输、分析、反馈机制，在县政务大厅和乡镇民生服务中心全面推广"好差评"工作机制。

(雷　博)

信息化建设

【信息发布】 2022 年，彭阳县规范政府信息审核发布，公开重点领域信息 25829 条，其中政府门户网站发布信息 3291 条，借助"彭阳政务""彭阳在线"等 43 个官方微信微博平台发布信息 11780 条，通过"331"惠农资金监管平台发布信息 9951 条，印发政府公报 6 期 1920 本。推进政府网站运行升级，完成政府网站适老化、无障碍阅读及手机适配版改造。按照《宁夏回族自治区政务新媒体管理工作细则（试行)》要求，落实新媒体开设、变更、关停、注销分级备案制度，全县纳入全国新媒体报送系统监管的新媒体有 43 个。回应群众关心关注，受理政民互动投诉件 117 件，回复率 100%。

【网络建设】 2022 年，彭阳县健全县乡村三级电子政务外网体系，确保全县政务云网平台正常运行。完善行政中心网络机房管理制度，采取专人巡检、定期维护、安全应急演练等措施，加强对网络、设备、数据等全方位日常运维，采购机房堡垒机等软硬件基础设施设备。制定印发《彭阳县电子政务外网安全风险排查及整改专项工作实施方案》《关于加强彭阳县电子政务外网安全防护的通知》等文件，统一为全县采购安全防护软件系统管理服务端，督促指导各乡镇、部门(单位)自行购买安装电脑终端防护软件客户端及其他防护设施。建成悦龙新区文化影剧院云视通主会场，并将彭阳县第一中学、第三中学和第四中学接入全县云视通会场系统。截至年底，云视通系统连通县城8个重点会议场所、12个乡镇和162个村（社区）分会场。经第三方绩效评估，云视通系统建设项目总体评价等级为“优”，年节约经济成本100余万元。

【“数字政府”建设】 2022年，彭阳县总结提炼2021年度全县数字政府建设工作典型经验，其中“云视通”会议系统的创建、“智慧彭阳”全息化平台项目的谋划等创新和亮点工作，得到自治区推进数字政府建设领导小组肯定，被评定为二等奖并给予以奖代补资金150万元。年内，谋划2023年全面推进数字政府建设重点任务、具体举措，提出遵循数字化转型发展规律，坚持改革引领和数据赋能双轮驱动、业务融合和技术应用相互促进，推进数字政府建设发展。

（杨红霞）

县直机关事务管理

【公务活动保障】 2022年，彭阳县落实中央八项规定精神及区市县有关规定，执行《宁夏回族自治区公务接待费管理暂行规定》等相关制度，规范全县公务接待管理。2022年3月，印发《彭阳县公务接待管理办法》。保障自治区党委、政府主要领导到彭阳调研、全区安全生产巡查督查工作等各项接待工作190余次，配合其他部门完成接待工作110余次、保障各类会议90余场次。

【办公用房管理】 2022年，彭阳县印发《彭阳县党政机关办公用房维修管理实施细则》，规范调剂办公用房，对腾退办公用房实行统筹管理、统一调配，保障县直机关单位办公用房刚性需求，年内累计清理整改县本级单位5家，腾退477平方米。倡导党政机关工作人员办公室采用大开间形式，提高办公用房利用率。落实政府带头“过紧日子”有关要求，提高县直行政事业单位国有资产使用效益，在自然资源局地下室试点建设行政事业单位公物仓实体示范仓。

（杨芳芳）

外事及港澳台侨事务

【机构设置】 2022年，为进一步加强党对外事工作的集中统一领导，彭阳县委外事工作委员会办公室由设在县政府办公室调整为设在县委办公室。2022年5月，县政府外事办公室与县委外事工作委员会办公室合署办公，实行一套工作机构、两个机关名称。县政府办公室不再挂政府外事办公室牌子。

（王晓霞）

【外事工作】 2022年，彭阳县围绕全县经济社会发展大局，链接国际、国内资源，开通乡村振兴“外事直通车”，形成“外事平台+乡村振兴+产业融合”创新格局，2022年9月，经自治区党委外事办“牵线搭桥”，彭阳县壹珍药业与日本星火产业株式会社签订中药材采购协议、销售协议。

（王萍萍）

【港澳台事务】 2022年，彭阳县对全县港澳台同胞情况进行摸排整理，配合市委统战部对全县港澳台同胞进行慰问，了解其存在的困难，帮助解决实际问题。

【侨务工作】 2022年，彭阳县联系福建侨联为62名中小学生捐赠衣物194件，联系自治区侨联为贫困大学生捐赠笔记本电脑5台。

（姬武军）

中国人民政治协商会议彭阳县委员会

Pengyang County Committee of the Chinese People's Political Consultative Conference

综　述

【概况】 2022年,中国人民政治协商会议彭阳县委员会(以下简称政协彭阳县委员会)围绕特色农业提质、红梅杏产业发展、产业科技支撑、产业布局结构、产品销售渠道、创建全国文明城市、解决全县就业困难等事宜,提出94条意见建议,部分被县委、县政府和相关部门采纳。其中针对创建全国文明城市中居民小区"空中飞线""飞线充电"等问题,协商提出"开展专项整治""增设充电桩"等建议,被相关部门采纳办理。先后2次赴贵州、湖南、江西、云南等地招商引资,为全县招商工作提出建议提供线索。围绕"山林权改革""生物固碳发展"等议题,向区、市政协协商提出彭阳县建议,推动碳达峰、碳中和工作开展。

【政协委员构成】 2022年,政协彭阳县第十届委员会有委员180人,分别属于21个界别,其中中共党员70名,占38.9%,非中共党员110名,占61.1%;妇女53名,占29.4%;少数民族52名,占28.9%;大专以上学历157名,占83.3%;平均年龄45岁,留任委员79名,占43.9%;新进委员98名,占54.4%。

【政协委员会自身建设】 2022年,政协彭阳县委员会落实专门委员会兼职副主任机制,每个专门委员会聘任兼职副主任2名,把180名委员编入4个专委会。建立政协领导包抓政协委(办),委(办)负责人包抓重点工作机制,落实乡镇统战委员兼任政协联系人工作机制,制定《政协彭阳县第十届委员会委员培训规划》,印发《新时代人民政协学习材料汇编》,开展"书香政协·同心筑梦"委员读书活动,提升建言资政水平。

(马文博)

2022年政协彭阳县第十届委员会常务委员会组成人员一览表

表14

职　务	姓　名
党组书记、主席	马文山(回族)
党组副书记、副主席	赵　坤
党组成员、副主席	文珍珠
副主席	杨世福
党组成员、秘书长	刘世锋
委　员	余在德、杜占山、王志成、张明、海文春(回族)、扈志明、赵香莲(女)、张志娥(女)、何万兵、陈让云、张志强、蔺瑞峰、白丽(女,回族)、海正芳(女,回族)、张志科、马彩霞(女,回族)、李云、剡成虎(回族)、袁金琴(女)、任三敬、查安(回族)、任小帅、沈丽云(女)、海玉满(回族)

政协彭阳县第十届委员会委员一览表

表 15

单位：人

界　别	姓　　名	人数
中国共产党	刘世锋 马　福 张　娟 余在德 马文山 赵　坤 文珍珠 张　明 海文春 王　宇 晁海军 黄　勇 虎　富 张彦文 祁久文	15
民主党派和无党派人士	杨世福 陈让云 任三敬 赵香莲 张社军 张伟正 赵慧芳 李升阳 查　安 马韶梅 袁治贤	11
共青团	杨立慧 王永宁	2
工会	石效霞 刘莉萍	2
妇联	海正芳 赵凤琴 陈雪霞	3
工商联和新的社会阶层	杨万升 任小帅 姬智慧 沈丽云 袁继仁 苏发忠 梁　生 邵建海 王兴瑞 崔生琴 林万丰 李恒春 张广智 祁飞龙 张　勇 杨　利 李会标 陈振文 张　玉 白世峰 惠树玉 乔　佩 刘正学 王春霞 强志芳	25
科学技术协会	王前军	1
台胞	杨　林	1
文化艺术界	林生库 杜占山 杨宁国 何海燕 侯　鹏 马宏芳	6
科学技术界	剡成虎 常富德 扈志强 刘　惠 张银付 米克进	6
社会科学界	李　娟	1
经济界	冯天佐 张志强 海　鹏 何万兵 徐万平 冶　珺 冯　婧 马彩霞 兰晓娟 郭文娟 吴　佩 牛雅玮 马红军 晁　佩 买吉财 梁　会 袁士伟 祁　玉 张恩广 杨平忠 王志成 张生有	22
农业界	张志科 李　云 蔺瑞峰 邓彩丽 胡长青 谈志斌 周　花 杨　玲 马科奇 许佐周 乔守君 邓占钊 陈世贵 党进奎 张　虎 赵　波	16
教育界	张志娥 杨　芳 陈海燕 孙国顺 马雪花 郑永霞 王兴旺 马凤富 马　芳 王洪海 马伯慧 陈立春 杨文元 郑　周 李树敏 马金山 海维强	17
体育界	张红霞 席彩霞 海　娟	3
新闻出版界	扈志明 王　雄	2
医疗卫生界	杨志斌 马素霞 马晓娟 高　勇 张俊秀 袁金琴 姬文廷 杨彩秀 党孝奇 姬芳芝 胡聪聪 贾东慧	12
社会福利和社会保障界	徐　梅 朱建鹏 马灵智 张文忠 李鸿奎 马纪元 白　丽	7
散居少数民族	马丽霞	1
宗教界	刘效龙 海玉满 韩秉军 马彦发 马喜云 鲜碧录 马志刚 马玉福 马成山 杨生龙 周凤奇 马文林	12
特邀人士	马　兵 李维勇 杨陇东 赵　锐 关学武 姚微波 陈宏璋 汪志骞 刘树一 海　岗 马福平 姬元林 马鑫鋆 陈永明 惠忠民	15

重要会议

【概况】 2022 年，彭阳县召开政协全体会议 1 次，提案立案 38 件，政协常委会会议 6 次，审议通过《中国人民政治协商会议彭阳县委员会专题协商会议规则（试行）》等 18 份报告。

【政协全体会议】 2022 年，政协彭阳县委员会召开全体会议 1 次。12 月 26—28 日，政协彭阳县十届二次会议在彭阳县文化影剧院召开。会议听取和审议县政协主席马文山代表政协彭阳县第十届委员会常务委员会所作的工作报告和县政协副主席杨世福代表政协彭阳县第十届委员会常务委员会所作的提案工作报告，审议通过政协彭阳县委员会 2023 年协商计划和十届二次会议提案审查情况报告。委员们列席彭阳县第十届人民代表大会第三次会议，听取并讨论县人民政府县长周浩所作的政府工作报告和其他报告。

【政协常委会会议】 2022 年，政协彭阳县委员会召开常委会会议 6 次。（详见表 16）

（马文博）

2022 年政协彭阳县委员会召开常委会会议情况一览表

表 16

会议时间	会议名称	会议内容
2 月 21 日	十届二次常委会会议	审议通过《中国人民政治协商会议彭阳县委员会专题协商会议规则(试行)》
7 月 18 日	十届三次常委会会议	听取县人民政府关于全县上半年经济运行情况的通报、县人民政府关于提案工作办理情况的通报、县人民法院上半年工作情况通报、县人民检察院上半年工作情况通报、县交通运输局关于全县快递物流业发展情况的通报；审议通过《关于全县快递物流业发展情况的调研报告》有关人事事宜
10 月 12 日	十届四次常委会会议	听取县水务局关于全县农田水利灌溉设施管理情况通报、县司法局关于全县“八五”普法工作情况通报、县农业农村局关于全县冷凉蔬菜产业发展情况通报；审议通过《关于全县农田水利灌溉设施管理使用情况的调研报告》《关于全县“八五”普法工作的调研报告》《关于对全县蔬菜产业发展情况视察的报告》
12 月 26 日	十届五次常委会会议	听取县人民政府关于县政协十届一次会议以来提案办理情况的通报、县人民法院 2022 年工作报告、县人民检察院 2022 年工作报告、县乡村振兴局关于乡村振兴工作的通报、县住房和城乡建设局关于社区物业管理和老旧小区改造工作的通报；审议通过《关于乡村振兴工作的考察报告》《关于社区物业管理和老旧小区改造工作的考察报告》《中国人民政治协商会议彭阳县第十届委员会常务委员会工作报告（草案)》《中国人民政治协商会议彭阳县第十届委员会常务委员会提案工作报告(草案)》《政协彭阳县委员会 2023 年协商计划(草案)》、政协彭阳县第十届委员会第二次会议会务文件(草案)、县政协十届委员会委员请辞事宜、增补县政协十届委员会委员事宜
12 月 27 日	十届六次常委会会议	审议《政协彭阳县第十届委员会常务委员会第二次会议政治决议（草案)》《政协彭阳县第十届委员会常务委员会第二次会议关于常务委员会工作报告的决议(草案)》《政协彭阳县第十届委员会第二次会议关于常务委员会提案工作报告的决议(草案)》
12 月 28 日	十届七次常委会会议	审议通过《县政协 2023 年协商计划(草案)》《政协彭阳县第十届委员会第二次会议提案审查委员会关于提案审查情况的报告（草案)》《政协彭阳县第十届委员会常务委员会第二次会议政治决议（草案)》《政协彭阳县第十届委员会常务委员会第二次会议关于常务委员会工作报告的决议（草案)》《政协彭阳县第十届委员会第二次会议关于常务委员会提案工作报告的决议(草案)》

协商议政

【概况】 2022年，彭阳县政协常委会修订完善社情民意线上办理与“有事好商量”线下协商联动机制、专题协商会议规则、协商工作规则等18项制度。加强调研报告、社情民意信息等协商建言成果报送，专人负责精准呈送县委、县政府领导和相关部门单位。建立健全激励考核机制，将政协协商成果转化纳入部门年度目标责任考核体系，推动政协协商成果得到转化落实。按照《政协彭阳县委员会2022年协商计划》，报送《关于全县快递物流业发展情况的调研报告》等调研报告6篇。

【协商模式创新】 2022年，彭阳县政协常委会以民生需求为导向，聚焦基层治理开展“有事好商量”活动，围绕居民小区“空中飞线”“飞线充电”等问题，协商提出“开展专项整治”“增设充电桩”等建议，被相关部门采纳办理。发挥“委员大讲堂”作用，组织农业界政协委员深入村组农户、田间地头，为群众培训讲解玉米大豆带状复合种植技术。发挥“委员会客室”“界别委员工作室”平台优势，组织各类界别活动12次，接待界别群众400余人次，解答各类民生类问题280余次。

（马文博）

提案与社情民意

【概况】 2022年，彭阳县政协常委会围绕全县经济社会发展、民生改善和乡村振兴开展调研，提出提案101件。经审查，立案61件，并案6件，转为建议和社情民意34件，已全部办复。其中，已办结50件，占82%；部分办结或列入计划逐步办理8件，占13%；因条件限制一时难以办理3件，占5%。列为重点提案6件，已全部办理。彭阳县政协报送社情民意信息19期，得到县委、县政府主要领导批示12期，其中“关于农村道路建设”得到自治区政协办公厅采纳、区交通厅办复，1篇工作信息被自治区政协转发。

【办理关于维修城阳乡综合文化站的提案】 在中国人民政治协商会议彭阳县第十届委员会第一次会议上，褚玫红委员提出“关于维修城阳乡综合文化站的提案”。城阳乡文化站由于年久失修，加之降雨量多导致房屋地基和院坪下沉，房屋出现明显裂缝，已无法正常使用，内部功能设施简陋陈旧，与当前的文化工作与群众生活需求相差较远，服务能力远远不适应当前社会发展要求。建议对城阳乡综合文化站急需进行维修，使其发挥功能作用，提升城阳乡公共文化服务能力。2022年，县文化旅游广电局拨付20万元资金对城阳乡综合文化站完成维修。

【办理关于加快旅游示范村发展的提案】 在中国人民政治协商会议彭阳县第十届委员会第一次会议上，马宏芳委员提出“关于加快旅游示范村发展的提案”。由于旅游示范村发展缓慢，起不到示范带动作用，建议扶持发展旅游示范村，通过对示范村民宿、农家乐、旅游商品、手工制品、非遗等方面进行扶持，让旅游示范村真正起到示范带动作用。2022年，县文化旅游广电局已将城阳乡长城村成功申报为第二批宁夏特色旅游村，并计划2023年继续申报城阳乡为国家乡村旅游重点镇，阳洼村为国家乡村旅游重点村，周沟村、韩寨村为自治区特色旅游村。

（马文博）

2022年彭阳县政协十届二次会议提案立案汇总一览表

表17

类别	序号	案由	提案人	备注
产业发展	1	关于大力发展庭院经果林产业的提案	王前军	重点提案
	2	关于南门工业园区民营企业高质量持续发展的提案	强志芳	重点提案
	3	关于改造提升蔬菜老旧园区日光温室效益的提案	提案和委员联络委员会	重点提案
	4	关于推进用水权改革工作的提案	马宏芳、陈世贵、党进奎、杨玲	—
	5	关于加快构建肉牛产业高质量发展创新体系的提案	谈志斌、李云、邓占钊、刘成虎	—
	6	关于进一步规范彭阳县快递业发展的提案	袁士伟、惠忠民、何万兵、吴佩、张玉、贾东慧	—
	7	关于优化营商环境提升政务服务能力的提案	张文忠	—
	8	关于切实提质增效宁南数字经济产业园的提案	惠忠民、何万兵、袁士伟、吴佩、张玉	重点提案
	9	关于加大保护和建设好高标准农田的提案	米克进	—
	10	关于支持和鼓励民营企业探索山林权改革新路径的提案	邵建海	—
	11	关于编制乡村建设规划,全面推进乡村振兴的提案	王兴瑞	—
城乡建设	12	关于建设彭阳县零工市场的提案	白丽、海鹏、海正芳、郭文娟、马彩霞、冶珺	—
	13	关于进一步提升创建全国文明城市工作的提案	王宇	重点提案
	14	关于规范住宅小区物业管理的提案	海文春、海正芳、买吉财、白丽、海鹏、兰晓娟、李升阳、任三敬、张志强、赵香莲	—
	15	关于加强共享单车管理的提案	李恒春	—
	16	关于在民乐苑小区和财富广场科学规划建设公厕的提案	张伟正	—
	17	关于切实整治乱占河床耕作的提案	张彦文、陈永明	
	18	关于持续推进美丽乡村建设的提案	提案和委员联络委员会、海正芳	重点提案
	19	关于韩涝公路五峰山景区过境段边沟改造增设集雨池的提案	韩秉军、苏发忠	—
文化旅游	20	关于推动全民阅读,建设书香彭阳的提案	陈立春	—
	21	关于重视地方文化挖掘的提案	教科文卫体委员会、朱建鹏	—
	22	关于引进高层次人才的提案	马文林	—
	23	关于深入推进移风易俗努力打造文明乡风的提案	袁金琴、杨彩秀、贾东慧、马晓娟、徐梅	—
	24	关于提升全县农村中学科技馆和城区青少年科学工作室建设的提案	张娟	—

续表 17

类别	序号	案　由	提　案　人	备　注
文化旅游	25	关于农村环境卫生综合治理的提案	马志刚	—
	26	关于县城南门工业园区及杜家沟企业安置区环境卫生治理的提案	吴佩	—
	27	关于对工业园区东下角河道两侧环境治理的提案	杨平忠	—
	28	关于加强古城镇茹河流域生态环境保护和污染防治的提案	马伯慧、李升阳、马风富	—
	29	关于进一步加强义务教育学校劳动教育的提案	李树敏、祁飞龙	—
	30	关于改善农村教育现状的提案	马金山	—
	31	关于持续加强中小学生心理健康教育的提案	杨立慧、赵香莲	—
民生实事	32	关于解决县医院、中医院在编人员差额工资的提案	高勇、党孝奇、张俊秀、杨彩秀、胡聪聪、姬文廷、袁金琴、杨志斌、王永宁、贾东慧	—
	33	关于在县城居民小区附近规划设置便民“早市”的提案	孙国顺、王兴旺、王洪海	—
	34	关于有序实施“减盐行动”助力健康中国建设的提案	何海燕	—
	35	关于提升彭阳县基础教育质量的提案	王兴旺	—
	36	关于加强村医队伍建设的提案	党孝奇	—
	37	关于进一步增设城区公共免费停车位的提案	虎富、张明、王宇、海鹏、李升阳、王永宁	—
	38	关于切实减轻中小学生课外负担的提案	张恩广	—

视察调研

【调研全县快递物流业发展情况】 2022年3月24日，按照《政协彭阳县委员会2022年协商计划》，县政协组织部分政协委员及县交通运输局、发改局等部门负责人组成调研组，先后到县邮政公司、快递分拨中心、顺丰快递公司和古城中邮驿站，采取现场观摩、听取汇报、座谈交流等方式，对全县快递物流业发展情况进行专题调研，提出对策建议4条。

【调研全县“八五”普法工作】 2022年7月中旬，县政协常委会组成调研组，就全县“八五”普法工作情况开展调研。调研组先后到古城镇高庄村、县人民法院、县宏泰汽车检测有限公司、县第三小学，实地察看普法依法治理、依法治企、依法治校等工作。听取县司法局关于全县“八五”普法工作情况汇报，查阅相关资料，召开座谈会，开展界别协商，提出对策建议4条。

【调研全县农田水利灌溉设施管理使用情况】 2022年6月下旬，县政协常委会成立调研组，到吴川灌区、长城塬灌区、彭阳县北部调水工程施工现场、石家峡水库、乃河灌区、新集乡海子塬蔬菜基地、红河镇宽坪蔬菜基地、刘塬灌区及北部供水工程对全县农田水利灌溉设施建设、运行、管理情况进行调研，提出对

2022年6月23日，彭阳县政协调研组对全县农田水利灌溉设施管理使用情况进行调研　　（县政协办 提供）

策建议4条。

【调研全县红梅杏产业发展情况】 2022年7月上旬，彭阳县政协调研组到城阳乡长城塬红梅杏育种基地、欧家洼红梅杏采摘基地及供销社、彭阳县瑞通电子商务有限公司等调研点，对全县红梅杏产业发展情况进行调研。随后召开专题协商会，听取县自然资源局、县供销社关于彭阳县红梅杏种植、销售等意见建议，交流相关情况，提出对策及建议4条。

【调研全县重点项目建设情况】 2022年7月21—22日，彭阳县政协调研组到工业园区纺织厂、县第二污水厂、石家峡水库、西沟流域综合治理点、G85银昆高速公路、县第五中学等项目建设场地，对全县重点项目建设、管理、运行等情况进行实地调研，提出对策及建议5条。

【视察全县蔬菜产业发展情况】 2022年8月上旬，彭阳县政协成立视察组，到西沟流域露地冷凉蔬菜基地、新集团结蔬菜集约化育苗中心、红河绿色蔬菜产业示范区、红河农业现代产业园、草庙刘塬千亩拱棚西瓜基地、孟塬露地辣椒示范基地、王洼旱地红葱种植基地，采取实地观摩、听取汇报、相互交流等方式，对全县蔬菜产业发展情况进行视察，并召开协商座谈会，分析发展现状，查找存在问题，提出对策建议共5条。

（马文博）

专门委员会工作

【提案和委员联络委员会】 2022年，彭阳县政协提案和委员联络委员会牵头举办全县领导干部学习习近平总书记关于加强和改进人民政协工作的重要思想专题培训班、政协委员履职能力提升培训班等3期500余人次；在江西永新县委党校举办委员培训班1期40人；联合教科文卫体委员会召开“推进全县快递物流业发展”协商议事会；邀请农业界别委员开展“委员大讲堂”活动，到田间地头进行大豆玉米带状复合种植技术培训；开展以“书香政协·同心筑梦”为专题的委员读书活动；视察全县蔬菜产业发展情况，并进行专题协商；开展重点提案集中协商办理并联合开展协商成果落实督查及提案办理“回头看”工作。

【经济委员会】 2022年，彭阳县政协经济委员会接待兄弟县（区）政协开展调研活动7次；组织部分政协委员考察学习外地乡村振兴工作、村庄规划建设、土地集约利用、新型产业培育、农村垃圾收集处理、农村厕所管理使用等方面的好经验好做法，提出意见建议4条；调研全县快递物流业发展情况，召开“推进全县快递物流业发展”协商议事会；组织调研全县红梅杏产业发展情况、重点项目建设情况、农田水利灌溉设施管理使用情况，提交调研报告3篇。

【教科文卫体委员会】 2022年，彭阳县政协教科文卫体委员会打造医药卫生界别委员工作室活动阵地，开展界别活动2次；组织开展教育体育界别委员工作室活动4次；编辑发行《彭阳政协》(内刊)4期2800册；围绕党政关心、群众关切问题，提交社情民意信息5篇，受到县委、县政府主要领导签批转办4篇。

【社会治理委员会】 2022年，彭阳县政协社会治理委员会在富阳社区召开“请你来商量 有事好商量”协商议事座谈会，帮助解决飞线充电、地基下陷等问题；召开以“书香政协·同心筑梦”为专题的委员读书活动1次；组织部分政协委员赴银川市、吴忠市部分县(区)考察老旧小区改造和社区物业管理工作，形成的考察报告受到县委、县政府主要领导批示；调研全县“八五”普法工作开展情况，并进行对口协商，提出有针对性意见建议4条。

(马文博)

2022年6月22日，县政协组织部分政协委员在吴忠市利通区考察社区物业管理工作 (扈志明 摄)

委员工作

【建言资政】 2022年，彭阳县政协委员紧扣县第九次党代会提出的目标任务，围绕“一府两院”工作报告及全县改革发展，深度协商互动，提出94条意见建议，部分被县委、县政府和相关部门采纳。紧扣发展壮大县域经济重大战略部署，聚焦推动特色农业提质、红梅杏产业发展调研协商，提出强化产业科技支撑、优化产业布局结构、拓宽产品销售渠道等意见建议12条；聚焦服务业发展，深入调研数字经济产业，协商提出优先解决我县就业困难等建议。围绕“山林权改革”“生物固碳发展”等议题，向自治区、市政协协商提出建议，推动碳达峰、碳中和工作开展，助力生态经济建设；多次配合自治区、市政协调研宁南数字经济产业园，深度协商、宣传推介数字经济产业发展成效。

【委员活动】 2022年，政协彭阳县委员会组织委员参加法院网络犯罪、毒品犯罪等案件开庭审理、中小学升学录取、政府开放日活动等巡听旁听活动17次。组织政协委员通过实地调研、座谈交流等形式，报送“重视学校周边食品安全”“加强农村道路建设”等社情民意信息20期，得到县委、县政府主要领导批示，转交相关部门办理，其中“加强农村道路建设”被自治区政协办公厅采纳，区交通厅办复。组织参与“99公益日”助学捐款活动，助力贫困学生圆梦。开展“书香政协·同心筑梦”委员读书活动，组织开展视察活动、推送书目、专题讲座、交流研讨等系列活动。

(马文博)

中共彭阳县纪律检查委员会
彭阳县监察委员会

Pengyang County Commission for Discipline Inspection of the Communist Party of China
Pengyang Commission of Supervision

综　述

【概况】 中共彭阳县纪律检查委员会与彭阳县监察委员会合署办公。县纪委、监委机关设7个内设机构：办公室（宣教政研室）、党风政风监督室、信访室、案件监督管理室、第一纪检监察室、第二纪检监察室、案件审理室。截至2022年年底，县纪委监委有行政编制44名，工勤编制2名；实有在岗公务员40名，工勤2名，其中领导干部17人，纪委书记、监委主任1名（县委常委兼任），副书记、副主任2名，纪委常委3名，监察委委员3名（其中2名由纪委常委兼任），副科级室主任2名，副科级派驻纪检监察组组长8名。

【纪检监察制度改革】 2022年，中共彭阳县纪律检查委员会与彭阳县监察委员会着力规范派驻监督，贯通融合巡察、审计、司法等各类监督，制定审计监督重大事项督察督办、巡察机构与县纪委监委协作配合等制度机制，实现监督成果共享。加强党对反腐败工作的集中统一领导，构建权威高效的反腐败体制机制，制定《彭阳县查办党员和公职人员涉嫌违纪职务违法犯罪案件协作配合工作机制》。进一步整合全县各级纪检监察机关和派驻机构办案资源，增强整体办案能力，制定《彭阳县纪委监委执纪执法审查调查协作片区工作机制》。

【纪检监察队伍建设】 2022年，中共彭阳县纪律检查委员会与彭

2022年彭阳县纪委监委机构和人员名录

表18

职　务	姓　名
纪委书记、监委主任	蔡文刚
纪委副书记、监委副主任	虎佑峰（任至7月）
	杨廷财（7月任职）
	张庚红（7月任职）
纪委常委	张晓东
	杨剑锋
	马存林（回族）
	虎小慧（女）
监委委员	马存林（回族）
	杨剑锋
	马启峰
	张彦春（5—10月任职）

阳县监察委员会坚持把队伍建设作为“一把手工程”来抓，以“一培一带一讲一测”能力提升行动为载体，多样化开展“高素质专业化队伍建设年”活动，全年实现纪检监察干部培训全覆盖。2名纪检监察干部获全市演讲比赛二等奖，纪委机关获得优秀组织奖。坚持从严教育管理监督干部，扎实开展纪检监察干部“转作风重实干勇担当”和“执纪执法形象”专项整治活动，动态更新纪检监察干部廉政档案，选聘10名第二届特约监察员上岗履职，建立完善委机关各室、乡镇纪委和派驻机构考核办法，严格落实干部考勤、工作任务落实等周通报制，查办纪检监察干部问题线索2件，提醒谈话、约谈4人，作出书面检查7人，调整工作岗位2人。

（鲍雅宁）

重要会议

【县纪委全委会】 2022年，中国共产党彭阳县第九届纪律检查委员会全体会议召开1次。1月29日中国共产党彭阳县第九届纪律检查委员会第二次全体会议在县文化影视中心大礼堂召开，出席全会的县纪委委员13人，列席72人。县委常委、纪委书记、监委主任蔡文刚代表县纪委常委会作题为《始终保持自我革命精神 纵深推进全面从严治党 以正风肃纪反腐新成效迎接党的二十大胜利召开》的工作报告。

【县纪委常委会】 2022年，彭阳县纪委常委会监委委务会会议召开26次。（详见表19）

（鲍雅宁）

2022年彭阳县纪委常委会监委委务会会议情况一览表

表19

会议时间	会议名称	会议内容
1月10日	九届县纪委第一次纪委常委会监委委务会	研究审定《关于调整县纪委监委领导班子成员分工的方案》《2021年第四季度受处分党员干部处分决定宣布情况的报告》；研究案件相关事宜
1月19日	九届县纪委第二次纪委常委会监委委务会	通报2021年第30次、31次、32次县纪委常委会监委委务会（扩大）会议议定事项、12月领导交办事项、12月工作任务落实情况及2021年12月问题线索办理情况；研究审议《彭阳县纪委监委协作片区工作制度（审议稿）》；研究审议《关于县纪委监委领导班子成员分工调整的报告》；研究审议《关于建立县委巡察机构与县纪委监委协作配合机制的实施意见（审议稿）》；研究审议《关于彭阳县纪委监委考核乡镇纪委、派驻机构情况的报告》；听取委机关工会2021年度经费使用情况暨2022年度经费预算方案情况汇报；研究审议《关于县纪委监委机关文书档案整理归档事宜的报告》；研究审议《关于县纪委监委机关文书档案整理归档事宜的报告》；研究审议《关于采购配置第一、二协作片区办公室（谈话室/约谈室）办公办案设备的报告》；研究审议《关于预算管理一体化应用支撑平台提供政府会计制度单位核算管理系统软件及技术服务的报告》
1月26日	九届县纪委第三次纪委常委会监委委务会	研究审议《关于召开中共彭阳县第九届纪律检查委员会第六次全体会议的请示》《彭阳县县纪委九届二次全体会议上的工作报告（讨论稿）》；研究审议《关于聘请彭阳县监察委员会第二届特约监察员的建议》；研究审议《关于彭阳县纪委监委2021年度优秀公务员评选的报告》；研究审议《关于建立县委巡察机构与县纪委监委协作配合机制的实施意见》；研究案件相关事宜

续表 19

会议时间	会议名称	会议内容
2 月 26 日	九届县纪委第四次纪委常委会监委委务会	开展 2022 年第二次纪检监察业务“微测试”；通报 2022 年第一、二、三次县纪委常委会监委委务会（扩大）会议议定事项、1 月领导交办事项及 1 月工作任务落实情况；通报 1 月问题线索情况；听取 2021 年度党风政风监督、信访举报、执纪执法审查调查分析报告；研究审议《2022 年度委机关各室、派驻机构、乡镇纪委重点工作责任清单》；研究审议《2022 年度彭阳县纪委监委派驻（出）机构和乡镇纪委工作考核细则》；研究审议《2022 年度全县纪检监察重点课题调研及特色亮点工作方案》；研究审议《彭阳县纪委监委进一步加强模范机关建设重点任务清单》；研究审议《彭阳县乔家渠红色廉政文化教育基地“文字清样”》；研究审议《关于采购纪检监察专网涉密打印机耗材的报告》；研究审议案件相关事宜
3 月 25 日	九届县纪委第五次纪委常委会监委委务会	研究审议《彭阳县纪委监委机关贯彻落实 2022 年全面从严治党、党风廉政建设和反腐败工作部署分工方案》；研究审议《2022 年党风政风监督工作要点》；听取《彭阳县纪检监察干部 3 月份作风问题查找情况汇报》，研究审议《彭阳县纪检监察系统“高素质专业化队伍建设年”活动安排》；研究审议《关于彭阳县纪委监委资产报废的报告》；研究审议案件相关事宜
4 月 7 日	九届县纪委第六次纪委常委会监委委务会	开展 2022 年第三次纪检监察业务“微测试”；通报 2022 年第 4、5 次县纪委常委会监委委务会（扩大）会议议定事项、2—3 月领导交办事项及 2—3 月工作任务落实情况；通报 2022 年 2—3 月问题线索办理情况；研究审议《2022 年彭阳县全面从严治党、党风廉政建设和反腐败工作部署分工方案》《2021 年确定的重点乡镇和重点部门政治生态分析报告》；听取《2022 年第一季度党风政风监督分析报告》《2022 年第一季度信访举报分析报告》《2022 年第一季度监督检查审查调查分析报告》，安排部署下一步工作；研究审议《关于成立彭阳县纪委监委案卷质量评查工作小组的报告》，听取《关于 2022 年第一季度受处分党员干部处分决定宣布执行情况的报告》；研究审议《关于彭阳县“红色 +”廉洁文化教育专线宣传折页设计印制费用的报告》《关于彭阳县乔家渠“红色 +”廉洁文化教育点安装网线及视频监控的报告》；研究审议《关于彭阳县领导干部廉政档案盒、彭阳县纪检监察干部廉政档案盒费用支付的报告》；研究审议案件相关事宜
4 月 27 日	九届县纪委第七次纪委常委会监委委务会	开展 2022 年第四次纪检监察业务“微测试”；通报市纪委监委第一季度案件质量评查反馈问题；通报 2022 年 4 月问题线索办理情况；研究审议《2022 年巩固拓展脱贫攻坚成果同乡村振兴有效衔接专项监督工作安排》等 4 个安排及 2022 年开展常态化“打伞破网”任务分工方案；研究审议《2022 年彭阳县纪委监委深化纪检监察体制改革工作重点任务分工方案（审议稿）》《2022 年彭阳县监委特约监察员工作要点及分工意见（审议稿）》；研究审议《关于彭阳县纪委监委档案数字化项目 2020 年案卷扫描作业费用支付的报告》；研究审议《关于彭阳县纪委监委公务用车社会化服务有关事宜的报告》；研究审议《关于彭阳县纪委监委执勤执法车辆处置的报告》；研究审议《关于彭阳县纪委监委第一季度公务员平时考核结果的报告》；研究审议《关于彭阳县纪律检察委员会工会经费审查委员会主任建议人选的报告》；研究审议案件相关事宜

续表 19

会议时间	会议名称	会议内容
5月16日	九届县纪委第八次纪委常委会监委委务会	通报2022年第六、七次县纪委常委会监委委务会议定事项、4月县纪委主要领导交办事项和委机关各室4月工作计划完成情况;研究审议《彭阳县纪委监委机关年度考核方案(试行)(审议稿)》;研究审议《彭阳县纪委监委"周例会报告、月分析点评、季考核通报、年度述职评议"工作制度》;研究审议有关工作经费的报告
5月25日	九届县纪委第九次纪委常委会监委委务会	研究审议《关于解聘第二届特约监察员马瑞同志的报告》;研究审议《关于采购专案组办案设备的报告》;研究审议案件相关事宜
5月27日	九届县纪委第十次纪委常委会监委委务会	研究贯彻落实全区巩固拓展脱贫攻坚成果同乡村振兴有效衔接专项监督工作例会精神的措施;审定《全县统计领域突出问题专项治理工作实施方案(审定稿)》;研究专案相关事宜
6月2日	九届县纪委第十一次纪委常委会监委委务会	研究审议《彭阳县纪检监察系统"执纪执法形象"专项整治活动工作安排》;研究审议《关于县纪委监委电子政务外网安全防护费用事宜》;研究《关于临时调整彭阳县纪委监委人员分工的建议》;研究审议"5·16"专案相关事宜
6月16日	九届县纪委第十三次纪委常委会监委委务会	开展2022年第五次纪检监察业务知识"微测试";通报2022年第八、九、十、十一次县纪委常委会监委委务会(扩大)会议议定事项、5月领导交办事项及5月工作任务落实情况;通报2022年上半年案件监督管理工作督查情况和5月问题线索管理情况;研究审议《彭阳县小微权力"监督一点通"服务平台试点应用工作实施方案》;研究审议案件相关事宜
6月22日	九届县纪委第十四次纪委常委会监委委务会	研究审议《关于彭阳县小微权力"监督一点通"宣传折页印制等工作经费事宜》;研究审议《关于支付专案审计费、场所租赁费、购买冷风机、安全隔断安装等费用的报告》;研究审议案件相关事宜
7月25日	九届县纪委第十六次纪委常委会监委委务会	开展2022年第六次纪检监察业务知识"微测试";通报2022年第十二、十三、十四次县纪委常委会监委委务会(扩大)会议议定事项、6月领导交办事项及6月工作任务落实情况;通报2022年6月问题线索管理情况;通报2022年上半年全市案件质量互查互评情况;研究审议《关于县纪委监委领导班子成员分工的建议》;研究审议彭阳县纪委监委创城工作经费支出事宜;研究审议《关于委机关行政经费补助工会经费不足的报告》;研究审议《关于新集乡李儿河水管所账务审计经费支出的的报告》;研究审议《关于"5·16"专案相关经费支出的报告》
8月12日	九届县纪委第十七次纪委常委会监委委务会	开展2022年第七次纪检监察业务知识"微测试";通报2022年第十六次县纪委常委会监委委务会(扩大)会议议定事项、7月领导交办事项及7月工作任务落实情况;通报2022年1—7月问题线索管理及案件"清零"情况;研究审议《关于确定全县2022年度政治生态分析研判重点乡镇、部门的报告》;研究审议《彭阳县村务监督委员会考核办法》;研究审议《关于支付彭阳县乔家渠红色廉政文化教育基地建设项目结算审核费用的报告》;研究事宜案件相关事宜
8月29日	九届县纪委第十九次纪委常委会监委委务会	通报2022年第十七次县纪委常委会监委委务会(扩大)会议议定事项、8月领导交办事项及8月工作任务落实情况;研究审议《彭阳县村务监督委员会考核办法》;研究审议《彭阳县纪委监委机关党支部换届工作实施方案》(审议稿)》

续表 19

会议时间	会议名称	会议内容
9 月 15 日	九届县纪委第二十次纪委常委会监委委务会	开展 2022 年第八次纪检监察业务知识“微测试”；通报 8 月问题线索管理情况；听取全县 2022 年工程建设政府采购等重点领域突出问题专项治理工作进展情况汇报，安排部署下阶段工作；研究审议《关于开展廉政教育工作情况的报告（讨论稿）》；研究审议《彭阳县纪委监委理论学习中心组学习实施办法（审议稿）》；研究审议《彭阳县廉洁文化建设联席会议制度（试行）》；研究审议《关于县纪委监委安装开通“学习强国”学习平台电视端“强国 TV”业务的报告》；研究审议《关于开展驻村帮扶工作的建议》；研究审议《关于“5·16”专案增加审计费用及支付剩余费用的报告》
10 月 8 日	九届县纪委第二十二次纪委常委会监委委务会	开展 2022 年第九次纪检监察业务知识“微测试”；通报 2022 年第十九次、二十次县纪委常委会监委委务会（扩大）会议议定事项、9 月领导交办事项及 9 月工作任务落实情况；通报 9 月问题线索管理情况；听取《2022 年第三季度信访工作分析报告》《2022 年前三季度党风政风监督工作情况分析报告》《2022 年前三季度全县纪检监察机关执纪执法审查调查情况分析报告》《2022 年第三季度受处分党员干部处分决定宣布情况》；研究审议《彭阳县纪委监委“全员办案 人人参与执纪执法审查调查工作”实施方案》；研究审议《彭阳县纪检监察信息工作制度（暂行）》；研究审议案件相关事宜
10 月 27 日	九届县纪委第二十三次纪委常委会监委委务会	通报第三季度市纪委监委案件质量评查反馈问题；通报 10 月问题线索管理情况；研究审议《彭阳县纪委监委关于开展领导干部“围炉夜谈”主题下访活动的实施方案》；研究确定彭阳县纪委监委机关新搬迁办公场所设计公司事宜；研究审议《关于县纪委监委机关防疫物资采购方案及经费支出的报告》；研究审议《关于驻村工作队工作经费支出的报告》；研究审议《关于专案组相关费用支出事项的报告》
11 月 23 日	九届县纪委第二十四次纪委常委会监委委务会	研究审议《关于党风政风监督业务档案整理费用的报告》；研究审议《关于支付县纪委监委门户网站运维费用的报告》；研究审议《关于 2022 年度县纪委监委（巡察办）干部职工体检事宜的报告》；研究审议《关于拨付全县乡村干部政治能力提升培训班经费的报告》；研究审议《关于彭阳县粮食领域腐败案件警示教育专题片制作相关事宜的请示》；研究审议案件相关事宜
11 月 25 日	九届县纪委第二十五次纪委常委会监委委务会	研究审议《关于拷贝“5·16”专案视频录音录像资料需购置大容量移动硬盘的报告》；研究审议案件相关事宜
12 月 30 日	九届县纪委第二十六次纪委常委会监委委务会	开展 2022 年第 10 次纪检监察业务知识“微测试”；通报 2022 年第 22、23、24、25 次县纪委常委会监委委务会（扩大）会议议定事项、10 月、11 月领导交办事项及工作任务落实情况；研究审议《关于中共彭阳县纪委九届三次全会筹备工作任务分工方案》；研究审议《关于委机关应对县“11·25”疫情 采购防疫物资经费支出的报告》；研究审议《关于采购 2022 年度案卷装订档案盒的报告》

审查执纪

【审查调查】 2022年度，彭阳县各级纪检监察机关累计处置问题线索196件，其中，涉及粮食购销领域腐败问题线索12件，涉及扶贫领域问题线索4件，涉及卫生医疗领域问题线索3件，涉及村集体资金、资产、资源管理问题线索3件，涉嫌违反中央八项规定精神问题线索9件，涉及民政救助资金问题线索2件。

【案件查处】 2022年度，彭阳县粮食购销领域立案6件5人，给予党纪政务处分3人，移送检察机关2人。扶贫领域问题立案审查3件，给予党纪处分3人。卫生医疗领域初核了结2件，立案审查1人，处分1人。涉及村集体“三资”管理问题初核了结2件，立案审查1件。涉嫌违反中央八项规定精神问题立案审查6件7人，给予处分5人，移送其他单位处理1人。

（鲍雅宁）

党风廉政建设

【概况】 2022年，彭阳县围绕巩固拓展脱贫攻坚成果同乡村振兴有效衔接，探索建立“问题查纠、领导包抓、限时办结、督导检查、责任追究”闭环监督模式，督促整改问题650个，问责12人。推进“转作风重实干勇担当”活动，着力纠治“躺平式”党员干部，督促整改突出问题895个，通报部门（单位）2个，约谈领导干部38人、党组1个，责令乡镇、部门主要负责人作出书面检查6人，提醒谈话、诫勉、通报批评60人；督促各基层党组织运用“第一种形态”教育和处理干部619人次。开展群众身边腐败和不正之风专项整治，约谈、诫勉、通报、责令作出书面检查8人，向社会公布涉及教育、医疗卫生、农业农村、生态环保、审批服务执法等5个领域群众身边腐败和不正之风专项整治成果2批。推进基层小微权力“监督一点通”平台试点应用工作，监督基层小微权力28项，办理群众诉求182件，满意度88%。建立整改台账，常态化开展“打伞破网”，跟进监督检查政法队伍教育整顿“回头看”。开展“高素质专业化队伍建设年”活动，全年实现纪检监察干部培训全覆盖，2名纪检监察干部获全市演讲比赛二等奖，委机关获“优秀组织奖”。

【“红色+”廉洁文化教育】 2022年，彭阳县制定加强新时代廉洁文化建设实施方案，提出“红色+”廉洁文化教育模式，打造“红色+家风”“红色+民风”等廉洁文化教育点9个、专线3条，举行乔家渠红色廉洁文化教育基地揭牌仪式，启动“全县领导干部廉政警示教育周”活动。区内外2.2万余人次接受教育。

【违规专项整治】 2022年，彭阳县印发《彭阳县违规收送红包礼金和不当收益及违规借转贷或高额放贷专项整治工作方案》，7月20日，全县违规收送红包礼金和不当收益及违规借

2022年3月23日，乔家渠“红色+长征精神”廉洁文化教育点正式揭牌

（鲍雅宁 摄）

转贷或高额放贷专项整治动员部署会议召开。县委常委会（扩大）会议先后3次进行专题研究，各乡镇党委、各部门（单位）党委（党组）对专项整治工作进行动员，组织党员干部和行使公权力的公职人员开展集中学习180次，开展专题讨论68次，对照“5个是否”检视4203人；县委主要负责人开展全覆盖谈心谈话17人，各级党委（党组）开展全覆盖谈话68次。8月30日，县委召开专题民主生活会，邀请市纪委常委魏剑锋到会指导，联合县委组织部印发《关于开好违规收送红包礼金和不当收益及违规借转贷或高额放贷专项整治专题民主生活会的通知》，各级党委（党组）召开专题民主生活会68次、组织生活会180次、专题会议223次，签订承诺书6486份。成立检查组3个，开展专项检查2批次，督导检查单位67个，下发《关于违规收送红包礼金和不当收益及违规借转贷或高额放贷专项整治督查情况的通报》，督促整改问题62个。其间，主动申报问题党员干部42人，红包礼金总金额24.6723万元。

（鲍雅宁）

监督整改

【政治监督】　2022年，彭阳县纪委监委紧扣县委中心工作开展专项监督，督促整改问题68个。围绕新冠疫情防控常态开展监督，诫勉问责2人，约谈、责令作出书面检查38人，通报批评乡镇（部门）13个、干部3名。围绕巩固拓展脱贫攻坚成果同乡村振兴有效衔接，探索建立“问题查纠、领导包抓、限时办结、督导检查、责任追究”闭环监督模式，督促整改问题650个，问责12人。

【日常监督】　2022年，县纪委监委向县委主要领导、县委常委会汇报党风廉政和反腐败工作33次，坚持季度、年度向县委报告党风政风、审查调查和信访举报分析情况。规范派驻监督，贯通融合巡察、审计、司法等各类监督，制定审计监督重大事项督察督办、巡察机构与县纪委监委协作配合等制度机制，实现监督成果共享。完成县监委首次向县人大报告专项工作。批评教育帮助和处理党员干部228人次，其中一、二、三、四种形态占比分别为80.7%、11.8%、0.9%、6.6%。

（刘德荣）

巡察监督

【常规巡察】　2022年，九届县委完成三轮对7个乡镇、4个县直部门（单位）党组织的常规巡察，延伸巡察所属基层党组织120个，移交问题线索16个，开展个别谈话825人次，走访群众772户，受理来信来电来访19件，发现问题1219个，移交立行立改问题622个。完成自治区巡视工作“回头看”及配合市委巡察指导督导工作。

【成果运用】　2022年，彭阳县巡查工作领导小组办公室接受市委巡察指导督导，完善巡察工作人才库，开展巡察队伍建设，制定印发《中共彭阳县委员会巡察工作规划（2022—2026年）》（试行）及《关于建立县委巡察机构与县纪委监委协作配合机制的实施意见》等文件。针对八届县委巡察反馈问题未整改完成台账中未整改完成的问题及全县涉粮领域专项巡察未整改销号问题台账，下沉开展巡察反馈问题整改回头看督查工作，完成交叉巡察泾源县农业农村局工作。

（杨　博）

彭阳县总工会

【概况】 2022年,彭阳县基层工会组织315个，会员23619人。彭阳县总工会着力推进户外劳动者服务站点和“职工之家”一体化建设,已建工会“职工之家”27个,其中被评为全国模范职工小家2个、自治区模范职工小家5个、固原市模范职工之家7个。白阳镇惠民劳务移民就业车间户外劳动者服务站被中华全国总工会评为全国最美工会户外劳动者服务站点。

【工会普惠服务】 2022年,彭阳县总工会筹资15万元为王洼产业园区非公企业党群服务中心建设高标准“职工之家”,为宁南数字产业经济园配备图书1500册,建成户外劳动者服务站14个,累计服务职工群众16234人次。各级工会向各级劳动模范49人发放慰问金、生活困难补助金、特殊困难帮扶金51.07万元，向年满65周岁省部级以上劳模8人发放慰问金0.95万元。加强劳模档案动态化管理,规范49个劳模纸质档案,办理劳模工会会员卡,录入劳模管理系统。

【劳动技能竞赛】 2022年,县总工会围绕“十四五”重大工程和重大项目,开展银昆高速公路“喜迎二十大、建功新时代”等劳动技能竞赛8场次1200余人。开展妇幼保健知识、教师职业技能竞赛、餐饮服务等岗位练兵20场次2300余人。举办安全生产、驾驶员技能竞赛、道路交通运输等竞赛活动10场次1500余人。组织壹珍药业、三泰实业金地燃气等60多家企业参与全国“安康杯”安全应急技能知识竞赛答题，组织彭阳县利昌实业、北国蜜语、金地燃气、公交公司等25家企业职工参与新《中华人民共和国安全生产法》知识技能竞赛。

【技能比武】 2022年,县总工会积极鼓励职工参与企业技术攻关、转型升级,着力推动县域特色劳模创新工作室建设，培养工匠和高技能人才,努力实现质量、数量“双提升”。培育自治区级杨宁国劳模和技能人才创新工作室，宁夏唐人企业管理咨询有限公司“一种电脑主机散热装置”、宁夏北国蜜语“蜜蜂养殖用具有自动采蜜功能的蜂箱”2个研发项目参加第二届全区职工技术创新成果评选展览活动，宁夏北国蜜语选送优秀成果进入复评。

【困难职工帮扶】 2022年,彭阳县有建档困难职工63户,其中深度困难28户,相对困难35户。全年发放各类救助金172.03万元。其中，发放建档困难职工救助金130.13万元；慰问困难职工184户,发放慰问金28.7万元;慰问困难企业3家，发放慰问金3.2万元；县级慰问困难职工群众100人10万元。在县一中和三中开设工会班3个，资助高中学生75人，三年累计发放助学金58.5万元。返还2020—2021年度小微企业工会经费5.7万元。

【职工文体活动】 2022年，县总工会利用职工服务中心平台，根据职工诉求，创新工作方法，使职工服务中心真正成为职工想去、爱去、常去的温馨之家。多功能音乐厅为职工合唱团、秦腔自乐班常年提供服务，除春节假日外，全天分4个固定时段免费开放，全年共服务职工群众6万余人次。职工服务中心举办职工健步走活动比赛1场，干部职工书画展1场。

（石玉国）

中国共产主义青年团彭阳县委员会

【概况】 2022年，中国共产主义青年团彭阳县委员会（以下简称团县委）有共青团员12321名，下级团组织588个。其中，团委22个，团工委1个，团总支55个，团支部422个，毕业生团组织88个。乡镇街道团委12个。学校领域共有团支部150个，教师支部1个，混合型支部1个，小学支部4个。

【团组织建设】 2022年，团县委面向基层选拔2人兼（挂）职团县委副书记，健全班子、补齐空缺，着力解决“名在人不在、身在心不在”问题。完成12个乡镇团委换届工作，选举产生班子成员84名，平均年龄29岁，中共党员59名。实行团的工作与乡镇目标管理考核、团组织经费划拨、大学生西部计划志愿者评先选优“挂钩”，形成从严治团合力。

【青少年思想政治引领】 2022年，团县委各级团（队）组织掀起学习中共二十大精神热潮，引导广大青年坚定捍卫“两个确立”（确立习近平同志党中央的核心、全党的核心地位，确立习近平新时代中国特色社会主义思想的指导地位），坚决做到“两个维护”（坚决维护习近平总书记党中央的核心、全党的核心地位，坚决维护党中央权威和集中统一领导）。组织团员青年参与“青年大学习”线上学习2.6万余人次，组织12名小学生赴厦门开展“红色基因传山海，献礼百年铸童心”成长营活动，依托“彭阳县共青团影院”发放免费红色观影票5000张。

【青少年权益维护】 2022年，团县委加强青少年服务平台建设，利用“彭阳团委”微信公众号平台发布防溺水、禁毒、网络反诈等安全自护教育和法治教育文章50多篇，对未成年人出游、饮食、防火、防水、防电等进行教育，帮助学生掌握必备的自防自救方法，提高自我预防和自我保护能力。组织开展中高考考前心理辅导讲座，帮助学生缓解焦虑情绪，克服心理恐慌，迎战升学考试。

【青年志愿服务】 2022年，团县委持续向乡镇、学校、卫生等基层一线、民生领域倾斜力量，组织志愿者、“返家乡”社会实践大学生参与全国文明城市创建和常态化新冠疫情防控，对接厦门大学、青岛科技大学2支研支团队伍开展“七彩假期”活动，做好67名在岗大学生志愿服务西部计划志愿者服务管理保障。

【“青年之家”建设】 2022年，团县委聚焦建设好团的阵地、布局好团的组织、管理好团的队伍，坚持县城中心横向到边、全域覆盖，投资资金50万元，在鑫源宏泰宏鑫有限责任公司、白阳镇政府街社区居委会、宁夏唐人企业管理咨询有限公司分别建成“闽宁产业园青年（职工）之家”“团聚彭阳青年之家”“唐人青年之家”。截至2022年年底，彭阳县已建成“青年之家”13个，实现乡镇全覆盖。各“青年之家”建成后，面向团员青年定期开展政治理论学习、志愿服务、文化体育、就业培训、爱心助学等活动。

【少先队工作】 2022年，团县委完成全团带队50条工作任务，起草《彭阳县关于全面加强新时代少先队工作的实施方案》，团教协作机制进一步健全。与教体部门沟通，推荐和选派业务能力硬、工作热情高、创新能力强的优秀青年教师担任少先队辅导员，聘请青联、机关单位等优秀人员成为校外辅导员，充实少先队工作队伍力量。完善少先队工作，开展“红领巾争章”等工作，成立17个乡镇（社区）少工委、5个校外少先队教育实践营地（基地）。

【青少年帮扶】 2022年，团县委推进希望工程公益事业，开展“爱心助学”等活动，对应届大学新生开展“圆梦行动”，把党和政府的温暖送给困境青少年；针对困境中小学生建好“快乐小屋”，募集资金110.3万元爱心助学困难青少年528人、实施“快乐小屋”关爱项目46个，征集认领发放“微心愿”171个。

（张旭娟）

彭阳县妇女联合会

【概况】 2022年，彭阳县有专兼职妇女干部2734人，县乡村三级妇联组织175个，在乡镇、村、社区建立妇女之家162个，在党政机关、事业单位、公有制企业中建立妇女组织49个。实施“基层妇联领头雁行动计划”，面向乡村妇联干部举办素质能力提升培训班4期，参训550余人次。

【妇女组织建设】 2022年，彭阳县各乡镇、村（社区）妇联组织全面完成换届选举工作，开展县妇女第六次代表大会筹备工作，选举产生女村委会成员241人，女村委会主任18人，分别占33.1%和11.54%，村（社区）妇联执委2430人，其中妇联主席162人、专兼职副主席324人。在党政机关、事业单位和“两新”组织中建立妇女组织17个，建设妇女之家4个、妇女微家4个。在红河镇韩堡村、新集乡团结村实施自治区妇联2022年“提升基层妇女参政议政能力和妇联组织力”项目。

【妇女思想政治引领】 2022年，彭阳县围绕“巾帼心向党”主题，组建宣讲队，线上线下常态开展“巾帼大宣讲”，推动党的创新理论走进基层、走进家庭。开展“巾帼心向党 喜迎二十大”特色宣讲活动25场次，覆盖移民群众2000余人。以“兰花芬芳巾帼红”为品牌引领，组建“妇联执委+巾帼志愿者”服务宣讲队，开展志愿活动26次。在“彭阳广电”媒体平台开设“巾帼风采”专栏宣传报道女性先进典型，开展寻找“最美巾帼奋斗者”、“向党说句心里话”、送奖到基层等活动，累计宣传报道全县各行各业优秀妇女典型24人，推荐自治区“三八红旗集体”1个、自治区“三八红旗手”2名、市“三八红旗手”2名。

【服务妇女创业创新】 2022年，彭阳县发放农村妇女创业担保贷款338笔5029万元，组织2名妇女参加全区高素质女农民产业带头人示范性培训班，实施自治区妇联“双培双带”项目3人15万元，帮助妇女就业创业。

【巾帼建功行动】 2022年，县妇联、县委党校、县人社局等部门围绕“巾帼脱贫行动”联合举办女性技能创业、直播带货、文化素质提升等培训班2期，培训100人。开展“创业创新巾帼行动”，举办彭阳县高素质女农民能力提升培训班和移民妇女手工作品直播带货培训班2期，培训妇女80人。

【妇女儿童权益保护】 2022年，县妇联开展普法宣传教育，畅通信访渠道，指派专职干部接听“12338”妇女维权热线，聘请自治区妇联公益律师为全县妇女儿童提供免费法律咨询诉讼援助，落实“线上+线下”矛盾纠纷化解双机制，各级妇联受理各类来访156件，结案率98%，有效化解社会矛盾，推动解决妇女儿童民生问题。聘请专家讲师深入乡村一线宣讲培训男女平等基本国策、《中华人民共和国民法典》《中华人民共和国反家庭暴力法》等法律知识36场次，开展“三八”维权宣传、“美好生活·民法典相伴”等普法宣传活动6场次，发放妇女维权卡片、宣传彩页2000余份。

【困境妇女儿童帮扶】 2022年，彭阳县开展“把爱带回家”寒假儿童关爱服务、“守护儿童 绽放未来”关爱困境女童、“心手相牵 快乐成长”暑假留守儿童关爱等活动22场次，对全县困境儿童摸排建档523人，开展“小树苗”困境儿童关爱服务活动，发放困境儿童“微心愿”450份。建立全县困境妇女台账252人，慰问单亲母亲、患重病妇女等困境妇女76名6.49万元，资助女大学生69人13.8万元。获得北京灿烂阳光慈善基金会定向捐赠的价值80余万元护肤品，向环卫工人、留守妇女等重点群体发放。

【家教家风家庭文明建设】 2022年，彭阳县打造家风家训主题公园4个。推荐全国最美家庭1户，创建县级“美丽庭院”139户，“健康家庭示范户”120户，举办彭阳县“树廉洁家风·创最美家庭”家庭亲子阅读微视频征集活动和“亲子共沐书香 强国复兴有我”家庭亲子阅读活动2场，在重要时间节点开展形式多样的家庭文明建设活动8场，举办“亲子共沐书香 强国复兴有我”“快乐假期 相约绘本”等家庭亲子阅读活动3场，征集“树廉洁家风·创最美家庭”家庭亲子阅读微视频百余部。举办彭阳县家庭教育志愿者培训班1期。在“彭阳广电”微信公众号开设“最美家庭风采”专栏报道先进家庭典型事迹，推动形成家庭文明新风尚。在全县6个社区建立家校社家庭教育指导服务站，开展家庭教育指导服务60余场次，服务家长孩子2000余人次。聘请国家级、自治区级家庭教育讲师开展家庭教育知识讲座13场，3000余名群众听讲。

【“三八”妇女节健步走活动】 2022年3月6日，彭阳县在悦龙山举行“三八”妇女节健步走活动。此次活动按照年龄分为中青年组和中老年组，两组各取一等奖1名，二等奖3名，三等奖4名，优秀奖42名。县第四中学教师甄海娇获得中青年组第一名，县妇幼保健院医生邓志女获得中老年组第一名。

（赵　慧）

彭阳县科学技术协会

【概况】 2022年，彭阳县有乡镇科普协会12个、村(居)委会科普协会160个，企业科协12家，农村专业技术协会6个，农村中学科技馆6所，青少年科学工作室6个，新时代文明实践所科普室3个，科普宣传长廊15处，科普宣传景观小品1处，科普文化公园1处。2022年，开展科普宣传活动200余场次，推荐最美科技工作者、优秀科技教师、“宁夏青年科技人才托举工程”奖励人选6人；开展科技培训活动4次，培训畜牧养殖大户100人，红梅杏防霜冻技术骨干100人；新注册科普宣传员1406名，科普宣传员总量5659名。

【科协基层组织建设】 2022年，彭阳县科学技术协会（以下简称县科协）开展提升基层科协工作，建立吸纳退出、激励保障、考核评估等工作机制。与卫生、教育、农业、民政等部门联系，到全县基层卫生院、农业综合服务中心、中心学校进行调研走访、实地考察和座谈讨论。打造提升彭阳县菌草专业技术协会，组织开展科技培训4次，受益农户300余人次，发放科普宣传资料1万余份，投资3万元建设完善产品展室1个。

【科普宣传】 2022年，县科协推进“科普中国”落地应用，全年新注册科普宣传员1406名，全县科普宣传员总数5659名，转发分享科普文章超过162万篇。开展科技周、科普日等主题科普实践活动60余场次。与县融媒体中心、彭阳大城小事工作室等平台签约合作，制作《科普中国·宁夏彭阳科普进行时》专题节目，推送科普视频、文章600余条(篇)。做好应急科普宣传，通过微信公众号、快手、抖音等新媒体平台推送应急科普小视频30条，张贴《科学防护，疫问医答》新冠防控知识挂图50幅；联合县医院、中医院向颐养院、罗堡敬老院赠送营养膳食、安全用药、心理健康等科普书籍200余本；运用科普大篷车资源，进村组、进社区播放新冠疫情防控等应急科普音频知识50场次。

2022 年 9 月，彭阳县科协在县城开展"全国科普日"宣传活动

（县科协 提供）

【科普活动】 2022 年，彭阳县印发《彭阳县全民科学素质行动规划纲要实施方案(2021—2025)》《彭阳县关于推进全域科普工作的实施方案》，各成员单位开展科普进校园、乡村、机关、社区等活动 200 余场次，实现科普活动全地域覆盖，参加干部群众超过 5 万人次，推进青少年、农民、城镇劳动者、领导干部和公务员等重点人群科学素质提升。开展科技助力乡村振兴活动，协调落实宁夏科技专家助力乡村振兴项目资金 3 万元；争取科技志愿服务示范引领活动项目资金 6 万元；邀请科技专家开展科技培训、技术咨询和科技志愿服务活动 4 次，培训畜牧养殖大户 100 人，红梅杏防霜冻技术骨干 100 人。

【科普服务】 2022 年，彭阳县投入科普资金 25 万元，实施科普基础设施建设工程。打造新集乡科技馆，迁建交岔农村中学科技馆至县二中；新建科普宣传栏、宣传长廊 3 个，科普宣传景观小品栏 1 个。发挥 6 家农村中学科技馆和 6 家青少年科学工作室作用，督促指导农村中学科技馆业务工作，红河和王洼初级中学科技馆受到中国科协肯定，入选 2022 年全国"争创一流、赋能基层、开放协调"农村中学科技馆，受到中国科技馆项目资源更新分配资助奖励。

（申雁婷）

彭阳县工商业联合会

【概况】 2022 年，彭阳县登记在册民营经济总数 13083 家（户），其中小微企业 2616 家、个体户 10467 户，从业人员约 18000 人，全年新注册企业 355 家、个体户 1008 家。彭阳县工商业联合会(以下简称县工商联)被全国工商联评为 2022 年民营企业调查点工作先进示范单位。

【民营经济法律服务】 2022 年，彭阳县召开彭阳县民营企业"法治体检"座谈会，开展宪法进企业活动，邀请宁夏怡宁律师事务所陈腾律师、宁夏朔光律师事务所李哲律师和 30 余家民营企业家代表参加座谈，讲解企业从民法和刑法两方面防避风险的法律知识，向企业代表赠送《中华人民共和国宪法》《中华人民共和国民法典》《企业新冠疫情防控复工复产风险应对法律手册》等法律书籍。

【民营经济调查研究】 2022 年，县工商联走访调查点企业，了解和收集企业发展中的困难与问题，听取诉求和意见，通过微信群等多种方式指导民营企业家填报全国工商联下发的调研问卷，在调查平台中做好企业用户名和密码备份，赢得上级组织的肯定和民营企业的好评，并被全国工商联评为 2022 年度民营企业调查点工作先进基层单位。

【服务民营经济发展】 2022 年，县工商联围绕企业、群众普遍关心的医疗、教育、融资、就业惠企政策等联合县人社局举办"援企稳岗政策进民企、促和谐、助发展"宣讲会，开展"送政策·进民企"活动，联合县委统战部开展民族团结月宣传教育活动，提振民营企业发展实体经济和促进有效投资的信心。

【商会建设】 2022年，县工商联坚持抓组织、促发展的工作方针，以非公有制企业和非公有制经济人士为主体，广泛性和代表性相结合，扩大工商联会员覆盖面。引导各级各类商会组织在宣传政策、提供服务、反映诉求、维护权益、加强自律等方面发挥作用。全年10个商会接受县工商联指导引导服务。

【民营企业人才培育】 2022年，县工商联落实与民营经济代表人士谈心谈话制度，了解民营经济人士思想状况，举办民营经济人士座谈会6次，开展集中宣讲学习5次，加强民营经济人士自我学习，采取“走出去”“请进来”与网络培训相结合的方式，多形式开展民营经济人士教育培训工作。

【民营经济人士参政议政】 2022年，县工商联围绕“促进民营经济人士健康成长”主题，提升民营经济人士建言献策积极性和参政议政能力水平，组织县工商联会员中的政协委员撰写提案和社情民意9件，内容涉及教育、环境、就业、乡村建设等方面。

【民营经济社会服务】 2022年，彭阳县23家民营企业与23个村开展“万企兴万村”行动，组织36家民营企业，通过吸收务工、土地流转、农产品收购等方式带动农户3714户，直接带动资金3038万元。开展“回报家乡专项行动”，30余家企业开展光彩事业和慈善活动捐款60余万元。

（冯苗青　陈红霞）

彭阳县文学艺术界联合会

【概况】 2022年，彭阳县文学艺术界联合会（以下简称县文联）有直属文艺家协会8家：作家协会、摄影家协会、书法家协会、美术家协会、音乐家协会、舞蹈家协会、戏剧家协会和民间艺术家协会。会员474人，其中，国家级会员3人（中国摄影家协会会员2人，中国民间艺术家协会会员1人）、自治区（省级）会员36人、市级会员103人。

【文艺创作】 2022年，县文联完成《彭阳文学》（季刊）1~4期的编辑出版，发表文学作品132篇40万字，刊登文艺作品27幅（张）。组织各协会文艺家积极参与国家、区市各类文艺作品评奖活动，2022年度获奖作品76个，其中，一等奖4个、二等奖5个、三等奖11个，其他奖项56个。农民诗人曹兵、魏金柱分别获得第五届“诗探索 中国春泥诗歌奖”、2022深圳海洋诗歌季——“在海边·写给未来的诗”主题诗歌征集评选二等奖。摄影家协会李有璋、杨巨辉分别获得2022上海国际“郎静山摄影艺术奖”慈善摄影大赛金奖、2022第四届全国旅游摄影大赛百佳奖等国家级奖项。

【采风交流活动】 2022年，县文联组织9名县书法家协会、美术家协会会员赴白阳镇东昂景苑安置区、城阳乡韩寨安置点、红河镇何塬安置点等移民点，开展“汇聚文艺力量 助力乡村振兴”书画进移民户活动，为移民户赠送书法作品180余幅、绘画作品240余幅，提高移民群众文化素质和文化素养；组织县书法家协会、美术家协会6名会员赴新集乡白林村开展书画进“七彩假期”活动，传承优秀传统文化。

【文艺为民服务】 2022年，县文联开展“文艺下基层”活动12场次，赠送春联12000余副，赠送“福”字、年画、挂历等1000余幅（本）；弘扬优秀传统文化，联系自治区舞蹈家协会，委派舞蹈老师在县内两所小学开展“共筑中国梦·温暖农村娃”新农村少儿舞蹈美育工程。联合县文明办开展彭阳县“强国复兴有我——我们的节日端午节”主题摄影作品线上征集评选活动，挖掘传统节日的深厚文化内涵。

【铸牢中华民族共同体意识书画摄影作品展】 2022年12月15日，彭阳县开展铸牢中华民族共同体意识“有你·有我”书画摄影展，此次展览共征集到书画摄影作品300余件，集中展示了彭阳县各族干部群众同心向党、团结奋进、锐意进取、勇毅前行的精神风貌。此次展览活动在线上展览，浏览2万余人次。

（李　扬）

彭阳县残疾人联合会

【概况】 2022年，彭阳县在推进康复服务、保障教育权利、促进就业增收和保障民生底线、提升托养水平、开展文化生活等方面维护残疾人的合法权益，配齐配强县残联残疾人干部和12个乡镇残联、156个行政村及6个居委会残协残疾人专职委员，加强残疾人基层组织建设。2022年，全县在库持证残疾人9510人。

【残疾人康复服务】 2022年，彭阳县开展0~6岁残疾儿童抢救性康复工作，机构内康复训练残疾儿童76人，其中，听力残疾7人、视力残疾1人、言语残疾18人、肢体残疾21人、智力残疾19人、孤独症10人；县妇幼保健院在训残疾儿童61人，转介至其他康复机构15人。为180名精神障碍患者免费发放药品价值24.74万元，为8名重症精神疾病患者报销医药费8150元。为全县251名残疾人适配轮椅、沐浴椅、助行器、助听器、护理床、手杖凳、纸尿裤、助听器等辅助器具350件，财政补贴金额33.7万元。在古城镇皇甫村、孟塬乡草滩村、白阳镇中庄村、红河镇宽坪村新建规范化社区康复站，并配备康复器材、办公设备，指定专人负责社区康复工作，为辖区内有康复需求的残疾人提供基本康复服务。筛查“重塑未来”患者2人、假肢需求患者18人、矫形器需求患者8人、脊髓损伤康复需求患者6人。

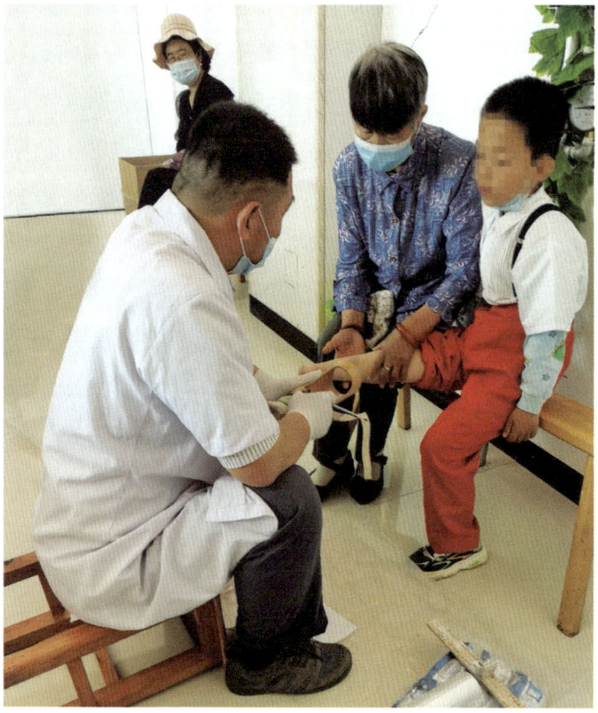

2022年6月10日，彭阳县残联开展假肢矫形器适配取型活动　　（县残联　提供）

【残疾人就业服务】 2022年，彭阳县建成自治区级残疾人扶贫基地2个，通过艾草种植、农副产品加工，辐射带动75名残疾人实现就业愿望，增加家庭收入。落实残疾人创业就业补贴政策，为符合条件的26名创业者及灵活就业残疾人给予一次性创业补贴8万元。

【残疾人职业技能培训】 2022年，县残联按照“提技能、促就业、惠民生”的工作思路，在红河镇韩堡村开展为期10天的残疾人手工编织——灯笼制作培训，培训残疾人及亲属50人；在草庙乡、红河镇集中举办为期10天的农村残疾人家畜饲养员——肉牛养殖技术培训班2期，培训残疾人及亲属106人。

【扶残助残活动】 2022年，彭阳县开展适龄未入学残疾儿童少年调查登记、情况核实、建档造册和入学动员工作。配合教育部门落实残疾人教育救助，为学前阶段、义务教育阶段学生进行残疾或残疾家庭身份认证，保证其享受学杂费减免和其他救助政策。继续实施扶残助学项目，为7名符合条件的残疾学生每人补助1000元，为16名新考录大中专残疾学生发放资助金5.4万元，圆残疾学生就学梦。实施重度残疾人家庭无障碍改造全覆盖工程，制发《彭阳县困难残疾人家庭无障碍改造项目实施方案》，对各乡镇申报的残疾人家庭无障碍改造进行摸底，确定拟改造户 147 户。专人负责“12385”残疾人服务热线，为 8 名残疾人答复诉求。实施就业年龄段残疾人“圆梦护航保”，为 4342 名就业年龄段残疾人购买人身意外伤害保险。县残联配合县民政局为全县 3618 名困难残疾人按月发放每月 110 元生活补贴，为 5765 名重度残疾人按月发放每月 120 元的护理补贴，保障残疾人基本生活；实施“阳光助残小康计划”，为全县 70 户脱贫不稳定、边缘易致贫、低保种养殖户每户补贴 4000 元。为 1011 名特殊困难残疾人家庭开展上门评残、办换证、送康复、送辅具等服务。专人负责 12385 名残疾人服务热线，为 8 名残疾人答复诉求。开展“黑眼睛阅读，用心看未来”“助残送爱心，传递正能量”“强国复兴有我，残健共融筑梦”主题诵读活动，让残疾人切实感受到党和政府的关爱。联合县妇幼保健院开展第 23 次全国爱耳日宣传活动，通过发放宣传品、制挂横幅、现场答疑等方式宣传残疾预防和康复知识、听力保健科学知识，增强民众爱耳护耳意识。开展第 32 次全国助残日活动，通过发放宣传资料，走访慰问困难残疾儿童、残疾学生，共计发放慰问金 1.25 万元。

【县乡残联换届工作】 2022 年，彭阳县完成县、乡镇残联换届工作，聘请丁志刚、王儒为县残联第八届主席团名誉主席、副主席；选举范忠于担任县残联第八届主席团主席，姬志珍、李静为县残联新一届执行理事会理事长、副理事长，确定今后五年的工作目标和任务措施。

（马灵智　虎丽萍）

彭阳县红十字会

【概况】 2022 年，彭阳县红十字会（以下简称县红十字会）召开彭阳县红十字会首届会员代表大会，设立理事会、监事会、执委会，建立理事会决策、执委会执行、监事会监督的治理格局。年内，全县有 110 个基层红十字会组织，实现乡镇、社区、卫生系统全覆盖。

【应急救护救援】 2022 年，县红十字会根据自治区、固原市红十字会应急救护培训年工作任务及具体工作安排，与县卫健局、教育局、妇联、团委及各乡镇联系，沟通安排应急救护培训工作，推动救护培训进社区、进农村、进学校、进企业、进机关活动。发挥 12 个乡镇基层红十字会的作用，由基层红十字会安排，县红十字会进行培训，完成 12 个乡镇政府工作人员的应急救护培训。全年开展应急救护培训 2300 余人次，应急健康讲座听讲 1500 余人次。

【造血干细胞捐献和无偿献血】 2022 年，县红十字会完成上级红十字会分配的采集任务，采集血样 82 份，充实国家造血干细胞资料库存量。开展造血干细胞志愿者资料库日常维护工作，寻找初筛配型成功的彭阳县原有造血干细胞捐献志愿者，及时将信息反馈给上级红十字会。实现县域内 1 名造血干细胞志愿者成功捐献、1 名遗体捐献者成功捐献。协助固原市中心血站在“世界献血日”当天开展无偿献血活动，并对志愿捐献造血干细胞人员进行登记。全年县红十字会累计完成 330 余人次共计 13 万毫升无偿献血，130 人造血干细胞成功登记入库。

【人道筹资】 2022 年，县红十字会接收社会捐款 20 万元、捐物 611.02 万元，根据《中华人民共和国红十字会法》以及捐赠方定向协议，全部合规合法进行发放，并向社会进行公示，接受社会各方面的监督。

【红十字会志愿服务】 2022 年，彭阳县成立红十字志愿者服务队、彭阳县造血干细胞志愿宣传服务队，全年累计开展志愿服务时长 16100 小时。在乔家渠毛泽东宿营地、杨坪茹河瀑布等旅游景点设置红十字会爱心小屋，在旅游旺季专人值守，为所需人群提供医疗急救服务和咨询。向小岔乡、草庙乡等 5 个乡镇 120 个贫困户发放大米、衣服、被子等春节慰问物资。关爱环卫工人，打造红十字爱心小屋，为环卫工人、受

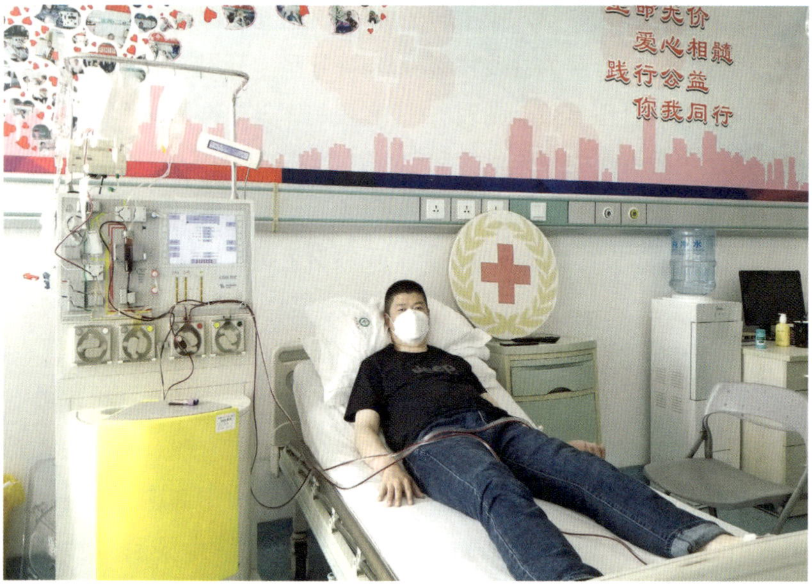

2022 年 5 月 19 日，国网彭阳供电公司员工汪海寰在西安唐都医院无偿捐赠 200 毫升造血干细胞，他成为彭阳县首例造血干细胞志愿捐献者

（扈志明 摄）

困群众提供暖心服务；联合城建局，在县城怡园广场、市场等人员密集场所，为环卫工人、受困群众打造红十字爱心小屋，提供休息场所、热水、雨伞、针线包等服务；为 462 名环卫工人发放保暖冲锋衣，每人 1 件。

（杨登凯）

彭阳县计划生育协会

【概况】 2022 年，彭阳县计划生育协会（以下简称县计生协）组织开展宣传宣讲工作，免费为群众发放各类计生政策法规、家庭保健等方面的宣传材料，帮助群众树立正确的优生优育意识、家庭发展意识、便民维权意识，为全县计划生育家庭提供法律援助和调解，解决纠纷，提高居民的法律意识，累计调解纠纷及提供法律援助 20 余起。

【健康宣传教育】 2022 年，县计生协利用“5·29”会员活动日、“7·11”世界人口日、“9·26”世界避孕日等时间节点，组织开展健康知识进机关、进乡村、进社区、进学校、进企业宣讲活动和减油、减盐、减糖、健康口腔、健康体重、健康骨骼活动，全年举办各类健康宣讲活动 406 场次，累计发放“小三件”（限量盐勺、限量油壶、健康腰围尺）6018 套，发放宣传册、宣传用品 4 万余件。

【生殖健康】 2022 年，彭阳县全面落实生命全周期健康服务，实施出生缺陷三级预防计划，重点加强生殖健康咨询和健康管理服务，全年孕前优生咨询和健康检查计划备孕夫妇 1818 人，评估出高风险人群 103 人（其中男 23 人、女 80 人），占孕前优生健康检查人数 5.66%，高风险随访率 100%，妊娠结局随访 728 人，随访率 89.88%；全年接受婚前医学咨询及检查 1852 人，为备孕人群免费发放叶酸发放 2271 瓶，发放各类避孕药具各发放共计 20900 盒，健康咨询约 4000 人次；孕产妇健康咨询管理 1877 人，其中：早孕建册 1840 人，早孕建册率 97.56%，产后访视率 97.56%，孕产妇系统保健管理 1826 人，孕产妇系统管理率 96.82%。

【“两癌”筛查】 2022 年，县计生协联合县妇幼保健院积极开展乳腺癌、宫颈癌筛查工作，全年累计完成宫颈癌筛查 6911 人、乳腺癌筛查 7048 人，分别完成自治区下达目标任务数的 101.9% 和 103.9%。

【计划生育家庭帮扶】 2022 年，县计生协对全县计生特殊家庭实行动态化管理、针对性服务，全县登记农村部分奖励扶助对象 435 人，计划生育特别扶助对象 27 人，申报少生快富对象 1 人，少生快富纯女户医疗保险 3923 人 117.69 万元，少生快富纯女户养老保险 2410 人 24.1 万元，少生快富纯女户提前实施奖励扶助 2890 人。

（马　剑）

法 治

Rule of Law

政法委与综治

【平安彭阳建设】 2022年,中国共产党彭阳县委员会政法委员会(以下简称县委政法委)统筹协调各成员单位开展平安彭阳建设,公安局创建新时代"枫桥经验"派出所9个;法院在12个乡镇设立法官联系点,命名无讼村居3个;检察院开展公益诉讼59件,发放检察建议书35份,法学会在12个乡镇建立首席法官咨询专家制度,聘请乡镇司法所所长为首席法官。开展打击整治养老诈骗专项行动,受理养老诈骗线索4条,查实1条、挽回损失0.7万元;开展"无诈乡(镇)""无诈村(社区)""无诈单位""无诈学校"等创建活动,破获电信诈骗案件19起,抓获犯罪嫌疑人92人,电信网络诈骗案件比上年下降28.38%;对重点人群精准管理,预防因矛盾纠纷可能引发的命案15起;常态化推进扫黑除恶斗争,起诉聚众斗殴罪、强迫交易罪、寻衅滋事罪、组织卖淫罪、强迫卖淫罪、非法拘禁罪、开设赌场罪、敲诈勒索罪、故意毁坏财物罪嫌疑人8人,受理涉黑涉恶问题线索7条,核结7条,立寻衅滋事罪案件1件、审结1件;发挥铁路护路联防工作机制作用,排查化解铁路安全隐患,保障辖区铁路运输安全畅通;坚持接待场所建设好、信访渠道畅通好、工作机制完善好、文书档案规范好、干部队伍配备好信访工作机制,全县信访总量446件,及时受理率100%、按期办结率100%;坚持推进党建引领基层社会治理工作机制落实,排查化解各类矛盾纠纷1888件;加强社会面管理,坚持重拳出击、依法严惩,实现赌博、食药环、盗抢骗方面问题比上年下降41.67%、33.33%、43.82%。

【法治彭阳建设】 2022年,彭阳县加强规范性文件备案登记及各类制度,审查各类文件、协议29件,审查率、报备率100%;加强执法主体资格和执法人员资格管理,33个行政执法单位办理"罚没资格证书",355名行政执法人员取得行政执法证件;对全县34个行政执法单位660件行政处罚案卷进行评查,协调化解16件,推动13件涉党政机关案件起底清零,协调化解涉法涉诉信访案件31件;坚持会前学法制度,县委常委会、政府常务会议会前学法19次,推进"八五"普法,培养农村"法律明白人"1684人,开展法律进机关、单位、企业、学校、乡村、社区、家庭、宗教场所336场次,组织企业法治体检13次;开展全县行政应诉突出问题专项治理,行政负责人出庭应诉率由66.7%提升到90.9%,成立彭阳县行政争议协调化解中心,化解行政案件纠纷3件,办理各类行政复议案件 17 件，纠错率 23.53%，县交通运输综合执法大队获“全国行政执法先进集体”称号。

【政法改革】 2022 年，彭阳县落实《关于深化司法责任制综合配套改革的实施意见》，推进法官检察官、司法辅助人员、司法行政人员和辅警队伍妥善管理。统筹推进检察机关内部机构改革和办案组织建设，公安机关大部门大警种制和公安派出所改革，建成警务室 162 个，完成率 100%；制定《中共彭阳县委政法委员会案件评查办法》，自评案件 192 件，其中涉法涉诉信访案件 2 件；推进行政复议体制改革，接收办理各类行政复议案件 15 件；深化“放管服”“互联网+政务服务”等改革，总结推广公安机关“365 天×24 小时”服务经验，诉前调解案件 1309 件，完成六大领域综合执法改革，重新梳理确定全县行政执法主体 37 个。

【政法队伍建设】 2022 年，县委政法委对提拔的 12 名政法干警、调整的 6 名乡镇政法委员进行审查，法官、检察官、警察等职级晋升 45 人；突出英模激励，政法系统 31 人获市级以上先进荣誉，追授郭明为全国公安系统“二级英模”、全县优秀共产党员，并在全县政法系统和各级党组织开展学习；制定《关于巩固全县政法队伍教育整顿成果推进全面从严管党治警的实施方案》，开展政法队伍教育整顿“回头看”暨执法司法突出问题专项整治，核查办理政法队伍教育整顿案件线索 8 条，办结 7 条，涉职务犯罪处理 1 人；落实培养后备干部 38 名。

【维稳安保】 2022 年，彭阳县开展维护政治安全专项行动，防范化解各类风险隐患，召开全县国家安全人民防线建设领导小组第一次全体会议。常态化推进国家安全宣传教育活动，打造国家安全宣传主题公园 1 个、主题街道 2 条、教育长廊 1 处。通过落实“领导包抓+专班推进”和县级包案领导、乡镇党委书记、包村领导、村“两委”班子成员、包片干警措施，定期听取汇报、督导督办和约谈通报等方式，化解风险隐患 112 个。

（海君君）

法治政府建设

【概况】 2022 年，彭阳县印发《彭阳县法治政府建设任务清单（2022—2025 年）》，部署全县五年内 9 个方面 98 项具体任务。坚持会前学法、任前考法、年终述法制度，精准化编制形成领导干部学法用法清单，举办县级法治专题讲座 3 次，组织领导干部旁听庭审 4 场次、宪法宣誓 4 场次，开展法治督察 3 次。彭阳县交通运输综合执法大队获“全国行政执法先进集体”称号，复核成功“全国民主法治示范村”1 个，积极申报全区法治政府建设综合示范县，成功申报依法治校示范点 1 个。

【行政执法监督】 2022 年，彭阳县 355 名行政执法人员换领行政执法证件，注销行政执法人员信息 267 人。县委政法委对全县 34 个行政执法单位 660 件行政处罚案卷进行评查，2 件被评为市级优秀案卷。各行政执法单位受理行政许可 4650 件，不予许可 191 件；行政处罚 41207 件；行政强制 47 件；行政征收 53219 次，4033.58 万元；行政确认 26062 次；行政检查 11108 次；行政给付 55165 次，7083.43 万元。倡导“柔性执法”，办理适用包容免罚事项 18255 件。制定《彭阳县实行告知承诺制的证明事项清单（第一批）》，公布实行告知承诺制证明事项 72 项。

【行政复议应诉】 2022 年，彭阳县人民政府接收各类行政复议案件 21 件，较上年增长 75%。其中立案审理 16 件：经审理维持 4 件、驳回复议申请 1 件、确认违法 2 件、撤销 3 件、自动撤回申请 6 件，行政复议案件纠错率 50%。针对行政应诉领域存在的问题，以行政应诉突出问题专项治理为抓手，建立健全制度机制，确保行政应诉工作迈上新台阶。落实“一单三联”工作制度，建立行政机关负责人出庭应诉提醒机制，下发《关于提醒行政机关负责人出庭应诉的函》4份，提醒督促行政机关负责人按规定出庭应诉，提高行政案件应诉率。全年一审审结行政应诉案件51件，行政负责人出庭应诉率80.5%，败诉率25.5%。

【合法性审查】 2022年，彭阳县健全完善合法性审核工作机制，在行政执法部门增设法制审核岗位，配备专业人员负责规范性文件合法性审核、重大执法决定法制审核等工作。截至2022年年底，审查各类文件、合同、协议等31件，其中行政规范性文件4件，均按期报备，报备率100%。

【行政争议化解】 2022年，中共彭阳县委全面依法治县委员会办公室印发《关于成立彭阳县行政争议协调化解中心的通知》，挂牌成立行政争议协调化解中心，设立于县司法局。全年接收固原市原州区人民法院委托化解的各类行政案件纠纷16件，成功化解3件，化解成功率18.8%。

（高丽娜）

公 安

【概况】 2022年，彭阳县公安局被固原市公安局评为2021年度全市公安机关目标管理考核优秀公安局，白阳派出所获评党的二十大安保维稳集体二等功，新集派出所所长王勇获得党的二十大安保维稳个人二等功，红河派出所原所长郭明被评为全国公安系统二级英雄模范。

【打击犯罪】 2022年，县公安局共立各类刑事案件563起，比上年下降21.81%，破案256起，破案率45.47%。万人发案数21.65起，百名民警破案数182.86起。抓获犯罪嫌疑人348人，摧毁违法犯罪团伙5个，提请批捕40案59人，移送起诉195案243人，追回损失271.13万元。制定2022年彭阳县公安局工作要点，贯彻落实《中华人民共和国反有组织犯罪法》，收到涉黑涉恶线索8条，核结8条，核结率100%。全年立严重暴力刑事案件11起，破案11起，破案率100%；立涉枪案件4起，破案4起，抓获犯罪嫌疑人4人，移送起诉3人，判决3人；立电信网络诈骗案件212起，比上年下降28.38%，破案19起，抓获犯罪嫌疑人92人，移送起诉63人，追回群众损失65.25万元。止付冻结涉案账户2270个，止付冻结金额6388.69万元，累计返还和退赔受害人资金20笔56.86万元。累计核查“断卡行动”线索27条，抓获涉手机卡、银行卡违法犯罪人员22人，刑拘2人、提请逮捕2人、训诫18人。推广注册“国家反诈中心”App，开展“打击治理电信网络诈骗犯罪”有奖答题知识竞赛，开展“全民反诈在行动”集中宣传月活动，进行上街集中宣传，先后发放电信网络诈骗宣传手册10万余份、宣传海报1.5万余份。“国家反诈中心”每日发布“警情通报”、“典型案例”、反诈宣传视频等内容，利用社区警务和网格化管理优势，组织社区警务人员和网格员下沉至各小区、村组，实行点对点地进户宣传，并与群众签订反诈

2022年8月12日，彭阳县行政争议协调化解中心挂牌成立 （司法局 提供）

承诺书。开展电信网络诈骗防范宣传教育活动20余次。成立打击整治养老诈骗专项行动领导小组，核查线索2条，查结2条，抓获犯罪嫌疑人1名。对失踪妇女儿童进行进户采集信息，强化DNA比对工作，年内核查拐卖线索15条，帮助找回失踪人员1名。勘验传统现场587起，电诈现场239起，非正常死亡现场20余起，提取足迹128份、指纹48份、生物物证89份。刑事技术破案会战中，指纹比中6人，DNA比中3人，人像比中14人，足迹比中1人，6项基础信息采集率均100%，较好地完成县局各项任务指标。

【社会治安管理】 2022年，彭阳县排查各类矛盾纠纷2435起，化解2429起，未化解6起，化解率99.8%。开展利益诉求群体维稳工作，密切关注红阳小额贷款公司、宝塔石化、恒大利益受损群体和经济领域相关案件推动情况。常态化开展扫黑除恶斗争，打击涉众型经济、电信网络诈骗、“黄赌毒”“盗抢骗”等违法犯罪行为。围绕道路交通、危爆物品等重点行业、重点领域，开展隐患排查整治，预防各类事故的发生。加强社会面巡逻防控，落实联勤巡逻和“1、3、5分钟”快速反应机制，加强巡逻力度，严防发生较大以上公共安全事故。全年开展集中统一清查行动28次，检查加油站208家次、旅馆323家次、重点单位429家次、寄递物流188家次、出租房屋1610家次、登记流动人口3551人。完成各类安保执勤活动13场次，配合乡镇、其他单位开展相关工作4450人次。整合各方力量坚持做好中小学、幼儿园“护学岗”，投入警力1.6万人次，开展护学行动5万场次。

【户政管理】 2022年，县公安局户籍窗口办理业务26039件次，其中，办理二代居民身份证13676人次，更换户口本2995个，出生登记2068人，死亡登记1381人，入（迁）户3896人次，办理临时身份证278人次，户籍、补录、恢复变更户籍信息43人次，自治区居民异地办理身份证审核1056人次，办理准迁证78人次，办理边境证125人次，互联网+网上业务咨询答复104人次，办理证件挂失263人次。完成公安厅全面排查彭阳县出生登记户口工作中存在的突出问题线索13338条。

【道路交通安全管理】 2022年，彭阳县对全县道路安全隐患进行“拉网式”大排查，查处各类交通违法行为19327起。其中，无证驾驶175起，饮酒驾驶47起，醉酒驾驶45起，客车超员72起。结合全县创建全国文明城市工作，查处城市道路电动自行车闯红灯、逆行、驾乘电动自行车不佩戴安全头盔等交通违法行为7015起。落实“365天×24小时”受理办理机制，利用非工作日为群众办理各类业务651件。持续推行“宁警通”宣传活动，引导广大群众了解“互联网+公安政务服务”的便民举措，“宁警通”注册认证用户6679人，受理咨询查询62条，网上办件70起，办件及时率99.97%，群众满意率100%。治理隐患路段152处，安装减速带382米；“清零”重点隐患车辆362

彭阳交警常态化开展护学行动 （2022年10月25日，县委宣传部 提供）

辆次；开展主题交通安全宣传活动30余场次，累计办理机动车业务5116笔，驾驶证业务8163笔，被宁夏公安厅评为全区优秀县级车辆管理所。

【出入境管理】 2022年，彭阳县新增、更新、撤控国家工作人员登记备案信息951条，国家工作人员备案单位管理负责人签名采集27条，登记、撤控公、检、法司部门报送法定不批准出境人员145人，受理出入境证件20件，因旅游事由等劝阻办理证件60人，注册使用到宁夏外国人动态信息预警研判平台16人，核对境外人员到彭阳住宿登记22条，共立偷越国(边)境案4起，破案4起，抓获犯罪嫌疑人17人，移送起诉组织他人偷越国(边)境2人、偷越国(边)境15人。

【重点单位安全保卫】 2022年，县公安局推进单位内部治安保卫大数据智能化建设应用，配备应用人脸识别、车牌抓拍等设备及视频监控系统，智慧内保覆盖率不低于100%，其中，加油站、金融场所、医院、学校等治安保卫重点单位实现全覆盖。银行业安全评估达标率100%以上，医院安全防范系统建设达标率不低于100%，中小学、幼儿园按照《加快推动全国中小学幼儿园安全防范建设三年行动计划》要求推进。校园、医院、油气、“三电”(电力、电信和广播电视)、国防军工等重点单位内保工作“政府监管、打击整治、警企联动、应急处置、培训考核”等机制健全，每年会同相关部门联合召开1次研究部署会议、举办1次单位保卫人员培训班，单位内外、部门协作和多部门联动机制顺畅。

【警务督察】 2022年，彭阳县开展不作为不担当、形式主义官僚主义等“四风”问题专项整治工作。全年召开廉政警示教育会3场次，剖析违反中央八项规定精神典型案例8起，教育引导全警受警醒、知敬畏、明规矩、守底线。开展督查检查20余次，下发通报6期。

【网络安全治理】 2022年，彭阳县累计出动警力128人次，通过查阅台账资料、现场检查、技术检测等方式，开展执法检查120余次，检查单位60余家，发现网络安全隐患116个，下发限期整改通知书46份，行政警告重点联网单位18家，罚款4人5500元，行政拘留6人，没收违法所得2人1160元。对全县重要网站系统持续开展远程漏扫工作，发现网络安全漏洞62个并及时通报相关单位，确保相关单位对存在的中高危漏洞完成整改。督促辖区内重点联网单位对系统严格开展自查，确保网络安全隐患风险清零。定期开展网络安全应急演练，开展网络安全应急演练3次。组织开展网络宣传6次，联合网信办对辖区内重点联网单位进行培训。

【危爆物品管控】 2022年，县公安局人防、物防、技防措施落实到位，枪支弹药库、室、柜建设配备达标率100%，未发生枪爆危险物品丢失、被盗抢及违法违规使用案事件，安全隐患排查整改完成率100%。全年办理刑事涉枪案件3起，抓获嫌疑人3人，收缴以火药为动力枪支3把，气枪1把。加强信息采集与智能应用，深化“互联网+枪爆危险物品服务”，网上办理枪爆危险物品行政许可事项完成率100%，枪支弹药、配备配置单位、持枪人员和持枪证件信息采集率和危爆物品流向信息采集率100%。

【“110”接处警】 2022年，县公安局严格警情受理，规范警情处置，全年接各类警情13119起，均已成功处置，有效警情比上年增加908起，日均处警35.94起，比上年上升7.44%。违法犯罪类警情1651起，日均4.52起，比上年下降9.43%。从警情分类看，违法犯罪、事故、家庭暴力、纠纷、公民求助及其他警情分别占处警总量的12.59%、22.53%、0.25%、17.45%、22.93%、24.25%。

【公安信访】 2022年，县公安局接到来信9起，接待来访群众15起20人次，其中接受交办信件9起。按照谁主管谁负责、谁主办谁负责的原则由各部门指定专人负责办理，听取信访人的意见和建议，通过做法律法规宣传疏导工作，严格按照《信访工作条例》和《公安机关信访工作规定》的规定及时办理，年内已办结回复9件。

（任媛媛）

检　察

【概况】 2022年，彭阳县人民检察院（以下简称县检察院）按照“讲政治、顾大局、谋发展、重自强”的检察工作总要求，严厉打击各类刑事犯罪，开展打击整治养老诈骗专项行动，打造“阳光检察”，邀请社会各界人士参加公开庭审、公开宣告、检察开放日，广泛接受民主监督，努力提升检察工作，检察工作取得新进步。

【刑事检察】 2022年，县检察院严厉打击各类刑事犯罪，审查逮捕20件26人，审查起诉134件186人；贯彻宽严相济刑事政策，不捕19人，不起诉62人；办理行政执法和刑事司法相衔接案件2件；监督公安机关立（撤）案9件；纠正漏捕（诉）5人；制发检察建议书4份，纠正违法通知书2份、侦查活动监督通知书4份；提出抗诉3件，检察长列席法院审委会9次；依法办理社区矫正、财产刑执行等方面监督案件54件，制发纠正违法通知书42份、纠正违法检察建议书10份、社会治理类检察建议书2份。

【民事行政检察】 2022年，县检察院受理各类民事监督类案件34件，提出检察建议33件，监督覆盖民事诉讼全过程。发挥行政检察一方面监督法院公正司法，另一方面促进行政机关依法行政作用，既监督公正司法，又促进依法行政，办理行政争议实质性化解案件2件，行政非诉执行监督2件，制发检察建议书12份，督促有效整改。

【公益诉讼检察】 2022年，县检察院落实公益诉讼领域法定责任，拓展公益诉讼案件范围，围绕生态环境、资源保护、食品药品、文物和文化遗产保护、烈士纪念设施保护、未成年人保护等办案重点，办理公益诉讼案件58件，磋商23件，发出诉前检察建议35份，均整改回复到位。

【未成年人检察】 2022年，县检察院持续落实最高检“一号检察建议”，开展“法治进校园”55次，开展行业入职查询547次，强制报告40次，制发督促监护令38份，开展教育矫治14次，办理未成年人检察公益诉讼6件，救助未成年人36人，与各职能部门、单位联合开展未成年人入住宾馆、犯罪记录封存、强制报告制度落实等专项检查行动。

【检务公开】 2022年，县检察院打造“阳光检察”，自觉接受人大监督，接受人大专题视察，主动向县人大及其常委会报告工作，邀请人大代表参与公开听证网络直播3件、参加公开庭审1次、参与检察开放日1次，主动征求、听取和落实人大代表意见建议，切实改进和提升检察工作，广泛接受民主监督。积极向政协通报工作，邀请人大代表、政协委员、律师和各界群众参加公开庭审、公开宣告、检察开放日，让人民群众了解感受检察工作。邀请人民监督员常态化参与检察决策、监督检察办案，办理人民监督员案件20件，在“中国检察网”直播公开听证全过程16件。拓展社会监督平台，接待律师阅卷申请27件次，接待当事人查询10人次。全面深化检务公开，公开程序性案件信息330条、法律文书10份。

【检务为民】 2022年，彭阳县部署开展打击整治养老诈骗专项行动，防范金融领域风险问题，向全县群众发送防范非法集资短信10万条，提高群众防范意识。加强生态环境司法保护，与12个乡镇磋商解决违法占用基本农田图斑问题。进行司法救助，向24名受害人家庭发放救助金26万元。常态开展协助农民工讨薪行动，办理支持起诉案件23件，涉及欠薪资金57万余元。县检察院坚持和发展新时代“枫桥经验”，贯彻《信访工作条例》，受理群众来信来访来电79件，院领导包案办理首次信访5件，成功化解李某某长期缠访闹访案，7日内程序回复、3个月内办理过程或结果答复均100%。贯彻落实最高检“八号检察建议”，向相关责任单位制发检察建议3份。

【检察改革创新】 2022年，县检察院加强对各业务条线案件办理情况的全过程监督，口头流程提示27条，制发书面流程监控通知书14份，案件评查409件。组织案卡填录、文书制作、办案程序、卷宗装订四项专项检查，发出检务督察通报6份。通过召开每周分析会、每月总结通报机制加强常态化数据管理，入额院领导办理各类实体性案件147件。

【打击整治养老诈骗专项行动】 2022年4月，彭阳县开展打击整治养老诈骗专项行动。县检察院利用新媒体平台，定期推送养老诈骗防范知识65篇，其中原创8篇，被《宁夏法治报》转发2次；印发动漫宣传册1万余份、制作宣传扇子5000个、手提袋2000个；通过移动通信运营商点对点向全县群众发送防诈短信20万条。进入乡村、社区广场等老年人聚集地开展法治宣传10场次，现场答疑500余人次，深化法治宣传教育效果。

（黄立华）

法 院

【概况】 2022年，彭阳县人民法院推进审理地法院、争议发生地法院和当事人所在地法院建设，受理各类案件6863件，办结6343件，比上年分别上升9.46%、9.08%，结案率92.42%。

【刑事审判】 2022年，县法院贯彻宽严相济刑事政策，落实认罪认罚从宽制度，依法审结各类刑事案件133件173人，判处罚金128.75万元，追赃挽损3689.57万元。其中，判处三年以上有期徒刑15人、三年以下有期徒刑75人，拘役60人，单处罚金23人，对54人适用缓刑。围绕常态化扫黑除恶斗争、反诈人民战争、打击整治养老诈骗等10项重点任务，审结电信诈骗及关联犯罪9件、非法制造、持有枪支犯罪3件、非法吸收公众存款犯罪3件、贩卖毒品犯罪1件。审结危险驾驶、交通肇事等犯罪65件，故意伤害、强奸、盗窃等犯罪26件，其他类型犯罪26件。

【民商事审判】 2022年，县法院贯彻实施民法典，审结民商事案件3379件，行政非诉、国家赔偿和司法救助案件26件。审结土地承包经营权、房屋所有权等物权纠纷案件118件。审结幸福城小区系列案等合同纠纷案件2534件。依法维护人格尊严，审结以侮辱、诽谤方式侵害他人名誉权等纠纷案件42件。化解婚姻家庭、继承纠纷等案件497件。预防并制裁侵权行为，审结道路交通事故、财产损害赔偿等案件188件。发放司法救助金42.31万元，缓、减、免诉讼费4.77万元。

【案件执行】 2022年，县法院推进“切实解决执行难”，执结案件2646件，执行到位金额1.28亿元，实际执行到位率43.46%，高于全区平均值20个百分点。强化执行指挥中心实体化运行，实行案件繁简分流、分片办理，引入“易判”智能系统，实现财产查控、文书生成等工作批量化自动化运行，执行结案平均用时69天，比上年减少28天。运用强制执行和信用惩戒措施，将876人纳入失信被执行人名单，对1069人限制高消费，拘传321人、拘留18人。完善信用修复机制，为397名自动履行的被执行人第一时间屏蔽失信信息、解除限制高消费措施。强化府院联动，积极争取县委、县政府支持，化解“骨头案”“钉子案”16件。

【审判管理】 2022年，县法院常态化开展案件质量监督，评查案件533件，整改问题83个。突出院庭长办案示范引领，院庭长办结各类案件2033件，占结案总数的32.88%。完善员额法官管理制度，落实法官惩戒退出机制，发挥专业法官会议和审判委员会作用，召开专业法官会议和审判委员会会议24次，讨论疑难复杂案件92件。落实类案检索机制，进行发改、再审案件分析研判，统一裁判尺度。

【诉源治理】 2022年，彭阳县设立5个社区“法官工作室”和12个乡镇“法官联系点”，发挥行政调解、人民调解、行业调解、司法调解的联动优势，建立“法庭+派出所+司法所+村委会”联调机制，构建矛盾纠纷“联防、联调、联动”格局，实现乡村治理工作联动。将领导包案与公开接访相结合，化解涉法涉诉信访案件7件。依托人民法院调解平台，积极引入9家调解组织和49名调解人员参与矛盾化解，形成矛盾纠纷排查化解强大合力。将“万人成讼率”纳入平安彭阳建设考核范围，推动“无讼村居”创建，为古城镇王大户村、孟塬乡牛塬村、小岔乡柳湾村3个首批“无讼村居”授牌。

【多元解纷和诉讼服务体系建设】 2022年，县法院深化一站式多元解纷和诉讼服务体系建设，为群众提供菜单式、集约式、一站式服务，质效评估得分居全区法院之首。完善诉前解纷联动机制，搭建调解平台，整合调解资源，诉前调解各类纠纷653件。完善便民利民举措，实现方便快捷、诉非对接、线上线下联动，网上立案1416件，跨域立案17件，在线调解1061件，网上开庭125件，电子送达2079件。延伸基层法庭服务触角，设立“夜间法庭”“巡回法庭”。

【人民法庭建设】 2022年，彭阳县投入装备经费82.56万元，完成新建人民法庭办案、安防设备采购项目，保障草庙法庭按期搬迁；草庙法庭在全区7个新建法庭中率先投入使用。投入经费20万余元，完善草庙法庭部分区域功能。投入经费10万余元，对王洼法庭进行维修改造。

（杨钰莹）

司法行政

【概况】 2022年，彭阳县贯彻落实“八五”普法规划，开展普法宣传活动，宣讲《中华人民共和国宪法》《中华人民共和国民法典》《中华人民共和国法律援助法》等法律法规330余场次。加快现代化公共法律服务体系建设，探索构建供给充分、保障有力、管理规范、运行高效、覆盖城乡的公共法律服务模式，接待来访群众1500余人次，解答群众法律咨询1800余条。扎实做好社区矫正对象监督管理和教育帮扶工作。开展矛盾纠纷排查化解工作，全县各级人民调解组织排查化解各类矛盾纠纷1696起，调解成功各类矛盾纠纷1668件，调处成功率98.35%。开展全区“标准化司法所”创建工作，王洼司法所、小岔司法所、罗洼司法所、冯庄司法所成功通过验收。

【法治宣传】 2022年，彭阳县开展“开学法治第一课”180余场次、“法律八进”336场次，举办法治讲座858场次。征集法治文化作品60余件，打造县茹河街法治文化公园等法治文化阵地4处，培养“法律明白人”1684人，培育学法用法示范户111户，示范带动作用明显。组织基层司法所在重要时间节点多形式开展法治宣传330余场次，发放宣传资料4万余份。

【公共法律服务】 2022年，彭阳县制定《关于加快推进彭阳县公共法律服务体系建设实施方案》，形成党委领导、政府主导、部门协调、社会参与、司法行政部门具体实施的工作格局。建成县公共法律服务中心1个、乡公共服务站12个、村公共法律服务室162个，为县、乡服务中心（站）配备“公共法律服务智能查询一体机”13台，在162个村（居）公共法律服务室安装桌面可视电话机。配齐“一村（社区）一法律顾问”，宣传推广宁夏“12348”热线，运用172个村公共法律服务微信群，实现公共法律服务实体、热线、网络全覆盖，实现公证、法律援助、普法宣传等服务“一揽子受理、集成式服务、一次性办结”。全年接待来访群众1500余人次，解答群众法律咨询1800余条。

【社区矫正】 2022年，彭阳县坚持社区矫正“1234”工作机制，开展适用性社会调查评估35人，出具调查评估意见书35份。采用微信视频、突击检查等方式，对矫正对象进行“分阶段、不间断”信息核查,接收社区矫正对象若干人,解除矫正若干人。举办全县社区矫正对象心理教育培训 4 场次、法治宣传教育 13 场次,走访慰问家庭困难社区矫正对象,发放慰问品 208 件,落实承包田 15 人、低保 1 人、社会保险 17 人、社会救助 3 人,开展技能培训 8 人、心理辅导 307 人,指导就业、就学 33 人。加强社区矫正规范化建设,开展案卷评查 142 本。

【人民调解】 2022 年,彭阳县坚决推行矛盾纠纷“红、黄、绿”三色预警机制,新建学校、商会、医疗、物业调解委员会等行业性、专业性调委会 8 个,招募基层司法协理员 12 名。县司法局制作完成人民调解案卷 830 本,发放“以案定补”案件补贴 21.49 万元。积极开展全区“标准化司法所”创建工作,王洼司法所、小岔司法所、罗洼司法所、冯庄司法所通过验收。

【“调解九进 服务万家”专项行动】 2022 年,彭阳县开展为期 9 个月的进社区网格、物业、企业、法庭、派出所、信访大厅、商会、校园、医疗机构的“调解九进 服务万家”活动。此次专项行动,排查化解各类矛盾纠纷 1696 起,调解各类矛盾纠纷 1668 件,成功率 98.35%,涉及金额 10541.88 万元。

【律师工作】 2022 年,县司法局指导全县各律师事务所加强自身建设,健全各项管理制度,严格落实收案、收费、内部管理等各项制度。年内,彭阳县实现乡镇法律顾问全覆盖,提高部门律师覆盖率,推动法律顾问列席政府常务会议,为重大决策、重大项目建设提供法律服务,全年县政府外聘法律顾问代理诉讼案件 21 件次,提供包括法律咨询、行政复议、合同审核、合法性审查、参加重要会议以及重大问题法律意见书出具等在内的非诉法律事务 37 件次。全年村(社区)法律顾问开展值班 80 余天,提供法律咨询 200 余次,开展法律宣讲 50 余次,参与信访积案化解 7 件、矛盾纠纷化解 34 件。

【公证工作】 2022 年,彭阳县开展公证咨询和业务办理,推行上门办证。全年办理公证事项 103 件,制作公证书 103 份、公证卷宗 103 本,主要涉及财产继承、委托、声明等家事类公证事项,开展公证宣传 12 场次,接待来访解答咨询 400 余人次,办理公益性公证事项 10 件。

【司法鉴定】 2022 年,彭阳县人民医院司法鉴定中心提供法医临床 0201 人体损伤程度鉴定、0202 人体残疾等级鉴定、0203 赔偿相关鉴定。鉴定中心按照自治区物价局、司法厅关于印发《宁夏回族自治区司法鉴定收费管理办法的通知》文件,执行每例鉴定费 800 元。全年司法鉴定人总数 12 人,鉴定业务总量 13 例。

【法律援助】 2022 年,县司法局组织开展《中华人民共和国法律援助法》学习 6 场次,邀请宁夏大学教授专题宣讲《中华人民共和国法律援助法》1 场次,开展《中华人民共和国法律援助法》宣传 20 余场次。组织自查 2020 年以来法律援助卷宗,推动法律援助案件标准化、规范化,对涉及无固定生活来源的老年人、残疾人等特殊群体免予核查经济困难状况,为困难群众和弱势群体提供法律服务,全年受理法律援助案件 568 件。建立律师值班制度,指派律师坐班值守,解答群众法律咨询,全年办理法律援助案件 383 件,代写法律文书 101 份。

(高丽娜)

军　事

Military Affairs

彭阳县人民武装部

【概况】 2022年，中国人民解放军彭阳县人民武装部（以下简称县人武部）围绕"忠诚维护核心、矢志奋斗强军"主题教育，开展不能辜负时代、组织、事业、家庭及"铸牢中华民族共同体意识"等专题教育，以政治整训态度抓整改、严纪律、转作风，落实基层风气监察联系点制度，机关作风、征兵风气持续向上向好。

【国防动员】 2022年，彭阳县落实自治区"十四五"时期民兵建设发展计划，协调县委、县政府抓好国防动员实质准备。树立"数据先行"理念，把潜力统计调查作为支援保障打赢的重要抓手，及时召开军地联席会议，主动对接部队需求，采集更新数据，为动员支前、保障打赢提供数据支撑。

【征兵工作】 2022年，县人武部精心筹划年度征兵工作，创新宣传方式，严把政审、体检、学历审核等关口，完成上级下达的新兵征集任务，完成年度新兵征集任务。

【民兵整组】 2022年，县人武部从严整组基干民兵，按照"摸底筛选"体检政审、研究确定入队训练、集合点验、装备补充等步骤，高标准完成全县基干民兵分队调动、组建任务。

【基层建设】 2022年，彭阳县坚持"按纲抓建、固强补弱、以点带

2022年3月19日，彭阳县在雷河滩体育馆举行2022年春季新兵欢送会。图为入伍新兵 （刘小平 摄）

面”工作思路，投入一定资金用于基层阵地建设，新集乡武装部被军分区树为建设标杆，王洼镇完成武装部规范化和国防教育宣教室建设。全县建成两个库室和军事职业教育室，规范配套4类44项图表、本册和软件资料。

【战备训练】 2022年，县人武部落实节日战备教育，定期组织战备值班业务培训，建立健全“每班即时提醒、每日早晚抽查、每周交班小结”值班检查机制，在敏感时段开展值班分队应急处突演练，保持战备状态。开展“周有训练、月有考评、季有拉动、年有演练”系列训练演练活动，建立军事理论学习日制度，坚持主官带头落实军事训练计划、带头参加学习、落实每天1小时体能训练，推动军事训练工作落实。狠抓民兵分队训练，提高民兵分队自主抓战意识、援战能力。

【后勤保障】 2022年，县人武部围绕军事能力建设、国防动员、民兵组织建设、助力乡村振兴、规范化建设等重点工作，坚持精打细算、统筹兼顾、突出重点、内容完整、项目具体、厉行节俭的要求，统筹使用经费，保障兵役征集、民兵训练、人武部建设等大项任务的完成。改善营院环境，推进人武部正规化建设，对营区车库、营区监控设备进行维修改造，对作战室指挥系统进行升级改造。

【安全管理】 2022年，县人武部开展安全大检查、保密工作、微信泄密、守护戎装等专项整治整顿，围绕保密制度落实、涉密载体和智能电子设备使用管理、文件借阅复印清退等容易缺环的重点工作和“翻墙”上网等问题清查，先后4次组织安全工作大排查、大督查，消除问题隐患。

（彭 波 张 娜）

武警彭阳中队

【队伍建设】 2022年，武警宁夏总队固原支队彭阳中队（以下简称武警彭阳中队），着眼党在新形势下强军目标总要求，立足中队建设特点和实际，严格管理，紧跟形势任务抓练兵备战，中队的全面建设稳中有进。

【军事训练】 2022年，武警彭阳中队聚焦实战化训练，努力求精创新、提升能力上突破，常抓警官警士训练，提高警官警士组织指挥和任教能力，以警官训练带动中队整体训练水平。同时严格奖惩制度，坚持从难、从严训练，充分利用“军事竞赛”等活动，营造“比学赶帮超”的训练氛围，激发官兵训练热情，强化官兵基础体能，提升官兵遂行多样化军事任务能力。

【创安行动】 2022年，武警彭阳中队常态落实日督查通报、月分析评比、季综合讲评，强化官兵法纪法规意识。牢固树立安全靠建理念，扎实开展安全倒计时制度，定期组织安全隐患大排查，重点突出对人员、思想、车辆、枪弹、手机、网络、保密等安全问题的排查，及时建立挂账销号，定实责任人，制定整改措施和时限，官兵安全意识得到提升。

【后勤管理】 2022年，武警彭阳中队坚持“精抓制度管理、实抓队伍建设、细抓服务保障”，确保后勤管理正规高效。严格执行财经纪律，大项开支由支部研究、逐级报批，军人委员会审查并公布账目，经费使用常态接受官兵监督，并持续开展纠治隐患台账、资产清查等工作。

（马泽京）

退役军人事务

【基础建设】 2022年，彭阳县对全县33处散葬烈士纪念设施进行整修，争取中央专项资金834万元，实施并完成任山河烈士陵园维修改造二期项目建设，布设任山河战斗微党课教室。落实基层服务站工作经费29万元，重点打造白阳镇友谊街社区等4个百人以上退役军人示范型服务站。

【退役军人就业创业】 2022年，县退役军人服务中心发布各类招聘信息18期，举办招聘会3次，帮助多名退役军人实现就业；为住房困难的退役军人申请解决公租房；为退役士兵发放自主就业一次性经济补助。退役军人创业带头人杨志君获“全区最美退役军人”提名。

【优抚帮扶】 2022年，彭阳县落实退役军人待遇保障和抚恤补助政策，向全县优抚对象发放优抚金、物价补贴、节日补助，为多名在部队立功受奖人员发放奖励金，向“四有”(有灵魂、有本事、有血性、有品德)优秀士兵发放奖励金。已完成退役军人和其他优抚对象优待证申领发放，悬挂光荣牌148个。走访慰问3家驻军单位及困难退役军人、现役军人家属，发放慰问金。

2022年7月7日，彭阳县退役军人优待证首发暨“崇军行动”启动

（韩晓文 摄）

【双拥工作】 2022年，“彭阳融媒”微信公众号开设“永铸军魂”栏目，定期对全县退役军人先进典型进行报道。彭阳县组建“老兵宣讲团”，开展“进机关、进社区、进农村、进学校、进企业”宣讲活动。县退役军人事务局在县、乡两级服务中心(站)制作荣誉墙，对荣立三等功以上奖励的退役军人简要事迹进行展示，挖掘保护退役军人感人事迹，为一、二等功臣，志愿军老战士以及中华人民共和国成立前入伍老兵送上“最美军装照”。开展社会崇军行动，发展崇军合作单位312家。打造任山河烈士陵园、彭阳县博物馆、乔家渠红军长征毛泽东宿营地3个国防教育基地和双拥主题公园等双拥宣传阵地。在八一建军节期间举办双拥专场文艺晚会，邀请国防大学教授为全县干部开展国防知识教育，举行第三届“民族团结暨双拥共建杯”乒乓球比赛拥军优属活动。

（王晓晓）

经济管理

Economic Management

宏观经济调控

【县域经济】 2022年，彭阳县实现地区生产总值88.67亿元，比上年增长7%，增速居全市及中南部九县区第一。其中，第一产业实现增加值16.89亿元，比上年增长4.1%；第二产业实现增加值35.11亿元，比上年增长10%；第三产业实现增加值36.66亿元，比上年增长6.4%。三次产业结构为19.05:39.6:41.34。完成规模以上工业增加值25.24亿元，增长19.4%，居全区第一；完成固定资产投资39.25亿元，增长36.9%，居全市第一；完成社会消费品零售总额15.04亿元，增长0.2%；完成地方一般公共预算收入4.34亿元，同口径增长8.9%；地方一般公共预算支出43.32亿元，增长4.6%；城乡居民人均可支配收入分别完成32207元、14682元，分别增长5.9%、8.6%。

【发展规划编制】 2022年底，彭阳县制定2023年全县国民经济和社会发展的主要预期目标，即地区生产总值增长7.5%，全社会固定资产投资增长12%，规模以上工业增加值增长12%，地方一般公共预算收入增长6%，社会消费品零售总额增长5%，城镇居民人均可支配收入增长7.5%，农村居民人均可支配收入增长10%，完成区市下达的各项约束性指标。

【经济运行监测】 2022年，彭阳县深入实施乡村振兴战略，大力发展"五特"产业，农业经济整体稳中有进；贯彻落实自治区"工业稳经济36条""降成本26条"措施，继续实施规上企业倍增计划，推进"四新"产业高质量发展，工业经济增长强势；项目建设成效显著，108个重点建设项目全部开工建设，全年完成固定资产投资(不含农户)39.25亿元，同比增长36.9%；市场消费缓慢恢复，全年完成全社会消费品零售总额15.04亿元，增长0.2%社会消费品零售总额；城乡差距持续缩小城乡居民收入比由上年的2.25倍缩小至2.19倍。彭阳县实现地区生产总值88.67亿元，比上年增长7%，增速居全市及中南部九县区第一。

【有效投资】 2022年，彭阳县开展"扩大有效投资攻坚年"活动，彭阳县发展和改革局（以下简称县发改局）牵头申报中央预算内投资、中央财政和自治区预算内统筹投资项目19个，总投资7.36亿元，争取中央预算内、中央财政、自治区预算内统筹资金3.04亿元。108个重点建设项目全部开工建设，全年完成固定资产投资(不含农户)39.25亿元,比上年增长36.9%。彭阳县落地招商引资项目39个,到位资金27.53亿元。落实《彭阳县政府投资项目管理办法》,以年度计划制、专班负责制、分级管理制、签字背书制、限时办结制、督查通报制、概算管理制和绩效评价制等为抓手,对全县项目建设流程和各环节管理工作进行规范。起草制定《彭阳县2022年持续优化营商环境工作责任清单》,将全年工作任务从改善发展环境、提升审批效率、加强要素保障、降低经营成本、加强权益保护等5个方面分解出73项具体任务，营商环境第三方评价位居全市第二。

【工业经济】 2022年,彭阳县实施规模以上企业倍增计划，推进煤炭综合利用、农副产品加工、轻工纺织、数字信息产业高质量发展。彭阳县全年实现工业增加值29.37亿元，占全县经济总量的33.1%。其中,规模以上工业增加值25.24亿元,增长19.4%。累计生产原煤747.35万吨，产值42亿元,比上年增长19.4%;累计打油井22口,生产原油14万吨。项目引领提优升级,2万吨马铃薯淀粉生产线自动化改造等10个重点技术改造项目全部建成,完成技改投资8000万元,比上年增长30%以上,兑现技改奖补资金424万元。矿山机械增材再制造项目等8个重点招商引资工业项目全部落地建设,投资3.7亿元。制定《彭阳县关于推进工业经济高质量发展实施方案》《彭阳县招商引资政策若干规定》《彭阳县稳经济保增长促发展守底线政策措施兑现细则》,申报兑现支持民营经济发展等各类惠企奖补资金1700余万元,企业发展信心更加坚定。落实县级领导包抓重点企业制度,定期梳理、及时协调解决企业生产经营中存在的困难和问题,建立“一企一策”工作责任清单,明确办结时限、责任单位。积极响应碳达峰、碳中和目标,制定《2022年彭阳县能源消费总量和强度双控工作方案》《彭阳县用能权改革实施方案(讨论稿)》,坚决遏制“两高”项目盲目建设,确保全县能耗形势稳定可控。

【商贸流通】 2022年,彭阳县统筹新冠疫情防控和经济社会发展,推动县域消费环境持续改善、市场消费稳步回暖。全年实现社会消费品零售总额15.04亿元,比上年增长0.2%。农村电商创新发展，持续加强电商企业和人才培育,打造电商示范企业5家,电商示范村站5个，累计开展直播带货活动83场次,新培育电商企业5家,组织培训7期337人次,电商公共服务中心被认定为自治区级直播基地。围绕发展电商供应链体系，鼓励好又多商贸有限公司建设电商统仓共配中心,提升改造县电商快递分拨中心,实施快递进村工程，畅通农村电商物流通道。举办2022年网络年货节、红梅杏开园节暨农特产品展销等系列活动，带动彭阳农产品销售，全年实现网络销售额1.3亿元，其中红梅杏网络销售额达到2000余万元。制定出台彭阳县促消费12条硬措施,建立政策落实清单，制作发放政策宣传单等2万余份，先后发放核销各类消费券15.8万张，带动消费5000余万元。

【粮食及物资储备】 2022年,按照自治区、市核定应急成品粮油、原粮、社会责任储备的规模数量,彭阳县建立县级应急成品粮油590吨、社会责任储备面粉80吨，县级政府临时储备粮3800吨。制定《彭阳县应急物资管理制度》，组织采购入库应急物资20种,价值110.65万元,确保应急物资及时足额储备到位。开展涉粮问题整改,按照区、市、县涉粮问题专项巡察意见反馈要求,制定《九届彭阳县委涉粮问题专项巡察反馈问题整改方案》,明确整改措施、责任领导、责任人员和整改时限,年内整改任务全部完成。指导县粮食购销有限公司重新选举支部班子成员及董事会、监事会成员，上报县人民政府专题研究批复《彭阳县粮食购销有限公司裁员方案》,解决企业改制历史遗留问题。

【安全环保】 2022年,彭阳县严格按照“党政同责、一岗双责、失职追责”和“管业务必须管安全、管行业必须管安全、管生产经营必须管安全”的总要求，开展工商贸领域安全生产督查检查，推进安全整治三年专项行动、燃气专项整治、成品油零售行业等专项整治工作落实，在“五一”国际劳动节、国庆等重大节假日，先后出动安全检查165人次，检查企业234家次，检查督促整改隐患276处。彭阳县完成国家、自治区各类安全专项检查巡查反馈问题隐患整改，安全形势持续稳定。按时整改上级环保督察反馈问题，完成宁夏第二轮中央生态环境保护督察第十九批第39项信访转办件“固原市彭阳县王洼煤矿罗岘公路3矿段约200米被拉煤大车压坏，扬尘污染，下雨天泥泞不堪，影响出行”等问题2项；加强工信领域生态环境风险隐患排查工作，年内出动检查人员6人次，检查生产经营单位18次家，排查整改隐患7处。

（王　睿）

国有资产监管

【行政事业单位资产监管】 2022年，彭阳县财政局按照《彭阳县行政事业单位国有资产使用管理办法》和《彭阳县行政事业单位国有资产处置管理办法》，履行国有资产的监督管理职能。坚持资产配备与行政事业单位履行职能需要相适应，与预算管理和政府采购相结合，按照《彭阳县本级行政单位通用办公家具设备配置标准（暂行）》要求，审核资产配置标准，依托宁夏国有资产信息管理系统实现从资产购置入账到报废处置的全链条信息化和透明化管理。2022年，彭阳县行政事业单位资产总额1022871.87万元，负债总额73348.61万元，净资产949523.26万元。

（邵向梅）

【企业资产监管】 2022年，彭阳县印发《关于推行县属国有企业“三重一大”事项报告制度的通知》《县属国有企业内部审计管理暂行办法》《关于加强县属国有企业资产负债约束的通知》《彭阳县政府性融资担保公司负责人经营业绩考核暂行办法（试行）》等文件，规范国有企业管理。发改局、交通运输局、人社局、住建局、水务局、文广旅游局、金融局、乡村振兴局负责行业监管职责，各权属企业自主经营、自负盈亏。彭阳县国有企业14家，资产总额263844.54万元，负债总额85645.13万元，净资产178199.41万元，全年营业总收入8449.08万元，营业总成本17177.17万元，利润总额-264.61万元。

（王家楠）

财　政

【一般公共预算收支】 2022年，彭阳县地方一般公共预算收入完成4.34亿元，完成调整预算数的105.75%，比上年增长3.71%，同口径增长8.92%。地方一般公共预算支出完成43.32亿元，完成变动预算数的87.42%，比上年增长4.56%。

【重点保障】 2022年，彭阳县坚持“因需而整”“应整尽整”的原则，全年统筹整合使用财政涉农资金4.26亿元，其中衔接资金支出4.17亿元，支持实施重点项目64个；支持引导金融机构持续优化营商环境和金融资源配置，扩大信贷规模，提高贷款覆盖面，助力巩固拓展脱贫攻坚成果同乡村振兴有效衔接，全年累计发放脱贫人口小额信贷6352户2.9亿元，完成全年任务2.8亿元的103.39%，脱贫人口小额信贷余额9351户5.5亿元。担保机构当年新增担保业务4093笔5.56亿元，累计在保余额9亿元。贯彻落实党中央进一步优化防控工作二十条措施以及区市县党委、政府新冠疫情防控政策措施，优先安排专项经费4300万元。

【民生事业支出】 2022年，彭阳县安排城乡基础建设资金3.59亿元，支持实施县城热源厂锅炉及环保改造工程、美丽村庄建设、智慧城管建设等项目以及全国文明城市创建工作。安排生态环保及水利工程建设资金3.17亿元，支持实施小流域综合治理项目、高标准农田建设、小河流域石家峡水库续建等项目，改善农村生态环境及群众生产生活条件。安

2022年彭阳县财政收支及增长速度一览表

表20

指　　标	完成额(万元)	比上年增长(%)
全口径财政收入	178523	115.6
地方财政收入	48769	6.8
公共财政预算收入	43357	8.9(同口径)
其中:税收收入	31591	130.0
非税收入	11766	-58.1
政府性基金收入	5412	40.6
地方财政支出	443281	6.1
其中:公共财政预算支出	433174	4.6
其中:一般公共服务支出	26394	6.5
公共安全支出	7897	6.0
教育支出	62500	-11.5
科学技术支出	3180	38.7
社会保障和就业支出	62062	26.3
卫生健康支出	27496	12.0
节能环保支出	19469	-15.0
住房保障支出	18579	-1.7
城乡社区支出	25071	-25.8
农林水支出	126013	12.4
政府性基金支出	10107	200.9

排三次产业融合发展资金3.85亿元，支持实施粮食保障提升工程、王洼产业园区区块三(建设四路—S202段)道路给排水工程等项目。安排教育事业发展资金6.98亿元，支持实施县五中建设白阳镇中心学校迁建，支持义务教育薄弱环节改造，改善办学条件。安排卫生健康事业发展资金2.67亿元，支持实施县人民医院王洼分院建设项目，支持新冠疫情防控工作和全民健康水平提升行动。安排文化旅游事业发展资金6622万元，支持实施文化惠民讲一堂党课、办一场体育赛事、演一场文艺节目、做一次意见征集活动及姚河塬遗址保护性开发和重点文物立碑保护工程，茹河瀑布风景区标准化提升工程。安排社会保障事业发展资金5.7亿元，落实城乡低保、公益性岗位等惠民政策，支持高校毕业生、退役军人、农民工和脱贫人口等重点群体就业创业。

【财政管理】 2022年，彭阳县控制公务活动、支出范围和标准，压减非急性、非刚性支出，全年一般性支出压减幅度10%；中央直达资金及时高效使用，资金第一时间直达基层、惠企利民，全年纳入直达资金监管范畴资金11.26亿元；财政预(决)算信息全面公开，坚持每月及时公开财政收支情况，适时公开直达资金情况、减税降费政策等财政信息，指导和督促全县73家一级预算单位对部门预算信息及时公开。财政投资项目评审规范有序，全年完成评审项目557个，评审投资总额31.66亿元；贯彻落实金融工作总体部署，发挥金融对县域经济发展的支撑作用，释放金融支持经济社会发展的新动力，全县银行业金融机构各项存款余额77.9亿元，贷款余额63.8亿元。

【政府债务管控】 2022年，彭阳县贯彻落实国家和自治区有关地方政府性债务管理相关政策，细化化解计划，明确目标任务，化解存量债务，全年落实地方政府债券还本付息资金2.17亿元，新增地方政府债券资金2.05亿元。彭阳县债务风险没有超过债务风险警戒线，风险等级为绿色，债务风险整体可控，法定政府债务未发生偿债风险。

【政府采购管理】 2022年，县财政局全年预算安排采购资金27783.67万元，比上年增加45.9%；

实现合同采购金额26709.72万元，比上年增加46.33%；节约资金1073.95万元，资金节约率为3.87%。县财政局通过“政府采购在线质疑投诉系统”受理投诉13件，涉及金额1543.39万元。开展政府采购领域突出问题专项治理“回头看”工作，排查设置不合理条件对供应商实行差别待遇或者歧视待遇专项清理工作。开展代理机构监督检查，对代理机构违法违规行为给予行政处罚。100个预算单位拟预留采购份额为150.02万元，完成采购交易总额183.22万元，完成全年预留份额采购。

（王玉帆　穆晓雅）

税　务

【税费收入】 2022年，彭阳县税费收入总额23.23亿元，比上年增长120.1%，增收12.67亿元。其中，税收收入13.81亿元，比上年增长178.7%，增收8.85亿元（中央级收入5.41亿元，比上年增长201.0%，增收3.61亿元；地方级收入8.4亿元，比上年增长165.9%，增收5.24亿元，其中县级收入3.4亿元，比上年增长132.3%，增收1.94亿元）。社会保险费收入5.86亿元，比上年增长12.7%，增收6602万元。其他非税收入3.56亿元，比上年增长782.4%，增收3.16亿元。

【退税减税降费】 2022年，彭阳县国家税务局（以下简称县税务局）贯彻落实党中央、国务院实施大规模留抵退税政策在内的组合式税费支持政策、稳经济一揽子政策以及接续措施等决策部署，成立领导小组和退税减税降费办公室，组建10个工作小组，制定实施方案，细化91项工作任务，实行挂图作战、动态销号。制定“领导包干、退税审核、风险防控、督察督办”等10个工作机制。落实市县两级双审模式，制定“审核流程图”“任务传递单”和“退税审核台账”，形成“统一管理、统一指挥、统一口径”的工作格局。县税务局利用“先查先纠、自查自纠”机制，及时组织政策落实“回头看”，对已办理的留抵退税开展抽复审，围绕“事前、事中、事后”三个环节，围绕高风险企业、高风险行业和特定风险事项，采取全税种比对、关联性分析、票表税核查筛选疑点，自查数据4487条，发现问题1018条，整改退税30.55万元，保障优惠政策精准落实。累计实现退税减税降费缓税8876万元，其中，留抵退税5256万元、减税1896万元、降费1004万元、缓税251万元、缓费469万元。

【税收征管改革】 2022年，县税务局将《2022年全区贯彻落实深化税收征管改革〈意见〉重点工作任务》细化分解为16项32条具体举措，对1659户企业按行业梳理建立17张企业明细表，“拉网式”开展经营地址、注册资本等基础信息核实，推送税收政策短信和涉税风险提醒13500余次。开展交通运输业纳税人发票核查、成品油行业专项检查、“房土两税”排查等专项工作。县税务局依托网格化服务，对206户首次选择使用或接收使用电子专票的纳

2022年4月1日，县税务局到企业开展税法宣传工作　（县税务局 提供）

税人，124 户可能接收全电发票的企业开展预先服务，辅导面100%，8 月 29 日，顺利接收首张全电发票。对接发改、财政、住建等部门，建立联席会议和信息共享机制，获取 2022 年重点工程项目 283 个，建立重点工程项目动态管理台账，实行清册管理、动态优化，掌握全县重点工程项目一手资料，对标推进项目管理，入库税款 1.04 亿元。

【纳税服务】 2022 年，彭阳县依托“六盘税桥”建设优服务，举办“便民办税春风行动”座谈会 10 场、“春雨润苗”政策培训会 2 场、“退税减税”专题会 5 场，邀请企业代表 122 户，服务纳税人 1736 户。创新形式重宣传，开设《彭阳税务小课堂》专栏，制作政策讲解小视频 13 个，开播资源税、城市维护建设税、房产税、城镇地使用税、印花税、耕地占用税和教育费附加、地方教育附加及“留抵退税”、制造业缓缴等政策直播课 3 场，实时收看 500 人次，累计点击量 2000 余次。组织拍摄《做乡村振兴的坚定守护者》，参与全国税务主题电影节、宁夏广播电影节等赛事。“网格化”辅导解难题，组建送政策、送服务“网格化”小组 14 个，走访纳税人 1301 户，收集意见建议 23 条，问题整改回访率 100%。推广电子税务局、“宁夏税务”办税端口，推行“大预审”机制，形成“资料预审、精准分流、自助帮办、窗口兜底”的闭环办税流程，提升纳税人缴费人办税缴费体验，电子税务局受理业务 6072 笔，办件量比上年增长 43%。加大自然人线上代开推广力度，线上受理退税业务 173 户次。

（魏建存）

金融监管

【金融机构监管】 2022 年，彭阳县推动金融业综合统计，加强对金融市场日常监测分析，按月对法人金融机构的流动性进行监测，对县域内资本不足的法人机构，通过下发提示函、现场约谈等方式，补充资本，对风险苗头保持高度警惕。

【反洗钱工作】 2022 年，彭阳县成立打击治理洗钱违法犯罪工作领导小组，加强与公安、检察院、法院等部门的协作配合，完成 2022 年反洗钱走访工作，走访反洗钱义务机构 11 家，占比 78.57%。

【金融风险防控】 2022 年，彭阳县严格落实重大事项报告制度，深入挖掘风险线索，全年收到重大事项报告 14 起。督促县域内金融机构制定和完善突发风险事件应急预案，定期开展应急演练。

（王子禹）

审　计

【概况】 2022 年，彭阳县审计局全年安排审计项目 15 个，其中，县本级预算执行审计项目 1 个、事业单位财务收支审计项目 1 个、经济责任审计项目 5 个、领导干部自然资源资产审计项目 1 个、政府投资审计项目 3 个、国有企业审计项目 1 个、专项审计调查项目 1 个、上级审计机关统一安排部署的审计项目 2 个。截至 2022 年年底，已出具审计及专项审计调查报告 12 个，审计发现问题 89 个，查出管理不规范资金 221791.03 万元，被采纳审计建议 48 条，促进完善制度机制 7 项。

【重大政策跟踪审计】 2022 年，县审计局开展县本级部门（单位）、国有企业、县（区）人民政府落实重大政策措施贯彻落实情况跟踪审计，重点关注减税降费实施效果、财政支出结构优化、地方政府债券资金管理使用、财政资金统筹盘活、拖欠民营企业中小企业账款等情况，促进各类专项资金规范使用和各项重大政策措施落实到位。

【预算执行审计】 2022 年，县审计局开展县本级预算执行和决算草案编制情况、地方政府债务管理情况审计，运用大数据进行比对分析，对全县 65 个一级预算单位实行财政拨款支出安排的出国（境）费、公务车购置及运行费、公务招待费经费、财政存量资金和往来款项等审计全覆盖，针对审计查出国库集中收付制度执行不严格、绩效管理不规范等9个问题,提出加强预算管理、项目资金管理、加大审计查出问题整改力度等审计建议3条,促进各部门依法依规管好用好财政资金,完善财政管理体系。

【经济责任审计】 2022年,县审计局对5个单位7名领导干部履行经济责任和1个单位2名领导干部履行自然资源资产管理情况进行审计,围绕权力运行和责任落实,深化审计内容,突出审计重点,揭示政策措施未有效落实、经济决策事项不合规等问题32个,促进领导干部依法、秉公、廉洁用权和全面落实生态环境保护责任。

【民生领域审计】 2022年,县审计局开展基础教育质量提升相关项目资金、数据外包服务产业运营情况、"9·20"新冠疫情防控资金和捐赠物资等专项审计调查,全力保障各项惠民富民政策落地见效;开展平安大桥建设项目预算执行情况审计、红河水污染防治项目审计和标准化厂房(纺纱)项目审计,填补全县在政府投资审计方面的空白;开展彭阳县自然资源局所属茹河林场、小园子林场和草庙林场3个事业单位和县供热公司财务收支审计,重点关注国有资源(资产)管护和权属情况,为民生领域基础设施建设不出问题提供经济监督保障。

【审计整改】 2022年,县审计局落实审计整改督促检查责任,建立完善2018年以来各级审计机关审计查出问题审计整改台账,制定《彭阳县关于全面贯彻落实审计查出问题整改长效机制实施方案》《彭阳县审计查出问题整改考核方案》,将审计查出问题整改纳入县"流动红旗""黄牌警告"制度和2022年度效能目标考核;对一时难以整改的问题通过召开县委常委会会议2次、政府常务会议2次、政府专题会3次,提出针对性意见,促进问题解决。对未整改到位的问题通过发送工作提醒和督办函9次43份,督促被审计单位加快整改进度。全年已整改289个问题,涉及资金54939.8万元,整改率90.03%。

(王娅慧)

统　计

【统计调查】 2022年,彭阳县统计局开展基本单位名录库维护更新工作,全年入库313家,退库12家,维护212家;全年现场核查固投新入库项目112个,核查国家反馈投资、产值、营业额等问题22个。按照统计调查制度规定规范操作,按期做好农业、工业、能源、商贸、投资、建筑业、劳动工资等专业月度、季度入统工作,指导189个项目完善入库资料、凭证、台账。开展2022年全县人口变动抽样调查,抽中35个行政村(社区)、47个样本块、236个样本小区,选聘培训普查指导员、普查员47名。

【依法统计】 2022年,彭阳县开展统计执法检查,组织相关部门开展督查指导和部门企业自查,对全县在库313家、退库12家、新纳入"四上企业"12家(其中,工业1家、商贸2家、建筑业1家、房地产2家、5000万元以上固定投资企业6家)进行信息完善和维护;采取面对面、手把手等方式进行业务指导和线上、实地核查,确保企业实际数据与一套表上报数据的一致、真实、准确。

【统计服务】 2022年,县统计局和调查队落实季度分析报告和调度会议制度,围绕国家及区市经济政策导向,对标县委、县政府年度预期目标,科学提出有针对性的对策建议,按期发布经济发展主要统计数据。县统计局和调查队撰写政务工作动态253篇,调查信息69篇,分析报告28篇。其中1篇分析报告被国家统计局内网采用,2篇分析报告在《统计与经济》杂志上刊登发表。组织收集整理编印《2016—2020年彭阳统计年鉴》资料,月度发布《彭阳经济发展月报》12期,季度发布《专报》6期、《单位GDP度能耗分析》3期、《工资对第三产业影响分析》等有预判性的趋势和针对性的建议，对全县经济发展情况进行综合分析和趋势性把握，变事后统计为事前监测预警，为县委、县政府决策提供依据。

（李盼盼　张　楠）

市场监管

【概况】 2022年，彭阳县企业存量3437家，个体工商户10259家。彭阳县市场监督管理局(以下简称县市监局）围绕构建“大市场、大质量、大监管”格局，着眼优化营商环境、深化“放管服”改革、强化党的领导、狠抓责任落实、创新监管平台、严格执法监管，严厉打击违法行为专项整治突出问题，确保全县市场公平有序、安全放心。

【市场主体登记】 2022年，县市监局通过整合企业办理环节，将企业营业执照设立登记、免费公章刻制、申领发票和银行开户、员工参保登记、住房公积金企业缴存登记融入“一网通办”平台，打造并联审批模式。指定工作人员在服务区内手把手教企业群众填报资料和指导网上登记操作，同时线下设置企业开办专区，实行线上一次填报、线下一窗受理，实现企业登记一个服务区内任意窗口、线上线下一套材料，无差别受理。承诺线上线下资料齐全30分钟内办结并发放营业执照，实现企业开办3小时内办结的服务目标。全年新登记企业373家，变更341家。

【反垄断与反不正当竞争】 2022年，县市监局利用“3·15”国际消费者权益日、知识产权宣传周、“12·4”宪法日，全面开展《中华人民共和国反不正当竞争法》《中华人民共和国反垄断法》等法律法规宣传，其间发放宣传资料1.5万余份，并向来往群众介绍不正当竞争违法行为的危害，引导群众进行监督。通过县融媒体、微信公众号等平台，宣传反不正当竞争法，提升市场主体和监管服务对象反不正当竞争的知晓度。对妨碍公平竞争、影响经济运行效率和质量的不正当竞争行为进行严厉查处，全年收到涉及虚假宣传相关投诉7件，均已责令当事人及时改正。不正当竞争行为整治期间，收到直播带货投诉1件，责令被投诉人全额退款。

【消费者权益保护】 2022年，县市监局以“3·15”国际消费者权益日活动为契机，联合公安局、农业农村局、卫健局及所属各医疗机构对假冒伪劣食品、药品、医疗器械、化妆品、保健品及其他产品采用无害化措施集中销毁6类103种26.33万件假冒伪劣物品，货值27.83万元。推行线上线下无理由退换货制度，引导辖区电商平台、大型商场、超市等建立健全赔偿先付制度，监督经营者落实线上七日无理由退换货制度，探索建立线下无理由退换货机制。畅通“12315”“12345”投诉举报通道，全年调处“12315”消费者投诉举报61件、“12345”投诉举报451件，调解成功率100%，为消费者挽回经济损失19.04万元。

【合同监管】 2022年，县市监局根据王洼产业园区实际情况，对合同签订者和相关企业采取以案说法、电话咨询服务、上门宣传等方式进行宣传培训，提醒其签订合同前应审查对方的主体资格、资信情况、履约能力，抓住经济生活中发生的有关合同方面的重大事件，积极开展相应宣传，介绍合同依法维权的成功经验。联合劳动监察大队，逐步规范企业格式化条款，确保合同主体合格，条款齐全，内容公平合理，签订规范，程序合法。

【广告监管】 2022年，彭阳县对以“冬奥会”“冬残奥会”名义从事商业营销炒作牟利等市场乱象，围绕变相使用中国共产党党旗党徽、党和政府重大庆祝活动标志标识、庆祝活动宣传报道、领导人讲话、“冰墩墩”、“雪容融”等进行商业炒作的行为依法依规进行监督检查。对超市、广场、公交站牌、广告制作商进行检查，重点查看户外广告、宣传彩页、LED显示屏等载体发布的内容和文字。重点对公众号、网店进行线上监测监管，查看发布的文章、广告、图片等。全年出动执法人员26人次，检查广告制作单位21家。

【企业信用监管】 2022年，县市监局按照自治区、固原市下发《关于做好2021年度市场主体年报公示工作的通知》要求，积极安排部署，实行一周一汇总，一周一通报的工作机制。采取电话催报、上门指导、微信公众号发布操作流程提示、短信提醒、专人现场指导等有效方式指导企业履行年报公示义务。召开部门联合"双随机、一公开"(随机抽取检查对象、随机选派执法检查人员、抽查情况及查处结果及时向社会公开)监管联席会议，制定印发市场监管领域联席会议制度和方案、细则、部门联合"双随机、一公开"事项清单。县市监局积极指导其余14个部门开展"双随机、一公开"工作，组织各类培训10次，累计780人次。开展守信激励失信惩戒活动，按照市局要求移送固原市永茂畜牧服务有限公司等5家市场主体违法线索的函，对全县5家长期未开展经营活动、连续两年未履行年报公示的"空壳"企业进行核实，作出拟吊销企业营业执照公告，对未履行2021年度年报公示义务的105家企业依法列入经营异常名录，对彭阳县效锋术业有限公司等100家市场主体拟吊销营业执照信息进行核查，对已补做年报的23家市场主体移出异常名录，对规范经营、诚信经营的10家企业申报"诚信经营、放心消费"承诺单位。年报率位居固原市第一。

【质量标准化建设】 2022年，彭阳县印发《彭阳县人民政府办公室关于印发彭阳县高质量发展标准体系建设实施方案(2022—2025年)的通知》《彭阳红梅杏产业高质量发展规划》，根据2022年重点任务清单及责任分工的通知，开展企业标准自我声明情况"双随机"检查，联系市审批服务局开展政务服务标准化试点。

【计量监管】 2022年，彭阳县利用"计量日""质量月"等宣传日，加大对计量的宣传力度，对全县27户加油站108个油枪全覆盖进行检定和检查，对农贸市场、商场超市、涉粮企业、黄金眼镜店的304台计量器具进行校验，对不合格的5台，当场责令停止使用。年内立案查处1起计量器具不合格案。

【产品质量监管】 2022年，彭阳县对儿童学生用品、生活日用品及重点工业产品等重点领域、重点行业开展安全隐患排查，抽查各类产品147批次，不合格产品5批次，立案查处1批次、责令整改4批次。全面排查散煤经营主体，严厉查处走村串户销售劣质散煤等违法行为，对煤炭的生产、流通和使用领域全链条加强监管，坚决取缔无照经营行为，年内查处无证经营主体3起，全县无一起产品质量安全事故发生。

【特种设备安全监管】 2022年，彭阳县继续开展三年安全生产专项整治，排查气瓶、非法充装、黑气瓶等相关特种设备安全风险隐患，检查学校、医院、商场、住宅小区等人员密集场所电梯等特种设备700台(个)、使用单位135家次，查处未按规定要求进行电梯维护保养案1起。对锅炉、压力容器、长输管道等承压类特种设备集中进行专项整治，检查压力管道110.27千米，监督检验注册登记总长60.69千米、未注册19.58千米，累计排查整改各类安全隐患90多条，发出安全监察指令11份。

【食品安全监管】 2022年，彭阳县聘请食品药品安全协管员(信息员)174名，构建全覆盖乡村(社区)的食品安全协管网络。对全县106所学校(幼儿园)餐厅、495家餐饮企业安装"互联网+明厨亮灶"监管系统，对28辆农村流动餐车安装GPS北斗定位系统追踪系统和接入"互联网+明厨亮灶"监管系统，推进食品安全智慧监管。全面推广食品安全责任保险，集体供餐单位投保覆盖率100%。将39户食品生产企业纳入一个商品对应一个二维码体系建设。市监局每月推出"食品药品安全你我同查"执法行动，每周推出全域创建"红黑榜”，红榜黑榜实时曝光25期，立案查处2起。全年完成各类食品安全抽样检测任务2059批次，达到千人/5批次指标，食品药品安全监督抽检不合格产品核查处置100%，违法案件办结率100%。

【药品安全监管】 2022年，县市监局对县内531家药械妆经营主体，按照类别性质、经营方式、经营范围等分类建立主体档案和监管台账，全年累计排查药品、化妆品、医疗器械主体495家，排查覆盖率90%以上。结合实际制定宣传培训、两个清单、信用监管、案件核查等在内的12项药品安全监管事项清单，对工作事项的内容、完成时限、标准及责任人员等作出明确要求，并逐月推进完成。县市监局严格执行药品经营使用规定，实现药品100%属合法渠道购进合格产品，票、账、货、款相符率100%。推出全域创建食品药品安全区“红黑榜”，实时曝光13期，并通过各类媒体广泛转发，形成曝光一家、震慑一方的效果。将528家药械妆经营使用单位纳入智慧监管平台，实现药品医疗器械化妆品所有的监管事项及案件查办100%录入。依据标准检查验收72家“阳光药店”，监督指导药师打卡、处方上传、温湿度在线监测等信息系统管理工作，年内，全县所有零售药店全部按照“阳光药店”创建标准运行。立案查办药械妆违法案件33起，涉案货值3.63万元，罚没款31.26万元，移送公安机关案件线索1条。先后召开全县药品安全工作会、专项整治推进会、化妆品安全监管培训会、不良反应监测培训会等，以会代训，培训药品经营使用单位负责人500余人次，分片区培训化妆品从业人员、村级卫生室药品管理人员等6场次300余人次，印制药品安全知识口袋书、化妆品科普知识等宣传资料2万余份。

【市场综合执法】 2022年，彭阳县每月推出“食品药品安全你我同查”执法行动，每周推出全域创建“红黑榜”，红榜黑榜实时曝光25期，立案查处2起。全年完成各类食品安全抽样检测任务2059批次，食品药品安全监督抽检不合格产品核查处置100%，违法案件办结率100%。立案查办药械妆违法案件33起，涉案货值3.63万元，罚没款31.26万元，移送公安机关案件线索1条。开展放心肉菜示范超市创建和“放心食品自我承诺”活动和“文明餐桌”行动，集中开展“守底线、查隐患、保安全”、农村假冒伪劣、学校及校园周边食品安全和“三大安全”百日专项整治行动。全年办理农村假冒伪劣案件26起，罚没款2.26万元。

（李　瑾）

知识产权保护

【著作权登记】 2022年，彭阳县对县域内个人、单位的书籍、绘画、书法、非遗作品、摄影作品等进行登记，全年登记61件，其中美术类38件、摄影类8件、文字类14件。

【商标注册】 2022年，彭阳县商标注册148件，累计有效注册量929件。

【专利授权】 2022年，彭阳县专利授权135件，其中，发明37件，实用新型93件，外观设计5件，累计有效发明量10件，万人口有效发明量0.62件。

【专利保护】 2022年，彭阳县印发《彭阳县食药环、知识产权领域行政执法与刑事司法衔接工作办法》，建立知识产权工作统筹协调机制，规范健全知识产权保护体系。鼓励各企业发明并申报各项专利，对成功申报专利的企业给予一次性奖补，全年对成功申报专利的4家企业各给予一次性奖补5万元。开展专利代理专项整治“蓝天”行动和规范专利申请行为检查，配合固原市市场监督管理局对彭阳县正元节能环保建材有限公司、宁夏煌甫谧艾益康产业有限公司等6家非正常专利申请的公司进行检查，责令撤销37件非正常专利申请。

【监督检查】 2022年，彭阳县开展冬奥会和冬残奥会标识标志保护监督检查，严厉打击虚假宣传和假冒行为，依法对全县5家蛋糕店、10家文创用品店销售的冬残奥会吉祥物商标进行专项检查，责令现场整改违规使用吉祥物商标企业1家。

【"彭阳红梅杏"专项打假行动】 2022年6月，彭阳县开展"彭阳红梅杏"专项打假行动。县市监局在县域内授权优选15家红梅杏营销组织、7家经销商专门订单收购销售彭阳县红梅杏，并争取地理标志保护专项资金35万元，专门用于统一标识、统一包装、统一品牌、统一技术支撑，印发《彭阳红梅杏无公害高效生产配套技术》材料，统一制作彭阳红梅杏地理标志产品包装箱40万个，对1家经销商涉嫌侵犯"彭阳红梅杏"地理标志的行为进行责令改正，没收包装箱36个。

（李　瑾）

价格管理

【价格调控】 2022年，彭阳县开展农业灌溉和居民用水、县城供暖、幼儿园保教费3项成本审核，制定《彭阳县调整农业灌溉和居民用水价格初步方案》《彭阳县调整县城供暖初步方案》《彭阳县调整幼儿园保教费初步方案》。完成全县行政事业单位2021年度收费年审、协调住建局完成近三年垃圾收转运成本审核工作。

【价格检测】 2022年，彭阳县对全县重要民生市场价格监测，对米面油、肉禽蛋、蔬菜瓜果、食盐等48种日常副食品的市场价格进行定点监测，每日向固原市发展和改革委报送监测数据。在新冠疫情和重大节日期间，向县委、县政府报送价格监测及分析报告8期。

【价格检查】 2022年，彭阳县强化对民生领域市场保供农产品与医疗防护用品、紧缺药品的价格监管，出动执法人员31人次，检查经营户28家，现场责令整改1家。县市监局、县住建局、县发改局对全县房地产中介经营户开展联合检查，集中整治房地产中介在租房、售房环节收费价格标准公示不明的问题，针对发现收费标准公示不明的问题，责令立即整改。

（海　冰　李　瑾）

2022年彭阳县副食品定点监测单位一览表

表21

序号	副食品名称	定点监测单位	地　　址
1	米	彭阳县客又多商贸有限公司	彭阳县城水岸星城尚街
2	面	彭阳县好又多民乐苑超市	彭阳县城民乐苑小区3-4-304
3	油	彭阳县好又多量贩超市	彭阳县城农贸市场内
4	肉	彭阳县盛世万家和有限公司	彭阳县城明皇购物广场负一楼
5	蛋	彭阳县好友多乡镇商贸中心	彭阳县古城镇街道
6	蔬菜	彭阳县宏阳联都生活超市草庙店	彭阳县草庙乡街道
7	瓜果	彭阳县宏阳联都超市	彭阳县王洼镇街道
8	盐	中盐宁夏盐业有限公司固原分公司彭阳配送站	宁夏彭阳县白阳镇栖凤街11279号

农 业

Agriculture

种植业

【概况】 2022年，彭阳县粮食播种面积49846.66公顷，其中，小麦7000公顷、大豆玉米带状复合种植16013.33公顷、籽粒玉米16120公顷、马铃薯5313.33公顷、小杂粮5400公顷。全年实现粮食总产21.4万吨，比上年增长10%。2022年，彭阳县蔬菜及食用菌播种面积5675.78公顷，其中，叶菜类677.54公顷、白菜类577.36公顷、甘蓝类260.86公顷、根茎类386公顷、瓜菜类431.55公顷、菜用豆类135.8公顷、茄果类1735.4公顷、葱蒜类867.97公顷、其他蔬菜603.3公顷。全年实现蔬菜总产226339吨，比上年增长10%。

【高标准农田建设】 2022年，彭阳县推进耕地建设，投资3.2亿元，45天攻坚克难，春耕前完成1万公顷高标准农田土地平整，建设规模历史最高、建设速度自治区第一，约1.1万户群众从中受益。先后争取中央和自治区专项资金0.86亿元，整合县级资金1.1亿元，开工建设高效节水灌溉田间工程3333.33公顷。

【小麦种植】 2022年，彭阳县选取冬小麦监测点11个，对冬小麦生长发育动态及土壤墒情进行跟踪监测，上传监测信息和监测图片。在白阳镇、城阳乡、新集乡、草庙乡开展冬小麦病虫害防治2800公顷。全年冬小麦种植面积7000公顷、冬小麦平均亩产170千克，与上年基本持平，总产量17850吨。

【马铃薯种植】 2022年，彭阳县投入资金99.96万元招标采购并发放马铃薯原原种250万粒，在白阳镇、红河镇、草庙乡、王洼镇、城阳乡、冯庄乡建立原种基地种植33.33公顷。由宁夏佳利源薯业有限公司自行采购马铃薯原原种薯200万粒，在白阳镇任湾村集中连片建原种基地26.67公顷，补贴资金40万元。由宁夏佳利源薯业有限公司筹集马铃薯原种800吨，品种为“庄薯3号”“青薯9号”等，在白阳镇、草庙乡、城阳乡、新集乡建立一级种薯基地530.88公顷，补贴资金39.82万元。全年马铃薯种植面积5313.33公顷，总产量1.59万吨。平均亩产（折主粮）200千克，较上年180千克增产20千克。

【大豆玉米套种】 2022年，彭阳县推广大豆玉米带状复合种植16240公顷，超额完成自治区下达任务1573.33公顷，开展大豆玉米带状复合种植大培训，发放大豆玉米带状复合种植技术要点3万余份，实现乡村干部、种植户培训全覆盖。出台大豆玉米带状复合种植补贴等粮食生产政策，免费采购发放优质大豆种子 593 吨，按亩补贴标准 200 元的标准，兑现大豆玉米带状复合种植补贴 4804.79 万元，其中，中央耕地轮作休耕项目补贴资金 3300 万元、自治区大豆玉米带状复合种植补贴资金 1100 万元、县级配套资金 404.79 万元。全年套种玉米总产 11193.42 万千克，大豆总产 1086.46 万千克。

【小秋杂粮种植】 2022 年，彭阳县示范推广种植张杂谷 13 号 666.67 公顷。依托固原市小杂粮产业高质高效项目，鼓励引导种植专业合作社、家庭农场和种粮大户等新型经营主体，通过流转闲置土地，引进优良品种、推广优质高产栽培技术，建立 66.67 公顷以上小杂粮（油料）高标准生产基地 4 个 334.53 公顷，补贴资金 80 万元。县内推广小杂粮（油料）种植，对脱贫户、边缘易致贫户、突发严重困难户和县内移民户种植 0.33 公顷以上和新型经营主体、村集体经济组织种植 20 公顷以上，补贴资金 540.55 万元。全年全县推广种植小杂粮（油料）面积 3603.68 公顷。

【冷凉蔬菜种植】 2022 年，彭阳县巩固提升红河宽坪、古城郑庄等绿色蔬菜原料基地 5 个，新建钢架结构塑料大中拱棚 66.67 公顷，打造古城西沟露地蔬菜、草庙刘塬拱棚西瓜、王洼千亩露地红葱等千亩以上标准化绿色蔬菜原料基地 5 个，建成新集团结工厂化育苗中心 1 个，全县蔬菜种植面积 5666.67 公顷。建成红河宽坪蔬菜集配中心 5600 平米，依托东升、春又发等龙头企业，积极对接粤港澳等高端市场以及百果园等大型商超，开展“净菜入超”2 万吨。

（马开元）

2022 年彭阳县农作物播种面积统计表

表 22

指　　标	种植面积（公顷）	比上年增长（%）
农作物总播种面积	84234.53	6.9
粮食作物	49800	0.0
夏收粮食	7266.67	−20.4
冬小麦	7000	−19.2
秋收粮食	42533.33	4.6
玉米	26800	−10.9
薯类	5314.67	−4.0
油料合计	1307	−1.3
其中：胡麻籽	1288.6	−1.3
烟叶	234.4	0.6
药材	2134.2	−39.2
蔬菜	5672.93	0.1
瓜类	245.67	129.6
其他作物	24840	−3.0

养殖业

【肉牛养殖】 2022 年，彭阳县培育巩固肉牛养殖示范村 71 个，打造加特农业、百泉牧业 500 头以上规模养殖场 3 个，培育长城禾之牧千头以上规模养殖企业 1 个。完成黄牛冷配改良 5 万头、肉牛见犊补母 4.5 万头。建成“出户入园”养殖园区 7 个，全县肉牛饲养量 21.76 万头。

【朝那乌鸡养殖】 2022 年，彭阳县发放朝那乌鸡商品鸡苗 50 万只，全县朝那乌鸡饲养量 80 万只，成功通过国家级静原鸡保种场现场审验，开展静原鸡家系保种，建成三代之内无血缘关系的家系 30 个，存栏核心保种群 3000 只、选育种鸡 2 万只。依托万升有限公司，年屠宰加工朝那乌鸡20万只。围绕朝那乌鸡等农产品深加工，与厦门绿百合、宁夏董记、宁夏同仁等4家农产品加工企业达成合作意向。

【月子鸡养殖】 2022年，彭阳县益斌园农畜综合开发有限责任公司制定《2022—2026年月子鸡产业发展规划》，把月子鸡打造成国家地理标志保护产品。定位发展目标，开展5G+物联网技术应用推广，立足林下养殖，促进传统养殖向智慧养殖转变，探索“公司+基地+物联网”现代农业经营方式，将养殖、销售与互联网技术相结合，创新企业运营模式。全年孵化月子鸡苗20多万只，带动就业500多人，实现产值3300万元。

【动物防疫】 2022年，彭阳县累计完成重大动物强制免疫69.01万头（只），其中，口蹄疫免疫牛23.51万头、羊37万只、猪8.5万头，免疫密度分别为100%。高致病性禽流感免疫鸡112.58万只，羊小反刍兽疫免疫18.1万只，羊布病免疫15.36万只，免疫密度分别为100%。全年完成炭疽免疫牛11.55万头、羊18.1万只、猪4.32万头的因病设防工作。全年牛结节性皮肤病免疫11.55万头、羊梭菌病（三联四防）免疫5万只、羊痘免疫5万只、狂犬病免疫1.6万只、犬驱虫1.6万条，连续驱虫9个月。

（马开元）

特色产业

【中药材产业】 2022年，彭阳县推进中药材产业发展，种植中药材5360公顷，其中，林下仿野生中药材种植5000公顷，兑付奖补资金150万元；零星种植药材166.67公顷；实施林药间作种植60公顷，兑现奖补资金3.12万元。建设中药材标准化示范基地2个，完成种植任务133.33公顷，带动周边合作组织、种植大户20户以上，示范带动面积66.67公顷以上。经自治区党委外事办“牵线搭桥”，县科技局与日本星火产业株式会社签署板蓝根2吨（售价2万元/吨）销售协议。

【闽宁现代食用菌科技园】 闽宁现代食用菌科技园位于城阳乡长城村，园区以食用菌杏鲍菇工厂化生产为主，日产各类鲜菇5吨，年产值1500万元。园区占地20公顷，采用“园区+企业连农户带基地”运营模式，探索出利用杏鲍菇废料生产平菇、制作有机肥料等原料再利用循环生产模式。县科技局积极与福建农科院、宁夏大学等构建产学研合作创新体系，建立食用菌研究中心，开展技术引进、试验示范、集成创新和人才培养工作，培育出适合彭阳县特殊环境条件下的菌种。注册“六盘山珍”食用菌系列品牌，杏鲍菇和平菇被农业农村部认定为有机食品。2022年，培训农民工300余人次，累计培育食用菌技能型骨干人才30名、食用菌技术工人350人次，吸纳60余名农民工入园务工，人均收入3.5万元，年支出劳务费180余万元。带动脱贫户承包园区菇棚自主生产，户均增收2.5万元。

（虎　彪）

2022年1月，长城塬闽宁现代食用菌科技示范园工人采收成熟的杏鲍菇
（县科技局 提供）

农业机械化

【概况】 2022年,彭阳县有拖拉机7080台，联合收割机113台，马铃薯收获机146台,无人机10台。农机监理完成注册登记617台,审验驾驶员306人,检验拖拉机、联合收割机4485台,驾驶员培训522人，全县有农机作业公司7家,农机安全联组158个。

【农机推广】 2022年,彭阳县农业机械化推广服务中心在新集乡、王洼镇实施2021年剩余农机深松整地作业373.87公顷,带动全县农户开展农机深松整地5万余次,耕地质量得到改善。在白阳镇、城阳乡配合区市县举办玉豆套种机械化种植演示现场会2次。在白阳镇中庄村实施玉豆机械化种植示范田2.3公顷。截至2022年年底，全县农机总动力28.12万千瓦,主要农作物耕种收综合机械化率74.35%。

【农机购置补贴】 2022年,县农业机械化推广服务中心完成核验、复核和结算农机购置补贴资金申请1757份,购机户1406户,机具1760台,结算总资金934.25万元，其中，中央生产发展资金921.26万元、省级农业机械化提升工程项目资金12.99万元。完成2022年彭阳县农机报废更新补贴任务，报废补贴拖拉机28台,补贴9.55万元。完成县产业提升工程项目中对青饲料收获机械的县级累加补贴任务,对全县购置的24台青饲料收获机兑现县级累加补贴资金1184.09万元。

【农机安全管理】 2022年,彭阳县人民政府与各乡镇签订了农机安全生产目标责任书，并将其列入社会治安综合治理考核之中。各乡镇与所辖村、村与农机手分别签订了安全生产责任书，与农机驾驶操作人员签订农机安全生产责任书7281份,签订率98%,形成县、乡、村三级联防,层层抓落实的目标责任制管理工作格局。全年开展宣传活动5场次,悬挂宣传横幅2条，散发宣传单5000余张、发放安全知识宣传册500余本，编发手机信息6期10万人次,举办培训班10期,培训农机手500余人，现场解答群众咨询1000余人,免费粘贴反光膜8000余条。县农业机械化推广服务中心组织监理人员和乡镇农机专干开展安全生产大检查活动，重点治理拖拉机违法载人、酒后驾驶、无牌无证驾驶、超速行驶等违章违法行为。全年出动执法检查车38次、执法人员102人次，检查各类农业机械45台(套),查处违章行为6起，消除农机安全生产隐患11起,确保农机安全生产形势持续稳定。加强对现有7家农机作业公司车辆、驾驶员的安全管理，农机作业公司的农机挂牌率、驾驶员持证率、农机检验率均100%。不定期对全县农机维修网点进行维修质量监督检查，检修各类动力机械0.35万台、配套农机具0.6万台,未发生维修质量纠纷。开展农业机械报废更新补贴工作,年内,回收报废老旧农业机械28台,投入报废补贴资金9.55万元,直接受益农户27户。

（马开元）

工 业

综 述

【产业发展】 2022年，彭阳县工业企业81家，从业人员6159人，其中，规模以上工业企业10家、区级中小企业9家、国家级高新技术企业2家、自治区科技型企业32家。全年完成工业总产值49亿元，比上年增长10.3%，其中规模以上工业总产值44.75亿元，增长19.4%；完成工业增加值29.37亿元，比上年增长10.3%，其中规模以上工业增加值25.24亿元，比上年增长19.4%；实现规模以上企业利润总额11.9亿元，比上年增长7.8%；主营业务税金及附加3.04亿元，比上年增长21%。全年累计生产原煤739万吨，产值41.56亿元。

【工业转型升级】 2022年，彭阳县围绕新城建设、新产业、新养老、新环境产业定位，实施结构改造、智能改造、绿色改造、技术改造工程。2022年实施技术改造项目8个，兑现技术改造奖补资金424万元；争取自治区机器人应用示范项目奖补资金155万元、工业互联网应用项目资金11.3万元、一般工业固废综合利用奖补资金156万元。

【项目建设】 2022年，彭阳县开展“扩大有效投资攻坚年”活动，持续掀起大抓项目、抓大项目、抓高质量项目热潮，筑牢经济社会高质量发展基础。全年开工建设108个重点建设项目，完成固定资产投资(不含农户)39.25亿元，同比增长36.9%。

【规上企业倍增计划实施】 2022年，彭阳县贯彻落实自治区“工业稳经济36条”“降成本26条”措施，继续实施规上企业倍增计划，推进产业高质量发展。矿山机械增材再制造等19个重点招商引资工业项目全部落地，2万吨马铃薯淀粉生产线自动化改造等10个重点技术改造项目建成投产，全年完成规上工业增加值25.24亿元，同比增长19.4%，位居全市第一。

（王　睿）

王洼产业园区

【规划布局】 彭阳县王洼产业园区是2012年经自治区人民政府批复设立的自治区级产业园区，规划面积451.01公顷。区块1、区块2位于王洼镇北洼村一矿区域、姚岔村二矿区域，规划面积298.46公顷，建成区面积151.7公顷，基础设施基本依托宁夏王洼煤业有限公司及王洼镇镇区建设。区块3位于县城南门，规划面积152.55公顷，建成标准化厂房18栋(36套)，占地面积26734平方米，建成污水处理站1座，日处理污水 200 立方米。

【基础设施建设】 2022 年，彭阳县围绕园区道路、供水、供电等基础设施短板，投资 1.72 亿元，实施县城南门道路及给排水管网、县城工业园一期土方平衡、杜家沟建材五路道路硬化等 6 项工程，达到通市政道路、雨水、污水、自来水、天然气、电力、电信、热力及有线电视管线和园区土地平整。征地 17.33 公顷 1700 余万元，投资 1.2 亿元实施 2.6 万平方米纺纱标准化厂房、县城工业园区 1.2 千米道路建设工程、中小企业孵化园维修等项目，园区基础设施完善，“三区三线” 划定进一步优化区块设置，提升园区承载能力。建立包卫生、包绿化、包秩序责任制，对园区基础设施和创城工作常态巡查检查和维护管理，先后维修孵化园厂房供暖和消防设施 16 栋。

【产业发展】 2022 年，王洼产业园区累计完成工业总产值 450487 万元，比上年增长 39%；完成工业增加值 241299 万元，比上年增长 37%。税收总额为 124744 万元，就业总人数为 4050 人，用电量 18203 万千瓦时，经济体量不断增长，除王洼煤矿外，其他企业年产值基本实现翻番。

【产业链培育】 2022 年，王洼产业园区围绕全县“能源工业、特色产业、轻工制造”三大工业体系建设，结合资源禀赋、产业基础和园区发展实际，引导各区块主导产业，朝着专业化、特色化、集约化的方向发展。区块 1、区块 2 在煤炭资源综合利用上，推进“煤炭开采、分级精选、销售”“煤矸石综合加工利用和煤制气等新能源”“矿山开采设备制造”3 条产业链条延伸、循环和规模发展。区块 3 具体化农副产品精深加工及轻工产品制造 12 条产业链条延伸，细分为：果脯系列产品生产产业链，矿泉水开发及杏仁果汁饮料生产产业链，小杂粮食品系列加工生产产业链，食用油及保健品（亚麻籽、杏仁、核桃）系列产品加工生产产业链，中药材种植及深加工产业链，马铃薯淀粉深加工循环经济（粉渣生产微生物发酵饲料、汁水生产有机肥）产业链，饮用酒（白酒、黄酒）、食用醋酿造循环经济（酒渣及水用于加工发酵饲料）产业链，辣椒种植及深加工产业链，蜂蜜及保健品精深加工产业链，清真肉类食品系列产品加工产业链，畜禽配合饲料及发酵饲料生产产业链，纺织服饰加工等轻工产品制造产业链。限制产业有电力、医药、冶金、化工、有色金属。

彭阳县工业园区一角　　（王洼产业园区 提供）

【招商引资】 2022 年，王洼产业园区管委会内设招商投资局，配备 3 名招商业务人员，成立招商小分队，每月外出招商不少于 1 次。发挥各地商会、协会作用，组织参加各地产品展销会、博览会，谋划搭建彭阳县招商引资推介会、产品展销洽谈会，收集招商信息，结识意向企业。根据全县产业链招商地图，围绕煤炭采掘洗选和综合加工利用、纺织服装、新材料、新能源、农副产品加工等重点产业，分别赴浙江、安徽等地开展外出招商活动 21 次，落地项目 22 个，主要为苏宁矿山机械制造、凯邦纺织、鑫美隆纺织、新华源服装、朗星光电设备制造、微元素、同人实业、栖凤食品、传田科技农特产品加工、晋阳机电空气源采暖设备等产业项目，计划投资 14.05 亿元，其中投资亿元以上项目 5 个，完成全年目标任务的 117%。

【科技创新】 2022 年，王洼产业园区坚持把创新放在促进园区发展的核心位置，加快现有存量企业技术改造，实施鑫卓煤矸石固废处理生产线改造提升、佳利源马铃薯淀粉生产改扩建、金秋全自动化全生物降解地膜配色地膜生产改造提升、鸿瑞源中小学生防近视练习簿自动生产线改造提升 4 个技术改造项目，鑫卓能源科技发展有限公司获得机器人应用示范企业命名。园区开展工业对标提升转型发展，推动 15 个产业链条创新延伸，2022 年，园区自治区级科技型中小企业达到 5 家，固原市级科技型中小企业达到 15 家。创新投融资机制，将彭信融资担保有限公司和宁夏汇融鼎信融资担保股份有限公司合并，成立由政府控股和自然人入股的融资性担保股份有限公司，为园区宁夏云雾山果品开发有限公司、彭阳县荣发农牧有限责任公司等 20 家企业贷款 8520 万元。

【安全生产】 2022 年，王洼产业园区推进安全生产三年专项整治任务落实，对标园区发展实际，建立问题、整改、验收“三个清单”，逐项推进落实。对杜家沟存在重大安全隐患的 7 家企业整体进行拆除，消除安全隐患。开展“安全生产月”活动，制定国庆假期及党的二十大期间安全风险集中排查整治工作方案，累计开展问题隐患排查 17 次，排查各类风险隐患 160 处，已督促企业全部整改到位。完成工业园区等功能区安全生产专项整治三年行动评估工作，组织开展工业园区应急演练活动，做好汛期灾害防范。

【环境保护】 2022 年，王洼产业园区强化入园企业和项目审查力度，加强园区日常管理，严防“散乱污”。围绕中央和区市环境保护督察“回头看”反馈的问题整改，指导督促企业制定具体整改方案，涉及园区 12 个问题全部整改到位。落实“河长制”和节能减排要求，2022 年，园区万元工业总产值能耗为 0.04 吨标准煤，万元 GDP 耗水 4.6 立方米，能耗均控制在自治区下达的指标内。

【助企纾困】 2022 年，王洼产业园区管委会落实《彭阳县县级领导干部包抓企业工作制度》，印发《彭阳县王洼产业园区管理委员会干部职工包抓企业责任清单》，通过建立县级领导包抓重点企业责任制和管委会干部职工网格化服务企业制度，形成企业问题每月滚动协调解决机制，以“店小二”和“保姆式”服务，“面对面”帮助企业协调解决贷款、用工、用水、用电等问题 115 个。成立中小企业服务中心，建立会计、律师、电商销售、经济运行、企业服务 5 个平台，帮助企业纾解融资困难，给园区企业协调贷款 3365 万元。

（徐　洁）

原煤生产

【概况】 2022 年，宁夏王洼煤业有限公司（以下简称王洼煤业）完成商品煤生产 739 万吨、销售 739 万吨，利润总额 11.83 亿元，各项经营业绩指标均为历史最好。开展“我为群众办实事”实践活动，提升企业品牌形象，全年为固原市农村困难群众销售平价煤 1.89 万吨。

【安全生产】 2022 年，王洼煤业贯彻落实各级政府及上级单位各项安全管理工作部署及指示精神，加强采煤、掘进、机电、运输、矿井通风、防治瓦斯、防治煤尘、防火灭火和地面重点岗位、关键环节风险预控，排查隐患。全年累计下发监管督查通报 344 期，消除整改隐患（问题）4125 条。推进王洼二矿、银洞沟煤矿矸石场治理工程建设，按期完成自治区党委生态环境保护督察问题整改销号，实现污染物排放达标率 100%，危废物处置合规率 100%。

【市场营销】 2022 年，王洼煤业统筹内外部煤炭发运，开发维护外部市场，年内，相继开发广西华磊、中铝中州等终端客户，继续同国能宁煤、大唐陕西、华能甘肃、国能四川等大型央企客户的战略

煤矸石是煤矿开采中产出的废弃物，会污染环境和水源。彭阳县通过招商引资，在王洼产业园区建设环保型移动式隧道窑建材厂，通过砖机生产线使煤矸石变废为宝（王洼煤矿 提供）

合作。全面开启用煤终端用户直供模式，降低营销成本提高销售单价，规避销售应收账款逾期风险，全年未发生应收账款逾期。

【技术创新应用】 2022 年，王洼煤矿 010803 工作面安装引进“扩安一体化”（扩帮、安装两个工序一体化）安装工艺，工作面提前 62 天进入扩安，较原计划提前 28 天投入生产。引进带式输送机永磁滚筒驱动技术，提高设备在巷道底鼓变形时的适应性，减少设备运行故障。王洼二矿 210505 工作面回风顺槽采用柴油机单轨吊代替无极绳绞车，对辅助运输系统进行升级改造，减少运输环节，提高运输效率。王洼二矿 210510 泄水巷采用掘锚一体机，提升效率，降低作业人员劳动强度。对矿井引进安装干式除尘器，降低掘进作业地点的粉尘，改善作业环境。完成各矿井双重预防系统建设，应用信息化手段提高矿井风险抵御能力。王洼选煤厂引进煤泥超高压深度脱水技术，解决煤泥湿黏、储存、运销及安全环保风险难题。

（李建设）

石油开发与服务

【概况】 2022 年，彭阳县稳步推进石油开发各项工作。全年生产原油 11.8 万吨。解决各类矛盾纠纷 30 余起，兑现群众征地款 193.7 万元，复耕费 22.4 万元，各种补偿款 64.3 万元。

【原油生产】 2022 年，长庆油田分公司第十一采油厂彭阳采油作业区日产原油 320 吨，全年生产原油 11.7 万吨。自 2010 年以来，作业区连续 12 年保持 11 万吨以上稳产。油田累计帮扶地方发展资金 5920 万元、缴纳各种规费 2450 万元，税金 2 亿余元。

【石油管理服务】 2022 年，彭阳县石油产业发展服务中心按照已批复的井场数量，落实工作责任制，对标林业规划图、永久基本农田规划图、涵养水源地规划图和新农村建设规划图，坚持避开林地、水源地，在保护生态环境的同时，做到稳步推进石油资源开发。全年开展石油生产安全生产检查 10 余次，建立整改台账，要求石油钻采企业限期完成整改。全年调解各类矛盾纠纷 30 多起，兑现群众临时赔偿款 280 多万元，协调长庆油田分公司第十一采油厂维修产油区村组主道柏油路 5.6 千米，硬化美化油区道路 1.2 千米。

（吕 正）

商贸服务业

Business Services

投资促进服务

【招商成果】 2022年，彭阳县制定出台《彭阳县招商引资政策若干规定》和《彭阳县关于积极应对新冠疫情影响创新开展招商引资工作的方案》，转变招商方式，确保“线上线下”双推进，累计线上对接企业31家，线上签约项目1个。对京津冀、长三角、粤港澳大湾区等重点地区精准招商，组织小分队外出招商20次。主要赴北京、福建、陕西、江苏、山东、安徽、浙江、河北等地就辣椒种植、肉牛肉羊养殖、农副产品加工、电子元器件生产、纺织服装、固废综合利用、新材料、数字经济、三产服务、文化旅游等方面项目进行对接洽谈。年内，彭阳县落实招商引资项目45个，概算总投资94.85亿元，到位资金35.61亿元。其中，续建项目11个，概算总投资41.43亿元，实际到位资金10.06亿元；新建项目34个，概算总投资53.42亿元，实际到位资金25.55亿元。重点项目有春又发标准化蔬菜种植基地项目、20万锭棉纱纺织厂建设项目、年产4000万件无纺布系列产品生产加工项目、年产5万吨富钾富锶干果饮品生产项目、辣椒一二三产业融合发展项目、矿山机械增材再制造项目、年产60万立方米煤矸石蒸压加气混凝土砌块及墙板绿色产品生产项目、LED光电设备制造基地建设项目、数字经济产业园一期建设项目。

【项目储备】 2022年，彭阳县对标自治区产业发展方向，按照彭阳县产业定位，深度谋划储备项目58个，分别是牛羊(乌)鸡、冷凉蔬菜、杏子苹果、特色板块、生态经济“五特”产业项目19个；煤炭综合利用、农副产品加工、轻工轻纺、数字信息“四新”产业项目19个；新材料、新能源等产业链条延伸项目10个；文化旅游、现代物流、健康养老、电子商务“四优”产业10个。

【营商环境优化】 2022年，彭阳县贯彻落实《宁夏回族自治区优化营商环境条例》，召开政银企对接会3次，成立“一对一”服务专班，从洽谈、签约、落地、开工、投产提供闭环式服务，及时解决项目推进中的堵点难点问题，千方百计帮助企业保障要素、纾困解难，降本增效。全年兑现招商引资政策资金882.75万元，帮助企业解决困难和问题28件，帮助26家企业解决融资困难问题，现场签订意向性贷款协议4166万元，为招商引资企业争取兑现各级各类项目奖补资金1600余万元。

（赵　倩）

商贸市场

【概况】 2022年，彭阳县有县农贸市场、西门菜市场、东山街露天市场及乡镇驻地农贸市场11个，村级农贸市场4个，新建蔬菜批发交易市场1个。

【设施建设】 2022年，彭阳县启动县域商业体系建设，申请获得自治区县域商业体系建设专项资金支持项目4个，启动古城镇、红河镇乡镇商贸中心建设，完成县西门菜市场、东山街露天市场改造提升，对沟口村、长城村村级农贸市场进行提升改造。

【市场管理】 2022年，彭阳县农贸市场由县发改局监管，西门及东山街露天市场由住建局监管，乡镇级村级农贸市场由各乡镇人民政府监管。年内，发改系统成立新冠疫情防控领导小组和工作专班，对农贸市场等重点商贸流通和人员密集场所实行常驻式督导。市监局开展涉新冠疫情防控、集贸市场等计量器具检定活动和非法捕捞长江渔获物专项行动，对不合格计量器具，现场责令停止使用，以农贸市场为重点，对以“长江野生鱼”“野生江鲜”等为噱头的营销手段，对商品的来源、质量做虚假或者引人误解的商业宣传，欺骗、误导消费者行为，依法予以查处。

（王　睿）

批发零售业

【概况】 2022年，彭阳县有注册批发零售企业6168家，其中企业679家、个体工商户5489家，有批发零售类限上企业12家，其中零售10家、批发2家。

【安全生产】 2022年，彭阳县通过开展安全生产百日专项整治行动、工商贸企业“安全生产月”活动，对全县批发零售企业进行安全隐患排查整治，累计排查整改隐患99处。

（王　睿）

住宿餐饮业

【概况】 2022年，彭阳县有注册住宿餐饮企业1494家，其中企业75家、个体工商户1419家，新建、改造骏怡等连锁加盟酒店项目4个，有餐饮住宿类限上企业7家，其中，餐饮企业3家、住宿1家、住宿+餐饮3家。

【监督管理】 2022年，县市监局落实行业监管职责，督促各餐饮住宿企业落实新冠疫情防控措施，开展安全生产百日专项整治行动、“安全生产月”活动。县发改局围绕缓解住宿餐饮行业企业经营困难，兑现3家住餐企业防疫补贴6万元。

（王　睿）

粮油供销

【粮油经营】 2022年，彭阳县有粮食收购备案企业21家，有粮油价格信息监测点4个，在12个乡镇6个社区布设粮油应急供应网点18个。县级财政配套资金594.1万元，自主储备县级政府临时原粮1800吨。确定彭阳县三泰科技实业有限责任公司、彭阳县金粒来面粉加工有限公司为粮食应急加工企业，日加工能力分别为20吨、120吨。

【粮油管理】 2022年，彭阳县开展政策性粮油库存检查。利用“双随机、一公开”监督检查，开展夏粮收购专项检查2次，出动检查人员6人次，检查粮食收购主体为国有粮食购销企业3家。组织人员对2022年新收获冬小麦进行采样7份，送达自治区粮油产品质量监测中心进行集中会检，新收获冬小麦整体质量良好。

（王　睿）

供销合作

【概况】 2022年，彭阳县供销合作社联合社(以下简称县供销社)坚持为农服务和加快发展两手抓，供销全系统实现商品销售23300万元，完成年任务的109.1%；利润42.6万元，完成年任务的106.5%。农资销售20276吨，农产品市场交易60034吨。

【综合改革】 2022年，县供销社引进1家运维主体，推进彭阳农产品展示展销中心建设，改扩建1个数字供销县级运营中心和1个农产品展示中心，570平方米，建成涝池、红河等10个供销驿站（村级综合服务社），建设1个数字化小程序，展示彭阳果脯、中药材、杂粮、黄酒、蜂蜜等土特产品60多种。细化《城阳供销合作社开展生产、供销、信用“三位一体”综合合作试点实施方案》，上报自治区供销社审定并作批复。改造提升杨坪、杨塬等村级综合服务社星级社2个，新建涝池村级综合服务社1家，领办宁夏茹河伟业林果开发专业合作社、彭阳县金凯杏子营销农民专业合作社、彭阳县乾坤经果林家庭林场3家，改造提升城阳、杨坪、北塬电商服务站3家。吸纳启晨（宁夏）供应链有限公司为供销社理事会成员单位。

【社会化服务】 2022年，彭阳县在春耕生产上筹备资金，储备各种化肥18000吨、农膜300吨、绿色无公害农药10吨、种子130吨。在秋冬种农资供应上筹资300万元，组织调运各种化肥3493吨，引进新品种小麦种子“陇育5号”30吨，农药3吨。实施政府招标项目，将水库移民扶持项目1380吨二铵全部送到古城镇海口等3个村。县供销社全面完成5000吨淡季储备任务，全年供应农资2.03万吨。与青岛清原抗性杂草防治有限公司合作，利用冠虎牌恶性杂草除草剂在全县范围内开展农业社会化服务。在白阳镇中庄村、城阳乡长城村等地开展代耕代种、飞防飞播服务2666.67公顷。基层供销社利用经营门店除开展农资经营及生活用品经营外，还开展农业机械、中小农具、餐饮服务、美发美容、食品加工、文化用品、饲料供应、油料加工等服务，营业收入1597万元，安排就业43人，支付工资128万元。

【农产品营销】 2022年，彭阳县培育农产品专业市场，改扩建红河、王洼、孟塬等乡镇农事服务中心7个，建设涝池、红河等村级综合服务社10个，改造城阳1家乡镇级特色农产品展馆，建设石岔1家生活超市，建成10565平方米县域物流仓储配送分拨中心和4258平方米保鲜冷库，整合顺丰、美团等快递企业入驻分拨中心。彭阳县瑞通电商公司采取“合作社+企业+村集体经济组织+农户”发展模式，建立红梅杏统一营销方式、统一宣传推介、统一分级分类、统一包装物流营销机制，优选21家红梅杏合作社和经销商，指导21家合作社及经销商开办网店33家，组织销售红梅杏165万千克，实现产值4635万元。依托红河、新集、古城、城阳等现代农业综合服务中心和农产品预冷库平台，推销以辣椒为主的蔬菜、以玉米为主的小秋杂粮、以黄芪为主的中药材5.19万吨，实现助农增收1.47亿元。县供销社拓展服务领域，在红河、王洼、孟塬等现代农业综合服务中心发展小麦、玉米等粮食及荞麦、燕麦、张杂谷等小秋杂粮购销业务，开展粮食收

2022年2月17日，彭阳县组织开展短视频直播电商专题培训。图为学员体验直播间，推广彭阳特色农产品
（张 治 摄）

购、销售、储存、面粉及饲料加工服务，购销粮食 9417 吨，销售收入 2560.55 万元，带动就业 15 人，支付工资 45 万元。古城、新集等 5 家生活超市供应各种生活用品、家用电器、五金电料等销售收入 920 万元，销售当地瓜果蔬菜 360 吨，安排就业 52 人，支付工资 156 万元。

【基层网络建设】 2022 年，彭阳县编制《彭阳县“数字供销”运营体系项目》《彭阳县王洼农产品仓储设施体系建设项目》《彭阳县“数字供销”运营中心项目建设方案》等项目 5 个。全域推进乡镇为农服务综合体建设试点，打造现代农业综合服务升级版，改造升级何岘、崾岘等村级综合服务社，建设徐塬、草滩、小石沟“村社共建”村级供销社 3 家；坚持开放办社原则，加强基层组织创新发展，探索基层社用人机制，优化城阳、红河、新集等基层社领导班子，吸纳农民社员 4000 人。县供销社开展县域流通服务网络建设提升行动，争取农业农村局投资 92 万元，在县城、孟塬、草庙、石岔等供销社建设农药废弃物回收站 6 个，建筑面积 700 平方米，开展再生资源回收服务。落实 2021 年自治区供销合作社新型基层组织体系建设项目，总投资 260 万元，建成彭阳县红河、石岔现代农业综合服务中心。引进鑫河粮食银行、经销大户入驻运营，开展粮食购销、农资供应、日用品销售、农业机械、邮政快递等服务。狠抓招商引资工作，引进宁夏万恺农业发展有限公司、宁夏帕蒙兰德生物科技有限公司等企业 6 家，计划投资 5100 万元，当前到位资金 5000 万元，完成招商引资任务的 100%。

（韩天斌　李慧英）

烟草专卖

【卷烟营销】 2022 年，彭阳县烟草局结合市场发展实际，对结构增速进行合理调控，把品牌培育作为营销领域供给侧结构性改革的切入点和突破口，围绕重点品牌，统筹开展“一街一品”卷烟陈列竞赛、“开口营销”大赛和网络营销活动。创新芙蓉王（荣耀细支）培育方法，动销率居全市第一。以农网现代终端建设为重点，依托乡村红色旅游景点打造农网特色终端，协助客户开展助农直播，开展诚信互助小组建设和客户经理能力提升，统筹协调推进终端各类主题营销活动。

【专卖监管】 2022 年，县烟草局执行烟草制品零售点合理布局规定，持续加强许可证后续管理。加强对彭阳烟叶公司生产经营各环节的有效监管和真烟异常流动综合治理，市场净化率保持在 98% 以上。

【“六盘之剑 2022-I”号卷烟市场专项治理】 2022 年 1 月至 9 月，彭阳县开展“六盘之剑 2022-I 号”卷烟市场专项治理行动，严

2022 年 1 月 16 日，彭阳县开展“六盘之剑 2022-I”号卷烟市场专项治理行动
（县烟草局 提供）

厉打击物流寄递环节涉烟违法行为，严厉查处真烟异常流动行为，严查违法向未成年人售卖卷烟、电子烟行为。其间获涉烟案件43起，涉案卷烟36.23万支，涉案金额33.03万元，其中假烟案件18起，涉案卷烟2.30万支，涉案案值2.56万元；真烟案件25起，涉案卷烟33.93万支，涉案案值30.47万元。

（韩兴库）

盐业经营

【健康用盐知识宣传】 2022年，中盐宁夏盐业有限公司固原分公司彭阳配送站认真落实《“健康中国2030”规划纲要》，加大低钠盐的宣传推广力度，在全县各超市及零售商铺上架铺货。利用“3.15”消费者权益日、“5.15”碘缺乏病宣传日及“9.15”减盐宣传周等机会，向群众大力宣传减盐控盐、健康换盐，食用低钠盐对防控高血压及心脑血管病的重要意义，倡导“人人行动 全民控盐”，促进公众养成健康的生活习惯。

【盐业销售】 2022年，彭阳县全年各类盐销售1040.25吨。其中小包装食用盐销售474.03吨，畜牧盐销售400.67吨，工业盐销售160.08吨，中高端食用盐销售5.47吨。

（何海燕）

成品油管理

【加油站点】 2022年，彭阳县有加油站27个，其中建成区3个，实际经营25个，年内新开工建设2个。

【成品油专项整治】 2022年，固原市市监局、发改委、公安局等8个部门对彭阳县加油站市场开展专项联合检查，配合自治区计量质量检验检测研究院对彭阳县18个加油站在售92号、95号汽油和0号柴油进行快速检验，合格35批次。对流通领域成品油市场非法生产、销售质量不达标车用燃油开展为期2个月的专项整治检查，现场责令整改2家。

【安全生产】 2022年，彭阳县开展加油站专项整治工作、2022年度加油站“双随机”联合抽查工作等专项行动，开展安全执法检查17次、86家次，累计排查整治安全隐患154处。

（王　睿）

快递服务

【概况】 2022年，彭阳县有邮政寄递企业9家，其中电商快递分拨中心1处3000平米，乡镇快递中心11个。年内，全县进港快递量605万件，发送快递45万件，下乡快递220万件。

【监督管理】 2020年，彭阳县建设物资中转接驳站，可使用面积16000平方米。加强对寄递企业的管理，将全县108名快递人员信息全部录入信息库。督促快递员佩戴安全帽、遵守交通规则文明出行。

（虎　坤）

电子商务

【电商培育】 2022年，彭阳县电商服务中心完成2016年、2019年示范县项目建设、验收和绩效评价，全年开展直播带货等新业态电商培训300人次，培育电商市场主体10余家，年网络销售额达1.6亿元以上。累计成功孵化电商企业75家，打造电商标杆企业25家，培育电商示范乡镇3个，电商示范村站25个，累计完成电商从业培训7256人次。2022年，县电商公共服务中心被认定为自治区级电商直播基地。

【农村电子商务】 2022年，彭阳县已建成县级农产品展销中心1个、村级电商服务站126个、村级快递网点100个，实现电子商务及快递服务全覆盖，打造“云耕彭阳”电商公共品牌。

（王　睿）

物流业

【物流园区建设】 2022年，彭阳县组织企业申报争取区市物流项目支持，完成县电商快递物流中心提升改造，建成东昂冷链物流及农副产品交易中心，支持好又多有限商贸公司启动建设城乡同城配送中心，县物流园完成1、2期建设，3期完成建设的50%。

【物流管理】 2022年，彭阳县组织企业参加区市物流行业培训，先后组织4家企业15人参加自治区首届物流大赛、物流新力量人才等培训。落实物流行业监管职责，全年开展物流行业安全检查2次、4家次，排查整治隐患5处。

（任媛媛）

新兴服务业

【会计服务】 2022年，彭阳县经营范围有代理记账业务的21家，通过开展代理记账行业专项整治活动，加强代理记账行业监督管理。年内，开展会计人员信息采集工作，单位信息采集注册132个单位，审核通过112个；个人信息采集516个人，审核通过387个。

（景维锋）

【人力资源服务】 2022年，彭阳县有人力资源服务机构11家，其中彭阳人社部门审批成立的机构8家，在彭阳设立分公司或分支机构备案的3家；11家机构中具有劳务派遣资质的4家，其中2022年开展劳务派遣业务的2家派遣人员22人次。

（兰小成）

【房地产服务】 2022年，彭阳县有房地产中介服务机构12家。年内，房管部门开展虚假宣传广告和价格等不实信息整治活动，并向其中1家下发整改通知书并进行约谈，要求限期退还房屋定金及违约金3.6万元。

（虎　刚）

【律师服务】 2022年，彭阳县有律师24名，其中，专职律师14名、公职律师7名、法律援助律师3名。年内，律师到各自担任村（居）法律顾问的村（居）积极开展《中华人民共和国民法典》《中华人民共和国法律援助法》《中华人民共和国安全生产法》等宣传活动。累计为群众解答法律咨询800余人次，为困难群众办理法律援助案151起，代写法律文书200余份，村（居）法律顾问开展法治宣讲300余场次。

（高丽娜）

旅游业

Tourist Industry

综　述

【概况】 2022年，彭阳县接待游客89万人次，比上年增长26%；实现社会综合收入4亿元，比上年增长23%。农家乐接待人数16.5万人次，比上年增长3.5%；实现营业收入828万元，比上年增长3%。

【旅游规划】 2022年，彭阳县围绕国家两长公园建设，重点实施宁夏彭阳县长征文化公园建设项目。紧盯旅游基础补短板，重点实施彭阳县全域乡村旅游基础设施（杨坪村民宿基础设施）、彭阳县全域旅游基础设施——嘛喇湾梯田公园基础设施建设（二期）、彭阳县游客集散中心改造装修、彭阳县全域乡村旅游（茹河风景区）基础设施、彭阳县乡村旅游基础设施（大沟湾窑洞民宿）建设和彭阳县乔家渠民宿产业建设6个建设项目。

【旅游基础设施建设】 2022年，彭阳县编制《彭阳县全域旅游示范区补短板提升方案》，完善通往茹河瀑布、乔家渠红军长征宿营地、嘛喇湾梯田公园、姚河塬遗址、金鸡坪梯田公园等景点标识牌78块。改造完成县城游客集散中心，配套建设文化旅游展厅，展销红梅杏、苹果、小秋杂粮、黄酒、果脯、蜂蜜、手工艺品等文旅产品。围绕长城国家文化公园和长征国家文化公园建设任务，实施5个建设项目，围绕旅游基础补短板，重点实施6个建设项目。

【旅游宣传推介】 2022年，彭阳县举办第十八届宁夏六盘山山花节暨第十届“醉美花海 魅力彭阳”文化旅游节、第四届梯田节主题摄影大赛，创新举办首届宁夏·彭阳红梅杏开园节暨线上销售启动仪式，制作发布文旅宣传短片55个，80余家传统媒体和新媒体多角度、全方位、立体化宣传，全网点击量超过2亿次，邀请闽宁镇挂职干部到彭阳拍摄制作发布文化旅游宣传短视频3条，彩绘梯田景观252平方米，嘛喇湾“77”号彩虹路成为全国旅游目的地IP。开发上线“畅游彭阳”微信小程序，发布彭阳文旅微信表情包24组，彭阳梯田花海踏春赏花游线路入选第一期全国“乡村四时好风光——春生夏长 万物并秀”乡村旅游精品线路。

【第十八届宁夏六盘山山花节暨第十届“醉美花海 魅力彭阳”文化旅游节】 2022年4月2日，由固原市人民政府、自治区文化和旅游厅主办，由彭阳县人民政府、固原市文化旅游广电局承办，中共彭阳县委宣传部、彭阳县文化旅游广电局协办的第十八届宁夏六盘山山花节暨第十届“醉美

六盘山山花节期间，游客在金鸡坪梯田公园赏花打卡

（2022年4月5日，刘喜臣 摄）

花海魅力彭阳”文化旅游节在线上举办。活动内容包括上线发布彭阳文旅表情包、“匠心传承·云享彭阳”非遗及特色商品直播带货、发布山花节赏花线路及赏花点等10余项活动。

（朱亮亮）

旅游行业管理

【概况】 2022年，彭阳县建立健全对旅游市场实施监督管理的制度，完善监督管理的工作措施和工作机制，切实履行监督管理的职责。为确保旅游市场安全运营和更好为旅游者提供服务，成立旅游市场监督管理工作领导小组，对全县27家星级农家乐和民宿、1家星级酒店、3家旅行社、4家A级景区进行日常运营监督管理，规范旅游市场秩序，促进旅游业持续健康发展。

【旅行社管理】 2022年，彭阳县有旅行社（分社、营业部）3家，分别是西安天马国际旅行社彭阳营业部、宁夏天桥百事通国际旅行社有限公司彭阳营业部、宁夏大为旅游咨询服务有限公司。县文广局全面落实彭阳县旅行社管理工作，对旅行社服务质量、游客安全、旅游包车等各方面进行日常监督和管理。根据固原市文广局旅行社备案要求，对3家旅行社重新进行备案，做好“一户一档”台账资料建立工作。

【旅游安全管理】 2022年，县文广局为落实安全生产相关要求，联合市监局、消防大队、供电局等单位对县域内旅游企业安全隐患问题进行联合排查检查，对存在安全隐患问题的旅游经营单位下发责令改正通知书，并监督及时整改。全年出动检查人员500余人次，排查出安全隐患问题100余个，已全部完成整改。对存在的安全隐患详细记录，督促企业自觉履行安全生产主体责任，及时消除安全生产隐患。要求经营单位严格落实安全生产责任制、建立隐患排查及整改台账，组织应急演练、开展安全生产教育培训等，切实保障全县旅游市场健康稳定和安全有序。

【旅游从业人员管理】 2022年，彭阳县旅游从业人员160余人，为适应旅游行业发展新势态，加强景区景点，农家乐、民宿，星级酒店、旅行社等管理及服务人员服务意识和技能，县文广局不定期开展旅游市场管理及服务质量政策解读及宣传贯彻行动，定期举办培训班，邀请具有丰富教学经验的专家及优秀从业人员进行理论和实践的培训，培训内容以政策解读、管理理念、服务质量、主动服务意识、安全防范意识为主，加强全县旅游从业人员队伍建设，保障游客合法权益，提升彭阳县旅游服务质量。

（朱亮亮）

旅游开发

【旅游示范创建】 2022年，彭阳县茹河瀑布风景区被命名为国家AAA级旅游景区、乔家渠红军长征毛泽东宿营地被命名为国家AA级旅游景区，培育国家乡村旅游重点村1个、自治区特色旅游村2个、乡村旅游示范点6个，扶持发展星级农家乐27家、民宿11家。打造金鸡坪、青云湾、嘛喇湾、栖霞滩、桃花山5个梯田景观点，乔家渠、小岔沟、任山河3个红色旅游点，长城村、周沟村、杨坪村3个民宿文化点。

【红色旅游】 2022年，彭阳县制定红色研学游线路：小岔沟红军长征毛泽东宿营地（区级文物保护单位）—任山河烈士陵园(县级文物保护单位)—彭阳博物馆(AAA级旅游景区)—乔家渠红军长征毛泽东宿营地（区级文物保护单位、AA级旅游景区)—中央红军长征十三大队宿营地旧址—中共固原县委旧址（县级文物保护单位)—彭阳县游客集散中心，全年该线路接待游客13.57万人次。

（朱亮亮）

旅游资源

【乔家渠毛泽东长征宿营地旧址】 乔家渠红军长征毛泽东宿营地位于城阳乡长城村乔家渠组乔生魁旧宅。1935年10月8日傍晚，毛泽东带领红军到达乔家渠，夜宿乔生魁家，这是红军长征途经彭阳时毛泽东的第二处宿营地。为传承革命精神、弘扬红色文化，彭阳县委、县政府对乔家渠红军长征毛泽东宿营地旧址进行加固、旧址原貌复原及布展，并配套建设游客集散中心、红军小道、停车场、诗词园等基础设施，2012年7月，被自治区国防教育委员会命名为自治区级国防教育基地。2022年全年接待游客近9.9万人次，实现旅游社会综合收入近4000万元。

【小岔沟毛泽东长征宿营地旧址】 小岔沟红军长征毛泽东宿营地位于六盘山东麓，为宁夏彭阳县古城镇小岔沟彭(阳)青(石嘴)公路北侧张有仁旧宅，是中国工农红军长征途经彭阳时毛泽东住过的第一处住宅。住宅坐北面南，依山而建，占地面积1000余平方米，院内原有窑洞5孔，现存3孔，中间1孔曾为毛泽东当年居住。2022年，县文广局根据“修旧如故”原则对宿营地旧址进行修缮加固。

【任山河烈士陵园】 任山河烈士陵园位于彭阳县古城镇任河村，属全区规模最大的烈士陵园。1949年7月31日至8月1日，

加固修缮后的小岔沟红军长征毛泽东宿营地旧址　　（刘喜臣 摄）

中国人民解放军西北野战军第十九兵团挥师北上解放宁夏。东线部队六十四军在曾思玉军长的率领下，进入彭阳任山河一带，与马鸿逵部第十一军相遇，经过全军将士两昼夜的浴血奋战，打开了解放宁夏的南大门，拉开了解放宁夏的序幕。1955年，为了纪念在这次战斗中壮烈牺牲的364名人民解放军，在任山河修建烈士陵园。

【彭阳县博物馆】 彭阳县博物馆位于县城悦龙新区，于2017年11月正式建成对外开放，建筑面积11000平方米，是一座集文物收藏、展览、研究于一体的县级综合博物馆，馆藏文物7000余件，其中国家一级文物9件，国家二级和三级文物560件。馆内设“茹水遗珍——彭阳古代文物陈列展”“红色记忆——彭阳近现代史迹展”“今我彭阳展”“彭阳规划展”“临时展厅”“观众互动厅”6个展厅和学术报告厅。2019年被命名为国家AAA级旅游景区。2022年接待游客1.7万人次。

【青云湾梯田公园】 青云湾梯田位于县城西南面，涉及白阳镇、新集乡2个乡镇8个行政村，总面积30平方千米。经过20年持续治理，种植观赏作物，截至2022年年底，治理程度87.4%，形成壮丽的梯田景观。

【嘛喇湾梯田公园】 嘛喇湾梯田公园位于白阳镇、古城镇、王洼镇三镇交会处，梯田公园总面积29平方千米。景区内部观景道路全长7.7千米，故名“77号公路”，起点王洼镇陡沟村，终点古城镇郑庄村，沿线配套建设3处观景平台。作为新晋的网红打卡地，2022年全年接待游客20.77万人次，实现旅游社会综合收入近9000万元。

【金鸡坪梯田公园】 金鸡坪梯田公园位于白阳镇阳洼流域。2016年，阳洼流域被评为宁夏首个小流域水利风景区，彭阳旱作梯田入选“中国美丽田园”10项梯田景观之一。2019年金鸡坪梯田公园被命名为国家AAA级旅游景区。2022年全年接待游客23.3万人次，实现旅游社会综合收入近1亿元。

【茹河瀑布风景区】 茹河瀑布风景区位于彭阳县城阳乡杨坪村。由于地壳变化和河床运动，这里形成了2处落差9米以上的连环瀑布和幽深狭长的茹河石峡谷，瀑布下游峡谷长约3千米。瀑布将河床切割出一条近800米长的岩石断层。景区内建有停车场3处、道路6千米、踏步280米、游客中心1座、内部木栈道560米、厕所1所及配套设施等，2012年10月，被水利部命名为国家级水利风景区。2022年全年接待游客25.3万人次，实现旅游综合收入近1.1亿元。

（朱亮亮）

交通 邮政 通信

Transportation, post and communication

交 通

【概况】 2022年，彭阳县等级公路总里程3205.2千米，其中，高速公路（S70彭青高速）34.5千米、国道（G327、G309）125.9千米、省道（S202）85.7千米，等级公路密度126.5千米/百平方千米。农村公路2959.1千米，农村公路列养率100%，经常性养护率100%。全县156个行政村全部通硬化路，727个自然村实现道路硬化或砂化目标。

【公路建设】 2022年，彭阳县新建农村公路项目31条140.425千米，完成2条14.455千米小流域综合治理道路工程；13条52.48千米常住人口20户以上自然村通硬化路工程完成土方路基、涵洞和沙砾基层。惠红公路改造工程完成水稳基层，固红公路改造工程一标段完成沙砾基层，固红公路改造工程二标段完成涵洞施工，刘杨公路排水设施维修工程已完成工程量的75%。围绕临水临崖等易发事故、易发水毁路段隐患排查整治，排查水毁道路131条、隐患409处，已整改完成409处，整改完成率100%。

【G85高速公路建设】 2022年，G85银昆高速彭阳过境段完成固定资产投资26.05亿元，土方路基挖填方已完成98.8%，地基处理挤密桩施工已完成98%；桥梁桩基施工已完成99%，桥梁下部结构完成92%，梁板预制完成85%，梁板安装完成72%；2处隧道开挖完成98%，衬砌完成96%。

2022年9月20日，G85银昆高速公路彭阳段友联红河特大桥主墩墩身全部顺利封顶
（张 治 摄）

【“四好农村路”建设】 2022年，彭阳县新建农村公路31条140.43千米，完成2条14.46千米小流域综合治理道路工程；13条52.48千米常住人口20户以上自然村通硬化路工程完成土方路基、涵洞和砂砾基层。惠红公路改造工程完成水稳基层，固红公路改造工程一标段完成砂砾基层，固红公路改造工程二标段完成涵洞施工，刘杨公路排水设施维修工程已完成工程量的75%。

【公路养护】 2022年，彭阳县投资696.82万元实施农村公路超期服役病害多发路段养护项目。投资767万元实施农村公路安全生命防护工程，治理隐患里程96.229千米。投资645万元实施隐患处治及养护新增排水设施项目31条279.712千米。投资2009.87万元实施养护工程项目4条57.65千米。拓展“专业化+社会化”管养模式，继续将1946.169千米乡村道路实行市场化养护，479.077千米农村公路由公路管理段专业化队伍管养。

【路域环境整治】 2022年，彭阳县开展春季农村公路环境整治专项行动，投入日常养护经费128万元，新增边沟588米，处置路面病害6688平方米，修复损坏、倾斜的标志标牌68块，更换牌面125块，清理影响行车视距行道树100千米。通过筹资自购和上级配发，新增养护生产用车12辆、除雪车2辆、扫路车2辆，养护作业效率得到提升。彭阳县公路管理段在彭石公路K16+000~K24+900路段、固红公路K36+500~K50+000路段围绕日常巡查、边沟疏通、路面修补、路肩整理、水毁抢修等工作，提升精细化管养水平。在转财公路K5+000~K8+900路段、城柴公路K0+300~K5+000路段等路段按照“宜株则株、宜行则行”的原则，因地制宜，花树结合，加大公路绿化美化专项力度，推进“宁夏最美农村路”创建示范活动。年内，辖管的2118.057千米农村公路平均优良中等路率75.11%，路面技术状况指数(PQI)73.8，公路技术状况指标MQI达74.5，路域环境和路况质量较上年周期有所提升。

2022年2月12日，彭阳县开展交通安全宣传，提醒群众切勿乘坐站外拉客拼团“黑车”和超员车 （杨 晓 摄）

【旅客运输】 2022年，彭阳县班线客运量18.23万人次，公交客运量214万人次，出租客运量261万人次。建成王洼、古城、新集、草庙4个乡镇客运站。投资510万元实施乡镇运输服务站建设工程、王洼镇运输服务站充电桩设施及客运站维修改造提升工程。

【行政执法】 2022年，彭阳县交通运输综合执法大队联合执法118次，与在建项目实施单位签署“超限超载承诺书”43份，投入工作人员266人次，检查车辆7800余辆，查处超限超载车辆300余辆，抄告公安交警部门300余辆，公安交管部门扣分1000余分，卸货9000余吨。巡查农村公路231条，投入执法车辆76辆次，巡查里程6654.35千米，清理路面堆积物187平方米、清除非法设置标志牌14块、清理非法设置龙门架5处、现场监督清理“彭阳县高标准农田建设项目”推土填埋边沟16处330立方米，清理公路控制区非法埋设输送天然气管线2.8千米，发现农村公路安全隐患76处，全部移交公路管理段及公路建设管理中心并监督整治。接待办理业务10013人次，受理业务6873件（笔），办结5892件。彭阳县交通运输综合执法大队获全国行政执法先进集体称号。年内，开展系列“安全生产专项整治三年行动”和“安全生产百日专项整治行动”，组织执法人员进行安全生产检查83次，排查安全隐患121处，已整改121处，整改率100%。

（虎　坤）

邮　政

【概况】 2022年，中国邮政集团有限公司宁夏回族自治区彭阳县分公司（以下简称中国邮政彭阳县分公司）设综合部、邮政业务部、金融业务部、寄递业务部4个职能部门，基层邮政所13个，综合便民服务站点130处，有职工（包括劳务派遣工）67人。2022年经营总收入完成1203.49万元，同期收入净增加142.24万元。

【寄递业务】 2022年，中国邮政彭阳县分公司对县城工业园区、财富广场、商城3个重点核心商圈派驻优秀揽投员，加大宣传营销力度。激发众创众享团队的活力，在揽收收入方面形成竞争机制，定期分析揽投部业务数据，优化调整。对古城、新集发展增速快的乡镇叠加中邮驿站，并实施加盟制运营模式，调动外包人员业务发展积极性。围绕特色产品寄递项目，开展红梅杏、牛羊肉、月子鸡寄递项目。继续抓好政务类项目营销，重点做二代证和法院专递项目营销和行政单位公文寄递。全年寄递业务收入完成198.6万元，比上年增长8.78%，完成年计划的92.98%。

【图书报刊征订】 2022年，中国邮政彭阳县分公司开展党史及政务类图书销售工作，全年累计实现图书销售额14.5万元，超额完成目标计划2.5万元。报刊订阅实现流转额140万元，业务收入93.53万元。

【站点建设】 2022年，彭阳县建设中邮驿站8处，自提点146处（其中城市16处，农村130处），全年邮件自提率80%，其中城市自提率63%，农村96%。全年走访合作社922家，梳理活跃合作社38家，发展农村会员4583户。

（王文利）

通　信

【中国电信股份有限公司彭阳分公司】 2022年，中国电信股份有限公司彭阳分公司加快网络建设战略布局，助推数字经济建设，促进经济结构转型升级，重点进行电信宽带网络提升工作。按照公司5G攻坚需求，更换云关，完成3千兆小区PON（无源光纤网络）口割接，提升上网速度。组织人员开展线路大修，小区线路整治工作，完成老旧小区光皮线整治，全面维修街道交接箱，完成惠

2022年，彭阳县邮政分公司有快递分拣输送带对快递进行“过检”消毒

（张　治　摄）

民家园等23个小区线路整治任务，消除县城线路凌乱，乱线满天飞的现象。围绕“金盾行动”3.0行动，为政府及部分行业部门安装安全电脑，提高网络使用安全环境。完成通信保障工作，组织维护部门按计划完成设备预检预修工作，确保各项重大活动的通信畅通。

（阿　曦）

【中国移动股份有限公司彭阳分公司】 2022年，中国移动股份有限公司彭阳分公司改善彭阳县无线网络覆盖率和网络质量，完成4G站点建设34处、5G基站建设38处。将彭阳县古城镇11个行政村打造为数字乡村样板村。申请针对彭阳县域农户相对聚集，农民上网需求反映集中区域户均造价1500元的专项投资，协助政府解决古城镇酸刺湾村、草庙乡崖堡村沙渠组、白阳镇祁湾村等28处农宽覆盖，累计投资93万元，建设端口620个，解决600户农村居民的有线宽带接入需求。全年彭阳移动用户9.67万户，完成收入6370万元，其中大市场收入5.75万元，政企收入620万元。

（张泽文）

【中国联通股份有限公司彭阳分公司】 2022年，中国联通股份有限公司彭阳分公司围绕政务、教育等用户开展智慧交通、5G+云、行业应用等，推进县城网络建设及行业应用。全年完成65个L900基站、45个5G基站。光改小区和村子17个，新建端口数3464个，其中千兆端口3108个，发展宽带用户1203个。投身数字乡村建设，建设彭阳古城镇皇甫村示范点。开展全民网信安全宣传，推送短信50万条次。开展“我为群主办实事，联通助老沃先行”活动，为留守在家的老人开展手机软件使用培训，手机杀毒、清理内存，下载“国家反诈中心”App，全年举行12场次。

（张　莉）

【中国广电宁夏网络有限公司彭阳分公司】 2022年，中国广电宁夏网络有限公司彭阳分公司建设完成区、市、县、乡、村五级贯通的骨干网络，确保全区广播电视信号和党政事企信息化网络的安全传输，完成中共二十大、自治区第十三次党代会等广播电视安全播出保障工作。把创城工作列为公司重点工作，全年整理各小区及沿街零散通信光缆420余条，更换光缆分纤箱60余个，张贴文明城市宣传标语50余篇。

（王生辉）

金融业

Finance Industry

金融服务

【概况】 2022年，彭阳县各项存款余额82.03亿元，各项贷款余额63.82亿元，全县企业贷款余额6.36亿元，较年初增长26.7%，其中小微企业贷款余额6.11亿元，较年初增长26.38%。再贷款余额4.55亿元，较年初增加2.17亿元，增长91.16%，其中支农再贷款余额3.07亿元，较年初增加2.49亿元，增长429.31%。办理国库业务175437笔，金额803390.39万元。办理个人所得税汇算清缴退税业务6725笔438万元，增值税留抵退税180笔5394.52万元。组织开展“适老化”、兑残惠残上门服务，为老年客户办理换新钞兑零钱业务35笔金额2.63万元，为公交公司等单位兑换残币零钞35.62万元。2022年，推动金融机构新建成乡村振兴服务中心41个，同时对原来的106个村级金融综合服务站进行资源整合，建成乡村振兴服务中心147个，打通金融服务到村到户到人。全县各保险公司落实各项惠民政策，拓展全年“铁杆庄稼保”农机具及工程和农民工履约保险以及汽车保险等业务，全年各项保险费用收入1.29亿元。

【“山林权”“用水权”抵押贷款】 2022年，彭阳县各金融机构持续扩大“山林权”抵押贷款，年底“山林权”抵押贷款余额433万元；组织县法人机构以“用水权证”为质押，发放全县首笔“用水权”抵押组合贷款1000万元。

【金融助农】 2022年，彭阳县印发《彭阳县金融支持“出户入园”促进全县肉牛产业高质量发展的实施意见》，引导辖区法人机构建立“专业合作社+农户+信用”的普惠金融模式，通过整村授信，加大信用贷款投放力度，将金融服务植入到肉牛产业的各个环节。截至2022年12月底，全县涉农金融机构发放肉牛产业贷款206户、1.05亿元，助推园区肉牛产业向规模化、标准化和现代化方向发展。

（王子禹）

银行业

【中国工商银行股份有限公司彭阳支行】 2022年7月28日，中国工商银行股份有限公司彭阳支行正式运营，县内营业网点1家。推进县域网点建设、工银“兴农通”App建设和推广，构建线上线下立体协同的乡村服务触达体系。开展互联网金融服务，为彭阳县盛泽水投公司上线“互联网+城乡供水”系统，为茹河花园上线云物业线上缴费系统，逐步推广“互联网+”金融服务进万家。截至年底，中国工商银行固原彭阳支行各项存款时点余额 1401.55 万元，其中对公存款 535.2 万元、个人存款 866.35 万元。各项贷款 441.48 万元，其中个人住房贷款 293.93 万元、个人消费贷款 147.55 万元。

（刘　渊）

【中国农业银行股份有限公司彭阳支行】 2022 年，中国农业银行股份有限公司彭阳支行通过提高优质服务水平、拓展服务渠道等各种方式，为各类经济实体及城乡居民个人提供便捷的金融服务，吸存揽储，为县域经济发展筹集建设资金。坚持对居住稳定、产业突出、家庭殷实、信用良好的建档立卡贫困户贷款扶持。支持实体经济发展，对公贷款年末 1.37 亿元，较年初增加 1483 万元。截至年底，各项存款余额 167882 万元，较年初增加 23044 万元，各项贷款余额 122953 万元，较年初增加 13769 万元。

（张奋科）

【中国建设银行股份有限公司彭阳支行】 2022 年，中国建设银行股份有限公司彭阳支行联合县农业农村局开展“我为群众办实事”活动，通过搭建平台，发放政府消费券，促进彭阳县特色农产品消费。围绕农业农村融资难融资贵问题，发挥金融科技和数字化经营优势，发放乡村振兴卡 993 张，先后实现塞上移民贷、裕农快贷、塞上养殖贷等创新涉农贷款产品的破零发放。截至年底，一般性存款时点余额 125089.66 万元，各项贷款余额为 35011.27 万元，不良贷款 375.91 万元，不良率为 1.07%。

（沈　璇）

【中国邮政储蓄银行股份有限公司彭阳支行】 2022 年，中国邮政储蓄银行股份有限公司彭阳支行打破固有营销观念，灵活运用线上产品推动信贷业务发展。线上产业链贷款授信 1122 万元，极速贷信用全年新增 4179 万元，完成率 417.88%，位居全市第一。融资 E 发放 492 万元，完成任务的 164.10%，新增信用户评定 972 户，完成任务的 138.86%。在确定的“智·惠信用村”内发放信用贷款占比 55%，贷款发放覆盖面达到村内常住户 70%，实现从受理到放款当日一次性办结。截至年底，各项存款结余 56485 万元，较年初增加 298 万元，各项贷款结余 61270 万元，较年初增加 10047 万元。

（王　芳）

【宁夏银行股份有限公司彭阳支行】 2022 年，宁夏银行股份有限公司彭阳支行加大对肉牛草畜产业和工业产业的支持力度，推进“全城授信”1675 户 381 万元，在彭阳县新集乡新集村、城阳乡长城村、孟塬乡草滩村等 9 个乡镇签约“乡村金融服务站”35 个、开卡 1762 张，余额 955 万元。截至年底，各项贷款余额 2.15 亿元，较年初新增 2990 万元，新增普惠小微贷款 137 户

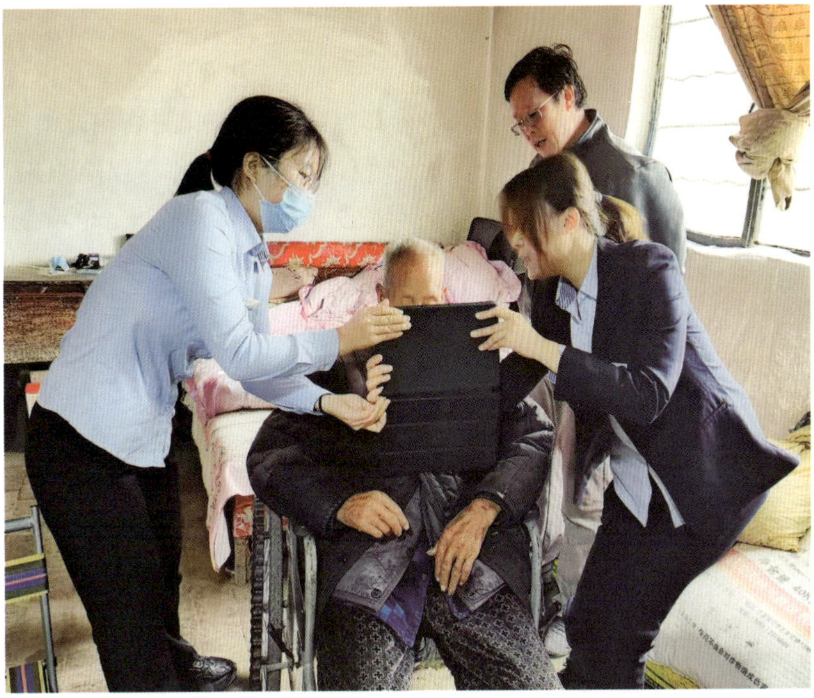

2022 年 11 月 25 日，邮储银行彭阳县支行工作人员上门为 93 岁退役老兵（左二坐轮椅者）提供暖心服务　（刘彭生　摄）

3092.91 万元。

（李　艳）

【宁夏彭阳农村商业银行股份有限公司】 2022 年，宁夏彭阳农村商业银行股份有限公司优化城区网点服务机制，构建“小微金融部+支行网点”的营销服务模式，向企业提供“一站式”服务，对户籍地农民进城后的生产、生活、就业、创业跟进回访，运用住房按揭、二手房按揭、商 e 贷、城 e 贷、房 e 贷、富民贷等产品，精准对接东昂景苑南区、苏州公馆、明月小镇等新开楼盘以及二手房按揭，配套家电、车位、装修消费信贷。围绕新市民创业需求，对接劳动就业局和妇联，通过“两创贷款”积极支持创业需求。截至年底，各项存款 37.09 亿元，较年初增长 4.37 亿元，各项贷款余额 35.12 亿元，较年初增加 2.01 亿元。

（胡稳恒）

【宁夏彭阳贺兰山村镇银行股份有限公司】 2022 年，宁夏彭阳贺兰山村镇银行股份有限公司围绕主责主业，支持“三农”和小微企业发展。全年发放涉农贷款 3563 户 39675.95 万元；按照“国 33 条”“自治区 50 条”稳经济促发展的经济政策要求，发放小微企业贷款 800 户 17248.58 万元。截至年底，各项存款余额 40912.84 万元，较年初减少 2293.67 万元，各项贷款余额 46148.83 万元，较上年增加 2384.69 万元。

（戴　亮）

保险业

【中国人民财产保险股份有限公司彭阳支公司】 2022 年，中国人民财产保险股份有限公司彭阳支公司对接人力社会保障部门、农机中心及劳动监察部门，开展“铁杆庄稼保”农机具及工程和农民工履约保险。研判市场形势，制定汽车销售费用政策和考核方案，拓展汽车保险业务。2022 年实现保费收入 5409.1 万元，比上年同期减少 109.51 万元，受农险保费收入减少的影响，全险种比上年降低 1.20%。全险种市场份额 52.20%，市场累计份额下降 12 个百分点。赔款支出 2805.17 万元。

（宗向华）

【中国人寿保险股份有限公司彭阳支公司】 2022 年，中国人寿保险股份有限公司彭阳支公司开展和参与县相关单位组织的“3·15”国际消费者权益日、反洗钱宣传月、金融普及月等宣传活动 4 次，制作防范养老诈骗、非法集资宣传视频 2 个，线上线下宣传相结合，增强销售人员和客户的风险防范意识。标保、首年期交、十年期、大短险四项核心指标实现两位数以上增长，其中标保达成 503 万元，达成率 85.7%；首年期交达成 1485 万元，达成率 86.5%；十年期达成 833 万元，达成率 131.8%；大短险达成 978 万元，达成率 100.7%，2022 年实现保费收入 7472 万元。

（冯天佐）

城乡建设

Urban and Rural Construction

综　述

【城市项目建设】 2022年，彭阳县统筹推进以县城为载体的新型城镇化建设，打造宜居宜业宜游人居环境，提升民生获得感。2022年重点建设项目54个，总投资11.37亿元。其中社会投资项目3个，分别为东昂明月台二期、民月小镇和东昂景苑南区，计划完成投资6.5亿元；政府投资项目51个，年内竣工49个，在建施工项目2个，年内完成投资4.87亿元。

【城市住房保障】 2022年，彭阳县坚持把住房保障工作作为“民心工程”和“实事工程”来抓，公共租赁住房纳入管理平台，进一步放宽城市居民和新进城群体公租房保障条件，完善“预先、轮候、摇号”分配，确保公平公正公开。全县建设公租房5390套，已配租4967套（2022年配租129套，数字经济人才住房30套）。为有效解决新市民、新青年等群体住房困难问题，加强保障性租赁住房建设，公开向社会采购闲置房源1.3万平方米。

【农村住房保障】 2022年，彭阳县完成2021年度巩固拓展脱贫攻坚成果同乡村振兴有效衔接考核评估反馈的5个方面17个问题和自治区督导调研反馈2个方面9个问题整改。实施农村安全住房保障681户，其中，危房窑改造153户、抗震宜居农房改造305户、改造住房面积不足223户；完成全县所有居住和使用的窑洞及房屋抗震性能评估15620户。围绕完善基础设施、改善环境卫生、加强生态治理等重点工作，完成高质量美丽宜居村庄18个，乡镇便民服务中心维修7个，实施王洼镇生活垃圾填埋场封场及王洼镇石岔村等9个生活垃圾填埋场基础设施维修工程，提升农村基础设施条件，改善农村人居环境面貌。

【城市生态建设】 2022年，彭阳县坚持“经济、生态、美观”的原则，持续提高园林绿地空间分布系统性与均衡性。加大363万平方米公园绿地管护力度，及时修剪、浇水和养护；对悦龙山行政中心、兴彭大街、茹河街等绿化带及绿地缺行断株情况补植补造绿篱6083平方米，补植行道树、景观树1.05万株。及时修剪与养护城区10.7万株树木，及时喷药除病害，对死树、缺株等及时更换补植，确保疏密有度、造型美观。围绕花园城市、生态县城建设工作，绿化提升茹河生态园平安大桥段3.35万平方米，在广安路、兴彭大街、悦龙山新区等区域摆放花卉52万盆，实施悦龙山红星路周围及平安大桥两侧绿化工程，在高速出入口、宋城墙遗址等重点地段打造景观节点8个。全年新增绿化面积7.6万平方米，建成区绿化覆盖率、绿地率分别为44.95%、42.61%。

（虎　刚）

城市管理

【违建查处】 2022年，彭阳县推行“人机结合”日巡查机制，利用无人机、航拍图对比、实地巡查以及对接村委会等方式，本着“不漏一户，挨茬核对”的原则，对新增违建发现一处拆除一处，拆除县城规划区内违法建筑21户748.94平方米。

【市容秩序】 2022年，彭阳县集中开展城区市容秩序专项整治活动，取缔占道经营的流动商贩2550起、店外经营2460起，下发各类法律文书125份，罚款处理61起8100元，清理违规停放车辆125辆，拆除不规范门头牌匾115户。智慧城管指挥中心受理案件3039条，交办处置3039条，处置率100%。

【环境卫生】 2022年，彭阳县健全完善城市环卫网格化管理机制（以路段为基础，综合城市布局、人员困难、工作量等因素划分区域网格，做到人进格、格进片、片进区），实行错时保洁、全天候保洁。城区保洁面积328万平方米，收集清运生活垃圾2.8万吨，餐厨垃圾3100吨，生活垃圾无害化处理率100%。同时，启动彭阳县城乡环卫一体化运行工作，县城垃圾从8月底运往固原进行焚烧处理，日转运30吨。

【市政设施】 2022年，彭阳县公用事业管理所开展城市建设安全整治，加大城市道路、广场和公园等基础设施维修管护力度，确保城市安全运行。疏通地下管网23.7千米，清掏各类检查井5210个；修补城市道路9840平方米、广场等破损基础设施3900平方米；加强路灯管理，维修路灯4143盏、景观灯1749盏，处理排除城市道路路灯故障点167处，更换路灯电缆线859米，城市主干道和背街小巷亮灯率分别为100%和99%以上。

【行政执法】 2022年，县城市建设监察大队落实重大行政决策程序规定和行政执法，办理答复人大政协议案13件，应诉各类诉讼案件30件，办理司法监察建议3件，累计下发各类法律文书150余份。扎实开展矛盾纠纷大排查大起底大化解专项行动，排查化解矛盾纠纷8件，办理群众来电来信来访160件。县住建局优化营商环境，政务大厅住建窗口接待业务咨询460余人次，受理各类办件3872件，办结率100%。

（虎　刚）

行业监管

【城镇燃气监管】 2022年，彭阳县开展城镇燃气专项检查42次，发现安全隐患235处，全部整改到位；检查用气用户239家，发现问题125个，已整改到位；督促完成区、市各级督察检查反馈问题63个，已整改到位并开展“回头看”。

【自建房监管】 2022年，彭阳县按照中央和自治区要求组织开展自建房安全专项整治，按照“一房一策”原则，对农村45611栋332.96万平方米、县城3213栋86.28万平方米自建房进行全面排查，发现安全隐患549栋7.68万平方米，逐一建立问题台账，跟踪推进整治销号，并全部完成整治。

【集中供热监管】 2022年，彭阳县在抓好集中供热企业管理的同时，严格新建用热设施审批，要求新建用热设施不得单独建设供热燃煤锅炉，必须统一纳入2个热源厂集中供热，实现集中供热全覆盖，建成区燃煤锅炉淘汰率100%。全年总投资7031万元，完成彭阳县西热源厂环保改造工程，铺设供热管网51.8千米，城区供热面积257万平方米。

【建筑工程监管】 2022年，彭阳县监督在建项目52项，建筑面积35.2万平方米，工程总造价11.16亿元。县质量技术监督站采用“双随机、一公开”的方式，开展建设工程质量安全综合执法检查2次、专项检查5次。下发质量安全停工通知书22份、隐患整改单100份，均整改到位；累计行政处罚13起，扣除企业信用分值17家，扣除企业主管人员分值18人。开展智慧工地建设与运用，提升工程建设质量安全标准化水平。组织标准化工地观摩2次，开展建筑工程消防应急演练和高处坠落紧急救援各1次。

【污水处理监管】 2022年，彭阳县投资1.41亿元新建第二污水处理厂，7月中旬投入运行，出水水质稳定，排放达到《城镇污水处理厂污染物排放标准》(GB/T 18918—2002)一级A标准。2022年1—9月来，县污水处理处处理污水140.1万吨，COD(化学需氧量)减排量537.94吨、氨氮减排量107.4吨、总氮减排量123.98吨、总磷减排量11.22吨。落实县人民政府《关于彭阳县农村污水处理设施运维实施方案的通知》精神，加强对第三方运维企业的监管，确保全县已建成的30座污水处理站和1座提升泵站稳定达标排放；新建彭阳县城市垃圾无害化处理填埋场二期渗沥液处理设施扩容工程，7月完成调试以来稳定运行。

【房地产业监管】 2022年，彭阳县坚持“房子是用来住的、不是用来炒的”定位，落实《彭阳县房地产市场“一城一策”调控工作方案》，出台《彭阳县促进房地产市场平稳健康发展若干措施》，积极引导开发企业根据市场需求，适当减少商业办公用房开发比例，合理规划住房种类，形成包含高档次住房、一般住房、人才住房、保障住房等梯次消费的商品房供应体系。2022年全县在建在售房地产开发项目有苏州公馆、明月小镇等6个，全年累计交易商品房540套7.69万平方米，其中住宅417套5.48万平方米，住宅均价5153元/平方米，住宅存量房约7.7万平方米。

（虎　刚）

房地产

【商品房建设】 2022年，彭阳县在建和在售的房地产开发项目有6个，分别是东昂明月台二期、明月小镇、东昂景苑南区、浙商国际文化旅游示范街、茹河新时代广场、富阳花园三期，预售住宅许可面积1.85万平方米。

【房地产管理】 2022年，彭阳县制定《彭阳县促进房地产市场平稳健康发展若干措施》，对有购房意向或已购房但对政策不明晰的群众，通过政府网站发布公告、设立电话热线、发放海报和编写微信公众号解读文章等形式进行解读，通过购房补贴，提振了全县房地产市场。围绕房地产开发建设(未按施工图设计文件开发建设、逾期交房和“烂尾”工程)、房屋买卖（发布虚假房源信息、捂盘惜售、囤积房源、挪用交易监管资金、协助购房人非法规避房屋交易税费、违规收取预付款、利用不公平格式条款侵害消费者权益、捆绑销售车位、储藏室）、物业服务等方面开展日常巡查和专项检查，年内，下发限期整改通知书20次。全年接到22封信访投诉件，通过服务指导，均已妥善处理。

（虎　刚）

水　务

【工程建设与管理】 2022年，彭阳县水务局开展“扩大有效投资攻坚年”活动，推进4项重点项目建设，全年累计完成投资3.92亿元。全面落实工程质量终身责任制，从严落实质量主体责任，全面提高在建工程质量，质量监管日益强化。抓牢安全生产，压实安全生产责任，持续开展大排查大整治、专项整治三年行动、“双控”机制建设，全面加强工程质量安全现场监管。县水务局成立彭阳县水利行业督查工作领导小组，下设督查办公室，不定期跟踪督办质量监督及项目法人履职情况，下发督查通报6期，办理在建工程质量监督手续17个，按照“质量行为监督和实物质量监督相结合”的原则，全年监督检查49次，发整改通知27份，整改完成率100%。

【农田水利】 2022年，彭阳县续建石家峡中型水库，除险加固上温沟、西庄等水库4座，新增库容1556万立方米。推进现代化灌区建设，建设乃河、庙台、石头崾岘、庙咀、吴川、店洼灌区高效节水灌溉骨干供水工程，恢复、发展高效节水灌溉面积4000公顷，为产业发展提供供水保障。

【水资源管理】 2022年，彭阳县全面推进水资源节约集约利用能力和水平。签订用水权代管协议1.32万份，颁发用水权证152个（农业81个、工业22个、规模化养殖业49个），申领取水许可证10个（工业9个、规模化养殖业1个）。征收2021年度用水权有偿使用费63.78万元；完成全区首例用水权二级市场化交易（交易工业用水权1.84万立方米，金额13.94万元）。县水务局签订《彭阳县金融支持用水权巩固工作合作协议》，向彭阳县供热有限公司发放用水权质押授信贷款1000万元。建成彭阳县水资源监控平台1套，改造提升地下水取水井在线计量设施142套，安装水库直开口在线计量设施13套、干渠直开口25套、泵站管道直开口11套。强化水资源刚性约束，彭阳县1万立方米以上用水户全部实行计划管理，全年取用水总量为2809万立方米。

【河湖管理】 2022年，彭阳县完成县域内河流主河段、三级支流等56条河沟的责任划分图，划定县、乡、村三级河长的管理责任范围，建立7名县级河长、77名乡（镇）级河长和118名村级河长的工作责任网格，组织乡镇河长培训2期，完成56条河流949个打卡点设置，实现全县巡河定点打卡，全年县乡村三级河长累计巡河202人7506次，全年巡河率100%。县水务局组织开展各类巡河检查38次，河长制、林长制、路长制联合检查4次，发现“四乱”问题7个，下发整改督办通知6份，检察建议书1份，茹河玉桥妨碍河道行洪问题整改完成，94个疑似乱占、乱采、乱堆、乱建图斑均已销号，主要河流水质稳定达标。

【水土保持】 2022年，彭阳县依法严格监管人为水土流失，加强淤地坝安全运行管理，开展水土保持监测评价，推进淤地坝、固沟保塬、坡耕地建设。推进小流域综合治理提质增效，统筹推进山水田林湖草沙综合治理，把生态保护、环境改善、污染防控、绿色产业开发和美丽乡村建设有机融合，一体化推进农田、水利、道路、生态、产业和乡村综合建设，治理李岔、庙台等小流域2条34平方千米，实施坡改梯533.33公顷，新建、续建李岔、景阳、唐川、欧洼等骨干坝4座，西沟探索出生态+经济型流域治理新模式。

【水旱灾害防御】 2022年，彭阳县召开全县防汛抗旱工作会议，签订责任书，明确各部门、各乡镇的职责任务，修订完善防汛抗旱应急预案。面对2022年严重旱情，积极应战，主动作为，维修清淤管道、渠道24千米，配套机井7眼，发放汽油泵20台（套），有效保障6666.67公顷产业用水。巩固提升小型水库管理示范县成果，对雅石沟、石家坪等29座水库的坝体、建筑物进行全面维修养护，确保彭阳县中小型水库汛期安全度汛。扎实有效开展巩固拓展脱贫攻坚成果同乡村振兴有效衔接考核评估发现问题整改，成立整改专班，改造提升农村供水干支管道392.7千米，入户改造7808户，农村饮水安全问题动态清零。

【用水权改革】 2022年，彭阳县出台县级用水权配套文件14个，

2022年3月22日，彭阳县集中发放用水权改革确权证

（县融媒体中心 提供）

签订用水权代管协议1.32万份，颁发用水权证152个，申领取水许可证10个，确权农业灌溉水量3199.8万立方米，工业水量107.6万立方米。县水务局征收2021年度用水权有偿使用费63.78万元，在全区二级交易平台交易工业用水权1.8432万立方米，交易金额13.94万元，与彭阳农商银行签订彭阳县金融支持用水权巩固工作合作协议，向县供热有限公司发放用水权质押授信贷款1000万元。

（虎建礼）

供电服务

【概况】 2022年，国网宁夏电力有限公司彭阳县供电公司（以下简称国网彭阳县供电公司）完成售电量4.20亿千瓦时，比上年增长19.32%，综合线损率3.45%，比上年降低2.77个百分点，电费回收率100%，配网工程建设1.29亿元，全年“零投诉”，连续累计安全生产8650天，公司成为宁夏公司首批、固原公司唯一被国网公司确定完成配网工程施工转型升级三年行动单位。

【电力保供】 2022年，彭阳县投资1.29亿元，完成459.22千米高低压线路改造、128台变压器新建及增容任务，实现彭阳县域低压四线覆盖比例100%，新集乡低压台区改造工程成功入选宁夏公司“优质工程”。供电公司持续协助89个光伏扶贫电站运行维护及电费、补贴的转付发放，累计转支付1535.28万元光伏补贴及上网电费。推进定点帮扶村、扶贫车间、标准化养殖场等安全用电检查服务，为11家扶贫车间、23家小微企业现场提供用能优化方案，降低扶贫车间、小微企业电费成本30余万元。制定彭阳县2022年招商引资项目对接表，设置专人跟踪服务重点项目进展，跟进协调配套电网建设，实现项目早接快送7个。助力县域13986.67公顷高标准梯田建设工作，跟进迁改线路13.03千米。

【安全管理】 2022年，国网彭阳县供电公司落实安全基础管理提升十二项措施，召开安委会、领导班子专题会，安排9名业务骨干驻班所3周集中开展作业人员安全培训，全年线上线下培训2819人次、安全学习研讨271人次。修订年度安全目标，公司6个业务部门、4个班组和8个供电所签订安全目标责任书、消防安全目标责任书、网络安全责任书108份。供电公司全年累计管控作业现场3609处，查处违章累计21项，一般违章20项，严重违章1项，处罚29人次。开展安全隐患排查整治工作，累计排查电网侧及客户侧隐患问题137项，完成治理验收77项，上报应急管理局60条。

【服务提升】 2022年，彭阳县实现156个行政村“村网共建”助力乡村振兴合作框架协议签订全覆盖，打造宁夏首个全县域“村网共建”电力服务体系。压实城网供电服务网格化责任，实施城网四分区网格经理管理模式，供电服务值班调度规范运行，全年转派及协调处理服务诉求1675件。坚持扶企惠民，出台《彭阳县全面提升“获得电力”服务水平延伸电力工程投资界面实施方案》。实现县域9个供电营业厅及1个政务大厅刷脸办电全覆盖，助力客户办电便捷高效。实现动力需求应接尽接、动态清零，全量解决因供电能力不足无法及时接电的动力户，四线延伸总长度超过18千米，装表接电2419户，低压平均接电时间降至1.87天。

白阳镇光伏扶贫电站（张　治　摄）

【电路维护】 2022年，国网彭阳县供电公司以打造“深度感知、灵活自愈、互联互通、全景透明”数字化配电网为目标，提升配电自动化覆盖率，自动化覆盖率92.78%，较2021年提升28%。供电公司推进线路运行维护，处理各类缺陷706处，补挂高低压杆号牌3456块，清理树障3014棵，加装验电接地环776个，加装驱鸟装置350余套，加装防雷绝缘子64组，对邻近道路杆塔加装防撞筒83组，张贴防撞警示标识300余张，加装变压器围栏56套，多措并举实现线路跳闸次数压降7.86%。完成高低压营业普查45328户、专变计量接线及互感器改造更换68户、老旧低压计量箱改造2356面、老旧13版表计更换6400余块。完成老旧线路、“卡脖子”线路改造1.2千米，实现6个重损台区线损压降，实施10千伏川口线集中光伏电站迁出改造工程，解决光伏电站倒吸无功导致高损线路问题。

【电力创新】 2022年，国网彭阳县供电公司将创新工作贯穿队伍素质建设全过程，提升干部职工创新综合素质，1项管理创新入选宁夏电力公司管理创新示范实施项目，2项QC(质量控制)创新成果分获中国水电协二等奖、宁夏行协二等奖，1项成果获准实用新型专利授权。

（马　斌）

乡村振兴

Rural revitalization

巩固拓展脱贫攻坚成果同乡村振兴有效衔接

【防返贫监测帮扶】 2022年，彭阳县建立集监测、帮扶、管理于一体的防返贫致贫动态监测预警和精准帮扶机制，实行农户自主申报、乡村集中排查、部门筛选预警等快速发现响应机制，常态开展查损补失、查短补齐、查漏补缺、查弱补强，组织开展对所有农户集中入户排查和“回头看”，对重点人群“八必访”(家庭人均纯收入较低和明显减少特别是收入在当地监测范围内的家庭必访；大病重病患者或负担较重的慢性病患者家庭必访；分散供养特困人员特别是单人户等特殊困难家庭必访；农村低保对象特别是新识别和申请低保的家庭必访；农村残疾人家庭特别是新致残和重度残疾人家庭必访；多子女特别是非义务教育阶段在读子女较多的家庭必访；务工收入占比高且务工时间不稳定的家庭必访；遭遇重大变故和自然灾害的家庭必访)，排查48730户，新识别监测对象559户2191人，其中，脱贫不稳定户163户662人、边缘易致贫户141户531人、突发严重困难户255户998人；累计识别监测对象1300户4668人，其中，脱贫不稳定户526户1824人、边缘易致贫户456户1618人、突发严重困难户318户1226人，全部建立“一村一册、一户一策”台账精准帮扶。开展低收入群众常态化排查帮扶，落实帮扶救助资金541.7万元。落实定期保障对象12914户19697人，监测对象享受低保政策897户2001人，发放困难群众临时救助资金5045人752.77万元、孤儿津贴302万元。

【“三保障”及饮水安全】 2022年，彭阳县持续加强对脱贫家庭的义务教育、基本医疗和住房安全保障工作，为58名特殊学生送教上门，辍学学生常态清零；全面落实各项资助政策，资助资金11662.43万元、惠及学生79554人次，实现各学段家庭经济困难学生资助全覆盖。继续实施疾病分类救治，完善住院先诊疗后付费政策，对30种大病患者实施大病专项救治政策，下调特殊人群医保个人缴费标准，城乡居民普通门诊、门诊大病累计报销251654人次12143万元；定额资助特殊困难人群医保63421人1550.41万元，医疗救助报销930万元。建立患病人群“一人一档”和“一病一案”，开展家庭医生签约服务138227人，脱贫人口、监测对象签约率100%，医保参保率100%。建立房屋动态监测和住房安全隐患排查机制，委托5家有资质第三方机构对全县未鉴定的住房和所有窑洞进行安全性能评估，累计评估13987户，对不符合标准的476户分级分类处置，危房改造107户、抗震宜居农房改造208户、改造住房面积不足161户,新增危房动态清零。建立城乡一体化智慧供水体系，委托4家第三方检测机构定期检测，排查解决冬季冻管等问题886户,自来水入户率99.8%,供水保证率97%，水质安全率100%，“互联网+城乡供水”模式得到水利部肯定,经验在全国推广。

【农民增收】 2022年,彭阳县逐村逐户摸排年人均收入不到8000元、增幅不到11%的监测对象和12类特殊人群，出台促进农民增收各项政策,制定“一户一策”台账,通过发展特色产业、组织务工就业、采摘林产品、购买公益性岗位等措施增收，全年脱贫人口人均纯收入稳中有增，特别是生产经营性收入、工资性收入和转移性收入增幅分别为23.7%、8.14%、32.18%，脱贫户人均纯收入13267元,比上年增长16%。

【就业帮扶】 2022年，彭阳县制定出台稳岗就业政策，累计转移就业6.28万人，其中脱贫人口就业2.37万人，实现工资性收入15.12亿元，兑现务工就业补贴5883人639.35万元、社会保险补贴613人222.88万元、援企稳岗补贴85家147万元。23个帮扶车间吸纳就业803人，其中脱贫人口及监测对象317人；建成宁南数字经济产业园一期解决就业1000余人,其中脱贫人口120人,获评自治区服务业集聚区;“点对点、一站式”劳务输出转移脱贫人口就业22719人，公益性岗位安置就业3957人,开发防疫等临时性公益性岗位安置就业794人；举办暖冬招聘会,提供1500余岗位助力企业用工稳岗。县乡村振兴局建立“创业培训+创业指导+创业贷款+创业补贴”服务机制，开展创业培训240人次，发放创业担保贷款4378万元,培育创业实体473家。发放消费券491.77万余元,直接带动消费5000余万元，实现消费帮扶产品销售额2亿元,带动1857户脱贫户增收。

白阳镇就业帮扶车间 （张彩云 摄）

【移民搬迁后续帮扶】 2022年，彭阳县采取县级领导“一对一”包抓14个移民安置点,落实千人以上移民安置区发展规划,建设20公顷以上玉豆复合种植示范点9个,建设“出户入园”肉牛养殖园区3个，落实肉牛养殖示范村2个、培育示范户110户。选派科技特派员11名，开展科技服务12场次。探索巩固“经营主体+村集体+移民”等模式,建设育苗中心7.73公顷。整合资金6900余万元，实施移民致富提升项目19个,建成移民就业帮扶车间5个;在千人以上移民安置社区成立就业服务站3个，配备专职劳务协理员6名，开发移民公益性岗位201个,转移就业2387人。多途径促进融入，将文明单位与3个移民社区结对共建，建成3个社区便民服务站，构建网格化管理机制社区3个，建成劳务移民网格6个,为移民提供户籍、社保、医疗、就业等一站式服务。

【资金帮扶】 2022年,彭阳县统筹整合财政涉农资金42526万元,其中,中央衔接资金17669万元、自治区衔接资金6743万元、其他整合资金18114万元。加大金融支持力度,新增贷款6352户28950万元,完成年度任务28000万元的103.4%，贴息1746.7万元,“乡村振兴健康保”实现脱贫户和监测对象全覆盖。对2013—

2020 年来形成的扶贫项目资产确权登记、移交管护情况进行“回头看”，修改错误数据 257 条，对 2021 年新增的 133 个扶贫项目资产进行确权登记、证书颁发及管护运营，系统录入扶贫项目资产 4993 个 54.82 亿元。

【协作帮扶】 2022 年，彭阳县加强与福建省集美区、翔安区联系对接，召开联席会议，加强产业合作、劳务对接、人才交流，落实闽宁协作发展资金 4800 万元、社会帮扶资金 800 万元，精准谋划项目 36 个，建立长效利益联结机制和带贫机制，建成肉牛养殖“出户入园”项目 3 个，续建“闽宁协作产业园”1 处，在厦门建立劳务基地 11 家，向厦门转移就业 303 人。彭阳县建设闽宁青少年交流中心，集美区 17 名骨干教师开展“送教入彭”活动 51 场次，选派 29 名专家及专技人才开展“送医入彭”活动 2000 余次。宋庆龄基金会直接投入帮扶资金 749.8 万元，引进帮扶资金 230 万元，涉及特色产业、基础教育、医疗卫生等各个领域，建设村集体农副产品加工厂，举办提升基层治理能力专题研讨班培训乡科级干部 40 人，实施首个“全国 0~6 岁儿童眼保健示范县试点项目”，建立“儿童常见眼病防治中心”。彭阳县开展“万企兴百村”行动，发挥工会、团委、妇联、工商联、红十字会等单位作用，通过消费帮扶、产业投资、爱心资助、利益联结等帮扶方式积极开展帮扶，动员东昂集团、壹珍药业等 30 多家各类企业，投入各类捐款捐物帮扶资金 950 余万元。

（何元刚）

农村改革

【经营体制改革】 2022 年，彭阳县按照固原市统一部署，探索推进“三统三分”机制，依托东升、春又发等龙头企业，打造古城西沟千亩露地蔬菜、红河宽坪千亩绿色蔬菜等“高效节水+冷凉蔬菜+龙头企业+农民出租（入股）”“三统三分”（农村土地统一经营与农民分项获利、高效节灌设施统一建设与分化配套、农业经营体制改革统一组织与分工协作）示范园区 4 个；依托宁康牧丹、旭详等经营主体，打造王洼千亩红葱、小岔米沟千亩青贮玉米等“特色种养+高标准农田+合作社+农民出租（入股）”“三统三分”示范点 4 个；依托孟塬小石沟、冯庄小寺村级集体经济组织，打造千亩“村集体经济组织+农民出租（托管）”示范点 2 个。全年新培育农民专业合作社 2 个、家庭农场 9 家，新创建市级示范合作社 2 个、四星级家庭农场 4 家，累计创建国家级示范社 9 个、自治区级示范社 12 个、市级示范社 9 个，评定四星级家庭农场 10 家、三星级 8 家、二星级 30 家。优选以村集体为主的农业生产托管社会化服务组织 13 家，投资 1293 万元，开展大豆玉米带状复合种植、青贮玉米和春季果树防冻等农业生产托管服务。

【农村土地制度改革】 2022 年，县农业农村局在新集乡大火村、周庄村开展第二轮土地承包到期后再延长 30 年先行试点工作，探索延包经验，完成航拍正射影像图 2000 公顷，完成摸底调查 236 户，制作周庄、大火 2 个组调查工作底图，指导农户对 130.07 公顷，高标准机修农田项目完成后地块边界打乱的承包地进行划分。通过公示确认，完成土地确权试点 236 户。

【集体经济扶持】 2022 年，彭阳县投资 4800 万元组织遴选 2022 年扶持壮大村级集体经济项目村 48 个，其中入股企业及合作社、产业园区 24 个，自主经营种养 14 个，开展社会化服务 10 个，实现全县村集体经济经营性收益 2500 万元。

【农村环境】 2022 年，彭阳县新建农村卫生厕所 1018 户，卫生厕所普及率 62.1%，制定《彭阳县农村厕所后期管护运维服务指导意见》，为改厕户配套吸污泵 937 个，推进粪污就近还田利用，争取整村推进项目奖补资金 216 万元，购置配套粪污抽运车辆，实现乡镇服务全覆盖。常态化开展农村厕所问题排查及“回头看”工作，结合脱贫攻坚同乡村振兴有效衔接入户和问题厕所摸排整改“回头看”工作，摸排农村问题厕所318个，年内全部整改到位。县农业农村局新建乡级生活垃圾压缩转运站9个，12个乡镇实现3万立方米生活垃圾填埋场全覆盖，配套垃圾转运车81辆、垃圾箱2367个、电动三轮垃圾清运车395辆，村庄垃圾收集点、收集车辆覆盖率100%，农村垃圾整治率90%，非正规垃圾堆放点整治率100%。12个乡镇农村环卫保洁全面实现市场化运行，年收集转运填埋处理生活垃圾2万余吨，农村生活垃圾"户分类、村收集、乡转运、县处理"模式初步建立。

（马开元）

乡村建设

【村庄规划编制】 2022年，彭阳县有行政村156个，自然村724个，划定集聚提升类村庄58个，占乡村类型的37.2%；城郊融合类村庄7个，占乡村类型的4.5%；特色保护类村庄28个，占乡村类型的17.9%；整治改善类村庄63个，占乡村类型的40.4%。在村庄体系规划中，按照人口规模等级及服务辐射范围，将全县156个行政村分为44个中心村、112个一般村，中心村为片区级服务节点，重点完善乡村公共服务配套，提升乡村社会生活圈服务水平；一般村为除中心村以外的其他行政村，适度引导人口集聚，优化居民点布局，改善居住环境。2022年第一批编制村庄规划30个，年内完成初步方案编制。

（翟红霞）

古城镇古城村　（县住建局 提供）

【人居环境整治】 2022年，彭阳县以农村人居环境整治五年提升行动为契机，实施城乡面貌提升行动。推进农村厕所革命，全年新建农村卫生厕所1018户，卫生厕所普及率62.1%，推进粪污就近还田利用，购置配套粪污抽运车辆，实现乡镇服务全覆盖。开展农村生活污水治理，在茹河、红河、蒲河等三河流域沿线乡镇、街道（中心村）、居民点新建农村生活污水处理站30座，农村污水处理率40.6%，实现全县所有村域内无黑臭水体。彭阳县新建乡级生活垃圾压缩转运站9个，12个乡镇实现3万立方米生活垃圾填埋场全覆盖，配套垃圾转运车81辆、垃圾箱2367个、电动三轮垃圾清运车395辆，村庄垃圾收集点、收集车辆覆盖率100%，农村垃圾整治率90%，非正规垃圾堆放点整治率100%。12个乡镇农村环卫保洁全面实现市场化运行，年收集转运填埋处理生活垃圾2万余吨，农村生活垃圾"户分类、村收集、乡转运、县处理"模式初步建立。整治提升村容村貌，全年累计参与4.86万人次，出动清运车辆5200余辆次，清理农村生活垃圾等24186吨，清理村内沟渠250余条900余千米，清理畜禽粪污、农用残膜等农业生产废弃物3.68万余吨，拆除有安全隐患的土坯房、残垣断壁3620处，农村"五土"基本清零，绿化美化村庄植树10.82万株。县农业农村局开展卫生环保志愿者服务，倡导新时代文明新风尚，实现村庄干净整洁有序。投资6800万元建成古城镇皇甫村、白阳镇中庄村等美丽村庄18个。

（马开元）

【面源污染治理】 2022年，彭阳县推进秸秆、粪污利用，新建青贮池2000座，其中依托国际农发项目免费为农户建成1045座，完成饲草青贮50万立方米，建设乡镇粪污收集站7个，改造提升规模养殖场粪污无害化处理设施13座，新集乡有机肥厂建设项目全面开工，扶持439户肉牛养殖大户建成标准化积粪厂1.2万平方米、沉淀池1350立方米，配套粪污运输车7辆、清粪机械13台(套)，秸秆综合利用率89%以上、粪污资源化利用率95%以上。县农业农村局开展绿色高质高效行动，推进化肥、农药减量，建立玉米绿色技术模式核心攻关区400公顷、玉米绿色高质高效示范区5133.33公顷、大豆玉米带状复合种植绿色高质高效示范区9933.33公顷、马铃薯专业化统防统治及绿色防控示范区133.33公顷，开展苗期尿素追肥示范11733.33公顷、腐殖酸水溶肥替代尿素追肥示范366.67公顷，全县完成无人机绿色防控2666.67公顷，推广有机肥代替化肥46666.67公顷以上，实现化肥零增长，农药负增长。深入推进农用残膜和农药废包装废弃物两回收，新建残膜回收网点14座，采购残膜回收机30台，全县回收利用残膜6657吨，加工颗粒2100吨，残膜回收利用率95%以上；建成农业投入品仓储库6座，设施生产园区、规模化生产基地农药包装废弃物回收率100%，全县农药包装废弃物回收率87%以上。

（马开元　马　蓉）

乡村治理

【乡村治理体系建设】 2022年，彭阳县印发《彭阳县进一步加强基层治理体系和治理能力现代化建设的任务清单》《党建引领基层社会治理“1+1+3”(一个功能型党支部+一个综治中心+三个清单：问题清单、责任清单、考核清单）工作机制实施方案》《彭阳县平安乡(镇)、村(社区)创建标准》《彭阳县人民法院法官联系点制度》《彭阳县乡镇首席法律咨询专家制度》等制度性机制性文件，形成问题联治、矛盾联调、工作联动、平安联创的工作格局，基层治理水平得到提升。

（海君君）

【农村基层组织建设】 2022年，彭阳县推进农村党建“一抓两整”创建行动，狠抓“三会一课”、主题党日等党建制度规范落实。重点培养基础好、班子强、潜力大的党组织，打造党建示范村119个、示范乡镇9个。整顿软弱涣散党组织11个。换届后调整撤换村党组织书记19名。选优配强村(社区)“两委”，加强第一书记管理，培育致富带头人2173名，党员致富带头人952名，“二合一”带头人138名。整合党建、综治等网格，划分2293个城乡“全科网格”，建立以党建引领为核心的“1+1+3”基层治理模式，推动化解积案矛盾，把治理力量延伸基层一线。建立村级班子和村干部绩效考核办法、村(社区)绩效考核实施细则，制定村干部问责处理暂行办法，强化管理考核。

（王子春）

【矛盾纠纷化解】 2022年，彭阳县建成县公共法律服务中心、12个乡镇公共服务站、162个村（社区)公共法律服务中心，在乡村宣传各类法律法规。落实矛盾纠纷信息“日报告”“零报告”制度，开展乡村矛盾纠纷大排查大起底大化解“奋战100天”专项行动，排查化解各类矛盾纠纷1888件。县司法局发挥信息化+网格化和矛盾纠纷排查化解红黄绿“三色预警”作用，加强对重点人群精准管控。

（高丽娜）

【精神文明建设】 2022年，彭阳县以建设“文明彭阳”为主题，加强精神文明建设，倡导文明健康绿色环保生活，开展文明出行、文明旅游、文明餐桌、文明习俗、文明上网“五大行动”，乡村整体形象和群众文明素养得到提升。通过开展文化下乡活动并利用“乡村大喇叭”等在乡村常态化开展精神文明建设宣传。2022年，彭阳县有乡镇实践所12个，行政村（社区）新时代文明实践站162个，实现新时代文明实践建设乡村全覆盖。

【移风易俗】 2022年，彭阳县开展线上、线下多种形式宣传活动，教育引导群众自觉抵制铺张浪费、高额彩礼、厚葬薄养等各种陈规陋习。宣传报道李超、马效伸、张海滨、虎进芳等先进典型，发挥其在推动移风易俗中的“排头兵”作用。

（海　蓉）

生态环境保护

Environmental Protection

环境质量

【空气质量】 2022年，彭阳县大气优良天数314天，优良天数占比88.5%。主要污染物PM10、PM2.5年均浓度分别为48微克/立方米、25微克/立方米。

【水土质量】 2022年，茹河、红河出境断面平均Ⅱ类水质，蒲河平均Ⅲ类水质，“三河”水质达标出境；辖区无污染或疑似污染土壤，土壤环境质量安全可控，县域生态环境质量保持基本稳定。

（张平林　伏　霞）

污染防治

【大气污染防治】 2022年，彭阳县完成各种车辆尾气检测12189辆，淘汰老旧车辆78辆，购置新能源公交车75辆，占全县公交车总数的71.4%；配送优质清洁煤5400吨，组织实施7个乡镇北方清洁能源采暖项目，县城西热源厂环保设施改造项目顺利完成，烟气达标排放；城区建筑施工场地和拆迁工地增加喷雾抑尘频次，建筑施工现场、料场土堆等裸露地面苫盖12900平方米。城区道路实行“一冲二洗三保洁四抑尘”清扫保洁模式，每天喷雾降尘4次，道路机械化清扫率85%以上；加强禁烧宣传教育，积极推广秸秆青贮，农作物秸秆综合利用37.07万吨，综合利用率90%以上。

【水污染防治】 2022年，彭阳县建成投运县城第二污水处理厂，累计处理生活污水128.79万吨，生活污水达标排放。组织实施王洼镇路寨、古城镇小岔沟、乃河、海口等乡镇污水集污管网和污水处理设施项目。加强对城乡生活污水规范化管控，污水处理设施覆盖总户数达32170户，污水治理率42%，全面消除城乡黑臭水体，红河、茹河、蒲河国控断面水质达标出境。

【土壤污染防治】 2022年，彭阳县建成446家养殖场标准化集粪场30862平方米，沉淀池9375立方米，建设有机肥厂2家，畜禽粪污处理站1座。规模化畜禽养殖场粪污处理设施装备配套率100%，畜禽粪污资源化利用79.8万吨，粪污资源综合利用率95%。农用残膜回收利用率90%，测土配方施肥技术覆盖率95%以上，化肥利用率40.5%。农业面源污染有效控制，土壤环境质量安全可控。

【工业固（危）废防治】 2022年，彭阳县一般工业固体废物产生量169.5万吨，综合利用率100%。强化医疗废物监管，全县19家医疗卫生机构医废联网监控，29家医疗机构与固原市惠众废弃物综合处理有限公司签订处理协议，医疗废物全收集全处理；建立健全危险废物转移、处置联单和审批制度，督促汽修、水泥制品、煤矿行业建成危废暂存间12个，与公安、工业园区等部门开展联合执法，对废旧油收购、采油厂等进行专项执法检查54家次，对危险废物收集、贮存、转运、处置等环节进行督察检查，健全管控台账，对危险废物转移管理全程管控。

【《彭阳县城市区域声环境功能区划分方案》编制】 2022年，按照自治区、固原市噪声污染防治要求，彭阳县完成《彭阳县城市区域声环境功能区划分方案》编制工作，划定彭阳县三个类别声环境功能区28.98平方千米，其中I类声功能区8.71平方千米、II类声功能区18.31平方千米、III类声功能区1.96平方千米。该划分方案经固原市人民政府审定，将于2023年1月开始对县城建成区各类声功能区定期进行噪声污染监测。

（张平林　伏　霞）

环境监管

【环保督察】 2022年，彭阳县聚焦中央环保督察反馈问题，以煤矸石堆放储存、非煤矿山开采、垃圾填埋场治理为突破口，举一反三，突出综合修复和规范治理两个环节，秉持帮扶与监管并重，确保整改见效。督察组转办的8件群众投诉案件已全部办结销号，反馈的15个方面共性问题，按照时序要求推进整改。自治区党委例行督察、专项督察以及风险隐患排查，固原市委、市政府专项督察、交叉执法专项行动等反馈的生态环境方面风险隐患和问题已全部整改销号。

【环境监测】 2022年，彭阳县全面推行“双随机、一公开”和生态环境交叉执法监管制度，全面加强生态环境执法监管，坚持把环保执法检查和突出问题整改作为推进生态环境保护的重要抓手，建立健全联合执法和专项执法机制，综合运用执法监测、预警监测、分析研判、联合执法等措施，紧盯重点企业、关键环节，累计开展生态环境执法检查117家次，检查企业94家次，开展执法和预警监测45家次，受理“12369”环保热线、“12345”便民服务热线以及网络舆情等36起，环境信访投诉查处率和办结率均100%，有效化解了群众身边的环境问题。

（张平林　伏　霞）

自然资源管理

【概况】 2022年，彭阳县国土面积为253407.879公顷。耕地总面积67862.63公顷，占全县调查总面积的26.78%。从利用结构看，彭阳县的耕地以旱地为主，占耕地总面积的93.33%。彭阳县无水田；水浇地4528.93公顷，占比6.67%；旱地63333.7公顷，占比93.33%。全县旱地主要分布在王洼镇、古城镇、白阳镇、城阳乡、新集乡、红河镇等。园地总面积758.04公顷，林地总面积116716.45公顷，草地总面积34917.60公顷，湿地总面积144.57公顷。城镇村及工矿用地总面积13231.27公顷，交通运输用地总面积1029.93公顷，水域及水利设施用地总面积1789.92公顷，其他土地总面积16532.27公顷。矿产种类主要为煤炭、砖瓦用黏土、建筑石料用灰岩和建筑用砂四类。矿山规模除煤矿为中型外，其余全部为小型矿山。

【资源规划】 2022年，彭阳县自然资源局围绕生态空间、农业空间、城镇空间科学划定生态保护红线、永久基本农田和城镇开发边界，全县完成国土空间总体规划文本编制，划定生态保护红线51300公顷、城镇开发边界1480公顷、初步划定永久基本农田保护红线58880公顷，已形成“三区三线”划定初步成果。科学编制村庄规划，完成2021年开始编制的31个村庄规划，含3个成建制移民村。

【资源审批】 2022年，彭阳县细化优化建设项目用地、设施农用地、占用林地、非煤矿山及苗木检疫、林木种子经营许可等审批流程，严格规范审批程序。完成用地预审与选址意见书13件、用地规划许可证13件、建设工程规划许可证25件、乡村建设工程规划许可证23件，在宁夏工程建设项目审批管理系统审批事项234件，不予预审事项160件，补交土地出让金37宗。按程序报批王洼矿区集中供热改造提升二期工程、彭阳县鑫源汽车客运出租有限公司等城镇建设用地11个批次21个项目，已批复9个批次19个项目，剩余2个批次2个项目自治区自然资源厅正在审核，完成石家峡水库和银昆高速2个单独选址项目报批工作，预审设施农用地5130余宗，上图入库1000余宗。县自然资源局征收彭阳县全域乡村旅游（茹河风景区）基础设施建设、新集中心学校扩建等14个项目集体土地23.11公顷，配合县交通局持续开展G85银昆高速、石家峡水库项目征收后续工作。报批交通、石油、水务等50个占用林地项目。划拨土地15宗12.19公顷，出让8宗11.63公顷，出让价款5349.2万元，审批临时用地4宗145.01公顷，配合乡镇和农业农村局核查审批新建农民宅基地256户。办理林草种子生产经营许可证8家、产地检疫合格证113份，签发植物检疫证书949份。

【资源管护】 2022年，彭阳县加强耕地保护，严格“非农化”管理，全面梳理2021年度耕地流出图斑5270个面积946.67公顷，对305个耕地减少图斑进行收集资料、核查举证、分析研判。彭阳县全面推行林长制，构建县、乡、村三级林长体系，建立长效运行机制，发布一号林长令，加强森林资源管护。实施天保工程森林资源管护项目，加强天保护林员、生态护林员管理，强化湿地监测管理，按时兑现退耕还林专项补助资金3455.94万元。在4个移民迁出区实施黄土高原水土流失综合治理项目，完成紫花苜蓿种植生态修复治理346.67公顷。捕打草原鼢鼠1.88万只、投放药剂2.6吨，防治面积6753.33公顷，虫害无人机飞防面积1340公顷，投放药剂0.1吨；防治鼢鼠、天牛、沙棘木蠹蛾等林业有害生物12226.67公顷（其中鼢鼠防治10826.67公顷），捕打森林鼢鼠6.2万只。产地检疫苗木846.67公顷，调运检疫各种苗木4952万株、接穗5万根、种子5300千克，复检各种苗木322.3万株、木材515立方米、电缆盘47个，查处违规调运苗木、木材3批，完成松材线虫病春秋两季专项普查993.33公顷，以及美国白蛾、苹果蠹蛾等病虫害监测调查，林业有害生物监测覆盖率100%。彭阳县完成森林生态系统草地贪夜蛾、反枝苋、小蓬草、意大利苍耳、垂序商陆、大狼杷草、野燕麦、火炬树等外来入侵物种的调查、采集、标本制作等工作。对候鸟等野生动物种群进行严密的追踪监测，迁徙期境内重点区域监测到白琵鹭、绿头鸭等各鸟类4000多只。

【行政执法】 2022年，彭阳县严格土地、林地及矿产资源执法，全年开展执法巡查78次，在全县156个行政村发放、张贴农村乱占耕地建房不准占用永久基本农田建房、不准强占多占耕地建房、不准买卖流转耕地违法建房，不准在承包耕地上违法建房、不准巧立名目违法占用耕地建房、不准违反“一户一宅”规定占用耕地建房、不准非法出售占用耕地建的房屋、不准违法审批占用耕地建房宣传海报18000余张，开展资源领域相关法律法规专题宣讲6场次，下发《停工及责令整改违法行为通知书》23份、《抄告单》4份，办理群众电话举报问题21件。行政立案查处案件40件，其中，矿山越界开采案1件、破坏土地案2件、改变林地用途案37件。县自然资源局向县法院申请强制执行土地违法案件1件，向县公安局移送毁坏林地案件11件。办理行政应诉及上诉开庭案件和民事案件44件，规范办理群众信访事项11件50人次，办结“12345”便民服务热线事项47件，办结率100%。

【安全生产】 2022年，彭阳县健全县、乡、村、组四级防治体系，摸清137处地质灾害隐患点，安装5处远程监测仪器，发放各类宣传资料12000余份，承办全区地质灾害业务培训和现场应急演练，参与群众200余人次，对3处受到地质灾害隐患安全威胁的20户70人进行搬迁安置，投入资金约191.21万元。县自然资源局通过网络、车载喇叭、发放宣传资料等途径宣传森林草原防火相关法律政策，采取重点林区路口、景区景点、村组庄头设卡检查、签订坟头责任书等措施，强化火源管控，维修栖凤山森林草原防火物资储备库1200平方米，在罗洼马涝、交岔庙庄新修防火道路5.2千米。严厉打击矿山私挖乱采、无序开采、破坏生态环境、不履行恢复治理义务等违法违规行为，对7家正在生产的非煤矿山开采点，现场核查是否存在超层越界开采行为；对关闭停产的25家企业逐个进行安全生产隐患排查；对无证或持过期证仍然开采的情况，依法下发责令停产通知书并严格执行停产整改。县自然资源局成立自然资源系统防治应急分队，落实汛期和防火期24小时领导带班、专人值守和信息速报等制度。

【山林权改革】 2022年，彭阳县完成山林资源界定确权134606.67公顷，完成率100%，退耕地到户确权39866.67公顷，完成率95.2%，打印并颁发林权类不动产证38本、退耕地确权明白书18211本。挂网流转交易林地5笔166.67公顷，流转国有林地5笔973.33公顷。新发展林下养鸡95.5万只、养蜂1.65万箱、林下种植中药材5333.33公顷，累计达到13866.67公顷，实现林下经济收入1.17亿元。积极培育新型绿化经营主体，通过招商引资，引进广州绿石碳科技股份有限公司协议开发林业碳汇项目，力争2024年彭阳林业碳汇上网交易并取得收益。引进庆阳飞扬东果果业有限公司流转王洼、崖堡2个村集体林地193.65公顷，用于实施低效林改造提升示范林建设项目，规划补植以樱桃为主的灌木树种14.43万株。

【土地权改革】 2022年，彭阳县确保全县耕地数量不减少。完成农村土地承包经营权变更登记5.45万户，选定2个村涉及234户开展第二轮土地承包到期后再延长30年试点工作。农村宅基地使用权和房屋所有权确权登记发证34293宗，集体建设用地调查764宗。县自然资源局制定《彭阳县开展村集体违规承包土地乱象及撂荒耕地专项整治行动工作方案》，依托全区农村产权流转交易服务平台，及时接入端口，探索开展土地经营权流转交易，采取土地股份合作、土地托管、代耕代种等多种经营方式，规模化发展张杂谷、青贮玉米、甜高粱等特色种植产业，盘活撂荒耕地。截至年底，全县已流转撂荒耕地1400公顷。

（翟红霞）

生态建设

【概况】 2022年，彭阳县营造林面积10500公顷，其中人工造林面积4380公顷、未成林抚育及退化林分改造面积6120公顷，森林覆盖率36.87%。草原面积34933.33公顷，其中，天然草原8733.33公顷、人工草地333.33公顷、其他草地25866.67公顷。主要集中在北部乡镇，境内草原类型多样，以温性干草原为主，植被组成以旱生多年生草本植物为主，以针茅、长芒草、百里香、星毛委陵菜等为主的草场型，植被覆盖度86%。

【造林绿化】 2022年，彭阳县根据不同地理条件和立地类型，采取针阔混交、乔灌草花立体配置等造林模式，实施造林绿化工程，采取一面坡、一道沟、一架梁、一条流域整体推进提升，实行山水林田湖草系统治理，沟坡梁峁塬一体推进。完成黄土高原水土流失综合治理（南部水源涵养建设工程）—人工造林、未成林抚育及退化林改造项目9466.66公顷，其中人工造林3933.33公顷、未成林抚育及退化林改造5533.33公顷，打造古城菜花沟流域、冯庄小园子200公顷以上造林示范点2个。

【庭院林果】 2022年，彭阳县以“产业兴旺、生态宜居、乡风文明、

2022 年 3 月 30 日，彭阳县为农户办理土地确权变更登记

（县农业农村局 提供）

村容整洁”为目标，引导发展以房前屋后、庭院四旁为主的庭院林果经济，重点发展红梅杏、苹果产业，引种试验栽培枸杞叶菜、无花果等新品种，探索经济林发展新模式，助力巩固拓展脱贫攻坚成果同乡村振兴有效衔接。彭阳县发展以庭院林果为主的经济林 345.01 公顷，其中庭院经济林 91.67 公顷、山杏高接换头 186.67 公顷、枸杞叶菜种植 66.67 公顷。培育针阔叶树种、经济林等树种苗木 121.33 公顷、出圃苗 998 万株，新建红梅杏良种繁育基地 17.33 公顷。

【菜花沟流域春季义务植树活动】 2022 年，彭阳县组织县直机关干部职工在古城镇菜花沟流域开展春季义务植树活动，造林 16.2 公顷，栽植刺槐、云杉 2 万株。

（翟红霞）

节能减排

【能源项目建设】 2022 年，彭阳县实施结构、绿色、智能、技术“四大改造”行动，矿山机械增材再制造等一批制造业项目落地建设，煤矸石固废综合利用项目顺利推进，煤炭产业链条持续向下游延伸。鑫美隆轻纺一期和晟塬农业科技一期建成投产，新恒棉纱、朗星科技 LED 光电设备、凯邦纺织、晋阳机电空气源采暖设备等 12 个高质量工业项目基本建成，工业布局逐步优化。完成西热源厂环保改造工程，试点推广冬季清洁采暖项目。

【排污权改革】 2022 年，彭阳县全面完成排污权改革工作。初始排污权确权量分别为二氧化硫 391.7 吨、氮氧化物 488.2 吨、化学需氧量 150.4 吨、氨氮 19.8 吨。政府储备排污量分别为二氧化硫 755.49 吨、氮氧化物 503.17 吨、化学需氧量 15.9 吨、氨氮 2.51 吨。

【节能降耗】 2022 年，彭阳县能源消耗总量 27.37 万吨标准煤，单位 GDP 能耗比上年下降 0.5%。规模以上工业企业能耗 6.69 万吨标准煤，比上年增长 40.1%，单位工业增加值能耗同比增长 17.3%。

【公共机构节能】 2022 年，彭阳县组织全县 10 家党政机关、2 家幼儿园创建节水型机关，稳固提升 2020—2021 年创建的 38 家节水型党政机关，对 2015—2020 年创建的 258 家节水型机关进行抽查、复核验收。创建完成节约型机关，创建覆盖率 90%以上，公共机构节水覆盖率 100%。组织申报成功国家级公共机构示范单位 3 家、创建自治区节约型机关 50 家。对全县公共机构进行能源资源消费统计、节约型机关创建和生活垃圾分类专题培训，采取线上线下相结合的方式，开展宣传活动，引导干部职工践行绿色低碳生活理念。

（张平林 伏 霞）

应急管理

Contingency Management

综　述

【**指挥体系建设**】　2022年，彭阳县在12个乡(镇)156个行政村6个社区设立了综合执法办公室(应急管理办公室)，形成县、乡、村三级信息通报、联动执法等机制，打通了基层应急指挥和快速处置的“最后一公里”。

【**应急预案编制**】　2022年，彭阳县修订完善《彭阳县突发事件总体预案》和安全生产、森林草原防火、防汛抗旱等22部专项应急预案，实现突发事件的全覆盖，为突发事件的应急处置提供支撑。

【**应急演练**】　2022年，彭阳县开展森林草原防灭火、煤矿事故、地质灾害、防汛救灾等各类应急救援演练12场次。通过开展实战演练活动，各部门单位的应急能力得到增强，应急队伍得到锤炼。

【**应急救援队伍建设**】　2022年，彭阳县编组各行业应急救援队伍33支2366人，其中各乡镇综合应急救援队12支476人，彭阳县应急管理局与中铁十四局、十五局签订救援协议，强化危化领域专业应急救援力量。

（任正坤）

安全生产

【**宣传培训**】　2022年，彭阳县开展“安全生产月”“安全生产咨询日”“全国第一次自然灾害风险普查”“防灾减灾日”等多个集中宣传日活动，将安全生产法律法规和防灾减灾救灾知识宣传到广大人民群众中。聘请有培训资质和丰富教学经验的专家对工贸、非煤矿山、危险化学品等企业负责人和安全员进行安全知识教育培训，组织举办安全培训班2期，培训162人。县应急管理局紧扣“遵守安全生产法，当好第一责任人”主题，举办“6·16”安全生产咨询日活动，制作警示教育宣传展板320余块、安全宣传条幅360条，接受群众咨询6.1万余人次，发送安全生产警示教育信息20万条，发放宣传制品4万余份。

【**安全生产整治**】　2022年，彭阳县委常委会、政府常务会上先后17次听取安全生产工作，组织召开专题会议6次、安委会全体会议5次，安排部署重点时段、重点领域和各类专项整治等重点工作。县应急管理局组织起草《彭阳县贯彻落实国务院安全生产15条硬措施和自治区进一步加强安全生产工作若干措施的实施方案》《彭阳县委政府和党政领导干部安全生产责任清单》《彭阳县人民政府领导同志2022年度安全生产重点工作责任清单》《彭阳县关于开展安全生产大检查大整治工作的通知》《彭阳县安全生产百日专项整治行动实施方案》《彭阳县安全生产委员会工作规则》《彭阳县安全生产委员会工作制度》《彭阳县安全生产委员会办公室关于开展国庆节暨党的二十大期间安全生产督查检查的通知》等一系列文件。持续开展安全生产大排查大整治，排查安全隐患1626处，全部落实整改到位。立案处罚8起，罚款1.7万元。

（任正坤）

危险化学品监督管理

【监督检查】 2022年，彭阳县开展安全生产大检查大整治、安全生产百日专项整治行动，出动执法人员225人次，对全县30家危险化学品企业开展执法检查90余家次，对发现的问题隐患，督促立即整改到位。

【行政处罚】 2022年，彭阳县应急管理局（以下简称县应急管理局）对全县危险化学品企业办理行政处罚案件8起，累计罚款1万元。

（任正坤）

防灾减灾救灾

【防灾宣传】 2022年，彭阳县在全县12个乡镇开展“森林草原防火赶大集”活动，通过悬挂条幅、发放宣传手册、大喇叭、手机短信彩铃、电子屏等方式，对地质灾害、森林草原防火进行集中宣传，张贴《森林草原防火戒严令》700余张，增强人民群众的防灾意识。

【救灾物资储备】 2022年，彭阳县新建应急物资储备库1座、建筑面积864平方米，补充采购应急救灾物资1.2万余件（套），统计备案7个行业部门救灾装备及物资85种4万余件套，招标采购110.65万元应急救灾物资，并全部建立调度台账，能够满足防汛抗旱、森林草原防灭火和转移1200人的需求。

【制度建设】 2022年，县应急管理局制定《彭阳县应急管理指挥部工作规则》《彭阳县救灾物资调拨规程》《彭阳县应急救援救灾队伍和装备物资快速投送制度》等制度，加强与涉灾部门的联动，定期或不定期开展会商研判，规范救灾物资调拨程序，强化应急救援队伍调度，为应急管理规范化发展提供支撑，应急管理运行机制初步构建。

【救灾工作】 2022年，彭阳县核实各类灾情11起，涉及全县12个乡镇83个行政村6346户，经济损失1643.95万元。发放2022年自治区自然灾害救助资金358万元，救助3950户14458人，切实解决受灾群众生活困难问题。

（任正坤）

消防救援

【概况】 2022年，彭阳县消防救援大队有消防车6辆，防护类装备400余件，抢险救援类器材30余件，灭火类器材350余件，全年接处警204起，开展消防安全大检查整治100余次。

【隐患排查】 2022年，县消防救

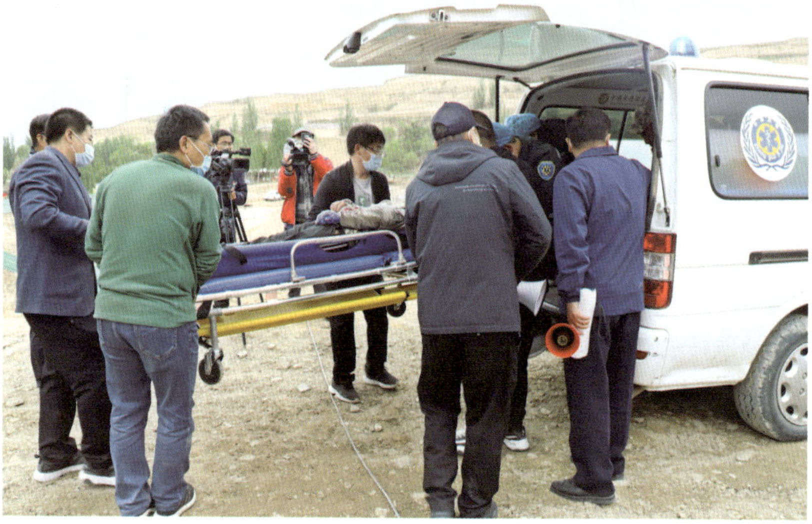

2022年5月13日，彭阳县2022年度山洪灾害防御、防汛、地震应急演练活动在古城镇温沟水库开展

（王　宁　摄）

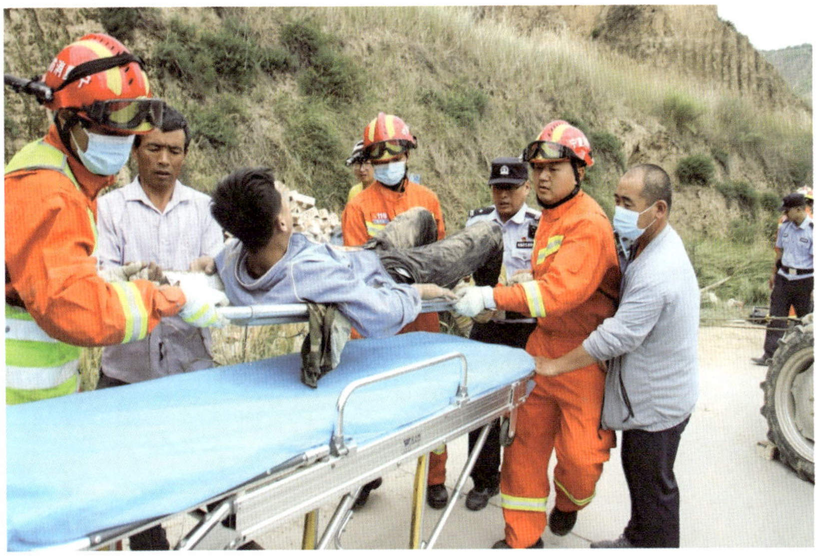

2022年8月16日，彭阳县古城镇田壕村一农用三轮车侧翻，驾驶员被压，彭阳县消防救援大队接支队指挥中心调度命令后，彭阳消防救援大队栖凤站立即出动3辆车18人前往现场进行救援处置　　（王　宁　摄）

援大队联合相关行业部门开展打通消防安全大检查整治100余次，检查社会单位1289家，督促整改火灾隐患1222处，责令“三停”11家，临时查封11家。在全县10家重点单位安装“智慧消防”远程监控系统。

【消防宣传】 2022年，彭阳县建成应急消防科普教育基地，组织开展“3·15”国际消费者权益日、“5·12”安全生产月、“119”宣传月等主题消防宣传活动98家次，发放宣传资料1万余份，张贴海报5000余张。县消防救援大队到政府单位、行业部门、社区、企业、工矿等场所上门服务101家次，开展宣传培训等98家次。定期对消防科普教育基地进行开放，通过微信、微博等媒体途径推动大队宣传信息1000余条，全民消防学习云台注册10248人，学习总积分135万分。

【实战演练】 2022年，县消防救援大队建成1个大队级烟热训练基地，常态化开展烟热环境实战模拟训练。探索远距离供水方式方法，改装首战遂行水带铺设车，解决大型消防车辆无法进入城市巷道、乡村内部道路、供水得不到保障的突出问题。开展冬训、夏训和指挥能力达标考核工作，进行“基础应用体能技能”专项训练，培训指导实地拉动、企业专职队联勤联训及实战联合演练等专项活动。开展辖区重点单位演练48家、制作完善20家重点单位数字化预案、指导微型消防站培训30余次，对辖区内道路、水源情况进行排查摸底3次。

【消防接处警】 2022年，彭阳县各项火灾数据同步下降，社会面火灾形势保持持续平稳。县消防救援大队接处警204起，出动消防车554辆次，出动人员3165人次，抢救被困人员32人。

（王洪叶）

科学技术

Science and Technology

科技管理

【经费投入】 2022年，彭阳县本级财政安排R&D投入专项经费1887.8万元，比上年增长30.73%，本级财政科技投入实现较快增长。全社会研究与试验发展经费投入1324.1万元，较上年增加360.4万元，占地方生产总值的0.17%，完成自治区科技厅下达的考核指标。

【科技资金支持】 2022年，经政府常务会议研究审定，彭阳县财政列支500万元科技型中心微企业风险补偿贷款(以下简称宁科贷)，支持彭阳县加入宁夏科技型中小微企业风险补偿专项资金成员单位，科技厅在此基础上予以1:1配套，撬动银行5~10倍资金。全年办理“宁科贷”业务7笔，涉及彭阳县福泰菌业有限责任公司等7家企业，贷款金额2000万元。

【科技型企业培育】 2022年，彭阳县入围国家科技型中小企业25家，达到28家，比上年增长211%；备案自治区科技型中小企业11家，达到32家，比上年度增长52.38%；认定为市级科技型中小企业6家，达到35家，比上年增长20.68%；宁夏万升实业有限责任公司、彭阳县荣发农牧有限责任公司2家企业被认定为自治区农业高新技术企业，实现彭阳县农业高新技术企业零的突破，超额完成自治区下达彭阳县的任务；彭阳县壹珍药业有限责任公司成功申报国家高新技术企业；组织各类企业及干部职工参加自治区科技厅、固原市科技局开展的企业家创新精神线上线下专题培训，培训12期425人次。

（虎　彪）

科技活动

【科技成果转化】 2022年，彭阳县对接自治区、固原市科技局，组织申报自治区乡村振兴科技成果引进示范推广项目11项，立项5个，专项资金139万元。县科技局申报自治区重大科技成果项目2个，组织申报2023年自治区重大科技成果转化项目3项，引进转化科技成果5项。登记科技成果3项，完成技术合同登记37项，成交额1291万元，实现成果转化与产业发展深度融合。全年授权专利135件，其中发明专利37件，每万人有效发明专利拥有量为0.62件，彭阳经济发展内生动力进一步释放。

【科技周活动】 2022年5月24日，县科技局在县怡园广场举办以“走进科技 你我同行”为主题的科技周活动。活动周期间，各部门(单位)、各企业以悬挂横幅、摆放展板、发放资料、讲解科普知识、展示科技创新成果等方式向群众宣传各项科技规划和政策、科技创新成果等。

【科技交流】 2022 年，彭阳县引进转化“现代人工草地高效利用关键技术研究与示范”“六盘山区野生艾草驯化及品种引进”等科技成果 5 项；争取闽宁协作项目资金 50 万元，壮大村集体流动资金 200 万元。发挥厦门挂职技术人员科研优势，厦门派驻县科技局挂职的副研究员陈碧娟指导试种羊肚菌，在城阳乡刘河村试种成功 1.55 公顷。经闽宁协作项目牵线搭桥，宁夏六盘鲜禾农业科技开发有限公司“落户”彭阳，在闽宁现代循环农业科技示范园引种金耳菌菇试验成功。依托闽宁合作平台，引进厦门援宁专技人才 28 人。先后邀请特色产业领域专家 20 余人到彭阳县培训指导，围绕食用菌产业发展，从基地建设、技术服务、技能培训等方面开展服务。

【闽宁科技协作】 2022 年，福建省亚热带植物研究所派驻彭阳县科技局挂职的副研究员林志楷主持的“金毛狗蕨人工繁育及宁夏地区试种栽培研究”项目与合作单位签订协议，实验种植国家二级保护珍稀植物金毛狗蕨。厦门派驻县科技局挂职的副研究员陈碧娟指导试种羊肚菌，在城阳乡刘河村试种成功，填补了彭阳县羊肚菌种植空白，为食用菌种植增收蹚出了一条新路子，为助推乡村振兴和巩固脱贫致富成果发挥积极作用。厦门亚热带植物研究所 2020 年挂职科技人员沈清宇“彭阳特色油、药、茶用植物生态种植模式的研究”项目通过验收。

（虎　彪）

2022 年 5 月 24 日，“2022 年彭阳县科技活动周暨全国科技工作者日”活动启动仪式在怡园广场举行　（县科技局 提供）

科技指导

【科技培训】 2022 年，彭阳县围绕特色优势产业聘请区、试讲师示范指导、入户免费交流，集中培训等形式，把科技示范户、种养大户培养成“乡土人才”，开展科技培训 5 期，培训人员 220 人次。“三区”（边远贫困地区、边疆民族地区、革命老区）人才对服务村内的农户、合作社、企业帮助指导，开展大田及设施蔬菜品种选择、育苗技术、田间管理、病虫害绿色防治、饲草料加工调制技术、农产品初加工等技术指导和服务，使农户掌握 12 项生产关键技术，开展培训 5 次，覆盖乡土人才 560 人次。科技指导员深入到科技示范户的田间地头，采取举办培训班、现场指导、电话咨询等方式，对示范户面对面进行技术指导服务，累计培训科技示范户 70 户，辐射农户 1000 余人次。

【科技特派员】 2022 年，彭阳县申报科技特派员项目 9 个，项目资金 123.5 万元。新增科技特派员 37 人，全县有科技特派员 147 名，其中法人科技特派员 115 名、自然人科技特派员 32 名，调整 17 名科技特派员到全县 24 个生态移民安置点开展科技服务，科技特派员活跃在田间地头，采取现场讲解、示范指导、入户面授、集中培训等形式，把科技渗透到千家万户，使农民在最短的时间内掌握先进的农业适用技术。县科技局积极组织特派员参加专家讲座、线上培训及各种观摩学习，提高业务素质，增强自身能力，培育和造就了一大批乡土科技人才，涌现出了一大批种养专业大户，开展科技培训5期，培训人员220人次，建立科技示范户64户，服务农民1403户，带动就业2104人次。

（虎 彪）

地震监测

【地震宏观观测】 2022年3—4月，彭阳县开展宏观观测点检查，要求各观测员及时掌握和辨别地震前兆时动物、水位等异常情况，并做好日常宏观观测记录，发现异常及时报告。年内，彭阳县12个乡镇24个地震宏观观测点动物反应、水位、数据传输等一切正常，周围环境良好。

【抗震设防信息采集】 2022年，彭阳县成立由各乡镇，县应急、住建、教体、卫健、交通、水务、地震、供电、电信公司、移动公司、联通公司等部门组成县地震易发区房屋设施加固工程协调工作组，协调推进彭阳县"两项工程"和房屋设施抗震设防信息采集工作。由地震局牵头对全县各部门信息采集工作人员进行集中培训，安排部署信息采集工作，完成软件新用户注册工作。完成2021年度所有加固和新建、改建扩建的所有居民小区、中小学校、医院、农村民居、重要交通生命线、电力和电信网络、水库大坝、危险化学品厂库、应急避难场所等房屋设施抗震设防信息采集工作。并按要求逐级审核上报采集结果，其中加固工程128处均为农村民居，新建工程348处(农村民居333处、学校10处、城镇居民住宅5处)。

【防震减灾宣传】 2022年，彭阳县各乡镇及有关部门(单位)开展防震减灾宣传活动宣传防震减灾科普知识，在"5·12"全国防灾减灾日、"7·28"唐山地震纪念日等重要时段联合多部门在怡园广场等地开展集中宣传活动，宣传防震减灾法律法规，普及地震应急救护知识。彭阳县全年累计投入15万余元制作防震减灾宣传文具盒2500个、手提袋6500个、地震安全知识宣传折页8000份，利用"5·12"全国防灾减灾日、"7·28" 唐山地震纪念日、科普宣传日等活动，集中发放宣传资料8000余份，手提袋、水杯、笔袋等宣传品3000余份，并于5月12日利用手机短信形式向全县12万户手机用户发送防震减灾宣传标语公益手机短信。在12所中小学校组织开展防震减灾宣传活动，捐赠图书12套，培养防震减灾科学传播师12名。

（任正坤）

气象测报

【气象科技基础设施】 2022年，彭阳县有气象区域站32个，其中，1个国家无人自动区域站，10个六要素区域站，1个四要素区域站，20个两要素区域站；1个土壤水分自动站；6个农田小气候观测站；9个人工影响天气作业点；1个彭阳国家气象观测站。

【科技测报手段】 2022年，县气象站利用31个区域站、1个土壤水分站、1个国家无人自动观测站和彭阳县国家气象观测站主站备份站进行观测气温、相对湿度、气压、降水、草温、地表温度、0~40厘米浅层地温、80~320厘米深层地温、能见度、风向风速、闪电定位仪等数据。

【人工干预天气】 2022年，彭阳县有人工影响天气彭阳、小岔、石岔、孟塬、长城、古城、罗洼、刘塬、王洼9个作业点。有9个高炮，申请作业10次，批复作业10次，消耗人雨弹97枚；10个火箭架，申请作业171次，批复作业50次，作业次数49次，消耗火箭弹186枚，发挥了人工影响天气趋利避害的作用。

【气象为社会服务】 2022年，县气象站制作地面观测和气象服务月报12期、年报1期，制作重大天气过程气象专报5期，制作气象灾情报3期并进行气象服务，制作节假日气象服务专题报6期，发布预警信号、雨情和一周天气预报，服务超过122978人次。

（陈丽萍）

教 育

Education

综 述

【概况】 2022年，彭阳县各级各类学校有229所(个)，其中普通高中2所、职业中学1所、初级中学9所、小学74所、教学点97个、幼儿园46所，教职工3105名，在校学生30467名。

【教育经费投入】 2022年，彭阳县安排教育公共财政预算资金80366万元，其中，一般公共预算安排的教育经费资金62534万元，其他一般公共预算安排的教育经费预算资金16543万元，政府性基金预算安排的教育经费预算资金350万元。

【控辍保学】 2022年，彭阳县出台《彭阳县进一步加强义务教育控辍保学工作的实施方案》《彭阳县建立义务教育控辍保学监测预警长效机制实施方案》，全面落实县人民政府与乡镇人民政府、乡镇人民政府与行政村之间签订学生入学目标责任书的工作机制，实行县长、局长、乡长、村长、校长负责制，按照乡镇村干部包动员保入学率、学校包管理保巩固率、教师包教学保合格率的工作机制，采取“户、册、籍、人”对照办法，全力做好义务教育疑似辍学学生摸底排查工作，通过加强劝返学生就读管理，落实全员资助、就近入学、随班就读、送教上门等措施，做好义务教育辍学学生复学安置工作，实现“控辍保学”常态清零。

【“双减”工作】 2022年，彭阳县建立“双减”长效机制，制定出台系列配套文件，组建工作专班，以“作业管理”为抓手，加强作业优化设计与管理，41名责任督学进校专项督导518人次，反馈问题159条，印发督导通报8份，约谈学校负责人13人次。全面提升课后服务质量，县财政全额保障经费且上调至每名学生每天1.5元并按时足额发放，各学校因地制宜提供课外阅读、体育锻炼、社团活动和综合实践等服务活动，学生参与率96%。彭阳县教体局对22家校外培训机构拉网式排查20余次，下发整改通知22份，减轻学生校外培训负担。

【招生考试】 2022年，彭阳县先后有9000多人次考生参加各类教育考试，1835人录取到县内外普通高中学校就读，715人录取到县内外中职、中专、技工学校就读，2099人录取到各级各类普通高等学校，600多人通过成人高校招生考试取得学历提升就学机会。

【教育资助】 2022年，彭阳县实现各学段家庭经济困难学生资助全覆盖。各级各类资助 80314 人次 11682.78 万元。春季学期义务教育阶段共资助脱贫家庭学生、残疾学生、城乡低保家庭学生、城乡特困救助供养学生、边缘易致贫家庭学生及脱贫不稳定家庭学生等六类家庭经济困难学生 13112 人，资助资金 502.58 万元；营养改善计划 23061 人，金额 800.9 万元；免学费、免教材费 20477 人，金额 2827.57 万元。普通高中脱贫家庭学生、农村低保家庭学生、农村特困救助供养家庭学生、残疾学生免学费 3047 人，金额 121.88 万元；国家助学金资助 3426 人，资助金 336.3 万元，燕宝基金资助 600 人，资助金额 120 万元。春季学期国家助学金资助职业中学学生 1471 人，资助金额 147.1 万元；免学费人数为 2332 人，金额 233.2 万元；“9+3”资助 1474 人，金额 125.29 万元；中职奖学金 1 人，0.6 万元。山窝窝资助残疾学生 267 人，资助资金 26.7 万元。完成大学新生资助项目：燕宝计划资助 435 人，资助金额 174 万元；滋蕙计划资助 177 人，资助金额 12.65 万元；宋庆龄基金资助 100 人，资助金额 40 万元。年内，全县大学生生源地信用助学贷款总人数 7605 人，贷款金额 5925.87 万元。

【教育质量提升】 2022 年，彭阳县完成县四幼转公办工作，增加公办学前教育资源 9 班型 270 学位，全县学前教育三年毛入园率 91.7%、普惠性幼儿园覆盖率 100%。落实义务教育优质均衡年度工作目标，完成 40%学校达标任务。落实随班就读、送教上门等措施，实现辍学学生动态清零；稳妥推进小规模学校整合，撤并 50 人以下小规模学校 15 所。彭阳县组建 12 个教育集团，结对帮扶、联动教研等方式，推动城乡教育一体化发展。注重特色多样办学，高中阶段教育毛入学率 94.7%以上。高考本科上线人数 998 人，上线率 52.47%，一本上线率居全市第一；完善职业教育和培训体系，围绕产业发展，深化产教融合，加强校企合作，提高职业教育适应性。

【素质教育】 2022 年，彭阳县重视并实施德育、智育、体育、美育、劳动教育，全面加强中小学生思政教育，推进体育、美育和劳动教育，开展“我和我的祖国”“喜迎二十大”等系列活动，指导各校成立艺术团体，组建教体系统师生合唱团并扎实开展训练活动，举办全系统第十七届中小学生田径运动会、美育成果展演和青少年阅读成果展示等活动，利用闲置校舍打造劳动教育实践基地 29 个，培育区级劳动教育示范校 7 所。建立班级图书角 503 个。

【校园治理】 2022 年，彭阳县持续实施校园治理，依托自治区级大数据校园治理平台，提升校园风险防范智能化水平；深入推进总体国家安全观进校园进课堂进师生头脑，扎实开展维护校园政治安全专项行动，制定《2022 年彭阳县校园周边环境突出问题专项整治工作方案》，巩固提升校园安全防范建设三年行动计划成果，加强学校食品、校舍、消防等重点领域安全管理，扎实开展“护苗行动”、校园反诈等检查和防溺水、防毒拒毒等专题教育。严格落实门卫管理制度，加大技能培训

2022 年 7 月，彭阳县举办校园足球联赛　（县教体局 提供）

和应急演练力度，加强安全检查，严防管制刀具等危险品进入校园。县教体局组织各学校坚持每月至少开展一次应对地震、火灾等综合应急演练，强化师生应急避险逃灾和自救自护技能，提高学校应对突发事件能力。

【教育惠民】 2022年，彭阳县严格落实减轻义务教育阶段学生过重作业负担、减轻学生校外培训负担的相关规定，学科类校外培训机构压减率100%。全面推行课后服务和延时服务，广泛开展课外阅读、体育锻炼和综合实践等丰富多彩服务活动，学生参与率96%以上。实行义务教育起始年级新生电脑派位均衡编班、班主任摇号定班，均衡搭配科任教师，彻底解决“择校热”“择班热”问题。开展送教上门工作，实现辍学学生常态清零。县教体局全面落实营养改善计划、大学生生源地贷款等各项惠民资助政策，落实资金11682.64万元，惠及家庭经济困难学生80314人，实现各学段家庭经济困难学生资助全覆盖。

（杨振元）

2022年彭阳县教育机构一览表

表23　　单位：人

序号	机构名称	办学类型	在校(园)人数	教职工数
1	彭阳县白阳镇崾岘村幼儿园	幼儿园	37	6
2	彭阳县草庙乡中心幼儿园	幼儿园	117	24
3	彭阳县城阳乡长城村幼儿园	幼儿园	35	8
4	彭阳县城阳乡沟圈村幼儿园	幼儿园	28	7
5	彭阳县城阳乡韩寨村幼儿园	幼儿园	9	3
6	彭阳县城阳乡涝池村幼儿园	幼儿园	15	4
7	彭阳县城阳乡刘河村幼儿园	幼儿园	7	2
8	彭阳县城阳乡杨坪村幼儿园	幼儿园	18	3
9	彭阳县城阳乡杨塬村幼儿园	幼儿园	1	2
10	彭阳县城阳乡中心幼儿园	幼儿园	38	8
11	彭阳县第二幼儿园	幼儿园	233	49
12	彭阳县第六幼儿园	幼儿园	526	64
13	彭阳县第三幼儿园	幼儿园	683	69
14	彭阳县第四幼儿园	幼儿园	161	41
15	彭阳县冯庄乡中心幼儿园	幼儿园	12	12
16	彭阳县古城镇第二幼儿园	幼儿园	213	30
17	彭阳县古城镇挂马沟村幼儿园	幼儿园	21	6
18	彭阳县古城镇乃河村幼儿园	幼儿园	52	13
19	彭阳县古城镇育英幼儿园	幼儿园	140	16
20	彭阳县古城镇中心幼儿园	幼儿园	201	30
21	彭阳县红河镇何塬村幼儿园	幼儿园	54	8
22	彭阳县红河镇黑牛沟村幼儿园	幼儿园	42	6

续表 23

序号	机构名称	办学类型	在校(园)人数	教职工数
23	彭阳县红河镇中心幼儿园	幼儿园	75	12
24	彭阳县交岔乡关口村幼儿园	幼儿园	43	7
25	彭阳县交岔乡中心幼儿园	幼儿园	44	8
26	彭阳县罗洼乡中心幼儿园	幼儿园	65	9
27	彭阳县孟塬乡草滩村幼儿园	幼儿园	35	12
28	彭阳县孟塬乡玉塬村幼儿园	幼儿园	14	9
29	彭阳县孟塬乡中心幼儿园	幼儿园	21	12
30	彭阳县茹河幼儿园	幼儿园	187	28
31	彭阳县王洼镇石岔村幼儿园	幼儿园	108	10
32	彭阳县王洼镇王洼村幼儿园	幼儿园	38	10
33	彭阳县王洼镇杨寨村幼儿园	幼儿园	17	7
34	彭阳县王洼镇中心幼儿园	幼儿园	171	29
35	彭阳县小岔乡中心幼儿园	幼儿园	22	4
36	彭阳县新集乡大火村幼儿园	幼儿园	27	8
37	彭阳县新集乡沟口村幼儿园	幼儿园	90	16
38	彭阳县新集乡上马洼村幼儿园	幼儿园	38	13
39	彭阳县新集乡姚河村幼儿园	幼儿园	33	10
40	彭阳县新集乡张化村幼儿园	幼儿园	53	10
41	彭阳县新集乡中心幼儿园	幼儿园	257	27
42	彭阳县幼儿园	幼儿园	791	92
43	彭阳县小岔乡中心学校	小学	55	16
44	彭阳县罗洼乡中心学校	小学	151	21
45	彭阳县冯庄乡中心学校	小学	34	12
46	彭阳县第一小学	小学	1124	73
47	彭阳县第二小学	小学	1228	84
48	彭阳县第四小学	小学	857	53
49	彭阳县白阳镇嵝岘小学	小学	42	13
50	彭阳县白阳镇中心学校	小学	187	49
51	彭阳县白阳镇双磨小学	小学	139	39
52	彭阳县白阳镇罗堡小学	小学	2	1
53	彭阳县白阳镇余沟小学	小学	8	3
54	彭阳县白阳镇姬山教学点	小学教学点	5	5
55	彭阳县白阳镇陡坡小学	小学	4	1
56	彭阳县白阳镇中庄小学	小学	2	1
57	彭阳县白阳镇玉洼小学	小学	3	2

续表 23

序号	机构名称	办学类型	在校(园)人数	教职工数
58	彭阳县白阳镇丰台小学	小学	5	2
59	彭阳县王洼镇中心学校	小学	437	47
60	彭阳县王洼镇王洼小学	小学	99	12
61	彭阳县王洼镇杨寨小学	小学	27	3
62	彭阳县王洼镇山庄教学点	小学教学点	10	4
63	彭阳县城阳乡中心学校	小学	202	39
64	彭阳县城阳乡长城小学	小学	61	12
65	彭阳县城阳乡涝池小学	小学	47	10
66	彭阳县城阳乡刘河小学	小学	19	5
67	彭阳县城阳乡杨塬小学	小学	9	2
68	彭阳县城阳乡韩寨小学	小学	11	3
69	彭阳县城阳乡杨坪小学	小学	31	7
70	彭阳县城阳乡沟圈小学	小学	53	11
71	彭阳县红河镇中心学校	小学	446	38
72	彭阳县红河镇宽坪小学	小学	71	7
73	彭阳县红河镇何塬小学	小学	76	7
74	彭阳县红河镇文沟小学	小学	47	4
75	彭阳县红河镇黑牛沟小学	小学	77	7
76	彭阳县古城镇川口小学	小学	21	3
77	彭阳县古城镇海口小学	小学	19	3
78	彭阳县古城镇乃河小学	小学	77	11
79	彭阳县古城镇中川小学	小学	62	9
80	彭阳县第五小学	小学	1692	99
81	彭阳县新集乡峁堡小学	小学	69	8
82	彭阳县新集乡沟口小学	小学	164	14
83	彭阳县新集乡张化小学	小学	138	12
84	彭阳县新集乡大火小学	小学	61	7
85	彭阳县新集乡上蔡小学	小学	93	9
86	彭阳县新集乡姚河小学	小学	37	4
87	彭阳县新集乡上马洼小学	小学	85	8
88	彭阳县新集乡白河小学	小学	21	2
89	彭阳县新集乡太寺小学	小学	45	5
90	彭阳县新集乡白草洼教学点	小学教学点	37	5
91	彭阳县新集乡何山小学	小学	44	5
92	彭阳县新集乡赵沟教学点	小学教学点	39	5
93	彭阳县新集乡沟口寄宿制小学	小学	255	25

续表 23

序号	机构名称	办学类型	在校(园)人数	教职工数
94	彭阳县草庙乡中心学校	小学	314	34
95	彭阳县孟塬乡中心学校	小学	172	24
96	彭阳县孟塬乡草滩小学	小学	41	5
97	彭阳县孟塬乡玉塬小学	小学	25	3
98	彭阳县冯庄乡小园小学	小学	13	5
99	彭阳县交岔乡关口小学	小学	78	11
100	彭阳县王洼镇石岔小学	小学	272	27
101	彭阳县古城镇中心学校	小学	624	53
102	彭阳县新集乡中心学校	小学	602	46
103	彭阳县新集乡张湾小学	小学	21	2
104	彭阳县交岔乡中心学校	小学	149	23
105	彭阳县第三小学	小学	1494	94
106	彭阳县古城镇第二小学	小学	789	61
107	彭阳县第二中学	初级中学	2198	184
108	彭阳县王洼镇初级中学	初级中学	201	33
109	彭阳县城阳乡初级中学	初级中学	341	47
110	彭阳县第四中学	初级中学	1713	159
111	彭阳县红河镇初级中学	初级中学	457	49
112	彭阳县古城镇初级中学	初级中学	649	66
113	彭阳县新集乡初级中学	初级中学	501	62
114	彭阳县第五中学	初级中学	551	46
115	彭阳县第一中学	高级中学	2448	219
116	彭阳县第三中学	高级中学	2140	167
117	彭阳县职业中学	职业中学	1181	114
小学附设幼儿班			193	
合　计			30467	3105

教师队伍建设

【概况】 2022年，彭阳县教体系统有干部职工3128人，其中管理人员23人、在校（园）教职工3105人。教职工中专任教师2699人，其中小学1168人、普通初中585人、普通高中339人、职业高中100人、幼儿园(班)507人(含民办22人)。专任教师中正高级2人、副高级565人、中级1061人、助理级734人、员级6人、未定职称31人，研究生学历31人、本科学历1956人、专科学历687人、高中阶段毕业25人。

【县管校聘改革】 2022年，彭阳县全面实施“县管校聘”改革，全县有2433名教师参与岗位竞聘，其中，校内直聘803人，校内竞聘1503人，跨校竞聘教师201人，跨校竞聘比例8.3%。城区聘任的乡村教师17人，乡村聘任到城区教师38人。学科结构调整115

人，全县学校教师年龄结构基本趋于合理。

【教师能力提升培训】 2022年，彭阳县围绕提高教师政治理论水平和业务能力这一目标，利用现有的条件和资源，通过网络研修、集中培训、以课代培、以研代培等多种形式对全体教师按计划、有步骤地进行培训。先后依托自治区教育厅彭阳县小学语文县级骨干教师能力提升研修班等4个项目，"国培计划"项目与区市培训项目，并结合彭阳县实际，采用集中培训和网络研修的方式，组织彭阳县中小学班主任心理健康教育与班级管理艺术提升研修、彭阳县新高考改革培训等培训班，并组织教师参加区市教育部门组织的多项培训，全年教师参加外出集中培训712人次、县内集中培训618人次、各级网络研修6564人次，所有教师均参加过不同层次的培训。

【"彭阳教育之窗骨干教师谈教学"栏目】 2022年，为发挥骨干教师示范带动作用，展示一线教师风采，由中共彭阳县委宣传部、彭阳县教育体育局、彭阳县融媒体中心联合策划制作"彭阳教育之窗——骨干教师谈教学"系列访谈节目，2022年在彭阳电视台播出18期，有22名骨干教师参与了节目录制。

（杨振元）

基础教育

【概况】 2022年，彭阳县有普通高中2所，初级中学8所，小学61所，幼儿园42所。在校学生学前4965人、小学13122人、初中6611人、普通高中4588人。学前三年毛入园率91.71%，普惠性幼儿园占比100%，小学六年巩固率96.27%，初中三年巩固率94.39%，高中阶段毛入学率94.7%。县教体局出台《彭阳县"十四五"特殊教育发展提升行动实施方案》，挂牌成立"彭阳县殊教育资源中心"，切实做好轻度残疾学生随班就读和重度残疾学生送教上门工作，全县残疾儿童入学率98.1%。

【学前教育】 2022年，彭阳县优化幼儿园布局，完成县四幼、五幼转公办工作，增加公办学前教育资源18个班型540个学位，印发《"十四五"学前教育发展提升行动计划实施方案》《创建县域学前教育普及普惠县实施方案》，县幼通过自治区区级示范园复验，努力推动学前教育普及普惠优质安全发展。全县公办园在园幼儿占比93.41%，普惠性幼儿园覆盖率保持100%，实现县域内学前教育公共服务网络全覆盖。年底有幼儿园42所（含民办2所），其中，区级示范园2所、一类园12所、二类园24所。在园幼儿4772人。教职工744人、专任教师496人、卫生保健人员25人、保育员103人。

【义务教育】 2022年，彭阳县统筹实施义务教育学校标准化建设、薄弱环节改善与能力提升项目，持续改善乡村寄宿制学校办学条件，优化教育资源配置，实现乡村办学效益和质量"双提升"。对标义务教育优质均衡年度目标任务，实现年度40%达标率。调整组建县一小、县二小、县二中等义务教育阶段集团校7个，努力推动城乡教育一体化发展。年底有义务教育阶段学校72所，小学段64所、初中段8所。学生19733人，其中小学13122人、初中6611人。教职工1861人，其中小学1215人、初中646人。

【高中教育】 2022年，彭阳县实施县域普通高中发展提升行动，出台《彭阳县"十四五"普通高中发展提升行动工作方案》，加大县域普通高中同厅直属等县外优质学校开展跨区域联合办学力度，做好厦门大学附属实验中学帮扶彭阳一中、银川一中对口帮扶彭阳一中、三中工作，实现县中托管帮扶全覆盖。支持彭阳一中打造科技创新高中特色学校、彭阳三中打造体育和艺术高中特色学校。县教体局围绕区、市考试招生制度改革，"选课走班"等新课程改革工作稳步推进，确保与全区同步完成考试招生制度改革。年底有普通高中学校2所，学生4588人，教职工386人。

【民办教育】 2022年，彭阳县有校外培训机构20家，其中文化艺术类12家、体育类8家。20家培训机构全部纳入全国校外培训机构监管平台管理，县教体局制定并印发《彭阳县2022年寒假开展校外培训机构综合治理工作实施方案》《关于加强校外培训机构预收费监管工作的通知》《彭阳县开展校外违规培训整治攻坚行动实施方案》《彭阳县2022年暑期校外培训治理工作实施方案》《彭阳县校外培训治理安全风险隐患防范工作实施方案》等文件，进一步明确了治理目标和任务；部门联合开展日查、夜查10余次，出动人员50人次。关停无证无照机构6家，劝退学生20人。

【特殊教育】 2022年，彭阳县各级各类学校摸排特殊群体学生1371人，其中，残疾儿童210人、留守儿童438人、孤儿104人、进城务工人员随迁子女616人、心理障碍(行为异常)学生3人。县教体局指导各学校（幼儿园）“一生一策”制定学校教育管理工作方案，建立校领导包抓年级、中层干部包抓班级、班主任和科任教师包抓学生的“分级包抓”工作机制，扎实有效开展“心理健康教育专题讲座”等各项教育关爱活动，推动特殊群体学生教育管理工作落细落实。

（杨振元）

合作办学

【县一中、三中与银川一中合作办学】 2022年6月10日，经宁夏银川一中与彭阳县第一中学、第三中学在县一中举行合作办学工作座谈会，三方就促进管理机制、队伍建设、特色办学、教学教研、智慧校园建设等方面，达成协议并签署《发展共同体合作办学协议书》，两校在校园管理指导、教研教学指导、师生文化交流、基础设施技术保障等方面交流分享办学理念和办学成果，助力彭阳高中教育教学水平迈上新台阶。

【县一中与厦门大学及其附属实验中学托管办学】 2022年7月10日，彭阳县第一中学与厦门大学在县一中举行托管帮扶工作座谈会，就厦门大学—彭阳县县中托管帮扶协议征集了意见，签署厦门大学——彭阳县第一中学托管帮扶框架协议。2022年8月，彭阳一中分2批组织50人赴厦门大学及厦门大学附属实验中学观摩学习；厦门大学第24届研究生支教团徐诺、李鑫钰、贾梧桐、李庚龙4人到彭阳一中开展为期一年的支教工作。8—12月，彭阳一中与厦门大学附属实验中学集中开展线上主题联合教研3次，涵盖13个学科，200余人次参与线上教研活动，50余人次参与交流发言，参与听评课20余节。

【县四中与厦门一中集美分校(灌口中学)、北京师范大学银川学校合作办学】 2022年，厦门一中集美分校（灌口中学）派年级段长、英语教研组长到彭阳四中支教，将优质的教育信息资源、先进教育教学理念、教学资料和学校“智慧校园”、国际部、教科研等先进经验提供给彭阳四中学习借鉴。北师大银川学校校长5人一行到四中开展教学指导，以“同课异构”的形式与彭阳四中教育集团深入开展课堂教学交流指导工作。县四中先后派8人次到厦门跟岗学习、去北师大银川学校观摩学习，深入领会名校的先进教育理念、方法、策略，并将优秀的教学管理经验带回学校。

【县一小与银川二十一小合作办学】 2022年5月12日，彭阳县第一小学与银川市二十一小学签订发展共同体合作办学协议，两校通过研讨交流、讲座送教、线上直播跟岗实习等形式深入合作。

【县四小与银川二十一小湖畔分校合作办学】 2022年5月7日，彭阳县四小与银川二十一小湖畔分校签订合作办学协议，在领导层面、管理层面、教师层面、学生层面全方位多样化深入协作办学，促进共同成长。年内，两校通过在线互动课堂和实地研教等方式，多次开展联合大教研活动，涉及优质课展示、“双减”论坛、新课标讲座等内容，并互派教师跟岗学习1个月。每月组织班主任线上参与德育研训会、主题队会观摩课等活动。

（杨振元）

职业教育和成人教育

【概况】 2022年，彭阳县有职业教育学校1所，即彭阳县职业技术学校。前身为彭阳县职业中学，成立于1985年，2017年4月迁入今校址，2022年8月更名为彭阳县职业技术学校，成为具有中专性质的职业技术学校。学校占地总计12公顷，有30个教学班，学生1260人，教师125人，44个实训室，七大类11个专业。为持续扩大办学规模，划拨县四中闲置校舍建设为可容纳300人同时培训的职业教育实训基地，建成周沟实践基地，已作为全县中小学生劳动实践基地。彭阳县职业技术学校是中华全国总工会女职工培训示范学校、自治区民族团结进步创建活动示范学校、自治区毒品预防教育示范学校、自治区教育厅“1+X”证书试点学校、市级文明校园。

【产教融合校企合作】 2022年，彭阳县职业技术学校主动对接厦门市翔安区天马微、冠捷科技、友达科技股份、华映科技等企业进行校企合作。8月19日，派遣69名学生赴福建冠捷科技有限公司开展顶岗实习工作。彭阳县职业技术学校与宁夏朗星科技有限公司开展校企合作，双方就太阳能智慧灯光、校园健康照明、智慧农业装备的产业方向进行校企合作并挂牌教融合基地，企业选派资深中高级工程师为顶岗实习学生进行授课与实训指导，学校选派相关专业教师李宝权、王伟跟岗学习企业管理模式及技术流程。年内，先后派遣17名酒店服务与管理专业学生到银川宝什利德酒店开展顶岗实习、组织274名学生到宁南数字产业园开展顶岗实习工作。

【职业教育改革】 2022年，彭阳县组织教师赴周边市县、基层学校、街道社区，利用现场广播、发放资料、解疑答惑、互动交流等方式，结合“职业教育宣传周”“学校开放日”等专项活动，开展《国家职业教育改革实施方案》和《中华人民共和国职业教育法》宣传。年内，395名毕业生参加高职分类考试，380人被顺利录取。4名学生成绩上应用型本科分数线，分别被宁夏师范学院小学教育、体育教育等专业录取。

【成人教育】 2022年，彭阳县868名社会人员完成了2022年成人高等学校招生考试，其中506人被成人高校录取；彭阳县国家开放教育教学点组织147人次参加网络考试2次，152人次参加年度纸质考试，有30余人通过开放教育得以学历提升。

（杨振元）

2022年6月9日，彭阳县职业技术学校开展护理专业教学

（县职业技术学校 提供）

文 化

Culture

公共文化

【概况】 2022年，彭阳县开展“书香助梦 喜迎冬奥”元宵节猜谜、“第十七届文津图书奖获奖图书展”、“4·23”世界读书日线上书展活动。创作编排移风易俗小品《翠花嫁女》、音乐快板《移风易俗润彭阳》、养老诈骗情景剧《诈骗局中局》等文艺作品在全县范围内进行巡演；眉户剧《退彩礼》获得全区三等奖，广场舞大赛获得全区三等奖。

【“全民阅读书香彭阳”诵读活动】 2022年，由中共彭阳县委宣传部、彭阳县文化旅游广电局主办、彭阳县图书馆承办的“全民阅读书香彭阳——我是朗读者”诵读作品在彭阳县图书馆微信公众号及彭阳融媒微信公众号上推出，2022年推出3期，《轮椅上的梦》号召要珍惜生命，《中华颂》赞美祖国的伟大，《中国人的家教与家风》展现长辈对后代的教育及影响，浏览量2000余人次。

【第十七届文津图书奖获奖图书展】 2022年，彭阳县图书馆微信公众号推出第十七届文津图书奖获奖图书展，展出19种获奖图书（社科类9种、科普类4种、少儿类6种），包括《许渊冲百岁自述》《诗仙 酒神 孤独旅人：李白诗文中的生命意识》《红船启航》《仅此一生：人生哲学八讲》等，展出51种推荐图书（社科类20种、科普类11种、少儿类20种），浏览量1000余人次。

【“4·23”世界读书日线上书展活动】 2022年，彭阳县图书馆开设“4·23”世界读书日线上书展专题栏目，专题栏目荐书推荐图书、期刊等优质内容，涵盖文学经典、名家著作、个人提升、历史小说、科技科普等，浏览量2000余人次。

【博物馆日活动】 2022年，“5·18”国际博物馆日期间，彭阳县博物馆在彭阳县麻子沟圈革命纪念馆发放各类宣传资料和宣传片1000余份，设立咨询台，解答文物知识；举办“泥条盘筑话陶器”主题活动进校园，带领茹河幼儿园的孩子们制作陶器；举办“陶之韵 彩绘陶瓷”活动进彭阳县第五小学，与学生们一起亲手彩绘属于自己的彩陶；与自治区博物馆联合举办“红旗漫卷——宁夏革命文物巡回展”，系统回顾了宁夏早期革命运动、红军长征在宁夏、宁夏的抗日运动、宁夏的解放、宁夏的社会主义建设初期的历史；面向社会公众和文博爱好者，举办“线上有奖知识竞答”活动。

（伏彩梅　朱亮亮）

群众文化

【概况】 2022年，彭阳县开展冬季文化进社区、进移民村文艺演出活动7场次、文化科技卫生线上展播2场次、文化志愿者进乡村进社区文化服务活动13场次、文化科技卫生进社区进移民村等文艺演出活动23场次、“戏曲进乡村”惠民文艺演出64场次、“送戏下乡”32场次。

【中秋节文化活动】 2022年9月10日，由中共彭阳县委宣传部、彭阳县闽宁协作工作领导小组、县文化旅游广电局主办，县文化馆承办的“闽宁携手共进，强国复兴有我——我们的节日·中秋节”文化活动在县怡园广场和客又多购物超市举办。活动期间，开展促进商超消费、体验闽南非遗、开展文艺演出及有奖问答等活动。

【“喜迎二十大·奋进新征程”红色经典诗词朗诵诗会】 2022年7月23日，由中共彭阳县委宣传部、彭阳县教育体育局、彭阳县文化旅游广电局主办，彭阳县图书馆承办的“喜迎二十大·奋进新征程”红色经典诗词朗诵诗会在乔家渠红军长征毛泽东宿营地举行。宁夏师范学院师生代表、县直有关部门单位干部职工等100余人以对党忠诚、报效祖国、无私奉献的使命担当为主题诵读《清平乐·六盘山》等红色经典诗词。

【冬季文化进社区、进移民村文艺演出活动】 2021年12月20日至2022年1月下旬，由中共彭阳县委宣传部、县文广局主办，县文化馆承办的彭阳县2021—2022年冬季文化进社区、进移民村文艺演出活动相继走进友谊街社区、古城镇皇甫村等社区（移民村），演出7场次，为广大群众送去丰富多彩的文艺表演，营造浓厚的新春节日氛围。

2022年9月10日，中秋节文艺演出活动在县城怡园广场举办
（县文化旅游广电局 提供）

【“戏曲进乡村”惠民文艺演出】 2022年3月30日至11月底，彭阳县组织开展2022年“戏曲进乡村”惠民文艺演出，演出以传统戏曲为主，增添舞蹈、歌曲、小品、快板等节目类型。全年在全县12个乡镇先后演出72场次，参与群众1万余人。

【“送戏下乡”惠民文艺演出】 2022年，彭阳县在12个乡镇组织开展2022年“送戏下乡”惠民文艺演出。演出50场次，包括“送戏进校园”演出5场次，参与群众7000余人次。

（伏彩梅）

文化遗产保护

【文物保护】 2022年，彭阳县开展文物保护单位有保护范围、有标志说明、有记录档案、有专门机构或专人负责管理建设工作，改善县域内零星文物安防措施，对全县32处文物保护单位及不可移动文物点立碑保护，围栏维护烽燧42处，新植安全警示牌78处，全面完善全县81处文物保护单位档案整理并归档成册。完成乔家渠红军长征毛泽东宿营地、小岔沟红军长征毛泽东宿营地旧址两处区级文物保护单位和草庙固原县委旧址一处县级文物保护单位陈列布展，并实现免费开放。

2022年彭阳县文物保护单位一览表

表24

序号	名称	类别	保护级别	年代	地点
1	战国秦长城	古建筑	国家级	战国	古城镇　白阳镇　城阳乡　孟塬乡
2	姚河塬遗址	古遗址	国家级	西周	新集乡姚河村
3	海子遗址	古遗址	省(自治区)级	新石器	新集乡姚河村海子组
4	小河湾遗址	古遗址	省(自治区)级	战国—汉	新集乡下马洼村下马洼组
5	中共红河地下支部旧址	近现代史迹	省(自治区)级	近现代	红河镇红河村大洼组
6	无量山石窟	石窟寺及石刻	省(自治区)级	宋	古城镇田庄村北塬组
7	圪垯梁遗址	古遗址	省(自治区)级	新石器	古城镇罗山村天喜湾组
8	东海子遗址	古遗址	省(自治区)级	秦—宋	古城镇海口村马场组
9	小岔沟革命旧址	近现代史迹	省(自治区)级	近现代	古城镇小岔沟村阳洼组
10	彭阳古城址	古城址	省(自治区)级	宋	白阳镇(彭阳县城)
11	打石沟新石器遗址	古遗址	省(自治区)级	新石器	白阳镇双磨村打石沟组
12	岭儿遗址	古遗址	省(自治区)级	新石器	白阳镇姚河村岭儿组
13	祁家梁遗址	古遗址	省(自治区)级	新石器	城阳乡杨坪村上河组
14	城阳古城址	古城址	省(自治区)级	宋	城阳乡城阳村转湾组
15	乔家渠毛泽东长征宿营地	近现代史迹	省(自治区)级	近现代	城阳乡长城村乔渠组
16	璎珞宝塔	古建筑	省(自治区)级	明	冯庄乡小湾村小湾组
17	耳朵古城址	古城址	省(自治区)级	宋	小岔乡耳城村耳城组
18	新集乡张化遗址	古遗址	县级	新石器	新集乡张化村刘庄组
19	白草洼墓地	古墓葬	县级	春秋战国	新集乡白草洼村白草洼
20	东湾烽燧	古建筑	县级	宋	新集峁堡村东湾组
21	黑墩墩梁遗址	古遗址	县级	新石器	新集乡白草洼村白草洼组
22	马河新石器遗址	古遗址	县级	新石器	新集乡姚河村马河组
23	马旺堡古堡	古城址	县级	明	新集乡马旺堡村一组

续表 24

序号	名称	类别	保护级别	年代	地点
24	秦沟墓地	古墓葬	县级	汉	新集乡姚河村秦沟组
25	上蔡遗址	古遗址	县级	新石器	新集乡上蔡村上蔡组
26	中共峁堡地下交通站旧址	近现代史迹	县级	近现代	新集乡峁堡村新红湾组
27	坟台塬烽燧	古建筑	县级	宋	红河镇韩堡村新店组
28	庙沟烽燧	古建筑	县级	待定	红河镇何塬村庙沟组
29	坪上遗址	古遗址	县级	新石器	红河镇什字村油坊组
30	徐沟烽燧	古建筑	县级	宋	红河镇夏塬村徐沟组
31	古城城址	古城址	县级	汉、宋	古城镇古城村
32	北山墓地	古墓葬	县级	汉	古城镇政府北1千米北山
33	海堡荣墓	古墓葬	县级	民国	古城镇乃河村石窑组
34	南台拱北	古遗址	县级	清	古城镇挂马沟村南台组
35	任山河战斗遗址	近现代史迹	县级	近现代	古城镇任河村
36	瓦罐梁遗址	古遗址	县级	新石器	古城镇任河村海沟组
37	郑庄烽燧	古遗址	县级	宋	古城镇郑庄村郑庄组
38	党岔烽燧	古建筑	县级	战国	白阳镇白岔村党岔梁
39	梁湾烽燧	古建筑	县级	宋	白阳镇刘台村梁湾组
40	乱井子古堡	古城址	县级	清	白阳镇崾岘村后庄组
41	峁头梁遗址	古遗址	县级	新石器	白阳镇余沟村杨树峁
42	任氏墓地	古墓葬	县级	清	白阳镇任湾村任湾组
43	斩刀山烽燧	古建筑	县级	宋	白阳镇南山村斩刀山组
44	虎湾烽燧	古建筑	县级	宋	城阳乡陈沟村虎湾组
45	乔渠烽燧	古建筑	县级	战国	城阳乡长城村乔渠组
46	长城烽燧	古遗址	县级	战国	城阳乡长城村白庙组
47	古生物化石	古遗址	县级	古更新世	王洼镇李岔村大庄组
48	马岗堡古城址	古城址	县级	宋	王洼镇尚台村马岗堡组
49	北洼烽燧	古建筑	县级	宋	王洼镇北洼村北洼组
50	大庄遗址	古遗址	县级	汉	王洼镇李岔村大庄组
51	东湾古堡	古建筑	县级	宋	王洼镇李寨村叶崾岘组
52	李寨烽燧	古建筑	县级	宋	王洼镇李寨村李寨组

续表 24

序号	名称	类别	保护级别	年代	地点
53	刘洼烽燧	古建筑	县级	宋	王洼镇石岔村刘洼组
54	马岗堡烽燧	古建筑	县级	宋	王洼镇尚台村马岗堡组
55	前台烽燧	古建筑	县级	宋	王洼镇李洼村前台组
56	草庙古堡	古城址	县级	宋	草庙乡草庙村草庙组
57	大峁头遗址	古遗址	县级	汉	草庙乡周庄村堡壕组
58	中共草庙固原县(区)委旧址	近现代史迹	县级	近现代	草庙乡草庙村草庙组
59	庙坪遗址	古遗址	县级	新石器	冯庄乡小园子村庙坪组
60	孙湾古堡	近现代史迹	县级	民国	冯庄乡茨湾村孙湾组
61	中共小园子地下支部旧址	近现代史迹	县级	近现代	冯庄乡小园子村小园子组
62	常湾摩崖造像	石窟寺及石刻	县级	北魏	小岔乡吊岔村常湾组
63	乱庄洼古堡	古城址	县级	清	小岔乡小岔村乱庄组
64	丁渠烽燧	古建筑	县级	宋	罗洼乡罗洼村丁渠组
65	段园子石窟	石窟寺及石刻	县级	待定	罗洼乡张湾村段园子组
66	阳山湾烽燧	古建筑	县级	宋	交岔乡大坪村阳山湾组
67	圪垯峁墓地	古墓葬	县级	汉	新集乡姚河村下姚河组
68	韩寺墓地	古墓葬	县级	汉	新集乡白河村韩寺组
69	石洼墓地	古墓葬	县级	北魏	新集乡新集村石洼组
70	下姚河遗址	古遗址	县级	新石器	新集乡姚河村下姚河组
71	姚河遗址	古遗址	县级	宋	新集乡姚河村姚河组
72	海家沟清真寺旧址	近现代史迹	县级	清	古城镇古城村海家沟组
73	黄堡古堡	古建筑	县级	宋	古城镇挂马沟村黄堡组
74	王大户墓地	古墓葬	县级	春秋战国	古城镇王大户村王大户组
75	小河口城址	古遗址	县级	宋	白阳镇姚河村小河口组
76	路寨古堡	近现代史迹	县级	民国	王洼镇路寨村路寨组
77	庙峁古堡	古城址	县级	宋	王洼镇李岔村前台组
78	米塬墓地	古墓葬	县级	春秋战国	草庙乡刘塬村米塬组
79	张街墓地	古墓葬	县级	春秋战国	草庙乡张街村上山庄组
80	苋麻墓地	古墓葬	县级	春秋战国	交岔乡大坪村苋麻组
81	中央红军长征十三大队宿营地旧址	近现代史迹	县级	近现代	孟塬乡草滩村古庄院

彭阳县非物质文化遗产——虎头枕　（刘喜臣　摄）

【非物质文化遗产宣传】 2022年，彭阳县开展“非遗进校园”活动6场次；“非遗进乡村”活动1场次；组织非遗传承人参加宁夏主会场及全县举办的“文化和自然遗产日”非遗宣传展示活动；参加宁夏黄河流域非遗传承人群培训、非遗作品创意大赛、非遗讲解大赛等系列活动；利用微信公众平台、数字文化云等网络平台，开展“云享非遗”展示6期、“云游非遗·影像展”3期。

【姚河塬遗址考古发掘】 2022年，宁夏考古研究所姚河塬考古队继续在新集乡姚河村姚河塬遗址进行考古发掘。年内，考古工作继续以铸铜作坊区为主，发掘5米×5米探方33个，发现并清理灰坑4座、水渠1段、踩踏面4处、墓葬1座。其中H68出土大量陶范、动物骨骼、铜渣、蚌片等；H73出土大量红烧土块，其位于烘范窑南侧附近，猜测与烘范行为存在一定联系。此外还发现有疑似灰坑、炉子、储水池等遗迹现象。出土遗物有陶器、骨器、石器、铜渣、陶范、炉壁、蚌器、红烧土块等。

（张怡婧　朱亮亮）

新闻媒体

【概况】 2022年，彭阳县融媒体中心（以下简称县融媒体中心）采写电视新闻1780篇，向上级媒体供稿331篇，市台采用136篇，宁台采用11篇；公众号推送图文信息4000余条，点击量约120万人次；抖音、快手发布小视频780条，点击量约1.2亿人次；制作短视频390条，拍摄制作医保微电影2部，移风易俗微电影1部、小短剧2部，完成电视专题片制作21部；开展农村电影放映工作，放映2021场，观影14万人次。县融媒体中心被中共中央宣传部、文化和旅游部、国家广播电视总局评为“第九届全国服务农民、服务基层文化建设先进集体”。

【广播电视】 2022年，县融媒体中心采写电视新闻1780篇，向上级媒体供稿331篇，市台采用136篇，《彭阳红梅杏熟了》《彭阳小麦丰收正当时》《设施温棚花盛开》等11篇稿件被宁夏电视台采用。

【新媒体宣传】 2022年，“彭阳融媒”“彭阳发布”“彭阳广电”公众号推送图文信息4000余条，点击量约120万人次；抖音、快手发布小视频780条，点击量约1.2亿人次，其中“彭阳融媒”微信公众号发布的《点赞！孟塬乡一村民“负彩礼”嫁女》被市委宣传部评为“十佳网络正能量传播案例”。

【农村电影放映】 2022年，县融媒体中心组织16名放映员成立电影放映队，深入各乡镇、各移民点开展电影放映工作，丰富群众的文化生活。全年放映任务2134场次，放映2134场次，完成全年放映任务，观影14万人次。

【专题专栏设置】 2022年，县融媒体中心开设“喜迎党的二十大”“奋进新征程　人才话发展”“大学习　大讨论　大实践”“创城进行时”“新时代文明实践”等15个专题栏目，推送相关图文视频信息500余条。

【广电设备更新】 2022年，县融

媒中心绘制北山电视转播台供配电网络拓扑图，对13个卫星地面接收站安装抗5G干扰高平头、滤波器、避雷器等设备，完成广播电视700兆频率迁移任务，更新改造16部发射机及反馈系统。完成元旦、春节、北京冬奥会及冬残奥会等重大活动及重要保障期期间广播电视安全播出保障任务。

（安文升　朱亮亮）

档案管理

【概况】 2022年，彭阳县档案馆馆藏纸质档案21617卷、175196件，其中，婚姻档案24717件、农村土地确权档案91416件、脱贫攻坚档案7612件、95卷。馆藏实物档案232件，照片档案2176张，图书资料5291册。

【档案接收】 2022年，县档案馆按照“应收尽收、应归尽归”的原则，指派业务人员对政法委、政府办、文广局等20多个部门单位的文书档案、项目档案、脱贫攻坚档案、新冠疫情防控档案进行检查指导。依据《重大建设项目档案验收办法》，验收道路交通、高标准农田建设、节水灌溉等重大建设项目档案33个。全年接收文联图书资料491册，文广局文书档案845卷，王洼镇脱贫攻坚档案978件，固原市生态环境局彭阳分局文书档案12136件、科技档案408件。

【档案利用】 2022年，县档案馆为做好已公开现行文件的查阅利用工作，完成3879条开放目录鉴定。全年接待档案利用者420余人次，调阅工龄、劳动调配、职务职称、婚姻纠纷、个人荣誉、工作查考等各类档案1300余卷次，给利用者复印档案资料320余份。

【“6·9”国际档案日宣传活动】 2022年6月9日，县档案馆以“喜迎二十大·档案颂辉煌”为主题，在怡园广场举办“6·9”国际档案日系列宣传活动。此次活动发放宣传资料900余份、宣传品1000余份，向来往群众宣传档案法律法规及档案相关知识，增强了干部群众档案意识，使档案工作更加贴近群众。

【档案安全】 2022年，县档案馆构建档案行政执法检查、安全风险评估、安全自查工作体系，建立档案工作突发事件应急处置预案。定期开展档案安全风险隐患排查整治，对档案库房用电线路、地暖、下水管道等地方进行重点检查，维修档案库房和办公区损坏的门窗、灯具等。

（高玉铎）

地方志

【方志编纂】 2022年，彭阳县完成《彭阳年鉴（2021）》、《彭阳史地文集（第三辑）》、《彭阳史志》（季刊）第60~63期印刷出版工作。在《宁夏史志》发表《彭阳清代民国契约研究》《古代朝那湫的祭祀活动》等2篇研究性文章。启动《彭阳建县四十年大事记》《彭阳文献资料汇编（1949—1956）》《彭阳县扶贫志》编纂工作，编纂出版《彭阳年鉴（2022）》。

【方志宣传】 2022年，彭阳县开展史志书籍进部门（单位）、进村组（社区）、进校园、进企业、进军营“五进”活动和“5·18”地方志宣传日活动。先后向固原市图书馆、市档案馆、城阳乡杨坪村和沟圈村、宁夏师范学院、六盘山干部学院、彭阳宁南数字经济产业园、各部门、各乡镇赠送《彭阳县志》《中国共产党彭阳历史第一卷（1921—1949）》《彭阳年鉴》《彭阳史志》等史志图书近3000本（套），总价值7万余元。

（张智慧）

图书销售

【教材教辅征订】 2022年，彭阳县全年征订发行教材595万元，其中免费教材销售424万元；非免教材销售171万元，与上年同期相比增长8.5%。征订发行各类教辅资料402万元，与上年同期相比下降7.3%。

【一般图书销售】 2022年，彭阳县开展各类读书阅读活动，促进一般图书销售。春节期间，在彭阳县古城镇开展“佳节尚文明，志愿关爱行”乡镇流动售书活动，“4·23”世界读书日期间，在白阳镇玉洼村开展点亮心灯《诗在远方——闽宁经验纪事》阅读分享活动，联合县委宣传部举办“我们的中国梦文化进万家”系列活动，联合教育局举办的“强国有我”演讲活动，实现一般图书销售111.6万元，较上年同期增加11.09万元，增长11%。

（李　东）

2022年8月11日，彭阳县对辖区内文化市场开展专项检查　（杨　天　摄）

文化市场管理

【文化市场扫黄打非】 2022年，彭阳县开展网络淫秽色情信息专项治理“净网”行动、秋季开学季“护苗2022”专项行动、深化查堵非法有害出版活动专项治理“清源”行动、全县校园周边专项治理等多个专项行动，出动执法人员516人次，排查出不适宜中小学生阅读书籍78本，下架问题书籍73本，对2起区、市“扫黄打非”办移交线索立案查处，查处回复率100%。

【文化市场执法检查】 2022年，彭阳县开展文化市场执法检查，坚持日常监管与专项整治相结合，教育引导与行政执法相结合，同各经营单位签订安全生产责任书、诚信经营承诺书。全年出动执法人员1728人次，检查文化经营场所597家次，其中，网吧69家次、歌舞娱乐场所270家次、书店及印刷复制行业258家次。对2家未办理许可证擅自经营的单位责令拆除点歌设备，处理投诉举报5次，回复县检察院检察建议1次，对4家违规经营单位立案查处，罚款53.04万元。

【校外培训机构专项检查】 2022年，彭阳县按照“双减”工作要求，对全县12家艺术类校外培训机构就登记信息、经营场地面积、运营情况、收费管理、师资队伍、安全生产、从业人员资质、学员数量、收费标准等方面进行了全面摸排，按照自治区文旅厅制定的准入标准对全县文化艺术类校外培训机构重新核发《宁夏回族自治区文化艺术类校外培训机构设立核准书》，督促指导机构在全国校外教育培训监管与服务综合平台完成资金监管、课程上架等工作，完成率100%。

（朱亮亮）

卫生健康

Hygiene and Health

综　述

【概况】 2022年,彭阳县全面推进县域紧密型医共体管理,实现基层门急诊人次、住院人次、医疗服务收入占比、患者满意度上升,住院次均费用、住院天数、药占比、检查检验占比下降,在全区紧密型县域医共体建设14个试点县改革中综合评价为A等次,彭阳位列全区第一名。从"防、控、治、保"入手,全面实施全民健康水平提升行动,人均预期寿命76.96岁,居民健康素养水平提高到24.7%,婴儿死亡率、5岁以下儿童死亡率分别下降到2.12‰和4.24‰,孕产妇死亡率继续保持为零。打赢突发新冠疫情防控歼灭战。跟进实施"乙类乙管"政策,围绕"保健康、防重症、防死亡",建立医疗救治体系,无死亡病例出现。

（马　剑）

【公立医院综合医改】 2022年,彭阳县建立"能上能下、能出能进"的人员管理机制,先后为各分院统一聘任班子成员55名,对不能胜任工作的2名基层卫生院院长予以解聘,在医共体内部统筹调整使用专业技术人才34人。药械管理由医疗健康总院牵头,遴选医共体内部统一药品目录1433种,药品采购实行备案管理。财务人员脱离原单位工作,由总院统一管理、统一办公,各医疗机构实行报账制。制定《彭阳县远程诊疗服务实施方案(试行)》,建成全民健康信息化县乡村一体化区域信息平台,完成医疗健康信息专网100%覆盖,建成全县"远程影像诊断中心""远程心电诊断中心"和"远程超声诊断中心",开展远程影像诊断4877例、心电4466例、彩超160例,初步实现医疗保险、签约服务、分级诊疗等信息互联互通。制定《彭阳县医疗健康总院双向转诊工作方案》《彭阳县医疗健康总院常见疾病分级诊疗双向转诊指南》,县医疗健康总院牵头举办2期全县医疗卫生机构学习观摩交流。

（席　丽）

【全民健康水平提升行动】 2022年,彭阳县线下组织开展健康知识宣讲活动,线上通过电视台开设卫生健康专栏,每日播放健康公益广告,并创建"彭阳妇幼儿保"微信视频号,开展短视频健康科普宣传。全年举办各类健康宣讲活动700场次,累计发放"小三件"6018套,发放宣传册、宣传用品4万余件,播放健康公益广告90条,创建微视频149期,点击量超过14万人次。加快健康示范县创建,指导验收健康村(社区)14个,健康企业2家,健康家庭120户,健康学校3所,健康机关5家。彭阳县创建无烟党政机关72家,设置戒烟门诊2家，为100余名烟民提供戒烟服务。

（晁国丽）

【卫生健康领域专项治理】 2022年，彭阳县开展卫生健康领域突出问题专项治理围绕全县医疗行业乱象治理、采购秩序治理、医药卫生体制改革、公立医院高质量发展等重点工作，通过开展自查自纠，发现各类问题8615个，其中，医疗行业乱象方面存在的问题8393个、招标采购方面存在的问题96个、数字监管能力方面存在问题64个、深化医药卫生体制改革方面存在的问题56个、工程建设政府采购方面存在问题6个，增补3个方面查找问题41条。按照“边查边改、立查立改”的原则，进行整改落实，截至年底整改率100%。同时建立健全各项管理制度，修订制度73个，新建制度144个。

（张朝阳）

2022年彭阳县卫生健康单位一览表

表25 单位：人

序号	名称	等级	地址	从业人数
1	彭阳县人民医院	二甲	彭阳县彭安街1号	400
2	彭阳县妇幼保健院	二级	彭阳县城西路14号	122
3	彭阳县中医医院	二甲	彭阳县兴彭大街228号	155
4	彭阳县疾病预防控制中心	—	彭阳县兴彭大街228号	29
5	彭阳县卫生监督所	—	彭阳县兴彭大街771号	10
6	彭阳县白阳镇卫生院	一级	彭阳县兴彭大街308号	39
7	彭阳县古城镇卫生院	一级	彭阳县古城镇街道	40
8	彭阳县王洼中心卫生院	一级	彭阳县王洼街道	64
9	彭阳县红河镇卫生院	一级	彭阳县红河镇街道	31
10	彭阳县新集乡卫生院	一级	彭阳县新集乡街道	40
11	彭阳县城阳乡卫生院	一级	彭阳县城阳乡街道	26
12	彭阳县草庙乡卫生院	一级	彭阳县草庙乡街道	25
13	彭阳县孟塬乡卫生院	一级	彭阳县孟塬乡街道	24
14	彭阳县冯庄乡卫生院	一级	彭阳县冯庄乡小园子	16
15	彭阳县小岔乡卫生院	一级	彭阳县小岔乡街道	16
16	彭阳县罗洼乡卫生院	一级	彭阳县罗洼乡街道	16
17	彭阳县交岔乡卫生院	一级	彭阳县交岔乡街道	14
18	彭阳县友谊街社区卫生服务中心	一级	彭阳县南关街与栖凤街交叉口东南一百米	18
19	彭阳县政府街社区卫生服务中心	一级	彭阳县兴彭大街617号	24

疾病预防控制

【疾病监测】 2022年，彭阳县对居民楼下水管道、暖气沟、城乡接合部等场所实施春、秋两季蚊媒监测及环境消毒消杀工作，常规开展食源性疾病监测，全年报告食源性疾病285例，未发现疑似聚集性病例。开展职业病防治，2022年核实随访3名患者，存活3人。诊断为尘肺患者3人。

【慢性病防治】 2022年，彭阳县应管理高血压9137人，已管理12546人，规范管理率75.68%。县疾控中心开展糖尿病健康管理，糖尿病任务数为2340人，已管理3026人，规范管理率75.31%；加强重性精神疾病管理，全县在册患者788例，规范管理744例，规范管理率94.42%，应急处置14例，应急处置率280%。开展癫痫病治疗管理，全年管理治疗癫痫患者215例，筛查疑似癫痫患者91例。

【传染病防治】 2022年，彭阳县无甲类传染病报告，报告乙丙类传染病14种461例，死亡1例（肺结核）。报告发病率为287.21/10万，较上年下降5.14%。报告发病率居前五位的病种依次为布鲁氏菌病（119.62/10万）、病毒性肝炎（239.25/10万）、肺结核（37.38/10万）、梅毒（32.40/10万）、其他感染性腹泻病（21.18/10万）。报告发病率居前五位的乡镇依次为王洼镇（439.19/10万）、新集乡（394.43/10万）、古城镇（381.99/10万）、交岔乡（380.87/10万）、罗洼乡（261.99/10万）。乙类传染病报告10种379例，死亡1例（肺结核）。报告发病率为236.12/10万，较上年上升0.53%。自然疫源及虫媒传染病报告192例，占乙类传染病报告病例总数的50.66%，报告病例数较上年上升45.45%；血源及性传播疾病报告119例，占乙类传染病报告病例总数的31.40%，报告病例数较较上年下降20.13%；呼吸道传染病报告66例，占乙类传染病报告病例总数的17.41%，报告病例数较上年下降25.84%；肠道传染病报告2例，占乙类传染病报告病例总数的0.53%，报告病例数较上年下降71.43%。丙类传染病报告4种82例，无死亡病例，报告发病率为51.09/10万，较上年下降24.77%。

（韩志瑞）

公共卫生

【概况】 2022年，彭阳县162个村（社区）成立公共卫生委员会，更新组建165个家庭医生签约服务团队，深入村（社区）开展卫生健康管理服务。累计完成全民健康体检7.38万人，体检率54.98%，建立患病人群“一人一档”“一病一案”1.1万人。全面推进心血管病、脑卒中、高血压等10种重大慢性病医疗机构机会性筛查干预，累计完成心血管病初筛1000人、高危干预258人、短期随访246人、既往高危对象长期随访1526人。全面实施妇幼卫生健康促进项目，全年累计完成宫颈癌筛查7210人、乳腺癌筛查7348人，分别完成自治区下达目标任务数的100.14%和102.06%。传染病管理进一步规范，法定传染病报告率为287.21/10万。

【基本公共卫生服务】 2022年，彭阳县65岁以上老年人健康管理15000人，老年人健康管理率73.74%，老年人城乡社区规范健康管理服务任务完成率99.04%；规范管理高血压患者9495例，规范管理率75.68%，血压控制人数10373例，血压控制率82.68%；规范管理糖尿病患者2279例，规范管理率75.31%，血糖控制人数2526例，血糖控制率83.48%；规范管理严重精神障碍患者744例，规范管理率94.42%，社区在册居家严重精神障碍患者健康管理729人，社区在册居家严重精神障碍患者健康管理率92.51%；全县同期内经上级定点医疗机构确诊并通知基层医疗卫生机构管理的肺结核患者人数51例，已管理51例，肺结核患者管理率100%，已完成治疗的结核病患者50人，规律服药50人，规律服药率100%。彭阳县在2022年度全区基本公共卫生服务项目绩效评价中排第六名，固原市五县（区）排第二名。

（高　丽）

【健康扶贫】 2022年，彭阳县全年累计反馈新增确诊大病、重病、重症慢性病或者突发新冠疫情重症等农村患者82人次，完成各项医疗保障政策和社会救助、慈善帮扶措施。投资1.4亿元立项建设县疾病预防控制中心业务综合楼及医疗物资储备库项目、县人民医院王洼分中心建设项目、县人民医院传染病综合楼4个项目。投入28.4万元采购流行性出血热灭活疫苗，在4家易感乡镇全面接种。完成5个乡镇(社区)基层医疗机构维修改造和9家基层医疗机构实施污水处理设施建设。投入425万元为医疗机构采购紧缺医疗设备。

（席　丽）

【家庭医生签约】 2022年，彭阳县组建服务团队165个，家庭医生475名，其中，全科医生40名、专科医生385名、其他卫生专业人员42名。截至2022年年底，全县常住人口签约服务151439人，签约率94.35%；0~6岁儿童签约服务11550人，签约率98.65%；65岁以上老年人签约服务18510人，签约率99.20%；孕产妇签约服务1340人，签约率98.60%；高血压签约服务11732人，签约率99.91%；糖尿病签约服务2666人，签约率100%；肺结核签约服务51例，签约率100%；严重精神障碍签约服务788例，签约率100%；残疾人、贫困人口、计生特殊家庭、五保户以及三类监测户签约率均在99%以上。

（梁树平）

【妇幼卫生健康促进项目】 2022年，彭阳县全年产妇数1877人，产妇早孕建册1840人，早孕建册率97.56%，产后访视1840人，产后访视率97.56%，孕产妇系统保健管理1826人，孕产妇系统管理率96.82%；7岁以下儿童保健率95.20%；新生儿访视率96.61%，0~6岁儿童眼保健管理率94.52%。彭阳县妇幼保健院(以下简称县妇幼保健院）进一步做实做细妇幼民生实事，完成农村妇女宫颈癌筛查7210人，完成自治区下达任务的100.14%。完成乳腺癌筛查7348人，完成自治区下达任务的102.06%，其中做钼靶检查69人，良性病变239人。妇幼健康民生计划项目进展顺利，孕产妇艾滋病、梅毒和乙肝母婴阻断检测989人，确诊孕妇梅毒感染阳性2人，乙肝表面抗原阳性产妇20人，乙肝表面抗原阳性产妇所生新生儿干预率100%。县妇幼保健院为3362名6~24月龄儿童发放营养包，营养包发放率99.38%。免费孕前优生检查909对，目标人群覆盖率90.09%；婚前医学检查1852人，婚检率91.96%。目标人群叶酸发放1944人，服用率100%。调查叶酸服用依存率80.56%。

（马莹莹）

健康促进

【卫生城市创建】 2022年，彭阳县持续巩固国家卫生县创建成果，打造“蓝天碧水青山净土”人居生活环境，由12个重点部门牵头，先后组织100多家机关单位和社团组织，组织志愿者在县城卫生责任片区开展环境卫生整治行动，持续做好城乡人居环境整治工作，坚持“每月一主题、一通知、一部署、一督查、一总结”，全年处理污水总量188.35万吨，城市生活污水集中处理率为97.55%，生活垃圾清运量总2.5万余吨，处理率100%。

【病媒生物预防】 2022年，彭阳县组织技术人员到彭阳县消杀区域开展消杀工作，消杀区域及靶标虫害，其中城区包括居民小区365栋、政府机关单位10个、学校16所、宾馆酒店3个、污水井盖3600个、医疗机构3个、晨晚健身活动广场5个、医院3个、茹河水域8000平米、街道绿植28000平米、公共卫生间29座、垃圾中转站4个、垃圾填埋场1个、垃圾收集点300个、农贸市场2个、工业园区1个，总受益人口7万人。

【爱国卫生运动系列活动】 2022年，彭阳县深入开展爱国卫生运动，完成各类宣讲298场次，受益群众3万余人。紧紧围绕“爱国卫生日”“世界卫生日”“全民营养周”等活动，各单位发挥微信公众号、微信群、视频号、电视台等媒体平台作用，推送慢性病防治、计划生育、保健科普、禁烟禁毒等卫生健康方面知识1300余条，发放健康读本、折页等健康宣传资料

3 万余份、健康干预物品 5000 余份，城乡居民健康素养水平增长近 4 个百分点。

（马　剑）

卫生监督

【概况】 2022 年，彭阳县根据从医疗机构依法执业、临床用血、母婴保健、医疗废物管理、院感防控、放射诊疗、实验室生物安全和常态化新冠疫情防控措施的落实等方面，对 193 家各类医疗卫生机构进行重点监督检查。扎实推进职业病危害专项治理、二次供水专项整治、公共场所卫生和学校卫生监督检查工作。打击非法行医工作成效显著，对 2 家未取得医疗机构执业许可证、聘用未取得医师执业证人员擅自开展诊疗活动，给予罚款 10.1 万元、没收违法所得 1667 元的行政处罚。

【医疗废物管理】 2022 年，彭阳县根据发热门诊规范设置及预检分诊、住院患者管理和探视等措施的落实情况，每月开展县直医疗机构、乡镇卫生院、社区卫生服务中心及个体诊所医疗废物管理及院感防控工作进行督导检查。

【监督检查】 2022 年，彭阳县开展医疗机构依法执业检查，对辖区内各级各类医疗卫生机构的设置审批、注册类别、执业范围、人员资质、执业地点、执业岗位、校验管理等档案资料进行梳理与复核，校验医疗机构执业许可证、放射诊疗许可证、母婴保健技术服务执业许可证 175 家。在全县 3 家医疗机构开展医疗机构临床用血检查。在全县 9 家母婴保健、计划生育技术服务机构开展母婴保健、计划生育技术服务机构检查。根据《2022 年全区抗（抑）菌制剂类消毒产品专项监督检查工作方案》的要求，对全县 12 家医疗机构、35 家药店、7 家个体母婴保健品店、4 家超市、1 家消毒剂生产企业，共计 59 家单位使用和销售的抗（抑）菌制剂类消毒产品进行专项监督检查。

【职业病危害专项治理】 2022 年，彭阳县纳入职业病危害因素治理的用人单位 26 家，从业总人数 3636 人，接触职业病危害因素人数 3127 人。县卫生机构组织卫生监督员对辖区内存在职业病危害因素的用人单位进行监督检查，24 家用人单位进行职业病危害项目申报，并对作业场所职业病危害因素进行定期检测，接触职业病危害因素的劳动者在岗期间职业健康检查率 100%、卫生知识培训率 100%。开展职业病防治知识宣传活动，发放各类宣传资料 16000 余份。围绕《中华人民共和国职业病防治法》和尘肺病防治相关知识，举办 1 期职业病监管单位负责人培训班，共计 52 人参加培训。根据《宁夏回族自治区深入开展职业病危害专项治理工作实施方案（2022—2025 年）》要求，组织卫生监督员对全县 175 家企业进行登记核查，确定 4 家企业为职业病危害专项治理单位。

【二次供水专项整治】 2022 年，彭阳县开展对全县二次供水小区从供水许可情况、水质检测及公示情况、供水设施的维护清洗消毒以及水质检测档案信息保存制度等方面开展专项整治工作。全县有二次供水小区 16 家，其中无负压供水设备的供水小区 13 家，对直接供（管）水人员进行生活饮用水法律法规知识培训和测试，并向培训合格者颁发生活饮用水知识培训合格证。水箱式二次供水小区 3 家，均已办理卫生许可证，6 名供（管）水人员经过卫生知识培训合格后持证上岗。

【公共场所卫生监督】 2022 年，彭阳县对县域内 224 家公共场所监管单位进行监督检查，从制度管理、人员管理、设备管理、卫生管理等方面进行规范性指导，224 家公共场所监管单位均持有有效的卫生许可证，从业人员均办理了健康合格证。采取现场检查、查看资料等方式对全县中小学和幼儿园进行监督检查。对 11 所学校的采光和照明、课桌椅配备、教室人均面积、教室和宿舍的通风设施及学校提供的学习用品做了监督抽检，基本符合要求。

【医疗乱象专项整治】 2022 年，根据《宁夏回族自治区医疗乱象专项整治行动实施方案》的要求，彭阳县围绕规范医疗服务市场，以各类违法违规执业行为、医保欺诈骗保行为、发布违法医疗、药品、医疗器械广告和虚假信息的行为、各类价格违法违规行为等4个方面为突破口，全面实施专项治理行动。分别对存在问题较多、整改不力的4家民营医疗机构负责人进行约谈。全年立案查处1家美发工作室，行政处罚1家大药房，向2家生活美容机构下达卫生监督意见书。

（赵金凤）

医政药政管理

【医疗机构行业监管】 2022年，彭阳县推进落实放管服改革，县卫生健康局进驻政务服务中心办理行政许可事项14项。按照高效便民的理念，精简审批材料，压缩办理时限，简单事项即来即办，一般事项审批时限统一控制在法定时限之内，最大限度优化审批流程。全年办理执业医师证100件，护士执业证117件，新注册个体诊所7家，校验变更18家。开展不良积分管理，将医疗机构不良执业行为纳入医疗机构年度考核和校验内容，强化结果运用。开展卫生健康领域突出问题专项治理和“转作风、重实干、勇担当”活动，针对卫生健康领域存在的药械招标采购程序不规范、“三不合理”等乱象问题，紧盯重点岗位、重点环节、重点项目，督促指导全县医疗卫生机构开展三轮自查自纠，梳理突出问题8615条，收缴违纪资金9.41万元。

【“平安医院”建设】 2022年，彭阳县全面做好“平安医院”创建工作，全县3家二级医院，除未安装安检系统外，其余均按照安防系统建设标准配置。二级医院分别建立安保室，重点部位和公共场所均安装监控设备，配置记录仪4台、对讲机14部、警棍9个等安防设备。医院供水、供电、供热、供氧中心、药品和易燃易爆物品储存点等区域均安装防护门，各科室均安装门禁系统，“精、麻、放”等特殊药品采用专柜存放。通过购买安保服务，配备安保人员11名，实行重点部位每小时巡查制和24小时值班值守，不定时对医院安全保卫工作进行不间断巡查。医院与公安系统建立警医联动室，制定突发涉医事件应急处置、24小时值班值守制度，对突发事件进行及时处置。3家二级医院均参加医疗责任保险，2022年未发生伤医案件。

【药品采购管理】 2022年，彭阳县开展药品配备使用情况监测分析，年内完成药品编码比对和数据上报，为下一步监测医疗卫生机构药品配备使用情况做好前期准备工作。完成县管14家基层医疗机构、3家二级医院药品品规备案审批工作，保障基层临床用药需求。全县各医疗卫生机构全部纳入国家短缺药直报平台进行药品短缺信息上报，为国家、区、市、县四级短缺药品信息监测体系的建立，以及国家、区两级及时统筹协调和分类有效应对药品短缺问题奠定基础。

【医药管理宣传培训】 2022年，彭阳县组织全县医疗机构药事管理参加自治区卫生健康委举办的2022年药品政策解读，并结合全域创建“食品药品安全区”开展全县医疗机构药品安全管理相关政策培训会议，50余名药政、药学人员参加并通过考试。

（马　剑）

重点医疗机构

【彭阳县人民医院】 彭阳县人民医院于1983年在原彭阳中心卫生院基础上成立，已发展成为集医疗、预防、保健、急救、教学于一体的县级综合医院，是全县的医疗急救中心。2022年，彭阳县人民医院落实医疗质量安全核心制度，开展“三合理一规范”专项整治行动，检查、用药、治疗合理性逐步提高，收费逐步规范。紧紧围绕“双提升”和“进一步改善医疗服务行动”，全力推进医院综合服务能力提升。严格执行感控措施，完善三级感染管理体系，加强感控队伍，落实日巡查制度和月培训制度，有力保障医疗安全。持续深化同区内外三甲医院结对帮扶关系，持续加强人才队伍建设。全面完成“互联网医院”平台预约挂号、在线复诊、医生咨询三大模块建设，实现预约诊疗；完成医保15项编码的贯标落实工作和全区药品采购平台、HIS（医院信息管理系统）改造的接口联调工作；

完成体检系统、物资管理系统建设并投入使用；完成联调完善公立医院绩效考核病案首页数据采集系统和全区用血直免系统的上线及其培训工作；配合胸痛中心建设的时间校准工作和妇幼专科电子病历信息平台的上线建设工作；完成国家医保新平台上线工作并正式运行。为规范诊疗服务行为，提高医院精细化管理水平，促进医院高质量发展，确保医保基金安全有效、合理使用，建立由主管院长负总责、业务院长具体抓医保管理工作，各临床科室科主任为第一责任人工作机制，强化责任、规范合理使用医保基金行为，将医保工作抓紧抓实，加强对科室收费及医务人员使用医保基金行为进行监督管理，确保医保资金运行安全，通过规范合理使用医保基金行为，进一步规范诊疗全过程，做到合理检查，合理用药，合理治疗，杜绝乱检查，大处方等不规范行为发。

【彭阳县中医医院】 彭阳县中医医院始建于2009年，是一所二级甲等非营利性中医医院，是城镇职工、城乡居民医保定点医疗机构，承担着卫生部中医药适宜技术推广任务和全县人民及毗邻地区部分群众的中医药医疗、保健和急救工作。2022年，彭阳县中医医院住院3409人次，门急诊37838人次，医疗收入1795.7万元，门急诊病人次均医疗费用131元，住院病人次均医疗费用3855.76元。年内，公开招聘中医研究生1名，本科生1名。邀请区内外专家14批次34人次，到院开展坐诊、查房、讲座等活动，培训25场次，培训1750余人次，全年选派4名业务骨干到三三医馆、洛阳正骨医院、宁夏医科大总院及厦门市第五医院进修学习，培养中医药专业人才。开展冬病夏治“三伏贴”活动，举办全县基层中医适宜技术培训班2场次，培训400余人。全年提供健康指导352次，每个科室选派1名护士常驻养老机构，开展八段锦示教321次、太极拳示教251次，开展中医体质辨识165人次。制定出台工作方案，成立领导小组和工作专班，排查问题1274条，已完成整改1266条，修订完善制度4个，新增管理制度20个。

【彭阳县妇幼保健院】 彭阳县妇幼保健院始建于1984年，是一所集保健、医疗、预防于一体的二级医疗保健机构，属全县城乡居民医保定点医疗机构，承担着全县妇女儿童的医疗保健任务。2022年，彭阳县妇幼保健院以妇幼特色学科体系建设为基点，以医院原本的“四大部”为基本框架，建成了“四大部”+儿童早教康复中心、儿童眼保健中心、产后康复中心、儿童口腔保健中心的“四大部四中心”工作机制。业务上实现了妇幼保健机构以“治病”为中心到以“保健”为中心的功能转变，管理上实现了院、部、科、中心层级纵向分工明确、职责清晰，横向业务贯通、互相促进的科学管理体系。聚焦孕产妇监测、0~6岁儿童健康管理等妇幼健康指标任务，推动妇幼健康行动项目深入开展，农村妇女两癌筛查、产前筛查、新生儿疾病筛查及耳聋基因检查项目均达到免费筛查要求；艾梅乙阻断项目、贫困地区儿童营养改善项目、婚前医学检查项目、孕前优生检查项目、增补叶酸预防神经管缺陷项目等妇幼健康民生计划项目顺利开展。加大人才培养力度，提升服务质量，引进医师专家到院坐诊带教，选派院内医务人员赴区内外三甲医院进修学习，提升院内职工诊疗技术。组织开展志愿服务活动，助力民族团结示范单位创建，紧扣“中华民族一家亲，同心共筑中国梦”总目标，结合医疗卫生机构行业特点，开展以团体、志愿服务、慰问、义诊等方式的民族团结进步宣传活动；医院深入开展卫生健康领域突出问题专项治理活动，深入查处院内医疗行业乱象、“三不合理”等方面存在的问题，规范院内诊疗习惯。提升医院信息化建设，以“互联网”+医疗为契机，改造升级医院网络服务功能，逐步提高线上服务能力。

（赵金凤）

体育设施

【体育基础设施建设】 2022年，彭阳县有体育场地1603个，场地面积61万平方米，人均体育场地面积3.81平方米。2022年，彭阳县建成白阳镇赵河居民点社区多功能运动场、儿童多功能体育运动场、自治区级健身站点联系工作室，全面摸排全县公共体育场地健身器材，实行健身器材数字化管理。为居委会、行政村采购安装健身器材179件，更换篮球架4副，安装羽毛球柱6副，安装乒乓球台6副，维修维护健身器材64件，铺设悬浮地板篮球场1块620平方米。

【彭阳县体育馆】 彭阳县体育馆位于茹河北岸，建筑面积1.3公顷，内设看台3016座，运动场面积6000平方米，功能齐全，体育工艺、声学、照明、地板等符合举办大型体育赛事要求。体育馆主场地为篮球场，内设射击、举重、羽毛球、乒乓球、健身房、国民体质监测等场地，是集全民健身、竞技训练、赛事举办、文体展演、大型集会等于一体的综合性场馆。全年开放360天，健身人群达10.8万人次，2022年在彭阳体育馆举办了全区健身气功站点联赛、彭阳县农民篮球争霸赛、教体系统职工运动会、警体运动会等体育赛事活动。

2022年彭阳县体育场馆一览表

表26　　　　单位：平方米

序号	场馆名称	建成年份	场地面积	场地类型
1	彭阳体育馆	2020年	4950.75	篮球、羽毛球、乒乓球、健身房
2	彭阳县全民健身中心	2011年	2200	篮球、羽毛球、乒乓球、健身房
3	雷河滩全民健身中心	2017年	1600	篮球、羽毛球、乒乓球、足球
4	西门公共体育场	2020年	10000	篮球、羽毛球、乒乓球、门球、网球、足球、田径跑道
5	城阳乡全民健身中心	2020年	1600	篮球、羽毛球、乒乓球、台球
6	王洼镇全民健身中心	2020年	1600	篮球、羽毛球、乒乓球、台球
7	红河镇全民健身中心	2020年	1600	篮球、羽毛球、乒乓球、台球
8	茹河运动场	2015年	11000	篮球、羽毛球、乒乓球、门球、网球、足球

2022年3月6日，"2022年彭阳县庆祝'三八'妇女节健步走"活动在县城举行

（张彩云 摄）

【西门公共体育场】 西门公共体育场于2020年10月建成投入使用，建筑面积3公顷，场地有400米标准田径塑胶跑道，标准11人制足球场及篮球、羽毛球、网球、门球、乒乓球等场地，安装健身路径及健身驿站，配套体育看台、大门、公共卫生间、照明等附属设施，全天免费对外开放。西门公共体育场发挥体育场的公益性作用和综合服务功能，成为彭阳县城集群众健身、休闲娱乐、集会庆典、体育教学、竞技比赛、应急避难于一体的综合性活动场所，自投入使用以来，管理运行规范，社会效益显著，得到广大群众的普遍赞同，全年开放，健身人群达36万人次。2022年在西门公共体育场举办了宁夏足协乙级联赛彭阳赛区暨彭阳县第二届足球联赛、彭阳县中小学生田径运动会、校园足球联赛、社区运动会等赛事活动。

（杨振元）

全民健身

【第五届农民篮球争霸赛】 2022年2月25—27日，由彭阳县委宣传部、县教体局、县文广局主办的"中国体育彩票杯"宁夏彭阳县第五届农民篮球争霸赛开赛。全县乡镇10支代表队120名运动员参加此次争霸赛。最终，新集乡、古城镇、城阳乡、白阳镇、红河镇、王洼镇分别夺得前六名。

【庆"三八"妇女节健步走活动】 2022年3月6日，由彭阳县妇女联合会和彭阳县教育体育局主办、彭阳县体育中心承办的2022年彭阳县庆祝"三八"妇女节健步走活动在彭阳县悦龙山长城路拉开帷幕。来自全县各行各业600余名妇女群众参加此次健步走活动。比赛分青年组和中老年组2个组别，比赛路线以长城街为起点经长征路、悦龙山健身步道，全程6千米。最终各组50名选手分别获得奖励。

【城市社区运动会】 2022年6月2日，由彭阳县全民健身领导小组主办，县教体局、县体育中心承办的2022年彭阳县"迎端午 促健康"城市社区趣味运动会在彭阳体育馆举办。此次运动会由城区5个社区组队参赛，设羽毛球、乒乓球、跳绳等8个个人项目和旱地龙舟、集体跳绳、拔河等5个集体项目。政府街、茹河街等社区获得集体项目前三名；李晓荣等105人获得个人项目不同等次的奖励。

（杨振元）

竞技体育

【"薪火传承 中国健康跑"宁夏彭阳站活动】 2022年6月22日，由自治区体育局、彭阳县人民政府主办，县委宣传部、县教体局、县文广局承办的2022年"薪火传承中国健康跑"宁夏彭阳站活动在乔家渠毛泽东长征宿营地开幕。此次活动有县域内800余名跑步爱好者按照项目分组参加经典跑12.26千米、传承跑7.1千米8个组别的比赛。王兴龙获得传承跑男子青年组第一名、刘蕾获得传承跑女子青年组第一、赵满仓获得传承跑男子中老年组第一名、施霖霞获得传承跑女子中老年组第一名；李树淇获得经典跑男子青年组第一名、张文静获得经典跑女子青年组第一名、张朋兵获得经典跑男子中老年组第一名、曹传昕获得经典跑女子中老年组第一名。

【2022年全区健身气功站点联赛】 2022年8月16—17日，由自治区体育局主办，宁夏社会体育服务中心、彭阳县人民政府承办，县教体局、县体育中心协办的2022年全区健身气功站点联赛在彭阳举行。此次比赛采取线上形式举办，有来自全区各市、县(区)22支代表队154名健身气功爱好者参加太极养生杖、导引养生功十二法、马王堆导引术、大舞4个项目的比赛，线上直播观看8万余人。经过两天集中展播、评比，导引养生功十二法项目、马王堆导引术项目西吉县永清湖代表队获得一等奖，太极养生杖项目吴忠市金岸美地辅导站获得一等奖，大舞项目银川市中山公园苹果园站获得一等奖。固原市靖朔门健身站点、原州区健身气功站、灵武市灵州广场健身气功站、贺兰县桃李春风健身气功站一队、西夏区健身气功22站代表队获得体育道德风尚奖。

【参加宁夏第十六届运动会】 2022年12月18—25日，由宁夏回族自治区人民政府主办的第十六届运动会在银川市、中卫市举行。彭阳县63名运动员参加田径、摔跤、举重、射击、武术、跆拳道、足球、射箭、拳击、网球10个项目的比赛。经过角逐，彭阳县取得12枚金牌、4枚银牌、7枚铜牌，打破全区3项青少年纪录，4人取得一级运动员称号，11人取得二级运动员称号。

（杨振元）

青少年体育

【青少年业余训练】 2022年，彭阳县制定青少年业余训练方案，组织县业余体校79人参加田径、摔跤、举重、射击、跆拳道、羽毛球、网球、武术、拳击、射箭10个项目比赛，统筹经费保障运动员训练生活补助。

【体教融合】 2022年，彭阳县制定《彭阳县进一步推动青少年足球发展实施方案》《彭阳县加强和改进新时代学校体育工作实施方案》，加强体育教学和业余训练，积极开展阳光体育运动，结合课后延时服务将传统体育项目融入学校体育教学，确保学生每天锻炼一小时，掌握1~2项体育运动技能。

【全县中小学生球类运动会】 2022年3—5月，彭阳县在县体育馆和县全民健身中心举办彭阳县中小学生球类(篮球、乒乓球)运动会。全县中小学21支代表队310名运动员参赛。县四中等6所学校获初中男子组篮球比赛前六名，县城阳乡初级中学等4所学校获初中女子组篮球比赛前四名，县三中获高中男子组、女子组篮球比赛第一名，县五小等8所学校获第六届小学生乒乓球比赛男子团体前八名，县五小等8所学校获第六届小学生乒乓球比赛女子团体前八名，县三小徐建明等8名同学获第六届小学生乒乓球比赛男子单打前八名，县三小王琪等8名同学获第六届小学生乒乓球女子单打前八名；草庙乡中心学校获体育道德风尚奖，县一中、红河镇初级中学获优秀组织奖；周建华等7名裁判员被评为优秀裁判员，杨建军等12名教练员被评为优秀教练员，马喆等39名运动员被评为优秀运动员。

（杨振元）

社会生活

Civil Life

人口家庭

【人口监测】 2022年，彭阳县户籍户数7.49万户，比上年下降0.67%；户籍人口24.45万人，比上年下降0.71%。其中户籍城镇人口6.57万人，占户籍人口的26.87%，比上年末增长0.01个百分点。根据2022年人口变动抽样调查数据，2022年全县常住人口总户数5.77万户，平均常住人口16.10万人，户平均家庭人口2.79人。其中城镇人口6.32万人，占常住总人口的（常住人口城镇化率）39.25%，比上年末增长0.12个百分点；乡村人口为9.78万人，占常住总人口的60.75%。男性人口8.63万人，占常住总人口的53.6%；女性人口7.47万人，占常住总人口的46.4%，性别比为115.5（以女性为100）。汉族人口11.01万人，占常住总人口的68.39%；回族人口5.08万人，占常住总人口的31.55%；其他少数民族人口0.01万人，占常住总人口的0.06%。全年常住人口出生率为11.18‰，死亡率为9.94‰，自然增长率为1.24‰。2022年，彭阳县二孩出生总数为711人，三孩出生总数为320人，分别占出生人口总数的35%、16%。

【婚姻登记】 2022年，彭阳县顺应人民群众对婚姻登记管理服务的期待需求，推进婚姻登记管理服务。民政部门对新婚夫妇进行婚前辅导，宣传婚育政策，做好婚前心理疏导工作。做好婚姻数据的补录工作，2022年办理结婚登记1228对，离婚登记173对，补发结婚证712对，补发离婚证30本，正确率100%。

【收养登记】 2022年，彭阳县严格执行《中华人民共和国民法典》第五编第五章“收养”法律规定办理收养，全年未办理未成年人收养关系。

【生育服务】 2022年，彭阳县妇联、计划生育协会、妇幼保健院等单位，在组织发动、专家支持、咨询指导、义诊帮扶等方面，协作开展优生优育知识宣传服务活动。利用家医签约服务团队，开展优生优育科普宣传咨询服务等工作，累计为1100人次提供优生优育咨询服务。

【家庭矛盾纠纷调解】 2022年，彭阳县加强《中华人民共和国民法典》和婚育知识宣传、婚姻家庭辅导工作。对于发生婚姻家庭矛盾纠纷，要求办理离婚手续的当事人配合司法局专门设立的婚姻家庭调解委员会进行调解，2022年调解家庭矛盾123对，劝和5对。

【流动人口管理】 2022年，彭阳县根据“以实际居住地管理为主”的工作原则，采取“分片包干、责任到人”的方法，逐村、逐街、逐巷对流动人口和出租房屋的变化进行摸排和掌握，全县登记流动人口 3551 人。治安部门、派出所、社区警务室建立专门的出租房和流动人口管理机构，定人定责，实行专门管理，并将出租房和流动人口管理作为警务工作的重要内容，实行“以房管人、以业控人”。

【殡葬管理】 2022 年，彭阳县按照《宁夏回族自治区公墓管理暂行办法》要求，每周开展公墓内乱埋乱葬等现场巡查整治。制定下发《关于做好 2022 年清明节祭扫服务工作的工作方案》，公墓清明节期间接待祭扫 1000 余人次，祭扫车辆 300 余辆，悬挂横幅 4 条、印发宣传册 3000 份。

【农村高额彩礼入户调查】 2022 年 3 月，为全面掌握当前农村高额彩礼实际情况，由彭阳县纪委监委牵头，制定《彭阳县开展农村高额彩礼调研方案》，抽调县委宣传部、县民政局等部门单位的业务干部，成立 2 个调研组，通过入户调查、走访、交流等方式，对全县 12 个乡镇 39 个行政村 258 户 2012 年以来结婚的男方家庭进行了走访调研，发放固原市农村高额彩礼入户调查问卷表 258 份，收回 257 份。调研结果显示，偏远村、民族村彩礼较高，在 14 万元左右；川区、核心村彩礼较低，在 6 万元左右，彩礼逐年上升的趋势未得到遏制。同时，高额彩礼对农村家庭造成了一定的经济负担，但是市场经济活跃，加之政府在种植、养殖方面的政策倾斜，农村发展步伐加快，农民增收渠道拓宽，调查对象普遍反映对脱贫致富影响不大。

（韩有兵　任媛媛　李晓捷）

收入消费

【居民收入】 2022 年，彭阳县常住居民人均可支配收入 17829 元，比上年增长 7.8%。城镇常住居民人均可支配收入 32207 元，比上年增长 5.9%。其中，工资性收入 27896 元，增长 5.6%；经营净收入 1278 元，增长 5.8%；财产净收入 965 元，增长 3.7%；转移净收入 2068 元，增长 12.3%。农村常住居民人均可支配收入 14682 元，比上年增长 8.6%。其中，工资性收入 5330 元，增长 8.0%；经营净收入 6747 元，增长 8.6%；财产净收入 4 元，增长 109.2%；转移净收入 2601 元，增长 9.9%。

【居民消费支出】 2022 年，彭阳县城镇常住居民人均消费支出 18953 元，比上年增长 2.6%；农村常住居民人均消费支出 10681 元，比上年增长 0.6%。

【居民消费价格指数】 2022 年，彭阳县居民消费价格总指数为 101.5（以上年同期价格为 100），其中，食品烟酒消费价格指数 101.2、衣着消费价格指数 98.6、居住消费价格指数 99.5、生活用品及服务消费价格指数 101.3、交通和通信消费价格指数 106.3、教育文化和娱乐消费价格指数 101.2、医疗保健消费价格指数 101.2、其他用品和服务消费价格指数 101.6。

（韩有兵）

人事人才

【招才引才】 2022 年，彭阳县对标实施四大提升行动和乡村振兴战略，按照“公平、公正、公开”和“应招尽招”的原则，组织开展 2022 年度事业单位工作人员公开招聘工作，新招录 106 名事业单位工作人员，招募 225 名“三支一扶”高校毕业生和 37 名基层专项服务人员。优化教师队伍结构，招录公办幼儿园教师 97 人。

【人才培育】 2022 年，彭阳县完善全县“定向评价、定向使用”职数 438 个，全县事业单位工作人员 4464 人，本科及以上学历工作人员占比 63%。全县培养高级职称专技人才 1328 人，其中定向评聘高级职称人才 355 人；培养中级职称专技人才 1570 人，其中定向评聘中级职称人才 34 人。

【人才激励】 2022 年，彭阳县推进公立医院薪酬制度改革，人社、财政、卫健、医保部门制定《彭阳县关于深化公立医院薪酬制度改革的实施方案》。对知识密集、高层次人才集中的事业单位，核定绩效工资总量时提高 30%，中小学教师和护士岗位工资和薪级工资标准提高 10%。完善中小学校绩效工资政策，建立校长津贴和班主任津贴，核增课后服务绩效总量，保持义务教育教师平均工资高于公务员平均工资。

（兰小成）

劳动就业

【技能培训】 2022年，彭阳县根据群众就业培训意愿，结合市场用工需求举办开展职业技能培训1947人次、创业培训240人次、支持企业开展培训280人次、直补个人培训18人次。实施“农村实用人才培育计划”，探索建立“集训式”“订单式”“开放式”人才培育模式，累计培育农村实用人才300余人次。

【劳务输出】 2022年，彭阳县加大劳务输出转移就业力度，完善“点对点、一站式”劳务输出对接机制，转移就业62826人，其中“点对点”向福建转移就业267人,实现工资性收入15.1亿元。

【稳岗就业】 2022年，彭阳县出台《彭阳县支持劳动密集型企业发展稳岗就业实施方案》《彭阳县促进数据服务外包产业发展暂行办法》《彭阳县支持劳动密集型企业发展促进稳岗就业实施方案（试行）》等惠民政策，激励企业扩大吸纳就业容量，吸纳本地劳动力就地就近务工，全县转移就业28450人。发展数字经济产业，建成宁南数字经济产业园一期，进驻8家企业，累计就业超过1000人。县人社局通过援企稳岗补贴、发放就业补助、社保补贴等多方式保障就业岗位。年内，为符合条件的17家企业、帮扶车间发放稳岗就业补贴218.5万元，为5883名务工人员发放务工补贴639.35万元。

2022年2月12日，彭阳县12个乡镇的160名务工人员在固原乘包机赴福建厦门务工

（张　治　摄）

【就业帮扶】 2022年，彭阳县落实“创业培训+创业指导+创业贷款+创业补贴”服务机制，鼓励创业带动就业，全年发放创业补贴101人101万元、创业担保贷款4378万元，培育创业实体473家，创造新就业岗位642个，创业带动就业1449人。为无法外出、无业可扶的脱贫劳动力、移民劳动力、残疾人、高校毕业生和零就业家庭等就业困难群体提供就业岗位，2022年新安置公益性岗位2384个（含63个就业帮扶岗位），其中城镇311人、农村2073人。

【工资保障】 2022年，彭阳县有新建续建工程项目633个，其中政府类投资项目626个，非政府投资项目7个。全县劳动用工11807人，签订劳动合同11641余人，合同签订率98%以上。收缴农民工工资保证金2181.64万元，退还农民工工资保证金717.76万元，325个项目通过保证保函的方式，缴纳农民工工资保证金3576万元。彭阳县劳动保障监察执法局开展执法检查220余次，为395名农民工追讨工资341.89万元，检查发现非法使用童工企业2家，给予处罚2万元。受理98件，认定79件，不予认定7件。年内，组建根治欠薪工作专班，采取“专班推进+专项督查”的工作模式，每季度定期召开根治欠薪工作联席会议，构建属地管辖、部门监管和用工主体立体“网格化”治理格局。全年召开政府常务会议、政府专题会、领导小组工作例会及保障农民工工资支付推进会等专题研究部署根治欠薪工作8场次。彭阳县农民工工资保障工作被自治区人力资源和社会保障厅评定为优秀等次。

【劳动仲裁】 2022年，彭阳县推广使用“互联网+调解仲裁”服务平台，进一步加强劳动争议调解仲裁能力建设，提高劳动人事争议处理能力，全年受理劳动争议案件74件，结案61件（裁决24件、调解34件、撤诉3件）、中止3件，结案率82.43%。

（兰小成）

社会保险

【养老保险】 2022年，彭阳县落实国家和自治区养老保险政策，进一步将社会保险作为民生保障基础扎实实施，适度提高城乡居民养老保险待遇水平，推动城乡居民养老保险待遇水平随经济发展逐步提高，并按时足额发放养老保险，彭阳县城乡居民基本养老保险标准在国家、自治区、固原市分别提标5元和县级提标15元的基础上达到每人每月215元，惠及2.5万余人。城乡居民养老保险参保率98.6%。养老保险基金累计结余2.82亿元。

（兰小成）

【医疗保险】 2022年，彭阳县参加基本医疗保险人数为63589人，资助金额为473.93万元，其中，重点救助对象17385人，金额为199.84万元；城乡居民普通门诊、门诊大病和住院累计就诊334601人次，报销15129.66万元；城镇职工普通门诊、门诊大病和住院累计就诊81493人次，报销2254.82万元。

【工伤保险】 2022年，彭阳县推动实现法定人员全覆盖，实现应保尽保，城乡居民、企业、机关事业单位参保人数分别达到126135人、15678人、7655人，工伤保险参保人数18652人，工伤保险基金累计结余450.1万元。

（张　磊）

【失业保险】 2022年，彭阳县参加失业保险人数为10188人，完成自治区下达任务的100%。全年发放失业保险金援企稳岗补贴85家147万元，发放失业保险金2615人次422.42万元，发放失业补助金392人次49.22万元。

（马梅梅）

【生育保险】 2022年，彭阳县参加生育保险人数10712人，享受生育保险待遇560人，生育津贴397.67万元。

（张　磊）

【全民参保】 2022年，彭阳县实施全民参保计划，持续推进养老、工伤、失业保险参保扩面工作，特别是农民工以工程项目参加工伤保险实现了应保尽保。2022年，自治区社保局下达彭阳县基本养老保险参保任务总人数149259人（其中，企业职工15680人、机关事业单位7593人、城乡居民125986人），工伤保险参保任务15200人，失业保险参保任务10186人。2022年，彭阳县完成基本养老保险参保人数149541人（其中，企业职工15728人、机关事业单位7678人、城乡居民126135人），城乡居民基本养老保险参保率98%以上。完成工伤保险参保人数16077人，失业保险参保10188人，新开工建设项目工伤保险参保率98%以上。

【基金监管】 2022年，彭阳县持续推进社保基金管理问题专项整治，排查2021年以来社会保险基金专项整治人社部、自治区人社厅下发各类疑点数据29532条，其中问题数据281条，已整改280条，收回社保基金8.98万元，审计反馈、自查互查问题全部完成整改。

（兰小成）

医疗保障

【参保缴费】 2022年，彭阳县组织各乡镇围绕户籍人口，采用数据对比方式开展城乡居民基本医疗保险应参保人员的排摸工作，理清参保对象底数，并按照2022年城乡居民基本医疗保险征缴标准，全力动员促保。12月底全面完成区市下达的征缴任务。县医保局持续开展2022年度新生儿落地参保和已脱贫户、三类监测户的动态参保工作，12月底完成应保尽保。完成2022年城乡居民基本医疗保险参保缴费198229人，征缴保险费5220.67万元，城镇职工基本医疗保险参保缴费13178人，征缴保险费5701.84万元。

【政策调整】 2022年，彭阳县贯彻执行国家和自治区医疗保障待遇清单制度和离休干部医保待遇调整政策，将城乡居民在二级医疗机构住院报销比例由85%提高到87%，持续开展医保报销“一站式”结算工作。推进门诊费用跨省直接结算、异地备案、医保电子票证推广等便民服务措施，全年城乡居民普通门诊、门诊大病和住院累计就诊251654人次，报销基金12143.66万元。其中，城镇职工普通门诊、门诊大病和住院累计就诊62838人次，报销基金1792.27万元；生育保险报销356人次支付基金238.36万元；异地就医结算1110人次，结算金额1651.04万元。医保电子凭证开通激活169402人，激活率为80.42%，位列全区第八，结算使用16354人，使用率为31.26%，位列全区第四。

【基金监管】 2022年，彭阳县继续规范完善基金结算审核、复核等支付流程，确保基金合理使用和安全运转。按照医疗保障系统落实卫生健康领域突出问题专项治理，通过17家定点医疗机构、60个定点零售药店和7个诊所自查，自查上缴违规基金292675.08元。县医保局结合打击欺诈骗保专项行动和专项治理，采取线上核、线下查和实地看等办式，开展日常稽核和全覆盖检查工作，查实违规资金12.7万元，已追回2.72万元，并对1家零售药店做出解除服务协议处理。

【医疗改革】 2022年，彭阳县继续深化DIP（区域点数法总额预算和按病种分值付费）支付方式改革，做好信息编码动态维护，督促医疗机构完成第二批和第三批接口改造任务和接口上线调试工作。落实药品耗材集中带量采购、省际联盟采购等药品耗材采购政策，督促医疗机构完成报量和采购工作，落实医疗服务价格动态调整政策。

（张　磊）

住房保障

【公租房管理】 2022年，彭阳县启动《彭阳县公共租赁住房管理办法》修订工作，进一步放宽城市居民和新进城群体公租房保障条件，完善“预先、轮候、摇号”分配，确保公平公正公开。截至2022年年底，彭阳县建设公租房5390套，已配租4967套，其中2022年配租129套，数字经济人才住房30套。

【公积金归集】 2022年，彭阳县有缴存住房公积金单位221个，缴存人数6813人，缴存住房公积金19562.12万元，占16400万元任务的119.28%；累计缴存住房公积金总额145005.61万元，缴存余额58228.12万元。住房公积金管理中心彭阳管理部办理跨省通办业务19笔，均为异地缴存职工办理贷款时缴存证明和缴存明细查询；办理转移接续转出业务40笔，转出金额163.72万元；转入业务48笔，转入金额65.37万元，给缴存职工结息662.36万元。为征信接入中国人民银行做好准备工作。修改完善住房公积金缴存单位信息115笔、缴存个人信息4061笔。

【公积金提取使用】 2022年，住房公积金管理中心彭阳管理部完

2022年6月9日，彭阳县王洼敬老院为80岁以上高龄老人集体过生日
（李晓捷 摄）

成提取住房公积金4913笔9816.74万元，占8500万元任务的115.49%，其中购房消费类提取4534户6065.72万元、非住房消费类公积金379户3751.02万元。

【公积金贷款】 2022年，住房公积金管理中心彭阳管理部发放住房公积金贷款56户2288.2万元，占7500万元任务的30.51%（建行17户732.7万元，农行39户1555.5万元），累计发放住房公积金贷款3825户，发放贷款总额76356.29万元。贷款余额31188.68万元，全年回收住房公积金贷款6116.59万元，利息912.28万元。

【住房补贴发放】 2022年，彭阳县根据住房价格和职工收入水平，向全县5194名干部职工每月发放住房补贴368.2万元，全年发放4418.48万元。

【购房补贴发放】 2022年6月，彭阳县制定《彭阳县促进房地产市场平稳健康发展若干措施》，由县财政对县人才工作领导小组认定各类人才在县城购买首套新建商品住房、当年度本科以上学历应届毕业生来（返）彭就业且在县城购买首套新建商品住房的，按小于120平方米购房补贴3万元、大于等于120平方米购房补贴5万元的标准给予补贴；对本县农村户籍人口进城购买首套新建商品住房、城镇生育三孩居民在县城购买改善性新建商品住房的按小于120平方米购房补贴1.5万元、大于等于120平方米购房补贴2.5万元的标准给予补贴。截至2022年年底，全县发放购房补贴5900万元。

（李世春）

养老服务

【概况】 2022年，彭阳县有民政养老服务机构8所（其中，王洼敬老院、草庙敬老院、新集敬老院、县老年养护院4所机构为新建项目，2022年底全部搬迁入住），有床位数727张（其中护理型床位192张），服务管理人员120人；农村老饭桌43个，农村互助院2个，社区日间照料中心5个。

【场所管理】 2022年，彭阳县对全县8所养老机构、44个农村老饭桌、2个互助院、5个社区日间照料中心进行集中房屋安全隐患排查，每月将排查情况上报县专治办。配合自治区民政厅完成7所养老机构星级评定工作，经综合评定，中心敬老院为四星级、城阳敬老院为三星级，红河敬老院为二星级。县民政局与固原市民政局对接，加大护理人员业务培训力度。上半年对全县各机构未取得初级护理证15人、中级护理证24人和7名管理人员集中开展为期一周的护理专业培训及管理能力培训，通过培训进一步提升养老服务质量和管理水平，确保机构全员持证上岗100%。

【服务提升】 2022年，彭阳县完成女55周岁以上、男60周岁以上城乡低保老人、残疾老人、特困供养人员和60岁以上一般老人34982人及高龄老人2579人购买意外险任务。通过签订服务协议的形式，组织2个社会组织对郑河街和富阳街社区60岁以上673户990人困难老年人建立服务个人档案，对83户142人困难老年人每月不少于3次集中上门居家助洁、医疗照料服务、环境卫生清理等服务，共计服务1049人次；同时开展社区文化活动17场、老年人健康讲座7场、慰问各类物资200件、每天平均提供就餐50余人次等。

【养老诈骗整治】 2022年，彭阳县成立养老诈骗整治工作专班，定期研究分析和传达区市县关于养老诈骗的相关文件精神。对全县登记养老服务机构进行集中排查，发放预防养老诈骗知识宣传单2000余份、宣传漫画折页1500余份、接受群众咨询123人次。

（李晓捷）

社会救助

【概况】 2022年，彭阳县有社会救助定期保障对象19756人，其中，农村低保对象13818人、城市低保对象2326人、农村高龄保障对象2485人、城市高龄保障对象108人、集中供养特困人员400人、分散供养特困人员352人、儿童福利院供养孤儿10人、社会散居孤儿257人。享受残疾人“两项补贴”的困难残疾人3502人，重度残疾人5947人。

【最低生活保障】 2022年，彭阳县将城市最低生活月保障标准提高到650元，农村最低生活年保障标准提高到5520元。县民政局实行动态管理，通过入户调查和信息核对，对不符合保障条件的3978户5399人清退出城乡低保保障范围，对949户1439人基本生活出现困难的家庭纳入低保保障范围。全年发放城乡低保对象低保金和各类补贴10145.419万元。

【特困人员供养】 2022年，彭阳县制定《彭阳县人民政府办公室关于提高城乡居民最低生活保障标准和城乡特困人员救助供养标准及孤儿养育津贴标准的通知》，将城市特困供养人员基本生活费救助标准提高到每月850元，农村特困供养人员基本生活费救助标准提高到每月600元；集中供养特困人员部分丧失生活自理能力的照料护理月标准提高到788元，完全丧失生活自理能力的照料护理月标准提高到1313元。对符合特困供养认定条件的15人及时纳入特困供养救助。全年发放城乡特困对象生活费、护理费及各类补贴1085.2338万元。

【困境儿童救助】 2022年，彭阳县全面启动孤儿和事实无人抚养未成年人“跨省通办”工作。从2022年1月1日起，全面提高全县孤儿养育津贴保障标准，事实无人抚养儿童保障标准由每人每月531元提高到1000元，社会散居孤儿保障标准由每人每月937元提高到1000元，机构内供养儿童保障标准由每人每月1249元提高到1500元。2022年发放孤儿养育津贴329.75万元。县民政局配合区厅完成“明天计划”项目拓展工作、“福彩圆梦·孤儿助学工程”、“福康工程”等福利项目的前期摸底登记，专家筛查，后期的免费康复和手术治疗工作，2022年“明天计划”实施救助唇腭裂手术6人、先天性心脏病6人、脑瘫等康复训练2人，为重病患儿家庭缓解了经济压力，满足贫困地区残疾儿童康复救治的迫切需求，实现“病有所医、残有所康”的目标。

【流浪乞讨救助】 2022年，彭阳县为县境生活无着的流浪乞讨人员实施主动救助、生活救助、医疗救治、教育救助、返乡救助和临时安置。建立流浪乞讨人员易走失人员台账，6名流浪乞讨人员已全部录入全国流浪乞讨救助管理系统。全年救助精神病患者53人次，全部送往精神病院救治，各类救助费用支出30.07万元。

（李晓捷）

【受灾人员救助】 2022年，彭阳县发生冰雹、低温冷冻、地质灾害等自然灾害11起，涉及全县12个乡镇83个行政村6346户，经济损失1643.95万元。发放自治区自然灾害救助资金358万元，救助3950户14458人，解决受灾群众生活困难问题。

（任正坤）

【临时救助】 2022年，彭阳县为5138名困难群众实施临时救助770.07万元，人均救助水平达1499元，其中因疫实施临时救助1034人次、支出167.27万元；实物救助810人次，米面油实物折价14.9万元；新冠疫情防控期间为高龄保障对象发放一次性生活补贴。

（李晓捷）

【医疗救助】 2022年，彭阳县严格落实脱贫人口基本医疗保险缴费补助政策，对63148名已脱贫、特困供养人员和孤儿、三类监测人员（脱贫不稳定户、边缘易致贫户、突发严重困难户）定额补助1875.41万元，最大限度缓解贫困人员的缴费压力，实现100%参保缴费。落实防返贫监测机制，将122名自付费用超过3万元的患大病户及时向各乡镇和扶贫部门、民政部门进行推送，申请医疗救助。

（张　磊）

【慈善救助】 2022年，彭阳县对12类特殊困难户，以家庭为单位进行慈善救助，每户救助1人，通过摸排公示、动态调整，参照农村低保标准执行，其中，享受A类标准460人/月，B类标准370人/月，C类标准280人/月，8—12月底累计慈善救助帮扶3794户次，发放慈善救助资金162.78万元。根据《善行宁夏行动“三色暖心包”项目实施方案》，年内，自治区分 3 批安排资金 45.9 万元，为彭阳县困难群众采购发放“三色暖心包”2700 份。

（李晓捷）

社会福利

【概况】 2022 年，彭阳县有“儿童之家”162 个，为 278 名留守儿童提供学习、娱乐活动场所。彭阳县有留守妇女 115 人。向留守儿童、留守妇女发放慰问金 19.65 万元。

【妇女儿童福利】 2022 年，彭阳县举办“守护儿童 绽放未来”关爱困境女童活动，为 60 名困境女童发放价值 1.8 万元的幸福包 60 份，在春节期间慰问留守儿童 278 人，发放慰问金 13.9 万元、慰问留守妇女 108 人，发放慰问金 5.4 万元。

【老年人福利】 2022 年，彭阳县高龄低收入基本生活津贴发放标准是 80~89 岁，城市高龄津贴标准为每人每月 450 元，农村高龄津贴标准为每人每月 270 元。90 岁以上城乡高龄津贴标准统一为每人每月 500 元。年内，县民政局坚持动态管理，定期核查，对年满 80 周岁的 430 名高龄低收入老人，及时计发高龄津贴，对死亡和转低保的 358 人及时停发高龄津贴。全年为 2583 名高龄低收入对象发放高龄津贴和各类补贴 1027.7 万元。

【残疾人福利】 2022 年，彭阳县进一步简化困难残疾人生活补贴和重度残疾人护理补贴审核审批程序，将残疾人“两项补贴”确认权限下放到乡镇。2022 年全县有持证残疾人 9449 人，其中享受困难残疾人生活补贴的 3502 人、重度残疾人护理补贴的 5947 人，发放残疾人“两项补贴”1340.89 万元。

（李晓捷）

基层治理

【社区治理】 2022 年，彭阳县委、县政府根据社区治理总要求和任务目标，结合社区实际，抽调镇干部职工、社区主任等工作人员组成社区治理工作专班，整合优化社区队伍建设，以社区基层党建引领为核心、网格化管理为依托，排查化解矛盾纠纷、走访特殊群众，组织开展心理辅导、就业培训等多种活动， 做好移民保障，不断打通服务群众“最后一公里”，有效推动社区工作走深走实。

【基层群众自治】 彭阳县辖 12 个乡镇 156 个村，村委会成员 728 名，其中村主任 156 名、副主任 88 名，委员 484 名。村委会成员中党员 407 名，占 55.9%；女性 241 名，占 33.1%；回族 222 名，占 30.5%； 平均年龄 41.1 岁。2022 年共推选出村民代表 5204 人，其中女性 1039 人，党员 1101 人，少数民族 1559 人。推选产生村民小组长 666 人，其中女性 39 人，党员 186 人，少数民族 212 人。156 个村务监督委员会同步进行换届选举，采取村民大会进行推选的 27 个村，采取村民代表会议进行推选的 137 个村，共推选出村监会成员 468 名，其中居监会主任 156 名、委员 312 名。彭阳县辖 6 个社区居委会，本届居委会全部进行换届选举，采取选民直接选举 1 个社区居委会，采取居民代表选举 5 个社区居委会，选举日白阳镇政府街社区登记选民 7394 人，直选参加投票（包括委托投票）选民 4932 人，参选率 66.7%；其他社区居民推选产生居民代表 336 名，选举日参加投票选举 258 人，参选率 76.79%。依法成功选出社区居委会成员 30 名，其中社区居委会主任 6 名、委员 24 名。推选产生居民小组长 193 人，其中女性 42 人、党员 50 人、少数民族 8 人。6 个城镇社区共有居监会成员 18 名，其中居监会主任 6 名、委员 12 名。

【社工队伍建设】 2022 年，彭阳县有各类社会工作人员 373 名，其中，行政机关工作人员 28 名（公安 22 人、民政 5 人、乡镇 1 人），事业单位工作人员 22 名（残联 20 人、工会 2 人），城镇社区工作者 36 名，社会救助入户核查员 13 名，村级协理员 156 名，敬老院服务人员 113 名，企业人员 5 名。社会工作专业人才（持证社工和社会专业人员）分布在民政、教育、公安、司法行政、人力社保、卫健、应急管理、退役军人事务、信访、工会、共青团、妇联、残联等行业，彭阳县共有社会工作专业人才 51 人，其中取得助理社会工作师46人(2022年10人)、社会工作师4人、相关专业1人。

【网格化社区建设】 2022年，彭阳县全面推行社区扁平化网格管理，按照“全面建网、网中定格、格中定人、人定其责”的网格化管理服务目标和“任务相当、方便管理、界定清晰”的要求，一村(社区)一大网格，农村社区以20~30户划为一小网格，城市以300~500户。年内有农村社区网格2230个、城市社区网格63个，网格员2434名。其中，农村网格员2230名(专职网格员307名、兼职网格员1923名)，城市社区网格员204名(社区工作者42名、专职网格员18名、城市网格协管员144名)。设立网格党支部10个、楼栋党小组27个，设立农村网格(村民小组)党小组624个。各乡镇成立基层治理网格化工作领导小组、社区网格化管理服务站，配备人员，组织、协调、调度网格内各项工作。

【联席共建共治】 2022年，彭阳县每季度召开社区联合党委和共驻共建单位联席会议，协商解决群众关心关切的问题。与95个共驻共建单位签订协议书，认领年度任务77个，已完成50个。社区治理牵头单位依据《2022年薄弱社区整治重点任务清单》《2022年薄弱社区整治工作任务清单》，坚持党建引领，结合实际围绕各自承担重点任务持续分批推进落实，汇聚社区、社会工作者、社区社会组织、社区志愿者以及社区公益资源力量，优化服务体系、促进多方协同共治，有效提升社区治理效能。

2022年10月，彭阳县常态开展养老反诈宣传活动，帮助老年人提高法治意识和识别能力 (县公安局 提供)

【社区建设与管理】 彭阳县社区配有青年之家、图书馆、科技馆、家校社活动室，各小区建有文化长廊。为21个无物业小区配备分类垃圾箱，引导居民开展好垃圾分类工作，结合新时代文明实践站开展垃圾分类、环保意识宣讲等卫生整治活动。

(张小红)

社会组织管理

【网格化管理服务】 2022年，彭阳县优化“党建+网格”工作模式，按照“无缝对接、全面覆盖、责任到人”的原则，制定印发《彭阳县社会组织网格化管理服务实施方案》，推行1名网格长+1名党建指导员+1名工作联络员社会组织网格化管理服务工作模式，将彭阳县60家社会组织按照区域划分12个网格，从登记管理机关、业务主管单位和乡镇选派14名党建指导员和12名工作联络员，实现社会组织监管全覆盖。

【社会组织监管】 2022年，彭阳县细化党建工作机构、登记管理机关、业务主管单位、行业监管部门、相关职能部门的职能任务，厘清权责边界，加强制度监管合力，突出对社会组织的非营利性、非行政性的监管，压实社会组织监管责任。落实彭阳县社会组织法定代表人任职前公示制度和离任审计制度，彭阳县社会组织行政约谈管理制度和注销清算制度，强化对社会组织负责人的过错责任追究。县民政局与县委统战部、县公安局等7个部门联合印发《彭阳县社会组织负责人联审办法的通知》，抓好拟成立登记社会组织发起人、拟任负责人的背景审查，从严审核章程，杜绝有传销、欺诈等违法、失信记录的人员进入社会组织，参与各类内部决策管理。

【社会组织整治】 2022年，彭阳县开展行业协会商会乱收费专项清理整治“回头看”工作，围绕行业协会商会会费标准制定和修改程序、表决方式、基本服务项目设置、票据使用、收支管理等内容，对“回头看”涉及的15项重点整治任务进行检查。对3家上年开展“僵尸型”社会组织整治工作中完成整改的社会组织进行检查。开展社会团体分支(代表)机构专项整治行动，对社会组织进行抽查检查，全年抽查社会团体6家，发现社会团体问题13处，发出整改通知1份；向业务主管单位发出配合整改的函1份，涉及整改的2家社会组织已整改到位。县民政局开展社会服务机构非营利监管专项行动，组织已登记的20家社会服务机构对照12项监管任务进行自查整改，对5家民办幼儿园进行财务审计。

（李晓捷）

民族宗教事务

【民族团结进步创建】 2022年，彭阳县围绕民族团结进步创建、“双拥”创建等重点工作，打造民族团结进步示范场所和“双拥”示范场所，“和谐场所”创建达标率达到95%。创建铸牢中华民族共同体意识示范单位10个，支持创建示范单位50个，重点打造新集乡“石榴籽”文化园、新集乡团结村、古城镇皇甫村、白阳镇茹河街社区等重点单位，形成“团结村里话团结”“茹河一家人”等一批特色品牌。

【民族工作】 2022年，彭阳县以“中华民族一家亲、同心共筑中国梦”为主题，开展民族团结进步创建工作，申报命名全区民族团结进步示范单位3个。开展“民族团结月”活动，进行民族团结进步、移风易俗等宣传教育。总结提炼推广彭阳县民族团结进步创建工作中的典型经验和先进做法，在《固原日报》等市县媒体上宣传。争取国家民委少数民族发展项目资金849万元，改善民族聚集地区基础设施建设和致富产业培育。

【宗教工作】 2022年，彭阳县召开宗教界人士培训会50场次，组织90名宗教界代表人士赴银川能源学院开展为期一周的教育培训，并在闽宁镇、宁东教育基地开展实践教学，为139座依法登记宗教活动场所订购《中国民族报》《固原日报》等报纸，引导宗教与社会主义社会相适应。在春节、开斋节和古尔邦节等重要节日，进行宗教界人士代表走访慰问活动。

（海向武）

精神文明建设

【概况】 2022年，彭阳县制定印发《彭阳县2022年精神文明建设工作要点》，倡导文明健康绿色环保生活方式。年内，组织召开文明委会议2次，命名2022—2025年度县级文明校园3所、文明村镇10个、文明单位18家。

【全国文明城市创建】 2022年，彭阳县委常委会研究创建全国文明城市工作2次，召开创建全国文明城市半月分析会和工作推进会8次，研究解决重难点问题160个。拓展新时代文明实践中心(所、站)建设，实现全县12个乡镇、162个行政村(社区)所(站)全覆盖。2022年创建全国文明城市实地测评成绩位居自治区第一。

【志愿服务】 2022年，彭阳县加强志愿者队伍建设，组织开展志愿服务组织和志愿者网上注册及信息录入工作，制定下发《关于进一步做好志愿者注册工作和开展志愿者服务的通知》，年内，全县志愿者总数37932人，服务时长728762.15小时。

（姬玉龙　李晓捷）

白阳镇

【概况】 白阳镇位于彭阳县中南部，为县城所在地。平均海拔高度1473米，辖郑河街、政府街、友谊街、茹河街、富阳路5个居民委员会和姚河村、任湾村、南山村、刘台村、余沟村、姬山村、双磨村、周沟村、老庄村、姜洼村、罗堡村、陡坡村、崾岘村、中庄村、白岔村、阳洼村、玉洼村17个行政村88个村民小组。全镇辖区面积266.97平方千米，2022年，户籍人口20818户56621人，其中农业人口6661户23685人，占总人口的41.83%。农林牧渔总产值30094万元，肉类总产量1350吨，禽蛋产量166吨，农村居民人均纯收入14614元，增长8.7%。

【巩固拓展脱贫攻坚成果同乡村振兴有效衔接】 2022年，白阳镇累计完成考核评估反馈问题整改55条，其中劝返辍学学生1名，累计摸排出住窑洞305户、住CD级危房22户、住房面积不达标166户。新通自来水7户，新建住房62户，加固窑洞3户。鼓励“单双老户”12类特殊群体141户509人发展产业、采摘山桃柠条、修剪行道树增加收入，上报“监测户”61户253人。

【产业发展】 2022年，白阳镇集中流转土地533.33公顷。打造千亩以上大豆玉米带状复合种植示范基地2个、张杂谷种植示范基地1个，带动全镇落实大豆玉米带状复合种植1933.33公顷、粮饲兼用型玉米1266.67公顷、小秋杂谷333.33公顷、青贮玉米1350.83公顷。完成林下仿野生中药材种植1066.67公顷；完成马铃薯种植繁育示范推广5.33公顷；持续做强草畜产业，打造“5350”肉牛养殖示范村8个，500头规模“出户入园”肉牛养殖示范点1个，带动全镇肉牛存栏量13571头、肉羊存栏量18650只、生猪存栏4032头；新建青贮池87座，腌制饲草13230立方米，兑现“见犊补母”2751头。

【民生事业】 2022年，白阳镇结合劳动力素质提升培训工程，累计开展就业帮扶车间岗前培训、职业技能培训13期650人次，完成农村劳动力就业转移8300人次，创收7470万元，向福建等地转移就业35人，通过公益性岗位安置就业135人，购买“铁杆庄稼保”6988人，申报区外就业补贴46人25.3万元、区内就业补贴1057人57.03万元，培育创业实体60户。新增低保126户206人、高龄59人、五保户1人、孤儿3人、残疾人“两项补贴”230人，取消低保959户1222人、残疾人“两项补贴”764人，新增慈善帮扶174户；发放临时救助154户41.47万元、妇女创业贷款815万元，上报区内外大学生资助27名，完成春季“雨露计划”补助发放42.5万元，完成健康体检27408人。

【基层治理】 2022年，白阳镇开展矛盾纠纷大排查大起底大化解“奋战100天”、化解信访突出问题“百日攻坚”等专项行动，常态化开展矛盾纠纷和风险隐患大排查、大起底，排查登记各类矛盾纠纷293件，已化解284件，化解率96.9%；“12345”便民服务热线302件，已化解295件，化解率97.7%；排查出风险隐患17处。开展网络电信诈骗宣传，保障人民财产安全；开展行政执法工作，依法作出行政处罚4件，收缴罚款23540元，作出行政裁决2起；完成小额贷款催收24户，维护社会信用体系。联合住建、文广等部门对辖区各小区僵尸车辆、飞线充电、窗外、楼道及地下室、车库堆放杂物等进行集中整治，清理僵尸自行车、电动车等400余辆，垃圾10余吨。

【人居环境整治】 2022年，白阳镇开展环境卫生整治，累计投劳2500人次、动用机械100余台次，对全镇约230千米村组主干道集中清理100余次，清运垃圾3000余吨，规整农户门前“三堆”（柴堆、粪堆、土堆）500余户，打造环境整洁示范户50余户，栽植庭院经济苗木1.9万余株。持续推进“五土”共改，对存量废弃的“五土”和影响村容村貌的闲置、有安全隐患的房屋及圈舍进行拆除清理。全年封堵土窑64孔，拆除土房8917平方米、土墙2433米、土棚4791平方米、土大门19座，拆除违法图斑104处，恢复基本农田0.23公顷，新建卫生厕所50座，群众自发新修崖面150余户。

（海军贤）

古城镇

【概况】 古城镇位于彭阳县境西部，东邻白阳镇，南接新集乡，西依黄峁山与固原市相望，北与王洼镇接壤，文化源远流长，旅游资源丰富，境内有朝那湫、朝那古城遗址、无量山石窟、小岔沟毛泽东长征宿营地、任山河烈士陵园、挂马沟林海等。古城镇东距县城17千米，平均海拔1683米，辖区面积332.5平方千米，下辖小岔沟、任河、罗山、店洼、温沟、高庄、古城、海口、乃河、中川、挂马沟、羊坊、甘海、王大户、丁岗堡、刘沟门、川口、田庄、郑庄、田壕20个行政村98个村民小组。2022年，全镇总人口8275户31179人，常住人口4651户19771人，回族21023人，占人口总数的67.43%。农林牧渔总产值53398万元，肉类总产量2988吨，禽蛋产量531吨，农村居民人均纯收入14592元，增长8.6%。

【巩固拓展脱贫攻坚成果同乡村振兴有效衔接】 2022年，古城镇有脱贫销号村12个，脱贫户1847户6288人，监测对象181户712人，其中，脱贫不稳定户60户208人、突发严重困难户46户197人、边缘易致贫户75户307人。围绕巩固拓展脱贫攻坚成果同乡村振兴有效衔接工作目标，开展2021年有效衔接考核评估反馈问题整改工作，全年完成入户核查4709人，累计摸排群众住房、医疗、教育、饮水等问题521条，整改完成率100%。落实防返贫动态监测帮扶和集中排查工作，识别监测对象59户249人，建立一户一册台账。

【产业发展】 2022年，古城镇完成乃河、店洼、川口、田壕养殖示范村创建，新培育养殖示范户120户，落实青贮池108座。新建高标准农田1600公顷，配套实施生产道路15千米。落实大豆玉米带状复合种植1933.33公顷，种植青贮玉米2666.67公顷。肉牛存栏量2.85万头。打造田郑庄千亩“拱棚+露地”蔬菜生产基地1个，兑现拱棚蔬菜23.91公顷17.93万元、露地蔬菜121.27公顷102.86万元，带动全镇新型钢架大棚累计300栋。持续巩固提升温沟设施农业园区，新建新型日光温室103栋，补贴资金1235.92万元，拆除温沟村老旧日光温室193栋；通过“村集体+农户”的发展模式，实现园区每年近800吨蔬菜的对外销售。

【民生事业】 2022年，古城镇全年农村低保1168户1880人，城市低保5户8人，发放临时救助298户61.7万元、慈善救助146

户 918160 元，新增残疾人生活补贴 678 人、护理补贴 789 人，办理高龄补贴 95 人，发放冬春生活救助和自然灾害救助 1409 户 5758 人 980300 元。农村适龄妇女乳腺癌、宫颈癌筛查 825 人，完成率 101%，全民健康体检 9311 人。

【基层治理】 2022 年，古城镇推进“网格化”管理，划分网格 20 个，配备网格员 265 人，安装摄像头 286 个，实现线上线下网格化管理全覆盖。开展矛盾纠纷“大排查、大调处”活动，排查化解矛盾纠纷 411 起，开展综合执法 150 余次，处理“12345”投诉工单 200 余件。古城镇开展打击电信、养老诈骗等专项行动，签订责任书 5000 份，逐户动员安装“国家反诈中心”App，成功阻止养老诈骗活动 2 次，悬挂“反诈”等宣传横幅 30 余条，张贴海报 200 余份，联合镇直各站所深入学校、企业、田间地头等开展宣传，入户发放各类宣传材料 6000 余份。开展街道市场乱摆乱放、占道经营等专项整治，处罚违规停放车辆 67 起，整治乱摆乱放摊位 36 个，拆除乱搭铁皮棚、遮阳物 9 处，劝导乱停乱放车辆 5600 余辆。划定非机动车停车处 46 处、机动车位 385 个，安装树框 17 套，硬化路口 139 平方米，铺设道路 109.47 平方米，设立创城宣传标语 46 块、公益广告 72 块，悬挂宣传横幅 60 余条。检查生产经营单位 55 家，现场立查立改消防安全隐患 17 处，核实散装汽油用途、存量 5671 个。常态化开展农村自建房、燃气领域、建筑工地高空作业等安全隐患排查整治工作，排查安全隐患 127 处，整改销号 127 处。

【人居环境整治】 2022 年，古城镇累计整治房屋院落 2350 处，拆除“五土”434 户，清理垃圾 3780 吨，投入机械 2450 台次，清理秸秆 2547 吨、残膜 255 吨、粪污 2677 吨。常态化开展环境卫生“红黑榜”评比活动，新建卫生厕所 100 个，农村人居环境得到提升。反馈违规图斑 208 处，已补办手续 146 户，拆除 15 户。办理设施农业用地备案 538 个，审批宅基地 33 个。

（李　琪）

王洼镇

【概况】 王洼镇地处彭阳县北部乡镇中心，镇域面积 341.2318 平方千米，309 国道、202 省道交会而过，铁路专线通至固原市区，下辖矿区 1 个居委会和北洼、李寨、路寨、王洼、杨寨、姚岔、梁壕、团庄、马掌、崖堡、赵沟、石岔、山庄、孙阳、邓岔、李洼、李岔、尚台、花芦、陡沟 20 个行政村。2022 年，全镇户籍人口 8109 户 25777 人（其中汉族 18813 人、回族 6954 人、其他民族 10 人），常住人口 15262 人。全镇有耕地 9525.25 公顷，种植地膜玉米 2633.33 公顷、青贮玉米 2253.33 公顷、大豆玉米套种 1793.33 公顷；种植马铃薯 159.87 公顷、小杂粮 381.47 公顷；引进企业种植红葱 136.67 公顷。全镇肉牛存栏 1.64 万头、肉羊 2.39 万只、生猪 0.42 万头、生态鸡 0.73 万羽，养殖中华蜂 1060 余箱；栽植矮砧苹果 12.67 公顷、红梅杏 18.27 公顷。转移就业 7550 余人，创收 1 亿元。农林牧渔总产值 30506 万元，肉类总产量 1960 吨，禽蛋产量 183 吨，农村居民人均纯收入 14566 元，增长 8.6%。

【巩固拓展脱贫攻坚成果同乡村振兴有效衔接】 2022 年，王洼镇新识别监测对象 95 户 356 人，其中脱贫不稳定户 30 户 114 人、边缘易致贫户 22 户 95 人、突发严重困难户 43 户 147 人，均已落实相关帮扶措施；给予公益性岗位 18 人、给予临时（急难）救助 67 户 25.05 万元、实施困难群体就近采摘林产品 24 户、给予低保 37 户 59 人（低保提标 6 户 7 人）、研究上报给予慈善救助 8 户 8 人。王洼镇累计摸排出土窑住人 746 户，已整改 746 户，问题整改率 100%。排摸出无安全住房 20 户，已整改 20 户（新建成 16 户，自购房 1 户、提供租房协议 3 户），整改率 100%，摸排出安全住房面积不达标 49 户，已整改 49 户（新建成 34 户、自购房 2 户、箍窑 5 户、提供租房协议 8 户），整改完成率 100%。

【产业发展】 2022年，王洼镇完成农发项目1298.87公顷，杨寨坡耕地综合治理项目在赵沟村新建高标准农田217.33公顷、杨寨村350.67公顷。王洼镇种植地膜玉米2633.33公顷、青贮玉米2253.33公顷、大豆玉米套种1793.33公顷；种植马铃薯159.87公顷、小杂粮20公顷以上的示范基地和脱贫户、“三类户”及“十二五”移民户种植0.33公顷以上小杂粮验收兑现面积381.49公顷，引进企业种植高产红葱136.67公顷、向日葵67.07公顷。肉牛存栏量1.61万头，新建青贮池158座，验收见犊补母牛5239头，发放贷款1074户6273万元。

【民生事业】 2022年，王洼镇完成石岔等村6条21.43千米村组道路硬化；实施李洼等村10条18.38千米村组道路硬化工程，完成15村102条235千米等外道路水毁路段抢修维修。开通王洼至草庙段公共交通路线，满足群众出行需求；落实各项民政保障，落实低保1041户1671人，其中城镇低保44户71人、农村低保997户1600人；有特困供养80户90人（分散供养42户50人，集中供养38户40人）、高龄272户272 人、孤儿40户40人、残疾851人。对因自然灾害受灾的18个村14户514人救助19万元，完成乳腺癌、宫颈癌筛查672人，占筛查任务的100.03%；医疗保险收缴20654人，完成97.05%；开展健康惠民工程，农民健康档案建档率100%，建档户家庭医生签约率100%。举办实用技能培训班8期400人次，完成铁杆庄稼保收缴6052人，完成转移就业7550人。

【人居环境整治】 2022年，王洼镇累计拆除土房26栋、土棚2栋，新建砖房61栋、砖箍土窑69孔；新建卫生厕所113个，完成率94.2%；累计开展人居环境整治1865户，评比红榜91户、黑榜87户，兑换积分5100户次，采购发放可移动式垃圾桶3114个。

（袁 琴）

红河镇

【概况】 红河镇位于彭阳县城东南13千米处，北与城阳乡、白阳镇交界，南与平凉市寨河乡为邻，西依新集乡，平均海拔1668.9米，辖宽坪、什字、黑牛沟、徐塬、文沟、何塬、夏塬、上王、韩堡、友联、红河、常沟12个行政村63个村民小组，辖区面积166.5平方千米，耕地面积5800公顷。2022年，全镇户籍人口6542户22008人（其中回族5862人，占总人口的26.6%），常住人口3628户11390人。农林牧渔总产值43973万元，肉类总产量1263吨，禽蛋产量401吨，农村居民人均纯收入15628元，比上年增长8.6%。

【巩固拓展脱贫攻坚成果同乡村振兴有效衔接】 2022年，红河镇全体群众“两不愁三保障”和饮水安全全部实现。全镇义务教育阶段学生辍学率为零；建档本医疗保险和基本养老保险参保率100%；健康扶贫政策惠及所有农户；安全住房保障率100%；发放金融贷款2.87亿元，安排各类公益性岗位333个，脱贫人口务工就业2239人（其中监测户劳动力转移就业63人），建成移民就业创业车间1个。落实小额信贷261户1300万元，脱贫人口人均纯收入13996.8元，比上年增长20.67%。全镇农民人均可支配收入比上年增长10个百分点。

【产业发展】 2022年，红河镇围绕“四个亿元”产业发展总体布局，持续构建群众增收“一核三翼”（以蔬菜产业为核心，以林果、草畜、劳务为侧翼）产业体系，先后打造红河现代设施农业示范基地和宽坪千亩露地绿色蔬菜基地，建成标准化日光温室和钢构大棚1456栋，蔬菜种植面积1466.67公顷，产值1.6亿元；累计栽植矮砧密植苹果、红梅杏、花椒等1333.33公顷，林果产值1.2亿元；打造“2652”示范村1个、“5350”示范村5个，新建饲草配送中心2个，累计建成青贮池512座，发展合作社15家，年稳定种植饲草400公顷以上，肉牛饲养总量

2 万头，收入 1.4 亿元；年均转移就业 6500 余人次，户均 1 人，务工收入 1.2 亿元。

【民生事业】 2022 年，红河镇养老、医疗等社会保险基本实现全覆盖，多层次广覆盖的社会保障体系更加健全，医疗救助、临时救助、残疾人补贴、高龄津贴等各项民生政策深入落实，农村低保、特困供养群体和残疾人保障持续提标，新增低保 135 户 212 人，兑现临时救助 204 户 41.73 万元，慈善救助帮扶 112 户；新增 60 岁以上退役士兵生活补助 87 人次；“两险”（医疗保险、养老保险）征缴率 100%。

【基础建设】 2022 年，红河镇推进“西气东输”三线工程过境土地临时征收工作；深化闽宁协作，打造宽坪闽宁协作示范村，硬化入户道路 20 千米，建成宽坪休闲娱乐广场 1 座；完成宽坪至常沟段北干防洪灌溉渠 1160 米，建设生产桥 9 座；完成什字村村级阵地维修，推进村庄“亮化工程”，安装太阳能路灯 200 余盏；新修村组道路 43.5 千米，在街道划分停车位 60 个，增设公交站点 1 个。

【基层治理】 2022 年，红河镇持续巩固“自治区民族团结示范乡镇”成果，推进何塬村“自治区民族团结示范单位”创建；划分基层治理单位 267 个；推进移风易俗，坚决遏制高价彩礼，倡导婚事新办、丧事简办和“好人好报、德者多得、多劳多得”价值观念，推行“两荤两素两干果一碗烩菜”宴席标准；积极开展“四个一”文体活动，举办乡风文明表彰活动 4 场次，选树表彰移风易俗、孝老爱亲、卫生清洁等先进典型 124 人。

【人居环境整治】 2022 年，红河镇落实“河长制”“田长制”“林长制”，组织拆除违法图斑 210 处，整治撂荒地 11.49 公顷，落实宅基地审批 74 户，设施农用地 148 户，建设高标准农田 800 公顷，实施韩堡至宽坪高效节水田间灌溉 199.73 公顷，治理农村地质灾害隐患 14 处。全镇森林覆盖率 33.1%。

（马桂龙）

新集乡

【概况】 新集乡地处彭阳县西南部，距县城 33 千米，东与红河镇接壤，南邻甘肃平凉，西依泾源六盘山镇，北同古城镇、白阳镇相邻，辖区面积 222.91 平方千米，平均海拔 1878 米，耕地面积 7666.67 公顷。辖周庄、大火、白林、谢寨、马旺堡、上蔡、新集、张化、峁堡、太寺、张湾、白河、姚河、下马洼、赵沟、白草洼、沟口、何山、上马洼、团结 20 个行政村 108 个村民小组。2022 年，全乡户籍人口 9790 户 35957 人，其中回族 7510 户 27370 人，占全乡总人口的 76.1%。新建高标准农田 1266.67 公顷，完成大豆玉米带状复合种植 2133.33 公顷、青贮玉米种植 2866.67 公顷、籽粒玉米种植 2666.67 公顷。发展培育示范村 6 个，建成标准化新型养殖暖棚 6500 栋，落实青贮池 620 座，畜禽饲养总量 38 万个羊单位，草畜产业收入占农民人均纯收入的 65%。农林牧渔总产值 82262 万元，肉类总产量 8186 吨、禽蛋总产量 418 吨，农村居民人均纯收入 14778 元，比上年增长 8.6%。

【巩固拓展脱贫攻坚成果同乡村振兴有效衔接】 2022 年，新集乡调整驻村工作队员 5 人，调整包村领导 2 人、包村干部 6 人，培育致富带头人 239 人，持续补充村级工作力量。常态化开展防返贫动态监测排查，将全乡所有农业户籍人口纳入防止返贫动态监测范围，确定 128 名网格员和 402 名帮扶责任人定期对重点人群进行走访排查，一周一上报、一月一调度，排查研判识别纳入三类人群 46 户 1947 人。围绕“两不愁三保障”（“两不愁”：不愁吃、不愁穿；“三保障”：义务教育、基本医疗、住房安全有保障），实施危房改造 8 户，建设抗震宜居房 65 户，加固 C 级房屋 19 户，解决 512 户供水不稳定问题。脱贫人口人均可支配收入 13576.46 元，增速为 16.56%。农村居民人均纯收入 12005.66 元，比上年增长 17.32%。

【产业发展】 2022年，新集乡推动草畜产业发展，打造区级高标准肉牛养殖示范村2个、县级1个，新创建肉牛养殖示范村3个。肉牛存栏量6.8万头，肉羊存栏量5.8万只，兑现见犊补母补贴1550余万元，全产业链产值12亿元。按照“合理布局、突出特色”发展思路，建成团结村新型日光大棚育苗中心，引进蔬菜新品种20个以上，年优质种苗繁育能力2000万株以上。按照“党支部+合作社+基地+农户”发展模式，集中打造海子塬和西沟流域千亩露地蔬菜种植示范基地，种植拱棚蔬菜6.07公顷、露地蔬菜113.6公顷，年产量7000余吨。开展技能培训和创业培训7期330人次，集中组织福建等地区转移就业49人，输出劳动力9840人次，全年劳务收入17712万元。

【民生事业】 2022年，新集乡围绕教育、就业、医疗等社会民生热点领域，开展为民办实事活动。稳妥撤销20人以下村小及教学点3处，新建中学综合办公楼、学生宿舍楼和中心幼儿园教师周转宿舍楼，改善师生学习生活居住条件。开展“控辍保学”工作，建立联户帮扶“三留守”运行框架，实现适龄儿童“零辍学”。新集乡通过合作社带动、乡村公益性岗位、劳务转移输出、落实就业创业奖补政策等方式带动全乡稳定转移就业4612人，其中脱贫劳动力转移就业1342人。发放小额信贷877户4990.3万元、富民贷79户1173万元，鼓励农户多元化创业就业。开展家庭医生签约服务，重点人群签约率100%，其他人群签约率95%以上，城乡居民医疗保险参保率90%以上。落实城乡低保、特困供养、孤儿等救助保障提标工作，发放社会救助资金53.79万元，惠及群众680人次。

【基层治理】 2022年，新集乡探索建设“乡、村、组”三级网格治理体系，将11名包村领导、20名包村干部和全体村组干部编入乡村治理大网格，设立村级综治中心，配齐“一村一法律顾问、一辅警、一人民调解员”，实现20个行政村警务室全覆盖。累计排查化解各类矛盾纠纷238起，及时处理“12345”便民服务热线咨询投诉件168件，矛盾纠纷调处率100%。对农村自建房进行全面排查，细化分类整治措施，通过维护加固、拆除重建等方式彻底消除188户5743间15424平方米安全隐患，依法实施违规图斑点位消除546处。修订森林草原防灭火应急预案，组建森林草原防灭火队伍，112名防护员日常巡护管护。开展安全生产风险隐患排查整治专项行动20余次，累计检查生产经营单位300余家，整改安全隐患50余处，全年新集乡未发生重大安全生产事故。开展群众文化活动100余场次，推进农村移风易俗。

【人居环境整治】 2022年，新集乡持续深化河湖长制，开展专项整治，做好生活污水治理，打击非法采砂。常态化加强农业面源污染防治，回收农用残膜1000余吨。结合创建全国文明城市活动，常态化开展农村人居环境整治，整治柴堆、粪堆、土堆8500余处，清理清运生产生活垃圾6000余吨，完成厕所改造239座。

（武　岗）

城阳乡

【概况】 城阳乡地处彭阳县东南部茹河下游，与甘肃镇原县接壤，辖区一川一水，三塬两山，交通四横六纵，距县城13.8千米，平均海拔1408米，辖刘河、城阳、陈沟、杨坪、杨塬、长城、涝池、韩寨、沟圈、北塬10个行政村69个村民小组。域内有毛泽东长征宿营地、战国秦长城遗址、宋代平安寨、茹河瀑布、茹河峡谷、五峰山等自然、人文景观，被命名为“中国民间文化艺术之乡”，杨坪村获“中国最美村镇”景观奖，被评为中国美丽休闲乡村、国家森林乡村、全国旅游重点村，长城村乔渠组入选第五批中国传统村落名录。2022年，全乡辖区面积186.69平方千米，其中耕地面积5306.67公顷，总人口6303户21217人。农林牧渔总产值24377万元，肉类总产量1070吨，禽蛋总产量115吨，农村居民人均纯收入15259元，比上年增长 8.7%。

【巩固拓展脱贫攻坚成果同乡村振兴有效衔接】 2022 年，城阳乡开展 2021 年度巩固拓展脱贫攻坚成果同乡村振兴有效衔接考核评估问题整改工作，成立专项整改工作领导小组，认领 14 个方面 57 个问题，建立整改清单，先后召开评估问题整改研判会 9 次，压实工作责任。对全乡 5808 户 20527 人进行全面核查，持续跟踪农户收支变动、“两不愁三保障”及饮水住房安全等状况，消除风险户 18 户 61 人，摸排上报“三类户”（五保户、低保户、贫困户）53 户 233 人，制定“一户一策”帮扶台账，确保存在返贫致贫风险的群众“应纳尽纳”，防止体外循环。摸排住房问题 220 户，整改 220 户，完成率 100%；有安全饮水问题 661 户，整改 661 户，完成率 100%；卫生厕所问题 340 户，整改 340 户，完成率 100%，实现摸排问题动态清零；摸排低收入群体 57 户，制定增收措施 215 条，已全部落实到位。完成金融贴息贷款 1834.41 万元，缴纳乡村振兴健康保 3485 人，覆盖率 100%。围绕困难群体增收，动员 43 户群众参与林产品采摘，出售山杏核 3250 千克、山桃核 4980 千克，促进村民增收 2.1 万元。围绕产业、就业和社会融入三个重点，强化易地搬迁后续扶持，对 5 个移民安置点制定产业就业帮扶方案，定向提供就业岗位 20 个，建成并投入使用城阳马山移民安置点花椒等农产品加工车间。进行长城村、杨坪村乡村振兴示范村建设、刘河村乡村振兴薄弱村和涝池村移民薄弱村综合整治。

【产业发展】 2022 年，城阳乡落实耕地保护制度，严守永久基本农田红线，遏制耕地“非农化”、防止“非粮化”，整治违规占用耕地乱搭乱建 21 处，维修陈沟村日光温室大棚 20 栋，新修高标准农田 1277.47 公顷，落实大豆玉米复合种植 1609.29 公顷，免费发放大豆种子 57500 千克、春覆膜 2000 公顷、尿素 170 吨，兑现补贴 482.78 万元；打造城阳乡马塬千亩大豆玉米复合种植基地 1 个；在杨坪村建设冷凉蔬菜基地 17.07 公顷；完成小杂粮种植 234.18 公顷，兑现补贴 35.12 万元；发放耕地地力保护补贴 6441.01 公顷 190.04 万元；万亩高效节水灌溉项目进展顺利，集中开展基本农田内苗木清理专项行动。种植青贮玉米 482.59 公顷，巩固提升杨塬村、韩寨村养殖示范村 2 个，新创建刘河村、长城村养殖示范村 2 个，新培育示范户 204 户，建成青贮池 184 座，青贮饲草 2010 立方米，培育养牛户 987 户，抓好城阳乡肉牛养殖出户入园以工代赈示范项目，完成总工程量的 40%。

【民生事业】 2022 年，城阳乡统筹推进农村低保、孤儿、残疾和大病救助等工作，完成低保核查 718 户 1355 人，新增低保 78 人，办理低保证 42 户；新增残疾人“两项补贴”169 人、高龄补贴 26 人、特困供养 4 人；实施临时救助 133 人 41.08 万元、医疗帮扶 15 人 14.71 万元、慈善救助 64 人 32.38 万元；资助困难大学生 70 名、困境儿童 13 名；安置公益性岗位 308 人，申报务工补贴 168 人 29.64 万元；完成全民健康体检 4957 人。实施“点对点、一站式”劳务输出 27 人，争取宁南数字经济产业园入职名额 40 名。

【基层治理】 2022 年，城阳乡落实“河长制”，配备乡级河长 7 名、村级河长 14 名，调整河长 8 名，开展“清河行动”7 次、巡河 486 次，督导整改问题 2 个，清理河道垃圾 200 余吨，疏浚河道 12.1 千米。建立农村公路“路长制”，配备乡村两级路长 11 名，乡级农村公路专职管理员 1 名，网格员 41 名，管理养护乡村道路 56 条 202.8 千米，等外公路水毁排查抢修 20 条 29.78 千米，抢修道路险点 4 处。落实“林长制”，配备乡级林长和副林长 11 名，村级林长和副林长 54 名。全乡受理各类矛盾纠纷 97 件、信访案件 5 件，调解成功率 98.5%。城阳乡开展打击整治养老诈骗专项行动，常态化开展扫黑除恶斗争，集中宣传 5 场次，悬挂横幅15条，发放各种宣传彩页5000余份。倡导移风易俗，遏制高价彩礼，推行厚养薄葬，借助“四个一”活动宣传20余次，村组微信群转发120余次。开展安全生产检查14次，发现问题26个，完成整改26个。常态化开展“周五创城日活动”，对街道及市场摊位乱摆占道经营等不文明行为进行劝导和整治，设置景观小品2个，开展志愿服务125次，执法监督检查30余次，发放宣传海报3000余份，完成乡综合文化站维修，更换市场巷道、村部门口破损地砖，对街道、政府机关电缆、电线等“飞线”进行集中整治，修剪两侧花圃，清除杂草、枯树。

【人居环境整治】 2022年，城阳乡通过牵好社会化服务和大众化参与“两条线”，织密责任管控、激励保障、考核监督“三张网”，常态开展公路沿线及农户门前人居环境整治，清理垃圾9144吨，实施“五土”(山林、川泽、丘陵、水边平地、低洼地)集中整治187户，拆除土房53栋147间3321.5平方米、土棚51栋2304平方米、土墙1015.6米、土大门10座，清理窑洞89孔，拆除土炕133个，完成卫生厕所改造99户。

【乡村旅游】 2022年，城阳乡实施杨坪村民宿基础建设项目、全域乡村旅游茹河风景区基础设施项目和长征国家文化公园——乔家渠红色文化旧址文化保护利用项目，建成民宿5套，完成长城村红色美丽村庄项目建设和评估认证，配合完成长城乔渠、杨坪百窑古村传统村落保护征地安置工作，长城村影响力和业态丰富度大幅跃升，全年吸引游客10万人次。

（陆　晨）

草庙乡

【概况】 草庙乡地处彭阳县中北部，东与孟塬乡接壤，南靠白阳镇、城阳乡，西依王洼镇，北同冯庄乡相邻，距县城28千米，309国道横穿东西，202省道纵贯南北，是往返北部7个乡镇的交通枢纽。全乡行政区域面积176.58平方千米，耕地面积6333.33公顷。辖草庙、包山、崾岘、赵洼、新洼、张街、曹川、丑畔、周庄、和沟、米塬、刘塬、王岔、牛湾14个行政村43个村民小组。2022年，全乡总户数3782户13335人，其中回族32人。草庙乡有独特的旅游优势，是固原县委旧址的所在地，也是桃花山、杏花岭所在镇区的必经之路，同时和金鸡坪梯田交接相连。农林牧渔总产值20665万元，肉类总产量1180吨，禽蛋总产量1150吨，农村居民人均纯收入14296元，比上年增长8.5%。

【巩固拓展脱贫攻坚成果同乡村振兴有效衔接】 2022年，草庙乡围绕“两不愁三保障”，围绕监测对象和“低收入户”，开展“大排查大摸底”行动。先后召开乡党委农村工作领导小组和乡村振兴战略领导小组会议7次，制定《草庙乡开展“四查四补”专项行动工作方案》《草庙乡2021年度巩固拓

2022年1月25日，草庙乡周庄村召开2021年村集体经济盈利分红大会

（祁　玉　摄）

展脱贫攻坚成果同乡村振兴有效衔接考核评估问题整改方案》《草庙乡2021年巩固拓展脱贫攻坚成果同乡村振兴有效衔接考核评估问题整改“清零行动”工作方案》等，成立产业振兴、人才振兴、生态振兴、文化振兴、组织振兴、巩固拓展脱贫攻坚成果同乡村振兴有效衔接考核评估问题整改6个工作专班，对群众住房、饮水、教育、医疗等方面存在的困难问题进行拉网式摸排，并全部进行整改。对10户收入低于8000元和17户收入增速达不到11%的户，经过研判分析有13户已纳入监测对象并制定一户一策帮扶措施，对剩余户也制定相应的帮扶措施。

【产业发展】 2022年，草庙乡制定《2022年草庙乡农业产业高质量发展实施方案》和《草庙乡干部包抓肉牛养殖户工作方案》，落实“专班推进与联户包抓、宣传动员与示范带动、链式服务与全程指导”的推进机制。新修高标准农田845.33公顷，完成大豆玉米带状复合种植1871.8公顷，打造千亩种植示范点2个、百亩种植示范点12个，带动全乡粮食种植面积稳定在4466.67公顷以上。巩固张街、包山、周庄、刘塬4个肉牛养殖示范村，创建新洼、曹川、丑畔、米塬4个肉牛养殖示范村，新培育示范户149户，新建青贮池200座，打造千亩青贮玉米种植基地3个，带动全乡种植青贮玉米677.73公顷、肉牛饲养量6310头、存栏量5950头。引进宁夏春又发农牧有限公司在米塬片区利用高效节水灌溉技术建设千亩拱棚西瓜种植基地。建成和谐肉牛养殖示范园，完成购牛201头，引进畜牧专业技术人才开展技术服务、技能培训，带动200余户移民户以资产入股、资金入股、入园务工等方式创收致富。申报完成全乡剩余4村村集体经济发展壮大4个项目，通过项目支撑带动村集体创收。

【民生事业】 2022年，草庙乡协调解决企业因新冠疫情影响的员工返岗、物流保障、上下游衔接等问题20余个。落实援企稳岗、购买公益性岗位、就业援助、技能培训、创业贷款等扶持政策，完成转移就业3980人，开展技能培训150人次，安置公益性岗位155个，累计发放区内外就业补助74.4万元、妇女创业贷款830万元。及时兑付玉米套种大豆、小秋杂粮种植、一次性种粮补贴等各类补贴760余万元，发放地膜2500公顷。草庙乡为各类困难群体发放一次性临时救助金8.8万元，帮助其渡过生活难关。全乡全民健康体检完成率49.82%，妇女乳腺癌、宫颈癌筛查完成率100%。

【基层治理】 2022年，草庙乡健全完善网格管理机制，深化矛盾纠纷排查调处，高效调处化解各类矛盾纠纷56起。开展“八五”普法，增强群众知法、懂法、守法意识。打击黄赌毒、电信诈骗、养老诈骗等违法犯罪行为，创建全县无毒无诈乡镇。持续推进移风易俗，选树表彰“十星级”文明户14户、“美丽庭院”12户，乡风文明程度提升。开展文化体育活动42场次，举办草庙乡第六届乡风文明大会。

【人居环境整治】 2022年，草庙乡累计清理农户门前“三堆”103处、垃圾残膜10余吨，发放垃圾桶1120个，新建卫生厕所98户，评比卫生清洁户242户。“五土”集中整治601户，拆除土房（棚）81栋、土墙1313米，清理土窑597孔，新建“花园、果园、菜园”244座。推深做实河、林、田、路长制，推进“四好农村路”（建好、管好、护好、运营好农村路）建设，新修村组道路31.1千米。落实生态保护制度，完成造林绿化16.67公顷，道路绿化20千米。组建青年志愿服务、巾帼志愿服务、党员志愿服务3支队伍，常态开展志愿活动100余次。

（董易坤）

孟塬乡

【概况】 孟塬乡政府距彭阳县城43千米，南北长22.8千米，东西宽19.3千米，辖区面积211.99平方千米，地形以丘陵、残塬为主，年平均降雨量500毫米，平均气温 7.4℃~8.5℃。辖椿树岔、白杨庄、小石沟、何岘、玉塬、赵山庄、高岔、牛耳塬、双树、草滩 11 个行政村 62 个村民小组。2022 年，全乡户籍人口 4017 户 15043 人，常住 1943 户 4951 人。农林牧渔总产值 20599 万元，肉类总产量 1258 吨，禽蛋总产量 376 吨，农村居民人均纯收入 14016 元，比上年增长 8.5%。

【产业发展】 2022 年，孟塬乡通过流转土地种植、订单收购等形式，以“企业+合作社+农户”的发展模式，种植中药材 666.67 公顷。发挥赵山庄中药材种苗繁育基地集约作用，带动全乡种植以黄芪、黄芩为主的各类中药材 1120 公顷，倡导农户在房前屋后大量栽植枣树、槐树，提高蜂蜜产量，持续打造以小石沟村为核心的中华蜂养殖示范村和优质蜂源基地，全乡养殖中华蜂稳定在 4000 箱，年产蜜 4 万千克以上，产值近 600 万元。累计完成机修高标准农田 1533.33 公顷，稳定粮食种植面积 3828.2 公顷，发展大豆玉米带状复合种植 1481.68 公顷，种植紫花苜蓿、青贮饲草等各类优质饲草 2666.67 公顷以上，发展张杂谷、荞麦、胡麻等为主的小秋杂粮 444.93 公顷。以草带畜，培育白杨庄和草滩村标准化肉牛肉羊等养殖示范合作社 2 家，巩固提升肉牛养殖示范村 4 个，新培育示范户 102 户，全年全乡存栏肉牛 4958 头、肉羊 21864 头、生猪 4469 头、朝那乌鸡 6.8 万只。

【民生事业】 2022 年，孟塬乡开展劳动技能培训 2 期 72 人，摸排家庭劳动力 8966 人，转移就业 4406 人，为彭阳数字产业园输送就业 1 人，发放劳务补贴 143 人 19.55 元。完成小额贴息贷款 354 人 1754 万元；完成妇女创业贷款 35 人 365 万元；提供公益性岗位 125 个，发放工资 86.76 万元。硬化乡村道路 3 个村 12.3 千米、硬化联户路 6500 平方米。为草滩村移民点、居民点各新建水厕 1 个，建成草滩、赵山庄村面源污染处理中心各 1 个，高岔村建成养殖暖棚 720 平方米。推进“厕所革命”，累计改造卫生厕所 118 户。开展低保专项整治 3 轮，累计新增低保 37 人，取消 100 人。发放大病救助 6 人、临时救助 101 人，新增高龄、孤儿、残疾等津贴 41 人，累计发放保障金 33.59 万元。落实全民参保计划，城乡居民养老保险和医疗保险参保率均 98% 以上。开展全民健康体检 3276 人，组织 522 人参加农村适龄妇女参加乳腺癌、宫颈癌免费检查，鼓励优生优育，完成孕前优生健康检查 33 对，孕产妇免费产前筛查 45 人。

【基层治理】 2022 年，孟塬乡培养“法律明白人”73 人、“法律明白人”骨干 33 人，坚持普法“八进”（司法机关送法进机关、进单位、进企业、进乡村、进社区、进校园、进军营、进监所）行动，开展普法宣传 16 次（妇女儿童维权讲座 1 次），累计发放宣传手册 2000 份。宣传“12348”公共法律服务热线和“12388”妇女儿童维权热线，引导群众知法懂法、学法、用法。组建文艺队伍 11 支，举办“送欢乐”文化体育活动、“暖民心”志愿服务活动、“树新风”道德评议活动等活动，累计送戏下乡 6 场。将高额彩礼和大操大办作为推进移风易俗的重点。全面推广“两荤两素两干果一碗烩菜”红白喜事标准，全乡婚嫁平均彩礼降至 6.9 万元。评选表彰道德模范、移风易俗模范户、脱贫光荣户等 12 类先进个人 115 人。

【人居环境整治】 2022 年，孟塬乡开展农村人居环境整治行动，落实农户门前“三包”和院内卫生月评比、季考核措施，累计清理道路 410 千米、整治临时垃圾点 28 个、修剪行道树 59.6 千米、清理沟渠 37 千米。开展“最美庭院”评选和“五土”共改工作，累计评选村级“最美庭院”863 户，完成“五土”共改集中整治 383 户，拆除土房 869.5 平方米、土棚 372 平方米、土墙 550.4 米、土大门 5 座，清理窑洞 227 孔，拆除土炕 173 个。累计改造卫生厕所 118 户，整改消除违法图斑点位 37 处，春秋季义务植树 350 株。

（刘 坤）

冯庄乡

【概况】 冯庄乡地处彭阳县境东北部，东邻甘肃省镇原县三岔镇，西毗王洼镇，南接孟塬乡，北靠小岔乡，东西长22.5千米，南北宽11.03千米，辖区面积177.6平方千米，距县城55千米，平均海拔高度1401米，无霜期120~140天，沟壑纵横、山峦重叠。境内石油、矿石资源丰富，有长庆油田采油十一厂生产油井117眼，开井84眼，日产原油143.05吨。冯庄乡旅游资源丰富，有流水冲刷形成的人称“一步四十里”神奇大峡谷。保存有自治区级文物保护单位明代璎珞宝塔和宁夏第一个农村红色地下党支部——虎家小园子地下党支部旧址。辖石沟、小湾、冯庄、羊草湾、小寺、崾岘、茨湾、小园子、上湾、高庄、崖湾11个行政村51个村民小组。2022年，全乡总人口2288户7913人。农林牧渔总产值16935万元，肉类总产量475吨，禽蛋总产量232吨，农村居民人均纯收入13739元，比上年增长8.7%。

【巩固拓展脱贫攻坚成果同乡村振兴有效衔接】 2022年，冯庄乡围绕“两不愁三保障”及饮水安全，通过排查困难群体，新建安全住房10户，加固窑洞22户、搬出居住窑洞67户，整改C、D级窑洞405孔，鉴定A、B级房屋290户，安装防冻井176户，解决自来水爆管9户，动员脱贫户、监测对象338户采摘林产品，并帮助出售，户均增收3100元以上。发放小额信贷1170万元，完成健康保收缴2092人。推进虎崾岘村乡村振兴示范村建设，硬化道路2.8千米、整修边坡1100米、砖砌护坡470米、安装涵管66米、安装路灯21盏、栽植绿化树2.5万株。扎实开展上湾薄弱村整治，培育“5350”肉牛养殖示范户47户，肉牛存栏278头，青贮饲草0.22万立方米，大豆玉米带状复合种植54.67公顷。完成老庄、茨卜湾等3个组常住户动力电入户项目，加固村级阵地1处。

【产业发展】 2022年，冯庄乡种植粮食2138.53公顷，其中，大豆玉米带状复合种植495.68公顷、小秋杂粮509.44公顷。打造种植示范点5个，其中大豆玉米带状复合种植千亩示范点2个、小秋杂粮千亩示范点1个、露地蔬菜种植示范点1个、千亩中药材种植示范点1个。种植蔬菜119.81公顷，中药材400公顷（含林下）。开展以肉牛养殖为主的劳动技能培训1期50人次，完成肉牛养殖示范村建设5个，培育示范户155户，落实补助资金62万元，种植优质牧草820公顷，新建50立方米以上青贮池110座。全乡年末牛、羊、猪、禽饲养量分别为2171头、9737只、2940头、92975羽。

【民生事业】 2022年，冯庄乡抓好闽宁协作对口帮扶机遇，向福建输送劳务人员11人，带动全乡劳动力转移就业2340人。有公益性岗位247个。收缴铁杆庄稼保1967人29505元。发放创业贷款80万元。申报务工补贴175人。完成居民医保缴费6583人、职工缴费612人、动态促保缴费36人。新增农村低保90人，清退低保324人，享受特困供养、孤儿、高龄等特殊人群津贴139人，发放残疾人“两项补贴”203人，发放临时救助金541人。完成养老认证1142人、办理养老到龄66人。落实大病等医疗救助9人。

【基层治理】 2022年，冯庄乡开展代表履职培训，巩固提升“代表之家（活动室）”建设，围绕肉牛养殖等重点工作组织开展代表视察调研活动。落实村民代表会议和公开制度，规范村务、财务公开，加强村务监督委员会建设。坚持和发展新时代“枫桥经验”，排查化解各类矛盾纠纷。开展“八五”普法宣教活动，落实“一村一法律顾问”制度。加强农机安全监管，杜绝违章载客、违法营运等。推进“全国食品安全示范县”创建工作。巩固拓展党史学习教育成果，教育引导群众“听党话、感党恩、跟党走”，累计开展活动108次。推进“积分卡”“红黑榜”制度。推进移风易俗，修订完善村规民约，发挥“爱心超市”导向激励作用，倡导清明节推广鲜花祭祀活动。

【人居环境整治】 2022 年，冯庄乡实施厕所改造 61 户，打造“厕所革命”整村示范村 1 个，投入机械车辆 74 台次、劳动力 2300 人次，清理垃圾 1480 吨、粪污 782 吨，回收残膜 56 吨，完成“三园”（花园、果园、菜园）建设 67 处，建设整治示范点 11 个。完成人工补植补造 33.33 公顷，栽植各类树木 2 万棵。持续加强封山禁牧巡查，加大处罚力度。做好森林防灭火工作，全年无火灾发生。开展集体违规承包土地乱象及撂荒耕地专项整治，规范土地承包经营和流转秩序。

（张小红）

小岔乡

【概况】 小岔乡位于彭阳县城北部 62 千米处，安家川河上游，属宁南温凉干旱区，北以甘肃环县为界，东接甘肃镇原县，南连冯庄乡，西邻王洼镇，乡政府驻地小岔村，辖区面积 151.59 平方千米。辖耳城、柳湾、米沟、榆树、李渠、小岔、吊岔 7 个行政村 26 个村民小组。2022 年，全乡有户籍人口 1447 户 5116 人，常住户 507 户 1612 人，脱贫人口 372 户 1378 人。有天然草场 5733.33 公顷，多年生牧草 4800 公顷，实有耕地面积 2620 公顷，退耕还林面积 4500 公顷，荒山造林 5166.67 公顷，森林覆盖率 36.8%。农林牧渔总产值 9019 万元，肉类总产量 459 吨，禽蛋总产量 64 吨，农村居民人均纯收入 13846 元，比上年增长 9.2%。

【巩固拓展脱贫攻坚成果同乡村振兴有效衔接】 2022 年，小岔乡围绕 2021 年巩固拓展脱贫攻坚成果同乡村振兴有效衔接考核评估反馈问题 14 类 56 个、自治区督察反馈问题 7 个和固原市督察反馈问题 17 个，开展自查自纠，反馈问题均已整改到位。完成整改自查自验，发现问题 11 个，在乡镇交叉检查中发现问题 33 个。完善动态监测和精准帮扶机制，纳入监测对象 22 户 78 人。组织协调乡村干部、驻村工作队、帮扶责任人、网格员多支力量开展入户排查，完成入户、电话核查 1447 户 5116 人，排查问题 5 类 184 条，并全部整改到位。小岔乡危窑改造验收 15 户，鉴定房屋 83 户；清理窑洞 230 个，加固窑洞 170 个；对住房面积不达标的 28 户及冬季冻管、爆管、漏水以及自备井不具备安全饮水条件的 71 户完成整改。

【产业发展】 2022 年，小岔乡已形成以种草养牛为主导产业，以生猪、月子鸡养殖为特色产业，以小秋杂粮种植和生态鸡养殖等为补充产业的产业结构。培育达标养殖户 26 户、补栏肉牛 45 头，巩固提升 91 户、新增养殖户 3 户、补栏肉牛 133 头，新建青贮池 35 座。建成 764 公顷高标准农田，推广大豆玉米带状复合种植 393.76 公顷，完成 118.1%；打造李渠村 66.67 公顷示范点 1 个，吊岔村、小岔村 33.33 公顷示范点 2 个；种植青贮玉米 494.98 公顷，完成 123.7%；发展林下中药材种植 333.33 公顷，完成 100%；建成种植露地蔬菜（南瓜）示范点 2 个 17.79 公顷。种植小杂粮 333.33 公顷，发放静原鸡、月子鸡 10185 只，见犊补母 470 头。开展家畜饲养培训 1 次 50 人。

【民生事业】 2022 年，小岔乡落实最低生活保障动态机制，做到“应纳尽纳、应退尽退”，新增低保 14 户 26 人，取消低保 51 人。新增高龄 9 人，取消 10 人。取消特困供养 5 人。新增残疾护理补贴 15 人，取消 43 人；新增生活补贴 23 人，取消 61 人。审核发放临时救助 103 户 368 人。对因车、房等限制条件不能享受低保、临时救助的困难人员，研究审核发放慈善救助 32 人。全乡居民医保缴费人数 4705 人，完成率 100.38%。实施全民健康水平提升行动，重点人群家庭医生签约率 100%。完成全民健康体检 1 次 1074 人，完成宫颈癌筛查 161 人，乳腺癌筛查 160 人。通过自主就业、扶贫车间带动和开发公益性岗位实现就业 129 人。摸排出全乡劳动力资源 2616 人，脱贫劳动力资源 698 人，其中劳动力转移就业 1667 人、脱贫劳动力转移就业 594 人。

【基层治理】 2022 年，小岔乡开展矛盾纠纷大排查大起底大化解“奋战 100 天”工作，排查化解矛盾纠纷 27 件。持续推进网格化管理，划分网格 52 个，建立监测预警数据库，进行“三色”监测预警管理，成功化解矛盾 22 起。全乡累计开展各类文化体育活动 33 场次，选树表彰卫生光荣户、最美庭院、最美家庭、养牛示范户等先进典型 39 户，表彰优秀党组织带头人、优秀致富带头人和致富能手 16 名。开展移风易俗活动，坚决抵制高额彩礼和大操大办，倡导婚事新办、丧事简办、厚养薄葬，累计发放移风易俗倡议书 1000 余份。落实乡风文明实践积分卡制度，累计开展积分兑换 1396 户 174899 分。

【人居环境整治】 2022 年，小岔乡建立乡村干部包户责任制，按照组织宣传、责任压实、示范引导、考核评比、网格管理、经费保障“六到位”整治模式，统筹推进“五土”存量整治、农户门前柴堆、粪堆、土堆清理和卫生厕所改造。全乡签订“三包”责任书 554 份，清理垃圾 840 余吨，动员农户清理门前“三堆”273 户，完成卫生厕所整改 90 户，新建卫生厕所 26 户。打造花园、果园、菜园示范户 50 户，对室内、庭院、房前屋后开展立体式、全方位综合整治，推进农村环境整治走深走实。加强文化体育建设，配备文化体育活动器材 1 套。维修安置点水毁道路 130 平方米，大门口铺砖 45 户，粉刷墙面 60 平方米。

（田　佳）

罗洼乡

【概况】 罗洼乡位于彭阳县最北端，北与甘肃省环县芦湾乡接壤，东、南、西分别与彭阳县小岔乡、王洼镇、交岔乡毗邻，距县城约 60 千米，202 省道（原 203 省道）纵贯南北，长约 16 千米。罗洼乡辖区面积 156.21 平方千米，有耕地 2742.53 公顷，退耕 3110.25 公顷、荒山造林 6017.95 公顷、荒山 664.93 公顷。辖罗洼、寨科、马涝、张湾、石沟、崾岘、薛套 7 个行政村 29 个村民小组。2022 年，全乡总人口 1545 户 5558 人，回族人口 1679 人，占总人口的 30.2%。农林牧渔总产值 10565 万元，肉类总产量 1401 吨，禽蛋总产量 24 吨，农村居民人均纯收入 13985 元，比上年增长 8.7%。

【巩固拓展脱贫攻坚成果同乡村振兴有效衔接】 2022 年，罗洼乡坚持把巩固拓展脱贫攻坚成果同乡村振兴有效衔接作为重要政治任务、头等大事和第一民生工程，全乡监测对象 78 户 276 人（脱贫不稳定户 25 户 85 人、边缘易致贫户 39 户 134 人、突发严重困难户 14 户 57 人），累计识别监测对象 37 户 154 人，累计消除监测对象 4 户 13 人，均已针对性制定“一户一策”帮扶台账，每户落实 2 项以上帮扶措施，入户核实相关行业部门筛查预警信息 8 次，防返贫监测帮扶机制进一步完善。罗洼乡成立工作领导小组，细化完善评估反馈问题整改方案，先后召开 46 次乡村干部会、18 次分析研判会议，各村常态化开展“四查四补”，开展防止返贫监测大排查 2 次、大排查“回头看”1 次，强力推进全乡巩固拓展反馈问题整改工作。采取发放宣传资料、公众号转发等方式加强就业政策宣传，确保就业创业政策家喻户晓，转移就业 1717 人，享受务工补贴 170 人 21.2 万元，特殊困难群体务工补贴 18 人 1.6 万元。罗洼乡闽宁协作帮扶车间吸纳劳动力 23 人，其中，脱贫户与监测户 12 人、一般户 11 人。

【产业发展】 2022 年，罗洼乡积极推广玉豆复合种植、小杂粮种植、露地蔬菜种植，完成玉豆种植验收面积 448.53 公顷，种植张杂谷、圆圆胡麻等小秋杂粮 424.67 公顷，种植青贮玉米 431 公顷，新建蔬菜大棚 11 栋，发放实际种粮农民一次性补贴 1947 人 23.78 万元。动员广大农户积极发展养殖，力促全乡畜牧业上规模、上水平，全乡牛、羊、生猪饲养量分别达到3550头、16800只、2150头。新培育肉牛养殖示范村2个100户，100头以上养殖大户2户，新建青贮池44座，完成饲草青贮1.72万立方米。

【民生事业】 2022年，罗洼乡持续实施惠民工程，推进民生保障和服务工作高效完成。全乡精准落实低保人口167户302人，发放低保金150万元，做到应保尽保。落实五保、高龄、孤儿、困难残疾人等特殊人群269人，发放各类津贴71.98万元。加大养老保险和医疗保险宣传征缴力度，完成全乡农村医疗保险征缴4773人，培育创业实体8个，创造新岗位14个，实际就业30人。完成妇女创业贷款8户100万元、创业担保贷款6户75万元。

【基层治理】 2022年，罗洼乡高度重视综治维稳，推动社会大局和谐安定。开展防范打击网络电信诈骗会议12场次，组织下载“国家反诈中心”App 2000余人次，利用微信群转发警情通报500余份。全面落实全乡矛盾纠纷大排查大起底大化解“奋战100天”专项行动，开展“两排查一分析”例会17场次，综治中心工作例会13次、综治中心成员单位联席会议2场次、综治中心专项工作协调会议6场次，通过排查、流转各类矛盾纠纷56起。开展扫黑除恶斗争工作部署会12次、专题宣讲会2场次，悬挂扫黑除恶宣传横幅20余条。落实党建引领基层社会治理“1+1+3”工作机制，发现并化解各类矛盾纠纷125起。

【人居环境整治】 2022年，罗洼乡坚守生态底线，持续做好农村环境综合整治。实施罗洼村脱贫攻坚与乡村振兴有效衔接示范村建设项目，对罗洼村3.67千米道路进行硬化，铺设入户面包砖107户10910米。推进“厕所革命”，完成40户农户卫生厕所改造、277户农村卫生厕所建档信息采集。以实施“五土共改”为抓手，封堵土窑284孔、拆除危旧土房17户、土院墙20080.7米、土圈棚14207.7平方米、大门30座，先后清理农户门前“三堆”90多处，疏通沟渠3800余米；清理农村生活垃圾88吨、清理乱堆乱放48处、乱搭乱建3处。

（杨 楠）

交岔乡

【概况】 交岔乡位于县城北部、小河流域上游左侧，南、东与王洼镇相连，西、北分别相邻原州区河川乡、寨科乡。辖庙庄、关口、东洼、交岔、保阳、关台、大坪7个行政村20个村民小组，辖区面积147.38平方千米。2022年，交岔乡总人口1545户5406人，实际在家常住人口737户2509人，占总人口的46%。农林牧渔总产值11983万元，肉类总产量503吨，禽蛋总产量3吨，农村居民人均纯收入13783元，比上年增长9.3%。

【巩固拓展脱贫攻坚成果同乡村振兴有效衔接】 2022年，交岔乡围绕“两不愁三保障”和安全饮水，开展“大排查大摸底”行动，累计排摸群众安全住房、饮水、户籍、教育、人居环境等问题988个，年内完成整改981个。全乡消除风险的监测对象23户69人，新增监测对象25户79人，脱贫不稳定户7户20人，边缘户6户16人，突发严重困难户12户43人。对531户2027人脱贫户和监测对象进行全覆盖结对帮扶，新排摸低收入户36户84人，建立“一户一策”台账，确保应帮尽帮。

【产业发展】 2022年，交岔乡新建高标准农田711.6公顷，完成玉米大豆带状复合种植359.47公顷，青贮玉米种植866.67公顷，籽粒玉米种植800公顷。巩固庙庄、关台2个养殖示范村，创建关口、东洼、交岔、保阳、大坪5个养殖示范村，新培育示范户182户，新建青贮池97座，青贮饲草5万立方米。及时足额兑付见犊补母、玉米套种大豆、地膜补贴310.4万元，落实政府全额投保价格险，调动农民种粮积极性，确保农民收益。牛存栏量4575头，存栏量较上年年末3600头增长

27%。争取发展壮大村集体经济100万元项目3个，7个村集体经济组织流转土地166.67公顷，种植玉米、大豆等作物，建成保阳村饲草配送中心，2个村创办肉羊养殖场，羊存栏量530只。各村通过发展村集体经济，带动群众就近劳务用工620人次。完成耕、旋及覆膜2807公顷，实现村集体经济纯收入19.4万元，群众节省整地费用56.4万元。

【民生事业】 2022年，交岔乡开展低保动态化管理工作，低保动态调整29户39人，慈善救助31户32人，医疗救助218人次、20.8万元，临时救助234人次、发放救助资金45.87万元，每月发放14名特困人员供养金9960元，看望慰问退役军人及其他优抚对象。开展全乡467名新老低保对象、单双老户、重残、重病对象核查工作。新建安全住房12户、补面积16户、加固5户。加快养老和医疗保险收缴力度，脱贫户、监测对象医疗保险收缴100%。开展全民健康体检，妇女乳腺癌、宫颈癌筛查完成率100%。对400户养殖大户开展出血热和布鲁氏杆菌疾病筛查，做到人畜共患疾病早预防、早发现、早治疗。交岔乡完成脱贫户、监测对象2067人健康保及1404人铁杆庄稼保收缴任务。做好6名特殊学生送教上门工作，全面保障义务教育阶段学生全部接受九年义务教育，入学率100%，全乡无辍学学生。完成转移就业1640人，开展技能培训150人次，增加公益性岗位90个，累计发放区内外就业补助12.25万元。

【基层治理】 2022年，交岔乡利用“线上+线下”相结合的宣传模式，通过“交岔发布”微信公众号、微信群等政务新媒体积极转发、召开群众大会、入户面对面宣传等方式向群众讲解比较常见的诈骗案例及诈骗手段，并指导注册安装“国家反诈中心”App 931人，发放反诈宣传挂历751个。开展矛盾纠纷大排查大起底大化解“奋战100日”专项行动，制定印发《交岔乡矛盾纠纷大排查大起底大化解“奋战100日”专项行动实施方案》，并召开专题会议分析研判12次，化解各类矛盾纠纷42起。发挥人大代表作用，加强人大代表对全乡工作的督查监督作用，开展人大代表观摩督查活动5次。推进安全生产百日专项整治行动，排查整治安全隐患55处，有效防止安全生产事故发生。开展惠民政策宣讲、志愿服务活动40场次，受益群众2600余人次，推进移风易俗，评选乡级“美丽庭院”35户。

【人居环境整治】 2022年，交岔乡为全乡常住户统一购买发放垃圾桶751个，清理生活垃圾766.5余吨，拆除危旧土房3028平方米、CD级危房（窑）土炕435个，土棚594平方米，土墙214米，土大门1座。通过微信群、微信公众平台推送宣传信息20余次，开展志愿服务80余次，检查发现公共区域、农户庭院和存量“五土”等方面问题329个，限期整改完成，春季义务植树5000余株。动员农户广泛利用电能、太阳能、无烟煤，提高群众环保意识，回收残膜160吨，杜绝冬闲春耕时段秸秆杂草、废旧地膜焚烧。加大封山禁牧力度，加强护林员管理，强化森林抚育管护，检查偷牧行为30余次，处罚4起。

（马银刚）

2022年彭阳县获市级以上表彰先进单位一览表

表 27

获奖单位	获奖时间	奖项名称	颁奖单位
彭阳县	2022 年 1 月	2021 年度全国信访工作示范县	中央信访工作联席会议办公室（国家信访局）
彭阳县	2022 年 5 月	2017—2020 年度平安宁夏建设示范县	平安宁夏建设协调小组
彭阳县	2022 年 12 月	全民运动健身模范县	国家体育总局
县科协	2022 年 1 月	节约型机关	国家机关事务管理局 中共中央直属机关事务管理局 中华人民共和国国家发展和改革委员会 中华人民共和国财政部
县教育体育局	2022 年 2 月	案例:“三个课堂”提升农村小规模学校教学质量的创新探索入选 2021 年度基础教育信息技术与教育教学融合示范案例	中华人民共和国教育部
县委组织部	2022 年 3 月	全国第四届关爱明天普法先行先进集体	中国关心下一代工作委员会
县自然资源局	2022 年 10 月	节约型机关	国家机关事务管理局 中共中央直属机关事务管理局 中华人民共和国国家发展和改革委员会 中华人民共和国财政部
县统计局	2022 年 10 月	节约型机关	国家机关事务管理局 中共中央直属机关事务管理局 中华人民共和国国家发展和改革委员会 中华人民共和国财政部

续表 27

获奖单位	获奖时间	奖项名称	颁奖单位
县文化旅游广电局	2022 年 10 月	节约型机关	国家机关事务管理局 中共中央直属机关事务管理局 中华人民共和国国家发展和改革委员会 中华人民共和国财政部
县委巡察办	2022 年 10 月	节约型机关	国家机关事务管理局 中共中央直属机关事务管理局 中华人民共和国国家发展和改革委员会 中华人民共和国财政部
县退役军人事务局	2022 年 10 月	节约型机关	国家机关事务管理局 中共中央直属机关事务管理局 中华人民共和国国家发展和改革委员会 中华人民共和国财政部
县退役军人事务局	2022 年 10 月	节约型机关	国家机关事务管理局 中共中央直属机关事务管理局 中华人民共和国国家发展和改革委员会 中华人民共和国财政部
县文化旅游广电局	2022 年 10 月	节约型机关	国家机关事务管理局 中共中央直属机关事务管理局 中华人民共和国国家发展和改革委员会 中华人民共和国财政部
县自然资源局	2022 年 11 月	第三次全国国土调查工作先进集体	国务院第三次全国国土调查领导小组办公室、自然资源部
县中心敬老院	2022 年 11 月	全国养老服务先进单位	中华人民共和国民政部
县工商联	2022 年 12 月	全国工商联 2022 年民营企业调查点工作先进示范单位	中华全国业工商联合会
县交通运输综合执法大队	2022 年 12 月	全国行政执法先进集体	中华人民共和国司法部
县科学技术局	2022 年 12 月	全国科技管理系统先进集体	中华人民共和国人力资源和社会保障部 中华人民共和国科学技术部
王洼法庭	2022 年 1 月	自治区第二批塞上枫桥人民法庭	自治区高级人民法院
县调查队	2022 年 1 月	自治区国家贫困地区重大专项普查先进集体	宁夏脱贫攻坚普查领导小组
县调查队	2022 年 1 月	2021 年度综合工作考核先进单位	国家统计局宁夏调查总队
县调查队	2022 年 1 月	2021 年度信息考核先进单位	国家统计局宁夏调查总队

续表 27

获奖单位	获奖时间	奖项名称	颁奖单位
县调查队	2022 年 1 月	农业统计调查工作优秀等次	国家统计局宁夏调查总队
县调查队	2022 年 1 月	农村统计调查工作优秀等次	国家统计局宁夏调查总队
县调查队	2022 年 1 月	劳动力调查工作优秀等次	国家统计局宁夏调查总队
县调查队	2022 年 1 月	2021 年政务信息报送第一名	自治区统计局办公室
县调查队	2022 年 1 月	2021 年度效能目标管理考核一等奖	自治区统计局
县卫生健康局	2022 年 1 月	爱国卫生工作成绩突出单位	自治区爱国卫生运动委员会
县人社局	2022 年 1 月	自治区就业创业工作先进集体	自治区就业工作领导小组
县供销合作社联合社	2022 年 1 月	全区供销合作社系统 2021 年度综合业绩考核一等奖	自治区供销合作社联合社
县财政局	2022 年 1 月	自治区国家贫困地区重大专项普查先进集体	自治区脱贫攻坚普查领导小组
县教育体育局	2022 年 1 月	2021 年宁夏回族自治区全区中小学教师及师范生“三字一话”基本功大赛优秀组织单位奖	自治区教育厅
县人民检察院	2022 年 1 月	自治区文明单位	自治区精神文明建设指导委员会
	2022 年 1 月	扫黑办集体三等功	自治区人民检察院
冯庄乡小寺村	2022 年 1 月	第二届移风易俗先进村镇	自治区精神文明建设指导委员会
县文化旅游广电局	2022 年 3 月	2022 年“文化进万家·视频直播家乡年”宁夏非遗短视频展播	自治区文化和旅游厅
县卫生健康局	2022 年 3 月	2021 年“情暖夕阳健康行”活动表现突出单位	自治区老龄工作委员会办公室
县自然资源局	2022 年 4 月	宁夏第三次国土调查工作先进集体	自治区自然资源厅
红河镇	2022 年 4 月	第十一批全区民族团结进步示范乡镇	自治区统战部
红河镇	2022 年 4 月	第十一批全区民族团结进步示范乡镇	自治区统战部
县公安局交警大队	2022 年 5 月	全区优秀车辆管理所	自治区公安厅
县文化旅游广电局	2022 年 6 月	“喜迎二十大 奋进新征程”2022 年全区广场舞大赛三等奖	中共宁夏回族自治区委员会宣传部 自治区文化和旅游厅 自治区妇女联合会

续表 27

获奖单位	获奖时间	奖项名称	颁奖单位
县教育体育局	2022 年 7 月	全区实施妇女儿童发展规划先进集体	自治区人民政府妇女儿童工作委员会
县住房和城乡建设局	2022 年 7 月	自治区“三八红旗集体”	自治区妇女联合会
县政府办公室	2022年8月	2021 年度全区数字政府建设以奖代补资金使用单位	自治区推进“数字政府建设”领导小组
县公安局	2022 年 8 月	平安宁夏建设先进集体	自治区党委、政府
县文化旅游广电局	2022 年 8 月	“晒文旅·晒优品·促消费”大型文旅推介活动第二季	自治区文化和旅游厅
县集中供热有限责任公司	2022 年 9 月	2022 年自治区劳动关系创建示范企业	自治区人力资源和社会保障厅 自治区总工会 宁夏企业和企业家联合会 自治区工商业联合会
县公安局白阳派出所	2022 年 10 月	全区公安机关“9·20”疫情防控集体三等功	自治区公安厅
县公安局 G309 冯庄乡小园子检疫站点	2022 年 10 月	全区公安机关“9·20”疫情防控集体嘉奖	自治区公安厅
县公安局 G327 城阳乡沟圈村检疫站点	2022 年 10 月	全区公安机关“9·20”疫情防控集体嘉奖	自治区公安厅
县公安局交警大队	2022 年 10 月	全区公安机关“9·20”疫情防控集体嘉奖	自治区公安厅
县体育中心	2022 年 10 月	2018—2021 年度全区群众体育先进单位	自治区全民健身领导小组
县公安局白阳派出所	2022 年 11 月	二十大安保维稳集体二等功	自治区公安厅
县公安局交巡警大队	2022 年 11 月	二十大安保维稳集体嘉奖	自治区公安厅
县公安局治安大队	2022 年 11 月	二十大安保维稳集体嘉奖	自治区公安厅
县卫生健康局	2022 年 11 月	2021 年度全区紧密型县域医共体建设绩效评价第一名	自治区卫生健康委

续表 27

获奖单位	获奖时间	奖项名称	颁奖单位
县中心敬老院	2022 年 11 月	三星级养老机构	自治区民政厅
县教育体育局	2022 年 11 月	第七届全国学生“学宪法　讲宪法”活动宁夏赛区优秀组织单位奖	自治区教育厅
县科学技术局	2022 年 11 月	“大美科技特派员”作品征集活动优秀组织单位	自治区科技厅
县科学技术局	2022 年 11 月	2021 年县域科技创新能力监测评价优秀单位	自治区科技厅
县人社局	2022 年 12 月	全区人力资源和社会保障工作先进集体	自治区人力资源和社会保障厅
县地震局	2022 年 12 月	2022 年度自治区防震减灾工作县(区)级优秀单位	自治区地震局
县公安局	2022 年 1 月	全市优秀公安局	市公安局
县人民检察院	2022 年 1 月	控告申诉工作先进集体	市人民检察院
县纪委监委	2022年6月	固原市纪检监察系统“喜迎自治区第十三次党代会·献礼党的二十大”主题演讲比赛优秀组织奖	市纪委监委
县网络信息中心	2022年7月	2021—2022 年度固原市网络安全先进集体	市人民政府办公室 中共固原市委宣传部 中共固原市委网信办
县网络信息中心	2022年7月	2021—2022 年度固原市优秀政务微博	市人民政府办公室 中共固原市委宣传部 中共固原市委网信办
县科协	2022年7月	第五届宁夏青少年创意编程与智能设计大赛优秀组织单位	市科协 市教育体育局
县市场监督管理局	2022 年 7 月	2022 年上半年固原市市场监管系统执法办案先进集体	市市场监督管理局
县公安局	2022 年 8 月	全市公安机大数据建模比赛三等奖	市公安局
县退役军人事务局	2022 年 8 月	“喜迎二十大·学业务　强队伍　树形象”业务技能大比武一等奖	中共固原市委退役军人事务工作领导小组办公室

2022年彭阳县获市级以上表彰先进个人一览表

表28

姓　名	所在单位	获奖时间	奖项名称	颁奖单位
海平燕	县调查队	2022年1月	2021年度优秀统计分析报告一等奖	国家统计局宁夏调查总队
刘小娜	县调查队	2022年1月	2021年度优秀统计分析报告三等奖	国家统计局宁夏调查总队
海平燕	县调查队	2022年1月	2021年度信息考核先进个人	国家统计局宁夏调查总队
虎　威	县科协	2022年1月	国家贫困地区重大专项普查自治区级先进个人	自治区脱贫攻坚普查领导小组
虎永强	县民政局	2022年1月	国家贫困地区重大专项普查先进个人	自治区脱贫攻坚普查领导小组
韩治国	县人民法院	2022年2月	全区法院先进个人	自治区高级人民法院
冶春芳	县总工会	2022年3月	2021年度全区优秀社会化工会工作者	自治区总工会
石效霞	县总工会	2022年3月	2021年度全区优秀社会化工会工作者	自治区总工会
冯　蓉	县总工会	2022年3月	2021年度全区优秀社会化工会工作者	自治区总工会
杨汉邦	县调查队	2022年4月	自治区国家贫困地区重大专项普查先进个人	自治区脱贫攻坚普查领导小组
阿　冬	县自然资源局	2022年4月	宁夏第三次国土调查工作先进个人	自治区自然资源厅
李昊昊	新集乡卫生院	2022年5月	全国优秀共青团员	共青团中央委员会
高　锐	县信访局	2022年5月	全国信访系统优秀信访工作者	国家信访局
王玉宁	共青团彭阳县委员会	2022年5月	优秀共青团干部	共青团宁夏回族自治区委员会
米永智	草庙派出所	2022年5月	嘉奖	自治区公安厅
白　昊	县人民法院	2022年5月	守初心 担使命 创佳绩 庆华诞主题征文二等奖	自治区高级人民法院
赵银汉	县委政法委	2022年5月	平安宁夏建设先进个人	自治区党委 自治区人民政府
杨永军	城阳乡城阳村卫生室	2022年6月	全国优秀乡村医生	中国农村卫生协会
席彩霞	县体育中心	2022年10月	2018—2021年度全区群众体育先进个人	自治区全民健身领导小组
杨正刚	县体育中心	2022年10月	2018—2021年度全区群众体育先进个人	自治区全民健身领导小组

续表 28

姓　名	所在单位	获奖时间	奖项名称	颁奖单位
陈克斌	县自然资源局	2022 年 10 月	最美林草科技推广员	国家林业和草原局科技司
虎　威	县科协	2022 年 11 月	2022 年全国科技活动周及重大示范活动优秀个人	全国科普工作联席会议、科技部科技人才与科学普及司
张　昊	县治安出入境管理大队	2022 年 11 月	个人嘉奖	自治区公安厅
高应广	古城镇人民政府	2022 年 11 月	自治区“人民满意的公务员”称号	自治区党委
李　峰	县公安局交通警察大队	2022 年 11 月	先进个人	自治区公安厅
吴　翔	县公安局交通警察大队	2022 年 11 月	个人嘉奖	自治区公安厅
王克岳	县地震局	2022 年 12 月	2022 年度自治区市县防震减灾工作先进个人	自治区地震局
张德胜	草庙乡人民政府	2022 年 12 月	最美乡镇(街道)政法委员	自治区党委政法委员会
郭文娟	县住房和城乡建设局	2022 年 12 月	2022 年度全区人力资源和社会保障工作先进个人	自治区人力资源和社会保障厅

2022 年彭阳县全国文明单位及自治区文明单位名录

全国文明单位(4 个)

彭阳县财政局
国家税务总局彭阳县税务局
彭阳县水务局
彭阳县住房和城乡建设局

自治区文明单位(20 个)

中国建设银行彭阳县支行
宁夏新华书店彭阳县有限公司
中共彭阳县委办公室
彭阳县民政局
彭阳县人民检察院
国网彭阳县供电公司
彭阳县交通运输综合执法大队
彭阳县交通运输局
彭阳县市场监督管理局
彭阳县人民法院
彭阳县烟草专卖局(分公司)
彭阳县妇幼保健院
中共彭阳县委宣传部
中共彭阳县委组织部
彭阳县政府办公室
彭阳县幼儿园
彭阳县财政局
国家税务总局彭阳县税务局
彭阳县水务局
彭阳县住房和城乡建设局

2022年彭阳县三等功以上获得者一览表

表29

序号	姓名	单位	奖项	颁奖单位
1	李　瑾	古城镇	三等功	中共彭阳县委　县人民政府
2	马　明	交岔乡	三等功	中共彭阳县委　县人民政府
3	马启峰	纪委监委	三等功	中共彭阳县委　县人民政府
4	张欢欢	人大办	三等功	中共彭阳县委　县人民政府
5	王晓霞	编办	三等功	中共彭阳县委　县人民政府
6	张永强	公安局	三等功	中共彭阳县委　县人民政府
7	庞　明	公安局	三等功	中共彭阳县委　县人民政府
8	杨龙君	公安局	三等功	中共彭阳县委　县人民政府
9	田　甜	公安局	三等功	中共彭阳县委　县人民政府
10	李招生	公安局	三等功	中共彭阳县委　县人民政府
11	兰小成	人社局	三等功	中共彭阳县委　县人民政府
12	虎佑峰	交通局	三等功	中共彭阳县委　县人民政府
13	马开元	农业农村局	三等功	中共彭阳县委　县人民政府
14	李占琪	市监局	三等功	中共彭阳县委　县人民政府
15	王　勇	新集派出所	二等功	自治区公安厅
16	计春纹	白阳派出所	三等功	自治区公安厅
17	杨建伟	交警大队	三等功	固原市公安局
18	张彦华	公安局	三等功	固原市公安局

在中共彭阳县委九届三次全会第一次全体会议上的讲话（摘要）

（2022 年 7 月 31 日）

彭阳县委书记　张永强

这次会议的主要任务是，深入学习贯彻习近平总书记视察宁夏重要讲话和重要指示批示精神，贯彻落实自治区第十三次党代会精神和市委五届五次全会精神，讨论审议县委《贯彻落实自治区第十三次党代会和市委五届五次全会精神任务责任清单》，动员全县上下牢记领袖嘱托，切实担当起黄河流域生态保护和高质量发展先行区建设的政治责任，团结奋斗、真抓实干，奋力谱写全面建设社会主义现代化美丽新宁夏彭阳篇章。

下面，我代表县委常委会，讲 4 点意见。

一、统一思想认识，持续掀起学习宣传贯彻热潮

自治区第十三次党代会是在我区与全国同步全面建成小康社会、踏上全面建设社会主义现代化新征程、喜迎党的二十大关键时期，召开的一次十分重要的大会。梁言顺书记所作的报告，深入学习贯彻习近平总书记视察宁夏重要讲话和重要指示批示精神，发出了“全面建设社会主义现代化美丽新宁夏”的动员令，是指导全区未来 5 年工作的重要文件。

自治区党代会是一次践行忠诚、捍卫核心的大会。大会坚持以习近平新时代中国特色社会主义思想为指导，自觉把习近平总书记视察宁夏重要讲话和重要指示批示精神作为总遵循、总纲领、总指引，贯穿党代会始终、贯穿报告全文，旗帜鲜明讲政治、讲忠诚是党代会的主旋律，“总书记怎么说、我们就怎么做”是党代会的主基调，集中表明了自治区党委坚定不移沿着习近平总书记指引的方向前进的政治立场，集中表明了全区上下坚定不移感党恩、听党话、跟党走的政治自觉。我们要切实把党代会精神转化为学习贯彻习近平新时代中国特色社会主义思想的强大动力，转化为学习贯彻习近平总书记视察宁夏重要讲话和重要指示批示精神的政治自觉、思想自觉和行动自觉，更加深刻领会“两个确立”的决定性意义，进一步增强“四个意识”、坚定“四个自信”、做到“两个维护”，使忠诚核心、拥护核心、跟随核心、捍卫核心成为彭阳最鲜明的政治底色。

自治区党代会是一次绘就蓝图、开创新局的大会。大会聚焦习近平总书记为宁夏擘画的宏伟蓝图、赋予宁夏建设先行区的使命任务，注重在继承中发展、在发展中继承，全面总结了过去5年取得的重大成就，深刻分析了宁夏的比较优势、阶段特征、瓶颈制约、战略机遇，明确提出了宁夏今后5年的总体思路、目标任务和重大战略，贯彻了党中央精神、体现了宁夏实际、回应了群众心声，奏响了感恩奋进新征程、凝心聚力谋发展、团结奋斗开新局的最强音。我们要以高度的政治自觉、强烈的政治担当、坚定的政治行动，咬定目标、坚定信心、迎难而上，一步一个脚印把党代会绘就的美好“画卷”变成党和人民满意的“答卷”。

自治区党代会是一次提振信心、真抓实干的大会。大会从推动高质量发展实现新突破、着力保持社会和谐稳定、坚定不移推进全面从严治党3个方面，对今后5年工作作出战略性安排部署，提出了推动高质量发展“九大支撑”、保持社会和谐稳定“五个进一步”、全面从严治党“六个建设”等重点任务，吹响了大抓发展、抓大发展、抓高质量发展的集结号，鼓舞着再出发、加油干、开新局的雄心壮志。我们要按照自治区第十三次党代会的安排部署，擂鼓出征、开拓奋进，雷厉风行、真抓实干，为奋力谱写全面建设社会主义现代化美丽新宁夏彭阳篇章而努力奋斗。

市委五届五次全会以习近平总书记视察宁夏重要讲话和重要指示批示精神为“纲”和“魂”，以贯彻自治区第十三次党代会精神为主题，审议通过《市委关于深入学习贯彻落实自治区第十三次党代会精神的实施意见》，吹响了大抓发展、抓大发展、抓高质量发展、实现赶超式发展的集结号，对奋力描绘全面建设社会主义现代化美丽新宁夏固原新画卷作出了全面部署。全县各级党组织和广大党员干部要切实增强学习贯彻自治区第十三次党代会精神和市委五届五次全会精神的思想自觉、政治自觉、行动自觉，坚决把思想和行动、智慧和力量凝聚到党代会确定的各项目标任务上来。

学习宣传贯彻自治区第十三次党代会精神和市委五届五次全会精神是我们当前和今后一个时期的重要政治任务，县委常委会（扩大）会议、理论学习中心组学习会议、专题宣讲会议集中学习研讨、广泛宣传宣讲、谋划完善思路，广大党员干部思想上有了新感悟、政治上有了新提升、行动上有了新动力，前进的目标更加明确，发展的信心更加坚定，干事的动力更加强劲。我们要以开展习近平总书记视察宁夏重要讲话和重要指示批示精神“大学习、大讨论、大宣传、大实践”活动为契机，结合学习宣传贯彻党的二十大精神，坚持“以上率下、统筹推进、分类实施、问题导向、讲求实效”的原则，实现政治忠诚受洗礼，理论学习有进步，思想观念大解放，团结奋斗开新局，为民服务解难题，干事创业勇担当。一要抓实大学习把稳思想之舵。坚持广泛学、全面学、深入学，使党员领导干部接受全面深刻的政治教育、思想淬炼、精神洗礼。要发挥中心组学习龙头作用，各级党委（党组）要严格落实理论学习中心组学习会、党委（党组）会“第一议题”制度，党支部要严格落实“三会一课”、主题党日等制度，列出专题、拿出计划，以学促干、以干促学。要突出关键少数带动，以县级领导干部为重点，各级党员领导干部要先学一步、学深一层，带头讲党课、作辅导。要持续抓好教育培训，党校（行政学院）要分专题、分领域、分层次精心设计课程，常态化、长效化开展干部教育培训。二要抓好大讨论厚植信心之基。聚焦党员干部队伍建设情况、乡镇部门工作实际、群众关注热点难点、影响社会安全稳定风险隐患，开展专题大研讨，深化县情大调研，推进思想大解放，形成一批有深度、有分量、有影响力的调查研究成果，引导党员干部在悟深悟透中强化责任担当、深化县情认识、探索发展新路。三要抓住大宣传凝聚团结之力。坚持全方位宣传，充分发挥新时代文明实践中心、县级融媒体中心等作用，统筹网站、广播电视、微信等宣传手段，运用“融媒体+微传播”方式，做到全天候在位、24小时在线。坚持多角度阐释，精准确定选题，拿出一批有深度的解读文章、推出一批有分量的研究成果、提出一批有价值的对策建议。坚持分层次宣讲，邀请区、市专家举办专题辅导讲座，县级领导干部要带头深入分管领域和联系点开展宣讲，各级领导干部要深入基层一线开展分众化、对象化、互动化宣讲，推动进企业、农村、机关、校园、社区、军营等，做到家喻户晓、人人皆知。四要抓紧大实践彰显实干之效。各乡镇、各部门（单位）要对标《任务责任清单》，进一步细化、实化、具体化清单内容，坚持实干实干再实干、落实落实再落实，开展好加快实施重大战略实践、落实发展重点任务实践、为人民群众办实事实践、防范化解风险隐患实践、工作质量标准提升实践，以实践发展推动工作落实，以落实成效检验实践成果。

二、认清形势大势，准确把握彭阳发展阶段特征

认清形势、把握大势，是干好一切工作的前提和保证。我们要清醒地认识到，彭阳是欠发达地区的基本县情没有变，整体发展滞后于全国全区的历史方位没有变，发展不足仍是最大实际，质量效益偏低仍是最大难题，创新能力较弱仍是最大瓶颈，人才短缺仍是最大困扰，开放程度不高仍是最大短板，资源开发不够仍是最大现状。一是从经济看，2021年地区生产总值76.16亿元、仅占全区1.69%，居全区22个县（区）第20位，仅高于隆德和泾源；人均GDP只有4.73万元、只相当于全区平均水平的75.6%。二是从产业看，现代农业产业体系、生产体系、经营体系还没有建立，农副产品加工转换率仅为69%，工业“一头沉”，王洼煤业公司增加值占规模以上工业增加值超过90%、占二产比重达72%。三是从创新看，2021年全县R&D投入强度仅为0.14%，分别比全国全区低2.3、1.38个百分点，高技能人才仅占人才总量的0.65%、低于全区13.25个百分点。四是从城乡看，常住人口城镇化率仅为39.13%，分别比全国全区全市低26.61、26.73、5.13个百分点，信息基础设施落后，农村4G网络和光纤宽带还未深度覆盖，5G建设进度缓慢。五是从民生看，2021年全体居民人均可支配收入16546.9元、排在全区第16位，低于全区平均水平11357.6元，与川区最高的兴庆区相差27305.7元，与固原市最高的原州区相差5787.8元。

虽然彭阳是经济欠发达地区，但经过多年发展，脱贫攻坚战取得了全面胜利，如期全面建成小康社会，进入了推进新型工业化、信息化、城镇化、农业现代化、治理现代化的起步加速新阶段，具备加快高质量发展、缩小与全区全市发展差距的潜力和条件，具备“小县区能办大事”、实现追赶跨越的优势。一是区位相对便利。彭阳距离西安、兰州、银川分别为320千米、340千米、370千米，彭青高速与福银高速相连，309、327国道横穿东西，G85高速、202省道纵贯南北，银西高铁、六盘山机场一小时直达，区位优势明显。二是资源能源丰富。彭阳境内已探明煤炭、石油等矿产资源6种，其中煤炭、石油探明地质储量30亿吨、5000万吨，原煤、原油年产分别达到1200万吨和12万吨以上，开发潜力巨大；土地资源丰富，有耕地102万亩，高标准农田53.85万亩。三是产业特色鲜明。彭阳是肉牛、杏子、辣椒等绿色有机农产品的天然生产基地，红梅杏、辣椒、朝那乌鸡是国家地理标志产品，优质红梅杏8万亩，优质肉牛、朝那乌鸡饲养量分别达到20万头、120万只；煤炭综合加工利用等产业发展空间大，新材料、新能源正在加速起步。四是文旅资源丰富。彭阳早在新石器时期已有人类居住，历代皆有建制，姚河塬遗址被评为"2017年全国十大考古新发现"，把六盘山地区建制史从西汉提前到西周早期，提前了近1000年，境内有战国秦长城、朝那湫等，也是世界针灸鼻祖皇甫谧故里。1935年10月毛泽东率领中央红军长征过境宿营小岔沟、乔家渠，留下了《清平乐·六盘山》的豪迈诗篇。生态环境优美，森林覆盖率34.31%，是宁夏森林覆盖率最高的县区之一，彭阳梯田被誉为"中国最美旱作梯田"。五是人文环境良好。彭阳历来有着民族团结的优良传统，各族群众团结和睦，人民憨厚淳朴、勤劳诚实、文明诚信，是全国民族团结进步示范县、全国双拥模范县、全国政务公开工作先进县、全国文明城市提名城市。

党的十八大以来，党中央先后出台推动新时代西部大开发形成新格局、黄河流域生态保护和高质量发展等政策文件，国务院批复了支持宁夏建设先行区实施方案，国家11个部委出台了7个支持性政策文件，自治区推进先行区建设、推动高质量发展的政策效应、机制效应、改革效应持续释放，这些都为我们发展提供重大政策红利。综合研判，我们正处于大有可为、大有作为的重要战略机遇期，只要我们增强机遇意识，抓住机遇、用好机遇，把大抓发展、抓大发展、抓高质量发展、实现赶超式发展作为第一要务，聚焦自治区第十三次党代会和市委五届五次全会部署任务，把发展机遇转化为具体规划、具体工作、具体项目，展现彭阳作为、作出彭阳贡献。

今后全县工作的总体要求是：坚持以习近平新时代中国特色社会主义思想为指导，以习近平总书记视察宁夏重要讲话和重要指示批示精神为"纲"和"魂"，全面贯彻党的十九大和十九届历次全会精神，认真学习宣传贯彻党的二十大精神，以黄河流域生态保护和高质量发展先行区建设为牵引，坚持和加强党的全面领导，坚定不移全面从严治党，坚持稳中求进工作总基调，完整准确全面贯彻新发展理念，主动服务和融入新发展格局，统筹发展和安全，实施产业倍增、投资牵引、改革创新"三个计划"，培育壮大县域经济，建设高质量发展先行县、生态文旅特色县、乡村全面振兴样板县、铸牢中华民族共同体意识示范县，奋力谱写全面建设社会主义现代化美丽新宁夏彭阳篇章。

努力实现以下奋斗目标：在开创经济繁荣新局面上实现新跨越。地区生产总值年均增长7.5%，高于全区全市年均增速，地方一般公共预算收入年均增长5%，全社会固定资产投资年均增长8%，社会消费品零售总额年均增长6%，新型工业化、信息化、城镇化、农业现代化、治理现代化加快推进，产业结构、用能结构、投资结构明显优化。在续写民族团结新篇章上作出新贡献。中华民族共同体意识根植人心，民族关系团结和谐，创成铸牢中华民族共同体意识示范县；宗教中国化深入推进，宗教关系和顺健康；基层治理能力和治理水平走在全区全市前列。在绘就环境优美新画卷上展现新作为。生态系统质量稳定提升，主要污染物排放控制在国家下达指标内，"双碳""双控"工作取得重大进展，森林覆盖率40%以上，空气优良天数、国控断面水质优良比例持续巩固，城乡人居环境明显改善。在创造人民富裕新生活上取得新进步。"六大提升行动"取得重大进展，城乡居民收入增速高于经济增长、高于全区平均水平，五年年均分别增长8%、10%，脱贫攻坚成果巩固拓展，乡村振兴全面推进，共同富裕取得实质性进展。

三、聚焦重点任务，推动各项事业开创新局面

贯彻落实自治区第十三次党代会精神，要对标对表党代会部署的重点任务，聚焦彭阳"能干什么、要干什么"，抢抓机遇，开拓进取，扎实工作，奋力开创彭阳各项事业发展新局面。

（一）聚焦发展壮大县域经济，加快建设高质量发展先行县。坚定担当"建设先行区、彭阳作贡献"的政治责任，突出大抓发展、抓大发展、抓高质量发展、实现赶超式发展，实施好"三个计划"，着力发展壮大县域经济。

一要实施产业倍增计划。对标自治区“六特六新六优”产业部署，立足资源气候优势谋划确定产业、全链条谋划发展产业、扩大对外开放引进龙头企业，一个产业制定一个规划、建立一个专班、明确一个牵头领导、确定一个责任单位，全产业链布局发展“五特四新四优”产业，力争用五年时间在 2021 年基础上翻一番，产值达到 360 亿元以上。推动特色农业提质。以龙头企业为依托、以产业园区为支撑、以特色发展为目标，重点发展肉牛、冷凉蔬菜、红梅杏、特色板块、生态经济“五特”产业，力争到 2026 年实现全产业链产值 76 亿元以上。肉牛要抓好优质饲料供给、标准化养殖、良种繁育、精深加工、冷链物流、动物防疫、品牌培育等，成立肉牛协会，组建乡土专家库，推广“出户入园”模式和大豆玉米带状复合种植，巩固壮大“2652”“5350”养殖示范村，打造高端肉牛生产加工基地；蔬菜要以辣椒为主，抓实育苗种植、分拣包装、精深加工、保鲜贮藏、冷链物流等环节，做大做强古城西沟等 5 个千亩露地蔬菜示范基地，建设蔬菜加工厂，推动净菜入超，打造高产高品冷凉蔬菜直供基地和粤港澳大湾区蔬菜生产供应基地；红梅杏要加强田间管理、防霜冻、防病虫害，实施庭院“四旁”和山杏低产园高接改良，扩规模、提品质、塑品牌，推动向亿级产业迈进；特色板块要以小杂粮、朝那乌鸡、中药材等为重点，促进从传统模式向现代模式转型升级；生态经济要深入实施水源涵养林建设、退耕还林低效林提质增效、生态移民迁出区生态修复工程，打造“绿水青山就是金山银山”实践创新基地。推动新型工业强县。持续实施结构、绿色、智能、技术“四大改造”行动，重点发展煤炭综合利用、农副产品加工、轻工轻纺、数字信息“四新”产业，做好新材料、新能源的文章，打造绿色发展“双碳”“双控”实践基地、宁夏南部清洁能源基地，力争到 2026 年实现全产业链产值 130 亿元以上。煤炭综合利用要扩大煤炭采掘洗选产能，加快新技术改造，延长下游产业链；轻工轻纺要紧密衔接就业帮扶车间，建成合业制衣、户外旅行用品生产等项目，加快 20 万锭棉纱纺织厂、年产 2000 吨纺织原料生产等项目建设；农副产品加工要大力开展蔬菜、林果、牛肉等精深加工；数字信息要重点发展数据外包产业，做大宁南数字经济产业园，新能源要注重通过风、光有序开发为经济发展赋能。推动现代服务业扩容。围绕消费扩容提质，重点发展文化旅游、现代物流、健康养老、电子商务“四优”产业，力争到 2026 年实现全产业链产值 154 亿元以上。文化旅游要开展景点文化和品质、运营和营销能力、吃住行游购娱配套能力“三大提升行动”，推进精品民宿建设，创建全域旅游示范县；现代物流要推进大宗商品物流、城市配送物流和农产品物流项目建设，完善县域物流基础设施；健康养老要引进培育规模化、连锁化运营的养老服务机构，探索生态养老、健康养老、文化养老相结合的发展模式；电子商务要充分发挥直播电商等优势，实施县电商快递分拨中心提升改造，实施快递进村工程，拓宽农产品销售渠道。

二要实施投资牵引计划。按照“干着今年、想着明年、备着后年”的工作思路，精准对接谋项目、主动对接争项目、优化环境引项目、要素保障促项目、压茬推进建项目，以真金白银的投资量支撑货真价实的增长量。未来五年，紧盯产业发展、生态环境、乡村振兴、城市建设、基础设施、社会民生等领域，谋划实施一批亿元以上重点项目，力争五年累计完成投资 200 亿元以上。需要强调的是，对今天会议讨论的《任务责任清单》和《重点项目表》中明确的重点项目，各乡镇、各部门要及早行动起来，做足准备工作，细化具体方案，逐个列出清单、建立台账、明确责任，继续实行“专班推进、定期督查、定期通报”和“周例会、月分析、季考核”机制，把“时间表”变成“里程表”、把“路线图”变成“施工图”、把“项目单”变成“成绩单”。

三要实施改革创新计划。深化产业技术创新，持续深化校企合作、东西合作，支持企业与科研院所、高校等合作，争取区、市在彭阳县布局工程技术研究中心等平台；重点围绕“五特四新四优”产业，柔性引进高端人才，培养本土人才，大力推进种源等农业关键核心技术攻关；进一步加大投入力度，五年内研发经费投入年均增长10%以上，全社会R&D投入强度1%以上。深化资源要素市场化配置改革创新，扎实推进用水权、土地权、排污权、山林权、用能权、碳排放权“六权”改革，构建资源有价、使用有偿、交易有市、节约有效的市场化机制，形成市场化配置资源的格局。深化农业农村改革创新，重点要全县域推进实施“高效节水灌溉+农业经营体制改革+一二三产业融合发展”机制，突出抓好“农村土地统一经营与农民分项获利、高效节灌设施统一建设与分业配套、农业经营主体改革统一组织与分工协调”的“三统三分”改革，夯实农业产业化、现代化发展基础。持续扩大对外开放，积极融入全国统一大市场、宁夏内陆开放型经济试验区建设等，持续抓好惠企政策宣传落实和政策保障服务，开展营商环境县级领导大走访，纠治“门好进、脸好看、事难办”等突出问题，打造便捷高效的政务环境、务实透明的政策环境、公平公正的法治环境、竞争有序的市场环境、亲商和商的人文环境。

（二）聚焦建设宁夏副中心城市，加快建设生态文旅特色县。自治区党代会报告提出：“固原建设宁夏副中心城市、生态文旅特色市。”彭阳是宁南门户，生态文旅重点县，要坚定扛起责任担当，突出“宜居宜业、文旅融合、开放包容、团结和谐”城市内涵，立足生态、文化、旅游优势资源，高质量打造“五地”，为固原市建设宁夏副中心城市、生态文旅特色市作出彭阳贡献。

一要建设生态建设标杆地。生态优先、绿色发展是副中心城市建设的根本。要坚持生态优先，统筹山水林田湖草综合治理、系统治理、源头治理，加强生态环境保护和治理修复，持续开展大规模国土绿化行动，实施宁南水源涵养林等造林绿化工程，全面推行“林长+森林警长”机制，争创国家森林城市和生态文明示范县。要持续打好蓝天、碧水、净土三大保卫战，确保空气质量优良天数比例保持在90%以上，国控断面水质全部达标，土壤环境安全总体可控。要坚持绿色发展，一产利用生态、二产服从生态、三产保护生态，充分挖掘绿水青山的生态功能、经济优势、资源潜力和产业价值，率先开展林业碳汇交易试点，创新“生态+”发展模式，做大做强生态经济，真正实现山绿与民富双赢。

二要建设宜居宜业幸福地。宜居宜业是副中心城市建设的目标。要坚持以创建全国文明城市为抓手，大力实施城市更新行动，扎实推进城市生态、老旧小区、停车场等重点项目建设，实施好道路、燃气、排水、供热等改造提升工程，加快教育、医疗、文化等优质公共服务资源高效聚集，确保城镇化率55%。要聚焦“五特四新四优”产业，抓增量“强筋壮骨”，优存量“涅槃重生”，增变量“破蛹蝶变”，大力发展城市大数据和服务外包产业，培育夜市经济、假日经济、共享经济等新业态，以城聚产、以产兴城、产城融合。要集中开展市容市貌、拆违控违、城市交通、环境卫生、市场秩序综合治理，加快智慧城市建设步伐，规范提升物业管理水平。要持续优化公共服务，实施教师素质、教育质量提升计划，推进学前教育普及普惠优质安全、义务教育优质均衡、普通高中多样化特色、职业教育产教融合发展；加强县级医院综合能力建设，提升乡镇卫生院、社区卫生服务中心和村卫生室服务水平，构建覆盖城乡、延伸末端的医疗服务网络。

三要建设基础设施新高地。基础设施建设是副中心城市建设的关键。要构建现代交通运输网，建成G85银昆高速彭阳过境段，开工建设固庆高速公路（S70）彭青段与银昆高速公路（G85）彭阳过境段“高接高”、S60固西高速公路东延伸至庆阳彭阳段、固原至庆阳高速公路（S70）彭阳至沟圈段等项目，扎实推进中卫至平凉铁路扩能改造彭阳段建设，大力推进农村公路建设和改造提升。要构建现代水利保障网，实施石家峡水库、水库除险加固、高效节水灌溉骨干供水、引黄入彭等项目，打造“互联网+城乡供水”升级版和全国水库管理改革样板县。

四要建设文化旅游目的地。文旅融合是副中心城市建设的特色。要聚力打造全域旅游示范县，构建全域旅游格局、做好全季旅游文章、擦亮特色旅游品牌、强化旅游项目支撑，全域全季全景打造红色、历史文化、乡村风情、户外运动等系列精品线路，常态化举办山花节、梯田节、红梅杏开园节等大型节庆活动。要扎实推进旅游与农业、文化融合发展，打造旅游示范村及街区，开发“彭阳有礼”产品，打响文化旅游名片。大力推进长城长征国家公园建设，争取成立姚河塬西周遗址保护机构，打造文化旅游胜地。要积极借鉴北京门头沟区等地旅游发展模式，以民宿经济为突破口，实施“引客入彭”计划，让彭阳真正成为休闲旅游的生态宝地。

五要建设铸牢中华民族共同体意识示范地。团结和谐是副中心城市建设的前提。要坚持以铸牢中华民族共同体意识为主线，深入开展“脱贫小康感党恩、振兴共富跟党走”主题教育和感恩、认同、法治“三项教育”，实施党员干部培元固本、青少年学生夯基育苗、各族群众凝心聚魂、社科理论正本清源“四项工程”，积极推广“5585”创建模式，全面深入持久开展民族团结进步宣传教育，深化“民族团结进步+”融合发展行动，巩固深化全国民族团结进步示范县创建成果。

（三）聚焦推进共同富裕，加快建设乡村全面振兴样板县。严格落实“四个不摘”要求，用好自治区重点帮扶县政策措施，巩固拓展脱贫攻坚成果，以产业振兴引领“五大振兴”，促进农业高质高效、乡村宜居宜业、农民富裕富足。

一要巩固脱贫攻坚成果。坚持把巩固脱贫攻坚成果作为底线任务，落实网格化监测帮扶、链条化责任落实、常态化督查考评“三项机制”，坚持“周调度、周汇总、周纠偏”机制，对城乡居民的就业收入、安全住房、安全饮水等查漏补缺、动态清零，同时拓展闽宁协作、定点帮扶、社会帮扶，确保群众“两不愁三保障”和饮水安全等不出问题，守住不发生规模性返贫底线。突出抓好移民这个特殊群体，改造提升基础设施，至少培育1个专业合作社、就业车间等新型经营主体，对移民家庭就业、收入等问题排查解决，对社保、医保、低保等补贴提标按照城镇居民标准落实，进一步理顺原籍地和新社区的管理服务责任，强化社区党组织的管理和服务作用。

二要推进乡村全面振兴。抓产业培育，做大做强“五特”农业产业，完善产业“企业+合作社+农户”机制，继续推进高标准农田建设，坚决遏制耕地“非农化”、防止基本农田“非粮化”，采取有效措施解决土地撂荒问题，确保群众“米袋子”“菜篮子”安全。抓乡村建设，编制“多规合一”村庄规划，实施生活污水处理、卫生厕所建设、电网巩固提升和“四好农村路”等项目，巩固提升农村安全饮水、安全住房等，抓实抓细村庄清洁绿化，“内外兼修”打造乡村乐园。抓乡村治理，强化人才支撑、文化浸润、党建引领，健全自治、法治、德治相结合的乡村治理体系，建设法治乡村、平安乡村、和谐乡村。

三要提升人民生活品质。实施好居民收入、移民致富、教育质量、健康水平、文明素养、城乡面貌“六大提升行动”，一个行动制定一个方案，明确一名包抓县级领导和一个责任单位，逐年细化任务、逐项细化措施，一项接着一项落实、一年接着一年推进。加强面向市场的就业培训，鼓励企业和项目优先使用本地劳动力，综合运用社保降费、稳岗返还、创业扶持等政策，促进高校毕业生、农民工、退役军人、困难群众等群体就业创业。扎实推进教育、医疗领域改革，集中力量做好社会保障、教育、医疗卫生等普惠性、基础性、兜底性民生建设，着力解决老百姓身边的急难事、麻烦事、烦心事。

（四）聚焦统筹发展和安全，着力维护社会大局和谐稳定。贯彻落实总体国家安全观，围绕党中央“疫情要防住、经济要稳住、发展要安全”要求，时刻保持“头悬利剑”的警惕、“睁眼睡觉”的警觉，有效防范“黑天鹅”“灰犀牛”事件，筑牢安全稳定的屏障。

一要坚决捍卫政治安全。纵深推进“十大专项行动”，营造安全稳定的政治环境。严密防范意识形态领域风险，持续开展“清朗”“净网”等专项行动，牢牢掌握意识形态工作的领导权、话语权、主动权。严密防范宗教领域风险，扎实开展教义教规中国化阐释、教职人员素质提升、信教群众思想教育，维护宗教领域和顺平静。严密防范经济领域风险，严肃财经纪律，积极稳妥化解政府债务，依法打击非法金融活动，牢牢守住不发生系统性风险底线。始终保持对暴力恐怖、邪教等严打高压态势，依法严厉打击境外敌对势力渗透颠覆捣乱破坏活动，巩固政治安全的良好态势。

二要全力维护社会安定。坚持以习近平法治思想为引领，坚持依法治县、依法执政、依法行政共同推进，法治彭阳、法治政府、法治社会一体建设，统筹推进严格执法、公正司法、全民守法，全面实施“八五”法治宣传教育。扎实推进基层治理，推动乡村、社区、宗教、校园、企业、社团 6 个领域治理走深走实，全县域推广“建强 1 个功能型党支部，建优 1 个综治中心平台，建好问题、责任、考核 3 张清单”的“1+1+3”的党建引领基层治理机制。建立健全立体化信息化社会治安防控体系，聚焦劳动就业、房地产、教育、医疗、经济金融以及婚恋家庭、邻里纠纷等重点矛盾风险，常态化开展大排查、大起底、大化解。

三要切实保障人民安宁。常态化推进扫黑除恶斗争，巩固深化政法队伍教育整顿成果，深入打击整治涉枪涉爆和黄赌毒、盗抢骗、食药环等突出犯罪，特别针对当前持续多发、群众深恶痛绝的电信网络诈骗、养老诈骗等违法犯罪，全面落实打防管控措施，切实保障人民群众财产安全。时刻绷紧安全之弦，紧盯重点领域，始终保持“睁着一只眼睡觉”的警觉心，努力穷尽安全问题隐患，特别是当前是防汛的关键时期，要密切关注雨情汛情，强化监测预警、隐患排查、物资储备和应急值守，确保安全度汛。

四、提升党建质效，为各项事业发展提供坚强保证

推动经济社会高质量发展，核心在党、重点在人、关键在干。要按照自治区第十三次党代会“推进全面从严治党‘六个建设’重点任务”部署，推动全面从严治党向纵深发展、向基层延伸，为谱写全面建设社会主义现代化美丽新宁夏彭阳篇章提供坚强政治保证。

一要突出政治建设。坚持把党的政治建设摆在首位，统领党的各方面建设。筑牢政治忠诚，更加深刻地领会“两个确立”的决定性意义，在增强“四个意识”、坚定“四个自信”、做到“两个维护”上走在前、作表率。强化政治担当，把习近平总书记视察宁夏重要讲话和重要指示批示精神作为党内政治要件，严格实行清单化、闭环式抓落实，确定工作思路、工作部署、政策措施都要严格对标对表、及时校准偏差，确保不偏向、不变通、不走样。严守政治纪律，注重在小事小节中坚守政治原则，认真贯彻民主集中制，严肃党内政治生活，严格执行请示报告制度，始终牢记“五个必须”，坚决防止“七个有之”，确保令行禁止、步调一致。

二要强化思想引领。结合学习宣传贯彻党的二十大和自治区第十三次党代会精神，把学习习近平新时代中国特色社会主义思想作为终身课，把学习总书记视察宁夏重要讲话和重要指示批示精神作为必修课，与学习贯彻《习近平谈治国理政》第四卷结合起来，全面落实“第一议题”制度，学出忠诚、学出信仰、学出担当，切实把学理论找到的“答案”变成推动高质量发展的“答卷”。深入实施习近平新时代中国特色社会主义思想教育培训计划和“七进”

工作，巩固拓展党史学习教育成果，推动领导干部带头学、广大党员跟进学、全社会广泛学，不断增进政治认同、思想认同、理论认同、情感认同。

三要坚持强基固本。突出政治功能，从严落实“周例会、月分析、季考核”制度，扎实推进“一抓两整”创建行动，组织实施“两个带头人”政治引领和带富能力“双提升”计划，抓好软弱涣散党组织整顿，统筹推进发展壮大村集体经济。扎实推进党建引领，统筹抓好机关、国企、学校、非公经济组织、社会组织等领域基层党建，探索加强新业态和新就业群体党建工作，推进党组织和党的工作在基层全覆盖。管好用好驻村第一书记和工作队，落实“网格化”管理、“积分制”考核、常态化督查，倒逼责任落实。

四要锻造中坚力量。认真落实“四个特别”的政治标准，建设一支想干事、能干事、能干成事、不出事的干部队伍。要树立鲜明导向选好干部，统筹使用各年龄段干部，大力选拔在基层一线、艰苦乡镇、重难点工作前沿实干苦干的干部，选派年轻干部到改革发展主战场、维护稳定第一线、服务群众最前沿“墩苗”“淬火”。坚持“三个区分开来”，健全干部担当作为的激励保护机制，旗帜鲜明为敢担当、勇负责、不谋私的干部撑腰鼓劲。落实“才聚宁夏1134行动”，制定出台人才强县政策举措，精准对接产业发展、企业所需，柔性引进高端人才，培育壮大本土人才，吸引乡土人才回归。

五要加强作风建设。持续加固中央八项规定及其实施细则精神的堤坝，从严落实自治区“八条禁令”和市委“十项规定”，坚决纠正“四风”特别是形式主义、官僚主义问题，推动为基层减负走深走实。扎实开展“转作风　重实干　勇担当”活动，坚持领导苦抓做示范、干部苦帮当先锋、群众苦干创一流，从顶层设计抓起，从各级领导特别是县级领导做起，做实“周例会、月分析、季考核”和“流动红旗”“黄牌警告”制度，落实村（社区）“月考核、月评比、月兑现”制度，让优秀者优先、吃苦者吃香、有为者有位，推动崇尚实干蔚然成风。纪委、组织、巡察和3支督查小组要一竿子插到底开展随机暗访抽查，纪检和组织部门要对作风涣散纪律松散、任务推诿扯皮、工作落实不力、损害群众利益的党员领导干部严厉查处、严肃问责。

六要持续正风反腐。持续深入推进工程建设、政府采购、卫生健康、国有产权、土地矿业权交易、粮食购销、统计等重点领域专项治理，扎实开展违规收送红包礼金和不当收益及违规借转贷或高额放贷专项整治，坚决整治群众身边微腐败和不正之风。精准运用监督执纪“四种形态”，加强对权力运行的制约和监督，重点加强对“一把手”和领导班子的监督，加强对年轻干部教育管理监督，统筹推进巡察监督、派驻监督、纪律监督、监察监督，加强法纪教育、警示教育和廉洁文化建设，推动形成全面覆盖、常态长效的监督合力。

在中共彭阳县委九届四次全体会议上的讲话及关于《中共彭阳县委员会关于学习宣传贯彻党的二十大精神的实施方案》的说明(摘要)

（2022年11月8日）

彭阳县委书记　张永强

这次全会深入学习贯彻党的二十大精神，全面落实自治区党委十三届二次全会和市委五届六次全会精神，审议通过《中共彭阳县委员会关于学习宣传贯彻党的二十大精神的实施方案》，圆满完成各项议程，达到了统一思想、坚定信心、明确方向、鼓舞斗志的目的。会议期间，大家以高度负责的政治责任感，畅所欲言、集思广益，深入讨论交流，凝聚广泛共识，深化了对“两个确立”决定性意义的领悟，增强了践行“两个维护”的政治定力，提振了奋进新征程的信心决心。下面，我就全县学习宣传贯彻党的二十大精神，全面落实自治区党委十三届二次和市委五届六次全会精神，讲3点意见。

一、充分认识党的二十大的重大意义，掀起学习宣传贯彻热潮

党的二十大纵观“两个五年”、衔接“两个百年”、统筹“两个大局”，是在全党全国各族人民迈上全面建设社会主义现代化国家新征程、向第二个百年奋斗目标进军的关键时刻召开的一次十分重要的大会，是一次高举旗帜、凝聚力量、团结奋进的大会，举国关注、举世瞩目，具有重大现实意义和深远历史意义。

（一）党的二十大具有十分重大的政治意义，发出了夺取中国特色社会主义伟大事业新胜利的新动员。大会高举中国特色社会主义伟大旗帜，进一步指明了党和国家事业前进的方向，是我们党团结带领全国各族人民不断夺取中国特色社会主义新胜利的政治宣言和行动纲领。党的二十届一中全会选举产生了新一届中央领导集体，这是一个政治坚定、团结统一、坚强有力、奋发有为的中央领导集体，是一个领航新征程、开辟新未来、全党全军全国各族人民信赖拥护的成熟领导集体。习近平总书记再次全票当选中共中央总书记，是党心所向、民心所盼、众望所归，也是党之大幸、国之大幸、军队之大幸、人民之大幸，必将使全党全军全国各族人民，万众一心、奋勇前进，创造新的奇迹、夺取新的胜利。

（二）党的二十大具有十分重大的理论意义，开辟了马克思主义中国化时代化新境界。大会坚持把马克思主义基本原理同中国具体实际相结合，同中华优秀传统文化相结合，作出了一系列原创性的重大理论概括，进行一系列突破性的重大理论创新，以全新的视野深化对共产党执政规律、社会主义建设规律、人类社会发展规律的认识。大会作出的理论贡献，体现了习近平新时代中国特色社会主义思想的新发展，凝结着中华优秀传统文化的深厚底蕴和我国国家治理的独创经验，必将推动全党更加坚定地统一思想、统一意志、统一行动，继续推进实践基础上的理论创新。

（三）党的二十大具有十分重大的历史意义，擘画了以中国式现代化全面推进中华民族伟大复兴的新任务。大会深刻阐明了中国式现代化的内涵特

征、本质要求和重大原则，科学擘画了中国式现代化的蓝图、路线图和时间表，亮出了过去5年和新时代10年的“成绩单”，擘画了未来5年乃至更长时期的新蓝图、新图景，对党和国家事业发展的战略任务和重大举措作出全面部署，充分展现了全面推进中华民族伟大复兴的壮阔前景，必将极大鼓舞和动员全党全国各族人民为实现中华民族伟大复兴团结奋斗。

（四）党的二十大具有十分重大的制度意义，升华了党中央管党治党的新经验。大会把坚持和加强党的领导贯穿始终，对坚定不移全面从严治党、深入推进新时代党的建设新的伟大工程作出部署。中纪委工作报告贯穿了抓常与抓长的坚守、从严与从实的执着、治标与治本的决心，释放了越往后越严的强烈信号。《中国共产党章程（修正案）》体现了党的十九大以来党的理论创新、实践创新、制度创新成果，体现了党的二十大报告确定的重要思想、重要观点、重大战略、重大举措，必将推动全党更加自觉地学习党章、遵守党章、贯彻党章、维护党章。

学习宣传贯彻党的二十大精神是当前和今后一个时期的首要政治任务，事关党和国家事业继往开来，事关中国特色社会主义前途命运，事关中华民族伟大复兴。习近平总书记强调：“学习贯彻党的二十大精神，要在全面学习上下功夫。”党中央及区、市党委都对学习宣传贯彻工作提出了明确要求，我们要按照党中央部署和区、市党委安排，既要整体把握、全面系统，又要突出重点、抓住关键，自觉把思想统一到党的二十大精神上来，把力量凝聚到党的二十大确定的目标任务上来。一要坚持入脑入心抓好学习培训。坚持读原文、悟原理，把学习大会报告同学习大会期间习近平总书记系列讲话和相关文件结合起来，同学习党的十八大报告、十九大报告精神结合起来，同学习习近平总书记视察宁夏重要讲话和重要指示批示精神结合起来，真正做到学深悟透、融会贯通、真信笃行。各级党委（党组）理论学习中心组要把党的二十大精神作为重点内容，制定系统学习计划，列出专题进行研讨。组织部、党校要把党的二十大精神作为党校（行政学院）培训的必修课，通过集中培训、辅导讲座、在线学习等形式，分期分批对党员干部进行系统培训。教育系统要把党的二十大精神作为学校思想政治教育和课堂教学的重要内容，推动党的二十大精神进课堂、进头脑。基层党组织要用好“三会一课”、主题党日等多种载体，开展各具特色的学习活动，确保党的二十大精神传达到每一个党支部、每一名党员干部和群众。二要坚持走深走实开展宣讲活动。从现在起到明年年初，在全县范围内集中开展党的二十大精神宣讲活动。近期中央和区市宣讲团要分赴各地开展宣讲，我们要在积极对接好的同时，参照这一做法，抽调骨干力量组成宣讲团，深入企业、农村、机关、校园、社区进行宣讲。要坚持领导带头，县级领导要率先垂范、以身作则，深入联系乡镇、分管领域亲自宣讲，各级领导干部特别是党政主要负责同志要带头在所在地方和领域宣讲。宣讲过程中要着力增强说服力、亲和力和针对性、有效性，紧密联系广大党员干部群众思想和工作实际，把党的二十大精神讲清楚、讲明白，让老百姓听得懂、能领会、可落实，推动党的二十大精神飞入寻常百姓家、传进田间地头里。三要坚持有声有势组织宣传阐释。宣传部门要把好基调、把好导向，组织开展内容丰富、形式多样的宣传教育活动，推动大会精神进机关、进企事业单位、进城乡社区、进校园、进军营、进各类新经济组织和新社会组织、进网站。要统筹好电视台、网站等各级各类媒体，充分发挥新时代文明实践中心（所、站）等作用，开设网上专题专栏，制作推出新媒体产品，营造良好宣传氛围。要深入开展研究阐释，围绕党的二十大精神，确定研究选题，深入研究，撰写一批解读文章、理论文章。

二、全面准确领会党的二十大精神，自觉用以统一思想行动

习近平总书记强调："党的二十大精神内容十分丰富，既有政治上的高瞻远瞩和理论上的深邃思考，也有目标上的科学设定和工作上的战略部署，这些是相互联系、有机统一的。"学习领会党的二十大精神，要在全面把握上下功夫，坚持历史和现实、理论和实践、国际和国内相结合的办法，从整体到局部、再从局部到整体进行反复揣摩，坚持全面准确，深入理解内涵，精准把握外延，真正学懂弄通悟透。

一要牢牢把握党的二十大的主题，高举思想旗帜、接续团结奋斗。党的二十大主题，明确宣示了我们党在新征程上举什么旗、走什么路、以什么样的精神状态、朝着什么样的目标继续前进的重大问题。高举中国特色社会主义伟大旗帜，宣示了旗帜方向；全面贯彻习近平新时代中国特色社会主义思想，宣示了思想指引；弘扬伟大建党精神，自信自强、守正创新，踔厉奋发、勇毅前行，宣示了精神状态；为全面建设社会主义现代化国家、全面推进中华民族伟大复兴而团结奋斗，宣示了奋斗目标。我们要高举旗帜、坚定自信、接续奋斗，努力在新征程上开创发展新局面。

二要牢牢把握过去5年工作和新时代10年伟大变革的重大意义，坚决拥护"两个确立"、坚决做到"两个维护"。党的二十大报告回顾了3件大事，总结的16项工作，概括的4个里程碑意义，彪炳史册、光耀未来。过去5年和新时代10年，我们党面临的涉滩之险、爬坡之艰、闯关之难世所罕见、史所罕见，习近平总书记以巨大政治勇气、伟大历史主动精神、强烈责任担当，团结带领全党全军全国各族人民，实现"三个历史性胜利"，党和国家事业发生了"当今世界殊"的历史巨变。新时代10年，更是彭阳发展速度最快、城乡面貌变化最大、群众得到实惠最多的10年，我们如期完成脱贫攻坚、全面建成小康社会的历史任务，6.1万贫困人口脱贫，城镇和农村居民人均可支配收入年均增长8.4%、12%。新时代10年伟大变革，最根本的在于习近平总书记掌舵领航，在于习近平新时代中国特色社会主义思想科学指引，充分彰显了习近平总书记马克思主义政治家、思想家、战略家的大韬略、大情怀、大格局、大担当。我们要深刻领悟"两个确立"的决定性意义，更加自觉地做到"两个维护"，坚持在思想上对标对表、行动上紧跟紧随、执行上坚定坚决，让"总书记怎么说，我们就怎么做"成为彭阳最鲜明的政治底色。

三要牢牢把握习近平新时代中国特色社会主义思想的世界观和方法论，深刻领会党的创新理论蕴含的道理学理哲理。党的十八大以来，习近平总书记坚持把马克思主义基本原理同中国具体实际相结合、同中华优秀传统文化相结合，勇于进行理论探索和创新，以全新的视野深化了对共产党执政规律、社会主义建设规律、人类社会发展规律的认识，取得了重大理论创新成果，集中体现为习近平新时代中国特色社会主义思想。党的十九大、十九届六中全会提出的"十个明确"、"十四个坚持"、"十三个方面成就"概括了这一思想的主要内容，党的二十大报告深刻阐释了习近平新时代中国特色社会主义思想的科学内涵和历史定位，重点阐述了"两个结合"、"六个坚持"的世界观和方法论，成功开辟了马克思主义中国化时代化的新境界，这是贯穿党的二十大报告的灵魂。我们要深入领会党的创新理论的立场观点方法、道理学理哲理，更好用于武装头脑、指导实践、推动发展。

四要牢牢把握以中国式现代化推进中华民族伟大复兴的使命任务，明确我们党要干什么的根本问题。以中国式现代化全面推进中华民族伟大复兴，锚定了新时代新征程我们党的使命任务，对现代化理论和实践作出了重大原创性贡献。习近平总书记在党的二十大报告中阐述了中国式现代化的"五个中国特色"和本质要求，重申了全面建成社会主义现代化强国分两步走的战略安排，明确了前进道路上必须牢牢把握的“五个坚持”重大原则，为中国式现代化建设指明了方向、构建了框架、提供遵循。我们要在把握总目标、总方向、总要求的前提下，既要着眼长远、统筹谋划，又要立足当前、稳扎稳打，以中国式现代化引领开创现代化彭阳建设新局面。

五要牢牢把握全面建设社会主义现代化国家开局起步的战略部署，开创各项事业发展新局面。党的二十大报告强调，未来五年是全面建设社会主义现代化国家开局起步的关键时期，围绕统筹推进“五位一体”总体布局、协调推进“四个全面”战略布局，从11个方面对未来5年工作作出全面部署，这些战略谋划既有宏观展望、又有具体部署，是党中央基于新的战略机遇、新的战略任务、新的战略阶段、新的战略要求、新的战略环境作出的科学判断和战略部署。我们要对标对表，结合彭阳实际，对各项目标和任务进行细化，有针对性地拿出落实的具体方案，制定明确的时间表、施工图，扎扎实实向前推进，不断开创各项事业发展新局面。

六要牢牢把握以伟大自我革命引领伟大社会革命的重要要求，确保我们党永远不变质、不变色、不变味。党的十八大以来，党中央以“十年磨一剑”的定力推进全面从严治党，以“得罪千百人，不负十四亿”的使命担当推进史无前例的反腐败斗争，打出一套自我革命的“组合拳”，反腐败斗争取得压倒性胜利并全面巩固，找到了自我革命这一跳出治乱兴衰历史周期率的第二个答案。党的二十大报告对“坚定不移全面从严治党，深入推进新时代党的建设新的伟大工程”作出分量很重的部署，这体现了党对严峻复杂考验的清醒认识、对以党的自我革命引领社会革命的高度自觉。我们必须以“赶考”的清醒坚定推进新时代党的自我革命，弘扬伟大建党精神，勇于自我革命，营造更加浓厚的担当作为、干事创业的良好氛围。

七要牢牢把握团结奋斗的时代要求，更加紧密的团结、更加顽强的奋斗。团结奋斗是中国人民创造历史伟业的必由之路。党的十八大以来，我们党紧紧依靠人民，稳经济、促发展，战贫困、建小康，控疫情、抗大灾，应变局、化危机，攻克一个个看似不可攻克的难关险阻，创造一个个令人刮目相看的人间奇迹。踏上新的赶考之路，习近平总书记提出“三个务必”，发出了振聋发聩的时代强音。“三个务必”与“两个务必”既一脉相承又创新发展，是增强忧患意识的当头警钟，是发扬奋斗精神的冲锋号令，是永葆“赶考”清醒和坚定的响鼓重锤。我们要在党的旗帜下团结成“一块坚硬的钢铁”，心往一处想、劲往一处使，以更加紧密的团结、更加顽强的奋斗，奋力谱写全面建设社会主义现代化美丽新宁夏彭阳篇章。

三、全面抓好党的二十大贯彻落实，推动落地生根开花结果

习近平总书记强调：“空谈误国、实干兴邦，一分部署、九分落实。不注重抓落实，不认真抓好落实，再好的规划和部署都会沦为空中楼阁。”学习宣传贯彻党的二十大精神，要在全面落实上下功夫，结合彭阳实际，把党中央提出的战略部署转化为工作任务，推动落地生根、开花结果，做到既为一域增光、又为全局添彩。这次全会审议通过的《方案》，全面贯彻了党的二十大精神和自治区党委十三届二次全会、市委五届六次全会精神，明确了方向目标、重点任务和具体举措，各乡镇、各部门（单位）要进一步细化措施，抓好贯彻落实。

（一）聚焦学懂弄通做实，坚持不懈用习近平新时代中国特色社会主义思想凝心铸魂。习近平新时代中国特色社会主义思想是历史淘出的真金、实践检验的真理、艰苦创业悟出的真言，必须坚持学思用贯通、知信行合一，不断提高政治判断力、政治领悟力、政治执行力，始终同以习近平同志为核心的党中央保持高度一致，更加坚定自觉地用习近平新时代中国特色社会主义思想武装头脑、指导实践、推动工作。一要在真学上下功夫。始终把学习习近平新时代中国特色社会主义思想作为首要政治任务，实施党的创新理论学习教育计划，坚持和完善“第一议题”制度和理论中心组学习制度，健全完善“双随机”常态化交流研讨机制，坚持理论武装同常态化长效化开展党史学习教育相结合，读原著、学原文、悟原理，做到知其言更知其意、知其然更知其所以然。二要在真信上下功夫。持之以恒加强理想信念教育，高质量抓好党中央部署的主题教育，引导广大党员干部解决好世界观、人生观、价值观“总开关”问题，筑牢政治忠诚，从思想上正本清源、固本培元，筑牢信仰之基、补足精神之钙、把稳思想之舵。三要在真用上下功夫。坚持把党的创新理论贯彻落实到彭阳工作的全过程各方面，把习近平总书记视察宁夏重要讲话和重要指示批示精神作为抓好一切工作的“纲”和“魂”，建立政治督查、政治考察、政治巡察“三察（查）一体”机制，常态化开展“回头看”，确保不偏向、不变通、不走样。

（二）*聚焦融入新发展格局，坚定不移推动高质量发展。*党的二十大报告指出，高质量发展是全面建设社会主义现代化国家的首要任务。发展是党执政兴国的第一要务。要完整、准确、全面贯彻新发展理念，坚持大抓发展、抓大发展、抓高质量发展、实现赶超式发展不动摇，紧扣“建设高质量发展先行县”这一主线，突出“扩量和提质”两个关键，推动经济实现质的有效提升和量的合理增长。一要坚持创新发展，加快构建现代产业体系。推动高质量发展的根基在实体、在产业，关键在创新。要大力实施产业倍增计划，全产业链布局发展“五特四新四优”产业，推动农业“延链条”，构建集研发、种养、加工、营销、文化、生态为一体的现代农业全产业链；推动工业“提速度”，实施结构、绿色、智能、技术“四大改造”行动，支持中小微企业走“专精特新”道路；推动服务业“提质效”，加快优质服务业提质扩容，促进现代服务业同制造业、现代农业深度融合。大力实施投资牵引计划，再谋划一批产业发展、生态环境、乡村振兴、城市建设、基础设施、社会民生等重大项目，以高质量项目支撑高质量发展。大力实施科技创新驱动发展，用好东西部科技合作，突出企业主体地位，加大科技投入力度，大力实施科技成果转化行动，积极组建技术创新中心、创新战略联盟、企业创新联合体，攻克产业发展“卡脖子”关键技术。科技创新基础在教育、关键在人才，要努力办好人民满意的教育，实施人才强县战略，夯实高质量发展的基石。二要坚持协调发展，建设宜居宜业美丽家园。彭阳最大的不平衡是城乡发展不平衡。要大力实施城市更新行动，聚焦创建全国文明城市，统筹推动城市道路、供水、供热、排水防涝等基础设施建设，加快老旧小区、燃气管网等更新改造，合理布局商超、市场等，加快智慧城市建设，打造宜居、韧性、智慧城市。要全面推进乡村振兴，聚焦建设乡村全面振兴样板县，持续巩固拓展脱贫攻坚成果同乡村振兴有效衔接，落实好监测、帮扶、责任、考核“四项机制”和“周调度、周汇总、周纠偏”制度，强化农村人口特别是“三类人群”动态监测帮扶，统筹用好闽宁帮扶、定点帮扶、社会帮扶力量，坚决守住不发生规模性返贫底线。要坚持农业农村优先发展，扎实推进“五大振兴”，牢牢守住耕地红线，大力发展肉牛、蔬菜、红梅杏、庭院经济等特色产业，建设宜居宜业的美丽家园。三要坚持绿色发展，促进人与自然和谐共生。绿色发展解决的是人与自然和谐共生的问题。必须牢固树立和践行绿水青山就是金山银山的理念，坚持山水林田湖草一体化保护和系统治理，统筹产业结构调整、污染治理、生态保护，协同推进降碳、减污、扩绿、增长，因地制宜开展大规模国土绿化行动，实施一批水源涵养林等重大工程，持续深入打好蓝天、碧水、净土保卫战，坚决抓好中央环保督察反馈问题、群众反映突出环保问题整改，让天蓝、地绿、水美成为常态，争创国家森林城市和生态文明示范县。四要坚持开放发展，增强发展动力活力。改革开放是高质量发展的重要法宝和关键一招。改革要抓深入，把解决实际问题作为制定改革方案的出发点，在国资国企、要素市场化、财税金融、农业农村改革和"六权"改革等重点领域再推出一批务实管用的改革举措,推动改革往实里走、往深处走。开放要转观念,用足用好新时代闽宁协作、东西部合作等平台,打造一流营商环境,高质高效招商引资,以高水平开放促进高质量发展。五要坚持共享发展,不断提高人民生活品质。深入实施"六大提升行动",居民收入上,聚焦"两个高于"目标,千方百计增加群众工资性、经营性、财产性、转移性收入,做好农村转移劳动力、城镇困难人员、"零就业"家庭、退役军人等就业工作;移民致富上,解决好产业、就业、社会融入三件事,确保稳得住、能发展、可致富;教育质量上,全面贯彻党的教育方针,落实立德树人根本任务,加快学前教育普及普惠发展、加快义务教育优质均衡发展和城乡一体化、推动普通高中多样化特色发展,职业教育提质培优发展;健康水平上,全面建设健康彭阳,抓好常态化疫情防控,加快县级医院提标扩能,提升乡村医疗服务水平,做实家庭医生服务;文明素养上,坚持物质文明和精神文明"两手抓",实施公民道德建设工程,加强家庭家教家风建设,加强和改进未成年人思想道德建设,统筹推动文明培育、文明实践、文明创建,深化全民阅读活动,推进城乡精神文明建设融合发展。城乡面貌上,推进城乡人居环境整治,扎实推进厕所革命、垃圾分类、污水处理、村容村貌提升工程,建设美丽城乡。

(三)聚焦统筹发展和安全,着力巩固政通人和、社会和谐的良好局面。党的二十大报告指出,国家安全是民族复兴的根基,社会稳定是国家强盛的前提。要坚定不移贯彻总体国家安全观,把维护国家安全贯穿党和国家工作各方面全过程,确保国家安全和社会稳定。一要加强民主政治建设。发展全过程人民民主,支持人大及其常委会依法行使职权,全面发展协商民主,积极发展基层民主,加强党的领导,支持民主党派、工商联、无党派人士加强自身建设、更好履行职能,加强和改进群团工作,巩固和发展生动活泼、安定团结的政治局面。二要深入推进法治彭阳建设。坚持依法治县、依法执政、依法行政共同推进,坚持法治国家、法治政府、法治社会一体建设,全面推进科学立法、严格执法、公正司法、全民守法,深入实施"八五"普法,推进民法典实施,使尊法学法守法用法在全社会蔚然成风。三要坚决维护国家安全和社会稳定。纵深推进"十大专项行动",严密防范意识形态领域风险,常态化推进扫黑除恶斗争,巩固政法队伍教育整顿成果,严厉打击各类违法犯罪活动。严密防范宗教领域风险,维护宗教领域和顺平静。健全共建共治共享的社会治理制度,在社会基层坚持和发展新时代"枫桥经验",全县域推广"1+1+3"党建引领基层治理机制。四要建设铸牢中华民族共同体意识示范县。坚持以铸牢中华民族共同体意识为主线,实施党员干部培元固本、青少年学生夯基育苗、各族群众凝心聚魂、社科理论正本清源"四项工程",积极推广"5585"创建模式,全面深入持久开展民族团结进步宣传教育,巩固深化全国民族团结进步示范县创建成果,建设铸牢中华民族共同体意识示范县。

(四)聚焦加强党的建设,持之以恒推动全面从严治党向纵深发展。党的二十大报告要求,全党必须牢记,全面从严治党永远在路上,党的自我革命永远在路上,决不能有松劲歇脚、疲劳厌战的情绪,必须持之以恒推进全面从严治党,深入推进新时代党的建设新的伟大工程。这体现了党对严峻复杂考验的清醒认识、对以党的自我革命引领社会革命的高度自觉。要始终保持永远在路上的恒心,不断将全面从严治党推向纵深,为各项事业发展提供坚强保证。一要坚持和加强党的领导。全面落实党的二十大关于坚持和加强党中央集中统一领导的各项要求,加强党的政治建设,提高政治判断力、政治领悟力、政治执行力,坚决维护习近平同志党中央的核心、全党的核心地位,坚决维护党中央权威和集中统一领导，始终在思想上政治上行动上同党中央保持高度一致。严明政治纪律和政治规矩，严格遵守党章和党内政治生活准则，确保令行禁止、步调一致。二要建设高素质的干部队伍。树立选人用人正确导向，坚持“四个特别”的政治标准，做深做实政治素质考察，加强干部斗争精神和斗争本领养成，大力选拔基层一线、艰苦乡镇的干部，大力培养选拔年轻干部。坚持“三个区分开来”，完善干部考核评价体系，推动干部能上能下、能进能出，形成能者上、优者奖、庸者下、劣者汰的良好局面，建设一支想干事、能干事、能干成事、不出事的干部队伍。三要锻造坚强有力战斗堡垒。切实担起全面从严治党政治责任，严格落实党委主体责任、纪委监督责任、党委书记第一责任人责任以及班子成员“一岗双责”。坚持大抓基层的鲜明导向，持续推动基层党建“六项行动”“一抓两整”示范先行创建、“五型”模范机关建设，统筹抓好国企、学校等领域基层党建，加强新经济组织、新社会组织、新就业群体党的建设。高质量发展党员，加强和改进党员特别是流动党员教育管理。四要以严的基调强化作风建设。始终把中央八项规定作为长期有效的铁规矩、硬杠杠，严格执行自治区“八条禁令”和市委“十项规定”，持续深化纠治“四风”，重点纠治形式主义、官僚主义。始终把干部作风作为重中之重，常态化开展“转作风　重实干　勇担当”活动，做实“周例会、月分析、季考核”和“流动红旗”、“黄牌警告”制度，对定下的事情，要真抓实干、埋头苦干，争分夺秒地干，不说大话、表空态，不拖拖拉拉、慢慢腾腾。纪委、组织、巡察和3支督查组要常态化开展一竿子插到底的随机暗访抽查，县级领导和“一把手”要以身作则、率先示范，以“关键少数”带动“绝大多数”。对工作落实装样子、搞变通，空泛表态、敷衍塞责，弄虚作假、阳奉阴违的干部，该调整的坚决调整、该问责的严肃问责，以优良作风干实事、谋实招、求实效。五要以零容忍态度惩治腐败。坚持不敢腐、不能腐、不想腐一体推进，惩治震慑、制度约束、提高觉悟一体发力，深化工程建设、招标投标、公共资源交易等权力集中、资金密集、资源富集领域腐败整治，坚决惩治群众身边“蝇贪”，严肃查处领导干部配偶、子女及其配偶等亲属和身边工作人员利用影响力谋私贪腐问题，加强对“一把手”和领导班子的有效监督，加强新时代廉洁文化建设，坚决打赢反腐败斗争攻坚战持久战。

彭阳县人大常委会工作报告(摘要)

(2022年12月28日)

彭阳县人大常委会主任 何少庸

2022年主要工作

今年是党的二十大胜利召开之年,也是我县发展极不平凡的一年。在县委的坚强领导下,全县上下众志成城、共克时艰,全力打好疫情防控人民战争,有效应对改革发展稳定的严峻考验,加快了赶超式发展进程。一年来,县人大常委会紧跟县委重大决策部署,紧贴人民群众对美好生活新期待,依法履职,担当尽责,各项工作取得了新成效。全年共召开党组会议22次、常委会会议8次、主任会议15次,组织视察调研21次,执法检查2次,听取和审议"一府一委两院"专项工作报告19项,开展专题询问1次,较好地完成县十届人大一次会议确定的各项目标任务。

一、坚定不移举旗帜、把方向,始终保持初心不变的政治本色

一年来,常委会牢牢把握人大是党领导下的政治机关属性,始终把政治建设摆在首位,把党的全面领导贯穿始终,深刻领悟"两个确立"的决定性意义,自觉做到"两个维护"。

(一)旗帜鲜明讲政治。常委会坚持以习近平新时代中国特色社会主义思想统领谋划和推进人大工作。严格落实"第一议题"制度,扎实开展"大学习、大讨论、大宣传、大实践"活动,深学笃行习近平总书记系列重要讲话和重要指示批示精神,推动党史学习教育常态化长效化。全年共开展党组理论学习中心组学习11次、集体学习44次、研讨发言42人次。特别是党的二十大召开之后,县人大常委会第一时间研究部署、学习贯彻,迅速掀起学习宣传贯彻热潮,以理论清醒保持政治坚定。严格落实请示报告制度,先后就视察检查、补选代表等重大事项向县委请示报告24次。县委高度重视和支持人大工作,专门听取人大工作汇报、研究解决重大问题,为加强和改进人大工作提供坚实保障。

(二)落实决策有作为。常委会始终把县委决策部署作为人大工作的政治依据和行动方向,坚决贯彻县委意图,制订《县人大常委会讨论决定重大事项的规定》,先后对预算调整、政府债务限额等29项重大事项作出决议决定,就重点项目建设、自建房安全专项整治、"公检法司"依法行政、公正司法等工作进行调研视察,提出工作建议22条,助推重点项目提质提效,自建房安全整治扎实推进,公正司法水平不断提升。坚持党管干部和人大依法任免有机统一,任免国家机关工作人员52人次,召开县十届人大二次会议依法选举了政府县长,保证了县委人事意图的圆满实现。组织新任职人员向宪法宣誓5次,引导国家机关工作人员尊崇宪法、依法履职。

(三)投身大局显担当。坚持围绕中心、服务大局,扎实做好联系包抓乡镇、示范村、重点企业、信访事项包案化解等工作,常委会领导深入基层一线200余次,督促指导巩固拓展脱贫攻坚成果同乡村振兴有效衔接、产业发展、创城等重点工作,协调解决相关问题、用心用情推动发展。助力县域经济高质量发展,赴河南、广东、福建、安徽等地考察招商2

次，签约企业2家。今年疫情突发后，常委会领导坚决贯彻县委部署要求，带头深入基层指导开展疫情防控工作，各级人大代表闻令而动、冲锋在前，为打赢疫情防控阻击战贡献了人大力量。

二、坚定不移强监督、求实效，主动担当服务发展的使命任务

一年来，常委会聚焦党中央和区市县党委重大决策部署，聚焦人民群众的所思所盼所愿，精选监督议题，增强监督实效，以实际行动当好县委的助手、政府的帮手、发展的推手。

（一）聚焦经济社会发展强化监督。认真落实“疫情要防住、经济要稳住、发展要安全”要求，围绕经济社会平稳健康发展，听取审议计划、预算执行、优化营商环境工作报告，批准了预算变动调整，全力支持和跟踪监督“稳保促”各项政策措施落实。听取审议财政决算、国有资产管理、审计工作情况报告，提出要进一步优化财政支出结构、科学编制预算、提高资金使用绩效等审议意见9条，推动国有资产规范管理体系建设，确保国有资产增值保值。

（二）聚焦增进民生福祉强化监督。秉持人民至上，坚持为民履职，聚焦“六大提升行动”，对全民健康水平、移民致富、基础教育质量提升行动进行调研，听取和审议专项工作报告，提出审议意见11条，督促医疗卫生机构服务质量不断提升，移民安置区基础设施和公共服务明显改善。围绕“五特四新四优”产业发展，组织对全县草畜产业发展情况开展调研，提出要完善动物防疫体制机制、延伸产业链条等审议意见5条，力促草畜产业转型升级、做大做强。组织区、市、县部分人大代表对全县重点项目建设及改善民生10件实事办理情况进行视察，保障代表知情知政，让发展成果更多惠及群众。对全国文明城市创建工作进行监督，组织开展专题询问，积极回应群众关切，推动城市精细化管理水平不断提升。

（三）聚焦生态文明建设强化监督。绿色是彭阳最美的底色，生态是彭阳最靓的名片。常委会坚持把生态环境保护作为重要监督议题，对全县环境状况和环境保护目标完成情况进行专题调研，督促中央及区市党委督察反馈问题整改落实，推动生态环境持续向好。围绕“六权改革”，听取和审议用水权改革工作报告，提出审议意见4条，用水权改革工作稳步推进，区内二级市场第一笔交易在彭阳率先完成。

（四）聚焦法治彭阳建设强化监督。围绕推进依法行政，严格公正司法，就法治政府建设、法院执行、检察院未成年人检察等工作开展监督，推动法治彭阳建设水平不断提升。首次听取监察委员会廉政教育工作报告，提出审议意见3条，推动廉政建设走深走实。严守耕地保护红线，对《中华人民共和国土地管理法》《中华人民共和国土地管理法实施条例》贯彻执行情况进行执法检查，坚决遏制耕地“非农化”基本农田“非粮化”，进一步筑牢粮食安全基础。从维护人民群众生命财产安全出发，对《中华人民共和国消防法》贯彻实施情况开展执法检查，推动了王洼镇小型消防站立项建设，补齐了消防短板。认真做好规范性文件备案审查工作，更好地发挥备案审查的监督功能，切实维护宪法权威与法治统一。

三、坚定不移筑平台、建机制，积极探索全过程人民民主的生动实践

一年来，常委会坚持代表主体地位，不断加强和改进代表工作，拓展民主渠道，丰富民主形式，保障代表依法履职，推进全过程人民民主的具体生动实践。

（一）加强代表履职平台建设。坚持把代表活动阵地标准化建设作为代表工作的重要抓手，配合建成全区人大代表网络履职平台，代表履职信息化水平不断提升。制定印发《关于推进全县人大代表联络站（家、室）标准化建设的指导意见》，建成人大代表联络站1个、代表之家17个、代表活动室94个，代表活动阵地实现全覆盖。制定《人大代表小组活动制度》，组建代表活动小组99个，开展代表活动300余场次。组织开展代表向选民述职评议活动，县、乡198名人大代表向选区选民述职，自觉接受选民监督。

（二）拓宽代表履职渠道。深化拓展“双联”和“六个一”活动，制定《人大常委会组成人员联系人大代表和人大代表联系人民群众的实施意见》，常委会组成人员联系人大代表84名，县乡人大代表联系人民群众5412名，走访联系群众千余次，收集反映社情民意200余条。健全代表参加常委会工作机制，修订完善代表活动暂行办法、人大代表列席、公民旁听人大常委会会议暂行办法，全年邀请300余名代表公民列席旁听县人大常委会会议，参与视察、调研、检查以及“一府一委两院”组织的听证会、开放日、“百案大回访”等活动，推动代表履职融入经济社会发展。认真做好市县人大代表补选工作，依法选举市人大代表2名、县人大代表8名。

（三）激发代表履职活力。持续加强代表能力建设，县十届人大代表选举产生后，及时开展代表初任培训。组织42名常委会组成人员、人大代表赴全国人大培训基地培训学习。坚持常委会会前学法制度，举办法制讲座4期，辅导学习水法、民法典等法律法规，参学人数200余人次。充分保障代表通讯费、交通费，有效激发代表履职积极性和主动性。

（四）强化代表议案建议督办。严格落实“两个高质量”要求，建立常委会领导包抓督办议案建议制度，常态化进行督查督办，并组织部分代表对县十届人大一次会议代表议案建议办理工作进行现场督办。县委常委会专门听取代表议案建议办理工作汇报，政府常务会专题研究解决办理过程中的问题，永强书记、周浩县长多次督办推动代表议案建议办理。经过多方努力，县十届人大一次会议提出的10件议案已全部办结；20件建议已办结9件，正在办理6件，争取办理5件。

四、坚定不移转作风、提效能，不断夯实“四个机关”的建设根基

一年来，常委会积极适应新时代新任务新要求，坚持以政治建设为统领，以制度建设为抓手，以作风建设为保障，不断提升自身建设水平。

（一）加强机关党建。深入贯彻新时代党的建设总要求，以“三强九严”工程为抓手，加强党员教育管理，着力提升党建工作水平。狠抓党风廉政建设，制定全面从严治党“三个清单”，签订党风廉政建设责任书，严格落实“三重一大”事项决策办法，定期开展警示教育，切实筑牢思想道德防线和廉洁从政底线。深化作风建设，严格落实中央八项规定精神，扎实开展“转作风重实干勇担当”活动和“违规收送红包礼金和不当收益及违规借转贷或高额放贷专项整治”，驰而不息转作风、纠“四风”。全面落实意识形态工作责任制，牢固树立马克思主义民族观宗教观，坚决守牢意识形态安全底线。

（二）健全制度机制。对标中央人大工作会议精神，制定《加强人大及其常委会“四个机关”建设实施方案》及工作清单，新制订、修订人大常委会工作制度24项、机关内控制度10项，机关运转效率、工作质量水平明显提升。强化审议意见办理质量和效率，制订《人大常委会审议意见办理及检查评价办法》，建立“一府一委两院”负责人当场对审议意见整改落实作表态发言和审议意见督办“回头看”机制，督办审议意见落实情况11次，切实做好监督“后半篇”文章，形成监督闭环。

（三）深化交往交流。加强与上级人大、乡镇人大的工作联系，密切工作协同，配合完成区市人大来我县开展视察调研、执法检查活动10次。建立常委会领导及机关委室联系乡镇人大工作机制，常态化开展联系指导，推动形成整体合力。密切与兄弟县区人大的交往交流，配合完成石嘴山、中卫市人大来我县考察调研生态建设、经济发展等工作。借他山之石探突破之径，组织部分人大代表、相关单位负责人赴银川、吴忠等地考察优化营商环境、创建全国文明城市等工作。不断改进人大宣传工作，充分发挥“彭阳人大”微信公众号作用，推送工作信息50余条，在区市县各级各类媒体杂志刊登新闻稿件20余篇，有效展示了人大工作、代表风采。

在肯定成绩的同时，我们也清醒地认识到，对照新时代人大工作新要求，常委会工作还存在一些差距和不足，主要是：监督手段和方式不够丰富，监督实效还需进一步提升；代表活动内容和形式较为单一，代表作用还没有充分发挥；常委会及机关自身建设还需进一步加强，等等。所有这些，我们将在今后的工作中努力加以改进。

2023 年主要任务

各位代表，2023 年是贯彻党的二十大精神的开局之年，也是彭阳建县 40 周年。党的二十大纵观“两个五年”、衔接“两个百年”、统筹“两个大局”，描绘了以中国式现代化全面推进中华民族伟大复兴的宏伟蓝图，并在报告中把发展全过程人民民主确定为中国式现代化本质要求的一项重要内容，对“发展全过程人民民主，保障人民当家作主”作出全面部署、提出明确要求，为我们做好新时代人大工作提供根本遵循、指明了前进方向。县委九届四次、五次全会立足彭阳发展实际，着眼实现赶超式发展，对全县学习贯彻党的二十大精神、团结奋斗开创现代化彭阳建设新局面进行全面安排部署，对于承前启后，继往开来，加快全县经济社会高质量发展意义重大。

在新的一年里，常委会工作的总体要求：坚持以习近平新时代中国特色社会主义思想为指导，全面学习宣传贯彻党的二十大精神，把习近平总书记视察宁夏重要讲话和重要指示批示精神作为“纲”和“魂”，全面贯彻中央和自治区党委人大工作会议精神，坚持党的领导、人民当家作主、依法治国有机统一，以中国式现代化为引领，以高质量发展为主题，认真落实县委九届四次、五次全会精神，紧扣建设“五个县”奋斗目标，突出“七项重点”，依法行使监督权、决定权、任免权，深入践行全过程人民民主，汇聚起人民群众强大合力，为团结奋斗开创现代化彭阳建设新局面，全面建设社会主义现代化美丽新宁夏彭阳新画卷贡献人大力量。

一、深入学习贯彻党的二十大精神，牢牢把握正确政治方向

坚持和加强党的全面领导是人大工作必须牢牢把握的重大原则，要坚决维护党中央权威和集中统一领导，把党的全面领导落实到人大工作全过程各方面。要把学习贯彻党的二十大精神作为当前和今后一个时期的首要政治任务，坚定不移以“两个确立”凝心聚魂、领航定向，确保人大工作的正确政治方向。集中开展习近平新时代中国特色社会主义思想主题教育，牢记“三个务必”，淬炼思想灵魂，掌握立场方法，提高斗争本领，把“两个维护”落实到履职尽责的具体行动中。全面贯彻中央和自治区党委人大工作会议精神，严格贯彻落实党中央和自治区党委《关于新时代坚持和完善人民代表大会制度加强和改进人大工作的实施意见》，完善制度，创新实践，确保人大工作更具时代特色、更富实践活力。聚焦县委重大决策部署谋划推进人大工作，确保监督重点紧贴县委工作大局，重大决定体现县委改革需要，人事任免落实县委决策意图。充分发挥常委会党组把方向、管大局、保落实的领导作用，严格执行重大事项请示报告制度，确保人大各项工作与县委的主张同心同向、同频共振。

二、坚持围绕中心服务大局，奋力助推现代化彭阳建设

坚持把推动高质量发展作为第一要务，聚焦“五个县”建设，突出“七项重点”，实行正确监督、有效监督、依法监督。助力经济社会协调发展。重点对计划、预算执行、财政决算、审计查出问题整改落实等工作进行审查监督，对“十四五”规划中期评估开展专题调研，推动“十四五”规划落实落细。制定《关于加强人大对政府债务审查监督的方案》，有效防范政府债务风险。助力高质量发展先行县建设。重点对全县工业经济发展和招商引资、数字信息和电子商务产业、文化旅游、重点项目建设及 10 件民生实事办理情况开展视察调研，外出考察轻工轻纺产业，为现代化彭阳建设献计出力。助力乡村全面振兴样板县建设。围绕人民群众关心关注的热点问题，重点对乡村振兴、健康养老、高标准农田建设及节水灌溉、环境状况及排污权改革等工作进行监督，并对乡村振兴工作开展专题询问，不断增进民生福祉，促进乡村全面振兴。助力铸牢中华民族共同体意识示范县建设。对《民族区域自治法》《自治区促进民族团结进步工作条例》开展执法检查，外出考察民族工作，推动民族事务治理能力现代化水平持续提升。助力法治彭阳建设。重点对监察委员会整治群众反映强烈的问题、法院一站式多元解纷和现代化诉讼服务体系建设、检察院近三年侦查活动监督工作进行调研，听取和审议法治政府建设工作报告，深入推进“八五”普法宣传教育，加强人大信访工作，努力营造良好法治环境。持续加强规范性文件备案审查工作，探索建立备案审查专家库和咨询委员会，不断提升备案审查工作专业化水平。

三、积极践行全过程人民民主，充分发挥人大代表作用

牢固树立以人民为中心的发展思想，保证人民依法行使民主选举、民主协商、民主决策、民主管理、民主监督，把全过程人民民主贯彻落实到人大工作的各方面各环节全过程。持续开展“双联”和“六个一”活动，推动代表深入基层、深入群众，让代表更好接地气、察民情、聚民智、惠民生。坚持代表列席常委会会议制度，持续扩大代表对人大常委会工作参与，充分保障代表知情参政。着力打造人大践行全过程人民民主的基层单元，在代表阵地标准化、规范化建设上持续发力，积极探索健全吸纳民意、汇集民智工作机制，用好代表网络履职平台，让代表“进家入站”，“网上网下”更多倾听群众呼声，让更多“民智”融入基层治理，让更多“民力”参与社会公共事务管理。强化代表履职培训，举办代表履职培训班4期，开展法制讲座4期，不断提高代表履职能力。坚持“两个高质量”要求，引导代表提出具有根本性、全局性、前瞻性的议案建议，进一步改进和完善代表议案建议办理、反馈、督查机制，持续抓好代表议案建议联合督办、重点督办，不断提高办理质效。

四、牢牢把握团结奋斗时代要求，全力推进“四个机关”建设

始终牢记团结才能胜利，奋斗才能成功，全面加强常委会及机关自身建设，在奋进新征程中展现人大新作为。严格落实新时代党的建设总要求，压紧压实党组从严治党主体责任，坚持民主议事，规范决策程序，加强与“一府一委两院”的沟通衔接，持续提升工作整体效能。加强人大干部专业能力培训，大兴调查研究之风，督促机关党员干部下沉一线干实事、谋实招、求实效，全面提升人大机关干部队伍的素质能力。加强党风廉政建设，锲而不舍落实中央八项规定精神，不断加强纪律约束和教育管理，持续深化纠治“四风”，推动作风建设常态化长效化。主动适应新形势新任务新要求，进一步理顺机构职能，完善监督机制、议事规则，持续推进机关规范化建设。注重加强与上级人大、兄弟县区人大的交往交流，加强对乡镇人大工作的联系指导，进一步畅通县乡人大互动渠道，注重县乡人大工作整体推进、同步发展。扎实做好意识形态工作，全方位做好人大宣传工作，讲好人大故事，传播人大声音。

中国人民政治协商会议彭阳县第十届委员会常务委员会工作报告

（2022 年 12 月 27 日）

彭阳县政协主席　马文山

2022 年工作回顾

2022 年是中共二十大召开之年，也是迈上全面建设社会主义现代化国家新征程、向第二个百年奋斗目标进军的关键一年。一年来，县政协及其常委会高举中国特色社会主义伟大旗帜，坚持以习近平新时代中国特色社会主义思想为指导，在中共彭阳县委的坚强领导下，深入贯彻落实习近平总书记关于加强和改进人民政协工作的重要思想，坚持发扬民主和增进团结相互贯通、建言资政和凝聚共识双向发力，发挥人民政协作为专门协商机构作用，认真履行政治协商、民主监督、参政议政职能，完善人民政协民主监督和委员联系界别群众制度，常委会围绕中心、服务大局，为助力巩固拓展脱贫攻坚成果同乡村振兴有效衔接、统筹推进疫情防控和经济社会发展做出了积极贡献。

一、坚持以党的政治建设为统领，共同思想政治基础更加牢固有力

常委会始终把学习贯彻习近平新时代中国特色社会主义思想作为重中之重，严格落实“第一议题”制度，以忠诚拥护“两个确立”，坚决做到“两个维护”的政治自觉推动政协事业正确前进。一是坚持党的领导，旗帜鲜明讲政治。坚持把党的全面领导作为根本政治原则，在县委领导下主动负责、协调一致地开展工作，严格落实重大事项请示报告制度，及时请示汇报年度协商计划等重要工作、重要活动、重要事项 30 多次，确保县委各项决策在政协履职中全面贯彻落实。充分发挥党组把方向、管大局、保落实重要作用，持续强化全面从严治党主体责任和意识形态工作责任制，召开党组会议 16 次，研究部署党的建设、意识形态、党风廉政建设等工作，定期听取机关党组、专委会功能型党支部工作汇报，对标对表自治区党委督查贯彻落实中央和自治区党委政协工作会议精神反馈我县的 7 个问题，建立整改清单，全部整改到位，整改成效经验被自治区政协推广。二是强化理论武装，夯实共同奋斗基础。健全以党组理论学习中心组学习为引领，常委会议、主席会议集体学，主题党日活动、干部理论学习、委员培训全覆盖学习制度，扎实开展党的二十大和习近平总书记视察宁夏重要讲话指示批示精神“大学习、大讨论、大宣传、大实践”活动，坚持不懈用习近平新时代中国特色社会主义思想凝心铸魂，与学习宣传贯彻自治区第十三次党代会精神、市第五次党代会精神和县第九次党代会精神等一体融合、一体贯通，教育引导机关全体党员、广大政协委员自觉在思想上政治上行动上同以习近平同志为核心的党中央保持高度一致，不断提高政治判断力、政治领悟力、政治执行力。落实习近平新时代中国特色社会主义思想学习座谈会制度，分专题系统学习习近平总书记关于加强和改进人民政协工作的重要思想，不断提升“懂政协、会协商、善议政”能力和水平。一年来，共开展各类学习 70 次、交流研讨 37 次、宣传宣讲 23 次。三是发挥党组织功能，推动两个全覆盖。深入贯彻落实中央和区、市、县党委关于加强新时代人民政协党的建设部署要求，以制度建设为抓手，修订完善党组工作规则、集体决策制度、组织生活会制度等各项党建制度23项。严格党内政治生活，扎实推进机关党建“三强九严”工程和模范机关建设。推动“党建+履职”融合发展，在重大会议、重要履职活动设立临时党组织。健全专委会功能型党支部运行机制，建立政协党组成员联系非党员常委、党员委员联系党外委员制度，加大党员委员履职成果考核评价力度，督促党员委员参加双重组织生活会、履行“5+2”工作职责，切实推进县政协党的组织对党员委员的全覆盖、党的工作对政协委员的全覆盖。

二、坚持以服务发展为中心，建言资政履职更加精准务实

常委会始终把政协履职放到全县发展大局中思考、谋划和推进，紧扣县委、政府中心工作，围绕全县改革发展的重点、难点深入协商议政，为全县经济社会高质量发展建净言、献良策、出实招。一是围绕改革发展协商议政。县政协十届一次会议期间，广大政协委员紧扣县第九次党代会提出的目标任务，围绕“一府两院”工作报告及全县改革发展，深度协商互动，提出94条意见建议，部分被县委、政府和相关部门采纳。紧扣发展壮大县域经济重大战略部署，聚焦推动特色农业提质、红梅杏产业发展调研协商，提出强化产业科技支撑、优化产业布局结构、拓宽产品销售渠道等意见建议12条；聚焦服务业发展，深入调研数字经济产业，协商提出优先解决我县就业困难等建议。围绕“山林权改革”“生物固碳发展”等议题，向区、市政协协商提出我县建议，推动碳达峰、碳中和工作开展，助力生态经济建设；多次配合区、市政协调研我县宁南数字经济产业园，深度协商、宣传推介我县数字经济产业发展成效。二是围绕中心工作用心用力。按照县委统一部署，主席会议成员主动参与全县中心工作，深入联系乡镇、包抓行政村和重点企业160多次，指导大豆玉米带状复合种植、巩固拓展脱贫攻坚成果同乡村振兴有效衔接、疫情防控、特色产业发展等工作；持续关注创建全国文明城市活动，多次督查指导包抓片区创城工作，助力我县创城年度测评工作高质高效完成。先后2次赴贵州、湖南、江西、云南等地招商引资，为我县招商工作提出建议提供线索。围绕县委、政府重点工作，深入调研全县美丽乡村建设、乡村振兴、移民就业、重点项目建设等工作，协商推进重点工作落实。政协机关扎实开展城市基层党建共驻共建、驻村帮扶、创建全国文明城市等工作，为红河镇、白阳镇姜洼村和郑河街社区等解决资金10余万元。三是围绕协商计划建言献策。坚持“党政所需、群众所盼、政协所能”的协商导向，制定《中国人民政治协商会议彭阳县委员会专题协商会议规则（试行）》，进一步推动协商工作制度化、规范化、程序化。认真落实县委会同政府、政协制定年度协商计划制度，围绕快递物流、“八五”普法、乡村振兴、社区物业管理和老旧小区改造、农田水利灌溉设施管理使用5个议题扎实开展调研考察，形成报告5篇，提出意见建议73条，为县委、政府科学决策提供参考。聚焦“加强人才队伍建设，为先行区建设提供人才支撑”议题，开展区、市、县政协三级联动调研，参与区、市协商座谈，在更高层面发出基层协商声音。

三、坚持以协商为民为使命，聚焦民生实事更加贴近实际

常委会始终牢记人民政协为人民的初心使命，把不断满足人民对美好生活的向往作为民主监督重要着力点，着眼群众急难愁盼问题，积极建言献策，着力增进民生福祉。一是加强提案督办工作。县政协十届一次会议共审查立案提案61件，其中重点提案5件。落实重点提案领衔督办机制，县委、政府主要领导领衔督办重点提案，协调解决存在问题；县政协领导班子带头领办督办提案，促进重点提案“清单式”办理。加快推进提案办理工作，分管副主席带队专题督查提案办理，县委常委会、政府常务会定期听取提案办理工作汇报，政协常委会专题听取政府提案办理情况通报，督促承办单位加快办理进度，提高办理成效，政协提案办复率100%，重点提案办结率100%。二是强化民主监督实效。对全县蔬菜产业发展情况开展视察监督，为冷凉蔬菜产业发展把脉问诊，提出培育龙头企业、夯实产业基础、健全流通体系等建议15条。聚焦基层治理开展“有事好商量”活动，围绕居民小区“空中飞线”“飞线充电”等问题，协商提出“开展专项整治”“增设充电桩”等建议，被相关部门采纳办理。围绕“快递物流业发展”“乡村医生队伍建设”等切口小、群众关注度高的民生议题协商，助力民生问题解决。组织委员参加法院网络犯罪、毒品犯罪等案件开庭审理、中小学升学录取、政府开放日活动等巡听旁听活动17次，促进相关工作公开、公正、公平进行。三是倾力办好民生实事。以民生需求为导向，充分发挥“委员大讲堂”作用，组织农业界政协委员深入村组农户、田间地头，为群众培训讲解大豆玉米带状复合种植技术，助力产业发展、群众增收。发挥“委员会客室”“界别委员工作室”平台优势，组织各类界别活动12次，接待界别群众400多人次，解答各类民生类问题280余次。组织政协委员、机关干部参与“99公益日”助学捐款活动，助力贫困学生圆梦。政协机关扎实抓好驻村帮扶等工作，选派1名干部驻村担任第一书记，机关干部落实帮扶责任人职责，助推巩固拓展脱贫攻坚成果同乡村振兴有效衔接工作落实。

四、坚持以团结民主为主题，广泛凝聚共识更加扎实有效

常委会始终把巩固和发展最广泛的爱国统一战线作为职责使命，贯彻“一起来想、一起来干”新要求，广泛联系和动员社会各界群众，更好求取全社会最大公约数、形成全社会最大共识度。一是推进合作共事，汇聚发展合力。修订完善加强和促进人民政协凝聚共识工作实施意见，寓凝聚共识于各项履职活动之中。积极搭建协商平台，在全体会议、重要履职活动中，邀请党政领导及部门单位负责人与政协委员互动交流，共商改革发展大计，共谋经济社会发展良策。注重在政协履职中，加强同民主党派人士、党外知识分子、新的社会阶层人士、非公经济人士和无党派人士团结合作，坚持学习探讨同调研视察相结合，在协商议政中凝聚共识、集聚智力。扎实开展“走访委员”活动，加强与委员和委员所在单位沟通交流，争取委员所在单位支持，为政协委员更好履职创造条件。二是强化协作配合，推动多方联动。主动接受区、市政协联系指导，配合完成移民致富、城乡居民收入、基础教育质量、全民健康水平提升行动等9项专题调研，做到重要议题共同协商、重点调研共同开展。紧扣贯彻落实中央和自治区党委政协工作会议精神、推进乡村振兴、加强社区治理等工作，先后三批次赴银川、吴忠、中卫、石嘴山、固原市部分县（区）考察学习，加强交往交流，推动政协工作及协商议政提质增效。接待陕西彬州市、甘肃镇原县和我区红寺堡区、永宁县、利通区等县（区）政协考察交流18次，在宣传推介中凝聚共识。三是创新平台载体，扩大社会影响。注重发挥社情民意“小信息”“大作用”，组织政协委员通过实地调研、座谈交流等形式，报送“重视学校周边食品安全”“加强农村道路建设”等社情民意信息20期，得到县委、政府主要领导批示，转交相关部门办理，其中“加强农村道路建设”被自治区政协办公厅采纳，区交通厅办复。运用“彭阳政协”公众号、“履职通”App、华兴时报等媒体平台，编发通讯信息、工作简报52期。定期编辑发行《彭阳政协》季刊，展示政协履职成果，展现委员责任担当，让更多人了解政协、喜爱政协，感受协商就在身边。

五、坚持以守正创新为原则，政协自身建设更加有力有为

常委会始终以改革思维、创新理念、务实举措扎实推进履职能力建设，注重增强政治把握能力、调查研究能力、联系群众能力、合作共事能力，主动适应新时代人民政协新要求。一是强化工作队伍建设。县委落实中央和自治区党委政协工作会议精神，着力解决政协“两个薄弱”问题，加大干部交流力度，进一步配强政协人员力量。县政协落实专门委员会兼职副主任机制，每个专门委员会聘任兼职副主任2名，把181名委员全员编入4个专委会，切实增强专委会工作力量。落实乡镇统战委员兼任政协联系人工作机制，实现政协触角向乡镇延伸。二是强化履职能力建设。制定《政协彭阳县第十届委员会委员培训规划》。举办全县领导干部习近平总书记关于加强和改进人民政协工作的重要思想专题培训班、政协委员履职能力提升培训班等3期500余人次，面向委员印发《新时代人民政协学习材料汇编》。组织班子成员和各专委会主任20人次参加区、市政协轮训学习，在江西永新县委党校举办委员培训班1期40人，不断拓展履职思路、提升履职能力。扎实开展"书香政协·同心筑梦"委员读书活动，通过组织视察活动、推送书目、专题讲座、交流研讨等系列活动，切实提升建言资政水平。三是强化机关作风建设。建立政协领导包抓政协委(办)，委(办)负责人包抓重点工作机制，明确工作职责，逐级压实责任。扎实开展"转作风、重实干、勇担当"活动，建立政协机关"周例会、月分析、季考核"制度，定期组织学习、座谈交流、安排工作，推动工作落实。牢牢把握意识形态工作主动权，制定并落实正面和负面"两个清单"。以严的基调推进党风廉政建设，开展党史学习教育专题民主生活会、违规收送红包礼金和不当收益及违规借转贷或高额放贷专项整治，党员干部签订廉政风险点暨廉政承诺书，支持派驻纪检组常态化开展日常监督工作，有力推动了政协机关整体作风大转变。

在肯定成绩的同时，我们也清醒地认识到工作中存在一些问题和不足，如在贯彻落实中央和区市县党委政协工作会议精神上还需进一步深入，建言资政质量还需进一步提高，凝聚共识载体还需进一步完善，专委会基础作用还需进一步夯实，界别特色还需进一步创新，委员主体作用还需进一步加强，等等。这些问题和不足必须高度重视，在今后工作中进一步改进和完善。

2023年工作任务

2023年是深入学习宣传贯彻落实中共二十大各项重大政治任务开局之年，全面建设社会主义现代化国家开局起步关键之年，也是彭阳县建县40周年。县政协工作的总体要求：以习近平新时代中国特色社会主义思想为指导，全面贯彻中共二十大精神，深入贯彻落实习近平总书记关于加强和改进人民政协工作的重要思想、习近平总书记视察宁夏重要讲话指示批示精神，认真落实中央和区市县党委各项决策部署，在中共彭阳县委坚强领导下，以黄河流域生态保护和高质量发展先行区建设为牵引，坚持发扬民主和增进团结相互贯通、建言资政和凝聚共识双向发力，聚焦坚持大抓发展、抓大发展、抓高质量发展、实现"赶超式"发展，加快建设"五个县"，狠抓"七项任务"落实，更好履行政治协商、民主监督、参政议政职能，更加广泛凝聚共识，为团结奋斗开创现代化彭阳建设新局面，在全面建设社会主义现代化美丽新宁夏中描绘彭阳新画卷贡献政协智慧和力量。实现新一年的目标任务，我们要切实抓好以下工作：

一、坚持不懈以伟大思想凝心铸魂，筑牢共同思想政治基础

准确把握人民政协"重要阵地""重要平台""重要渠道"定位，坚持把党的领导落实到人民政协工作的各方面、全过程。一是坚持正确政治方向。坚持把党的政治建设摆在更加重要位置，深入贯彻习近平总书记关于加强和改进人民政协工作的重要思想，深刻领悟"两个确立"的决定性意义，切实增强"四个意识"、坚定"四个自信"、做到"两个维护"。严格落实全面从严治党主体责任，自觉肩负起"把方向、管大局、保落实"政治责任，坚决落实向县委请示报告制度，确保县委各项决策部署在政协工作中得到贯彻落实。二是强化思想政治引领。坚持把学习贯彻习近平新时代中国特色社会主义思想作为首要政治任务，充分发挥政协党组理论学习中心组示范引领作用，认真贯彻落实"第一议题"制度，深入开展党的二十大和习近平总书记视察宁夏重要讲话指示批示精神"大学习、大讨论、大宣传、大实践"活动，坚持把学习党的二十大精神作为第一堂课、第一堂政治必修课，高质量开展党中央部署的主题教

育，持续深化党的创新理论学习教育，深入学习中央和区市县党委各项决策部署，不断转化为坚定信念、锤炼党性和指导实践、推动工作的强大力量。三是筑牢共同思想基础。强化政协党组织的政治功能，充分发挥人民政协统一战线组织作用，运用习近平新时代中国特色社会主义思想学习座谈会等平台，有针对性、经常性地开展思想政治工作，推动人民政协更好成为用党的创新理论团结教育引导各族各界代表人士的重要平台。注重培育协商文化，探索健全制度化、规范化、程序化等功能建设，创新深度协商互动、意见充分表达、广泛凝聚共识机制，推动在更具特色的协商中统一思想、增进团结。深化“书香政协”建设，多层次多形式开展委员读书活动，运用界别渠道，示范带动界别群众“多读书、读好书、善读书”，以政协之“书香”引领界别群众“好学”之风尚。

二、紧紧围绕中心大局，推动经济社会高质量发展

坚持“县委有声音、政协有响应，县委有部署、政协有跟进”，聚焦县委确定的重点任务，充分发挥人民政协作为专门协商机构作用，为助力全县经济社会发展深入协商议政、精准建言献策。一是紧扣实施产业倍增计划协商议政。围绕农业发展肉牛、冷凉蔬菜、红梅杏、特色板块、生态经济“五特”产业，工业发展煤炭综合利用、农副产品加工、轻工轻纺、数字信息“四新”产业，服务业发展文化旅游、现代物流、健康养老、电子商务“四优”产业，精心选取协商议题，运用界别协商、对口协商、网络议政等形式，深度协商互动，增强协商实效，助力产业提质增效。二是紧扣改革创新工作重点协商议政。围绕产业创新、资源要素市场化配置改革创新、农业农村改革创新，实施移民致富、居民收入、基础教育质量、全民健康水平、文明素养、城乡面貌“六大提升行动”，逐步加大对“人才队伍建设”“用水权、土地权、排污权、山林权、用能权、碳排放权‘六权’改革”“高效节水灌溉+农业经营体制改革+一二三产业融合发展”“数字政府建设”等领域的关注度，综合运用提案办理协商、有事好商量、社情民意信息等形式，培育一批精品提案，打造一批优质社情民意，形成一批高质量协商成果，助力经济社会高质量发展。三是紧扣落实年度协商计划协商议政。坚持县委会同政府、政协制定年度协商计划制度，聚焦党政关注、社会关切、群众关心的热点、难点、堵点问题，认真制定年度协商计划，深入开展协商议政。围绕“肉牛产业”“乡村道路建设”“石油资源开发利用”议题深入一线调研，围绕“创建全国文明城市”“基础教育”议题深入考察，围绕“‘十二五’‘十三五’县内移民”议题开展监督视察，为县委、政府提供前瞻性、战略性、操作性强的调研成果，助力我县经济社会健康快速发展。

三、推动工作创新发展，发挥专门协商机构作用

深入贯彻落实“全面发展协商民主”新要求，持续加强履职能力建设，推动政协履职更加“专”出特色、“专”出质量、“专”出水平。一是进一步拓宽协商渠道。健全完善“界别委员工作室”“委员会客室”等履职平台，开展更加灵活、更为经常地协商，探索建立政协参政议政专家库，创新实践政协协商同政党协商、人大协商、政府协商、人民团体协商、基层协商及社会组织协商有效衔接、联系配合的方式方法，进一步推动政协协商广泛多层制度化发展。二是进一步创新协商形式。探索运用信息技术同政协协商的有效衔接，逐步开展网络议政、远程协商，激发政协履职新活力。建立完善政协委员联系界别群众、按界别联系社会组织制度机制，指导在乡镇建立三级政协委员联络小组，进一步引导委员反映社情民意、传播凝聚共识、开展为民服务。三是进一步规范协商工作。加强各民主党派人士、工商联和无党派人士参与政协协商，支持通过政协提案、社情民意信息等渠道对县委、政府工作提出意见建议。进一步健全完善协商成果采纳、落实和反馈制度，深化政协提案联合督办机制，加大重要协商成果转化“回头看”，推动政协协商成果更好转化落实。

四、牢牢把握中心环节，画好团结奋进同心圆

坚持把加强思想政治引领、广泛凝聚共识作为中心环节，肩负起把党的主张转化为社会各界的共识、在各界群众中传播共识的政治责任，解决好人心和力量的问题，处理好一致性和多样性的关系。一是广泛凝聚委员共识。健全完善双向发力的制度机制，增强重要协商会议政协委员同党政部门之间交流互动，鼓励在不同观点中求同化异、聚同化异。健全主席会议成员、党员委员同党外委员谈心谈话制度，通过走访看望委员、深入交流谈心等方式，加强同委员的沟通联络，更好凝聚共识。构建委员学习机制，由各专委会设专题每季度组织界别委员学习研讨，进一步增强委员政治共识。二是广泛传播社会共识。充分发挥政协委员的桥梁纽带作用，建立政协委员联系界别群众、按界别联系社会组织制度，及时把党的主张、党的意志传播出去，转化为社会各界共识，把界别群众的呼声和建议反映上来，协助县委、政府做好解疑释惑、理顺情绪、化解矛盾工作。创新委员大讲堂形式载体，通过“线上+线下”结合方式，发挥界别领域专家特长，宣传宣讲党的创新理论、专业知识等，广泛凝聚社会共识。三是广泛汇聚社会合力。以铸牢中华民族共同体意识为主线，通过形式多样、灵活有效的活动，加强同各民主党派人士、无党派人士、党外知识分子、非公有制人士、新的社会阶层人士、宗教界人士沟通联谊，在交往交流交融中、在共居共建共享中加深理解、增进感情、促进团结、形成合力。

五、全面加强自身建设，着力提升履职能力水平

开创新时代人民政协工作新局面，更加注重固本强基，加强自身建设，推动政协履职更好体现时代性、把握规律性、富于创造性。一是加强党的建设。不断强化专委会功能型党支部作用，探索推进“互联网+党建”“智慧党建”模式，构建“协商议政+学习教育”长效机制。强化党员委员党性教育，完善党员委员履职活动考核制度。做好党外人士政治思想引领工作，建立党员委员同党外委员沟通联系机制，不断增强固守政治底线的定力。二是增强履职能力。强化委员履职能力提升学习培训，采取“走出去+请进来”方式，精准设置培训内容，增强学习的针对性和实效性。做好履职服务管理，健全激励机制，完善履职档案，扎实开展委员“七个一”履职活动。完善委员履职评价机制、退出机制，每年向党委有关部门和委员所在单位通报委员履职情况，对年度履职考核不称职的委员进行提醒谈话，倒逼委员全面履职。三是锤炼过硬本领。全面贯彻中央和区市县党委关于全面从严治党、党风廉政建设和反腐败斗争新部署新要求，加强新时代廉洁文化建设，加强对“一把手”和领导班子监督，从严从实强化对年轻干部教育管理，营造风清气正的政治环境。严格落实意识形态工作责任制，牢牢把握意识形态工作主动权。坚持从严教育、从严要求、从严管理、从严监督，加强模范机关建设，着力打造政治过硬、能力过硬、作风过硬的干部队伍，更好地把作风之实与履职之能结合起来，不断提高政协机关服务保障水平，为新时代政协事业发展注入强大动力、提供有力保障。

名词解释

1.第一议题制度：聚焦政治建设这个党的根本属性，各级党组织必须把学习习近平新时代中国特色社会主义思想和党的会议精神、习近平总书记重要讲话精神等内容，作为党委会、理论中心组学习、支部大会、支委会、党小组会及其他党内重要会议的第一议题，第一时间组织传达学习。

2.“两个全覆盖”：党组织对党员委员的全覆盖、党的工作对政协委员的全覆盖。

3.“三强九严”：强化党组(党委)书记领导责任、强化机关党委书记直接责任、强化党支部书记主体责任，严格落实党组织设置规定、严格落实“三会一课”制度、严格落实组织生活会制度、严格落实民主评议党员制度、严格落实谈心谈话制度、严格落实“支部主题党日”制度、严格落实党员组织关系和党费管理规定、严格落实党组织星级评定办法、严格落实换届规定。

4.“5+2”工作职责：政协党员委员每年完成5个“规定动作”、落实2项联系制度的“5+2”履职工作职责，即每年至少提出1件有分量的提案，反映1条有价值的社情民意，参加1次调研视察等履职活动，结合履职活动提供1条有针对性的意见建议，办1件有影响的惠民实事，至少联系1名非中共委员，至少联系2名界别群众。

5.提案“清单式”办理：提案“清单式”管理，包含清单式建议、清单式办理、清单式答复、清单式公开、清单式评价。按照规范格式，由提案人逐条填写提案的意见建议，形成“建议清单”；由办理单位对照“建议清单”逐项办理；由办理单位逐项填报“办理清单”；将“办理清单”与提案及其办理复文一并公开，发挥“清单”的索引作用；将提案和提案办理情况逐一对应，作出“清单式”评价。

6.委员大讲堂：坚持让委员唱主角，邀请政治立场坚定、热心社会事业、在某一领域有所专长的政协委员，依托县乡村新时代文明实践中心（所、站）等阵地，走进政协机关，深入社区、学校、企业，通过专题讲座、辅导报告的形式，宣传党的政策，传播科技文化。

7.委员会客室：名称统一为“XX委员会客室”，由3–7名政协委员组成委员团队，通过面谈、电话、微信、信函等方式，发现带有普遍性问题或事项，根据深入了解问题、解决问题的需要，召开相应的小型座谈会。会客对象主要为委员所在界别的不是政协委员的党外知识分子、非公有制经济人士、新的社会阶层人士和宗教界代表人士。

8.界别委员工作室：依托社区服务中心、委员基层联系点、企事业单位等按界别设立委员工作室，围绕人民政协的主题和职能，收集民情、反映民意、服务民生、促进和谐。

9.“99公益日”助学捐款活动：每年99公益日，彭阳县山窝窝助学圆梦行动公益募捐项目。

10.“走访委员”活动：由1名县政协副主席带队，由专委会主任和办公室工作人员为成员，走访委员及其所在单位。

11.“两个薄弱”：基础工作薄弱、人员力量薄弱。

12.“转作风、重实干、勇担当”活动：以落实工作为目标，以监督检查为抓手，扎实开展干部作风转变活动，着力解决政治规矩不强、纪律规矩不严、责任担当不够、为民服务不到位、工作不落实、作风不正6个方面突出问题。

13.“周例会、月分析、季考核”制度：周例会制度为基层党组织每周安排1次不少于1小时学习。月分析制度为基层党组织每月召开1次专题会议，开展党员干部职工分析研判，研究提出具体有效措施。季考核制度为县委每季度对各乡镇、各部门（单位）基层党建、业务工作等落实情况进行评比，基层党组织对党员干部职工进行季度考核和评星定格。

14.“建设五个县”：建设宁夏副中心城市标杆县、生态文旅特色县、高质量发展先行县、乡村全面振兴样板县、铸牢中华民族共同体意识示范县。

15.狠抓“七项任务”：狠抓巩固衔接、狠抓产业发展、狠抓城乡融合、狠抓生态环境、狠抓改革创新、狠抓民生福祉、狠抓安全稳定。

16.委员“七个一”履职活动：每季度召开一次有政协特色的支委会、一次学习座谈会，每年召开一次党员大会、上一次党课、开展一次谈心谈话、一次述职评议、一次党员测评考核。

在彭阳县纪委九届二次全体会议上的工作报告（摘要）

（2022 年 1 月 29 日）

彭阳县纪委书记　监委主任　蔡文刚

同志们：

这次全会的主要任务：以习近平新时代中国特色社会主义思想为指导，深入贯彻落实党的十九大和十九届历次全会精神，全面落实十九届中央纪委六次全会、自治区党委十二届十四次全会、自治区纪委十二届六次全会、固原市第五次党代会、市纪委五届二次全会及县第九次党代会精神，回顾总结 2021 年纪检监察工作，安排部署 2022 年工作任务。

一、2021 年工作回顾

2021 年，是党和国家历史上具有里程碑意义的一年。以习近平同志为核心的党中央团结带领全党全国各族人民，隆重庆祝中国共产党成立一百周年，胜利召开党的十九届六中全会、制定党的第三个历史决议、全面总结党的百年奋斗重大成就和历史经验，开展党史学习教育，如期打赢脱贫攻坚战，如期全面建成小康社会、实现第一个百年奋斗目标，开启全面建设社会主义现代化国家、向第二个百年奋斗目标进军新征程，党和国家各项事业取得新的重大成就。在中央和区、市党委的坚强领导下，县委认真贯彻落实习近平总书记视察宁夏重要讲话精神，始终胸怀“两个大局”、心系“国之大者”，坚决扛起管党治党政治责任，反腐败、除顽瘴，立规矩、树新风，坚定不移推进全面从严治党向纵深发展，引领保障“十四五”实现良好开局。在区、市纪委监委和县委的坚强领导下，全县各级纪检监察机关认真履行党章、宪法和监察法赋予的职责，深入推进党风廉政建设和反腐败斗争，充分发挥监督保障执行、促进完善发展作用，反腐败斗争取得压倒性胜利并全面巩固，党风政风社风民风持续向好，政治生态更加风清气正，纪检监察工作高质量发展迈出了新步伐。

（一）以党史学习教育汲取智慧力量，在推动纪检监察工作高质量发展上更加坚定自觉。县纪委常委会坚持把学懂弄通做实习近平新时代中国特色社会主义思想和习近平总书记重要讲话和指示批示精神作为首要政治任务、“第一议题”，持续跟进学、全面系统学、联系实际学，“四个意识”更加牢固、“四个自信”更加笃定、“两个维护”更加坚定。坚持把党史学习教育作为贯穿全年的重大政治任务，紧密联系纪检监察机关职能职责，通过专题辅导、讲党课、交流研讨、撰写心得体会等形式，组织开展“重走长征路”“清明祭英烈”“为党送祝福”等系列活动，系统推进“我为群众办实事”实践活动和“传承党的百年光辉史基因、铸牢中华民族共同体意识”主题教育，扎实开展“三知三强”实践，传承伟大建党精神，赓续红色基因血脉，全县纪检监察机关和纪检监察干部从党的百年奋斗史中汲取智慧和力量，更加自觉扎实地推进新时代纪检监察工作高质量发展。

这一年，我们的体会是，必须坚持不懈巩固拓展党史学习教育成果，始终把学习党史作为一项长期政治任务，不断从百年党史中汲取智慧和力量，推动新时代纪检监察工作高质量发展。

（二）以精准有力政治监督护航中心工作，在保障“十四五”开局上更加坚定有力。坚定政治方向不动摇，始终把“两个维护”作为最根本的政治责任，紧扣高质量发展主题，研究制定开展专项监督保障重大决策部署落实的工作安排，聚焦“十四五”规划开局起步、黄河流域生态保护和高质量发展先行区建设、“四大提升”行动等重大决策部署，跟进监督、精准监督，推动整改问题26个，约谈提醒干部26人；聚焦统筹推进常态化疫情防控与经济社会发展强化政治监督，各派驻机构充分发挥“派”的权威和“驻”的优势，各职能部门担起政治责任，积极主动参与疫情防控工作；聚焦换届纪律全程跟进监督171次；聚焦巡视巡察反馈问题整改，跟进监督办结交办信访件221件、移交问题线索150条，八届县委巡察反馈问题586个。深入开展粮食购销领域腐败问题专项整治，发现问题7个，受理问题线索3件。

这一年，我们的体会是，必须旗帜鲜明加强党的政治建设，始终站位“两个大局”、心怀“国之大者”，切实把“两个确立”转化为做到“两个维护”的实际行动中。

（三）以一体推进“三不”战略实现标本兼治，在巩固拓展反腐败压倒性胜利上更加坚定稳妥。坚持“严”的主基调不动摇，以“零容忍”态度坚决惩治腐败。全年共受理信访举报145件次，处置问题线索193件，立案审查调查35件，给予党纪政务处分43人，因酒驾、赌博开除党籍的6人，收缴违纪资金50.8万元。严肃查处教育、卫生和自然资源系统、工程建设和政府采购领域问题，针对薄弱环节、风险点，督促相关职能部门修订完善制度机制53项，推动解决行业乱象。配合做好政法队伍教育整顿工作，查办问题线索54件，立案审查调查3件8人，处分8人。深化拓展“廉洁从政警示日”“领导干部廉政警示教育周”成果，常态化开展领导讲廉、宣传倡廉、教育警廉、家校助廉，委领导班子带头，各乡镇纪委书记、派驻纪检监察组组长全员参与，深入56个基层党组织讲廉政党课，受教育党员、干部1.5万人次；深化运用“三会两书两报告”制度，发出纪检监察建议37份，督促职能部门完善制度机制52项，实现查处一案、警示一片、治理一域的综合效果。

这一年，我们的体会是，必须一体推进不敢腐、不能腐、不想腐战略，始终坚持惩治震慑、制度约束、提高觉悟一体发力，持续放大正风肃纪反腐综合效能，有效推动形成风清气正的政治环境。

（四）以钉钉子精神纠治“四风”，在强化党的纪律作风建设上更加坚定执着。深入学习贯彻习近平总书记关于加强作风建设重要论述和中央纪委国家监委领导同志在部分省区调研讲话精神，坚持把监督中央八项规定精神落实、纠“四风”树新风作为长期政治任务，督促落实自治区“八条禁令”和市委“十项规定”，扎实开展服务争优专项行动和违规吃喝隐形变异问题专项整治，深化解决形式主义问题做好基层减负工作。坚持“零容忍”态度，紧盯重要时间节点、关键部位领域，开展专项监督检查，责令作出书面检查、批评教育、约谈13人；严肃查处自然资源系统田某智，政法系统兰某昌，教育系统田某立、郑某等违反中央八项规定精神问题线索9件，处分9人，持续释放“越往后执纪越严”的强烈信号。深入开展党的优良传统和作风教育，创新开展“红色+”廉政文化教育模式，委机关牵头建成乔家渠“红色+长征精神”廉政文化教育基地、孟塬乡建成古庄院“红色+民风”廉政文化教育点，这一做法被写进区、市两级纪委全会工作报告，这是对我们工作的充分肯定和鞭策。

这一年，我们的体会是，必须坚持纠治“四风”问题要从政治上看、从政治上抓，反复抓、抓反复，以自我革命精神深化作风治理、解决作风问题、推进作风转变，确保党不变质、不变色、不变味。

（五）以严实深细落实监督专责，在推动监督贯通融合上更加协同高效。坚决扛起全面从严治党协助职责和监督责任，制定年度全面从严治党、党风廉政建设和反腐败任务分工方案，开展全县政治生态分析研判，坚持每季度向县委报告党风政风监督、审查调查、信访举报分析和受处分党员干部处分决定宣布情况，为党委履行全面从严治党主体责任提供有效载体、当好参谋助手，推动“两个责任”贯通协同、一体落实。持续深化“1+4+N”联动监督机制，统筹乡、村监督力量，推动监督下沉，发现并督促整改问题383个。准确妥善运用“四种形态”批评教育帮助和处理党员、干部205人次，其中第一、二、三、四种形态占比分别为77.6%、12.2%、4.4%、5.9%。坚持严管厚爱结合，对21名受处分干部开展回访教育，全力维护干部干事创业积极性。

这一年，我们的体会是，必须转变理念思路、创新方式方法，让监督既有力度，又有尺度，还有温度，有效实现监督工作的政治效果、纪法效果与社会效果的最大化。

（六）以全覆盖推进政治巡察，在利剑作用发挥上更加强劲有力。全面贯彻巡视巡察工作方针，聚焦“两个维护”根本任务，围绕“三个聚焦”监督重点，深入查找政治偏差，推动被巡察党组织扎实履行领导职能职责。开展对5个部门（单位）党组织的常规巡察，全面完成八届县委对12个乡镇、47个部门（单位）党组织的巡察全覆盖。其间，发现问题586个，移交问题线索53件，处分14人，收缴违纪违规资金76.64万元。八届九届巡察衔接有序，完成八届县委巡察工作报告，起草九届县委巡察工作规划。开展对粮食主管监管部门及所属企业党组织涉粮问题的专项巡察，发现问题10个，移交问题线索7件。做好巡察“后半篇文章”，扎实开展巡察整改督查和督查“回头看”，下发《督查整改通知书》，督促被巡察党组织认真整改反馈问题，建立完善制度21项，持续释放巡察震慑力，有力推动全面从严治党向基层延伸。

这一年，我们的体会是，必须牢牢把握政治巡察定位，始终坚持用好巡视巡察这一党之利剑、国之利器，更好发挥巡察综合监督作用和联系群众纽带功能。

（七）以专项整治维护群众利益，在增进民生福祉上更显责任担当。深入贯彻以人民为中心的发展理念，聚焦巩固脱贫攻坚成果同乡村振兴有效衔接开展专项监督，督促各乡镇、各部门做好重点领域和关键环节政策衔接，监督保障乡村振兴战略稳步起步。聚焦3项整治重点和12个重点领域，扎实开展群众身边腐败和不正之风专项整治，严肃查处群众身边腐败和不正之风问题线索15件，处分8人。针对古城镇店洼村矛盾纠纷较多、信访反映突出等问题，县纪委监委与古城镇纪委联动扎实开展店洼村“大起底”专项整治，发现问题20个，处分3人，问责1人，在全县起到了良好的社会效果。公布专项整治成果两批，不断压实党委（党组）主体责任，推动工作落实，维护群众切身利益。常态化开展扫黑除恶“打伞破网”，处置问题线索6件，了结6件。

这一年，我们的体会是，必须始终坚持以人民为中心的发展理念，解决好群众身边的难点、痛点、堵点问题，维护群众切身利益，让群众在全面从严治党中感受更多公平正义。

（八）以严管厚爱要求加强自身建设，在锻造纪检监察铁军上更加规范有力。坚持以党的政治建设为统领，全面贯彻落实习近平总书记和党中央关于加强纪检监察干部队伍建设的要求，坚守伟大建党精神的高标准，践行“两个维护”的严要求，全面落实党建工作责任制，把机关党的建设与业务工作深度融合，成功创建“让党中央放心、让人民群众满意”模范机关。深化“干部培训年”活动，全方位、多轮次培训干部192人次，组织干部到邻近周边县（区）观摩交流3次，有效提升纪检监察干部监督执纪执法专业能力。深入开展“案件质量提升年”活动，定期开展案件质量评查，发现并督促整改问题24个，评选优质案件6件。全口径摸底采集全县纪检监察干部基本信息，逐人建档立卡、动态更新、适时研判；严格落实干部考勤、工作任务落实等周通报制，健全完善乡镇纪委、派驻机构考核办法；全面开展纪检监察干部“八小时外”监督，15名特约监察员认真履职，充分发挥作用，有效压缩纪检监察权力“任性空间”。坚持刀刃向内，从严查处纪检监察干部问题线索，提醒谈话、书面检查4人。充分发挥工会作用，对单位62名干部职工送去温暖和关怀。

这一年，我们的体会是，必须深刻把握新的历史阶段赋予纪检监察机关的时代责任，更加自觉地贯彻落实习近平总书记和党中央关于加强纪检监察干部队伍建设的殷切希望和重要要求，持之以恒加强自身建设。

总结过去一年纪检监察工作的探索实践，全县纪检监察机关和广大纪检监察干部不忘初心、牢记使命，带头弘扬伟大建党精神，贯通运用党的百年奋斗历史经验，汲取信仰力量、铸牢忠诚之魂，衷心拥护“两个确立”、忠诚践行“两个维护”，奋力推动纪检监察工作高质量发展。我们深切感受到，一切成绩的取得，靠的是以习近平同志为核心的党中央的掌舵领航、举旗定向，靠的是区、市纪委监委和县委的正确领导、有力指导，靠的是全县各级党组织、党员干部和人民群众的广泛支持、共同参与，靠得是全县各级纪检监察机关和纪检监察干部戮力同心、拼搏进取。在此，我谨代表县纪委常委会向关心和支持全县纪检监察工作的单位和个人表示衷心感谢！

在总结成绩的同时，我们也清醒地看到，当前我县党风廉政建设和反腐败斗争形势依然严峻复杂，反腐败工作任重道远，重点领域、关键岗位腐败问题易发多发，群众身边的腐败和作风问题禁而不绝，个别干部纪律规矩意识不强、不愿担当不敢担当问题还不同程度存在；纪检监察干部政治素质和业务能力与新形势新任务不相适应，发现和查处涉嫌职务违法犯罪案件线索的能力不足，执纪执法工作规范化、法治化、正规化水平有待进一步提升。对此，我们必须高度重视，采取有效措施，认真加以解决。

二、2022年主要工作

2022年是党的二十大和自治区第十三次党代会召开之年，是固原市建市20周年，也是彭阳县委新一届领导班子的开局之年，做好纪检监察工作责任重大、意义深远。总体要求是：坚持以习近平新时代中国特色社会主义思想为指导，以习近平总书记视察宁夏重要讲话精神为根本遵循，深入贯彻党的十九大和十九届历次全会精神，增强“四个意识”、坚定“四个自信”、做到“两个维护”。全面贯彻十九届中央纪委六次全会、自治区纪委十二届六次全会和市纪委五届二次全会精神，忠诚履行党章和宪法赋予的职责，坚持稳中求进工作总基调，完整、准确、全面贯彻新发展理念，以推动高质量发展为主题，自觉把握和运用党的百年奋斗历史经验，弘扬伟大建党精神，永葆自我革命，坚持全面从严治党战略方针，坚定不移将党风廉政建设和反腐败斗争进行到底，持续深化不敢腐、不能腐、不想腐一体推进，惩治震慑、制度约束、提高觉悟一体发力，努力取得更多制度性成果和更大治理成效，加强纪检监察机关规范化、法治化、正规化建设，更好发挥监督保障执行、促进完善发展作用，为奋力谱写继续建设经济繁荣民族团结环境优美人民富裕美丽新宁夏的彭阳新篇章提供坚强保障，以正风肃纪反腐新成效迎接党的二十大和自治区第十三次党代会胜利召开。

党的十九届六中全会是在我们党百年华诞的重要时刻、“两个百年”奋斗目标历史交汇的关键节点上召开的一次具有历史意义的会议。全会通过的《中共中央关于党的百年奋斗重大成就和历史经验的决议》鲜明贯穿党的初心使命主线，科学总结党坚持自我革命的宝贵经验，深刻阐述以伟大自我革命引领伟大社会革命的战略思想，对坚定不移推进党的伟大自我革命、深化全面从严治党具有重大现实意义和深远历史影响。十九届中央纪委六次全会深入贯彻六中全会精神，习近平总书记的重要讲话对始终坚持自我革命、坚定不移推进全面从严治党作出战略部署，是我们党深化“四个自我”、推进全面从严治党向纵深发展的重要遵循，是新时代纪检监察工作高质量发展的行动指南；赵乐际同志的工作报告，对运用党百年奋斗历史经验推动纪检监察工作高质量发展、以优异成绩迎接党的二十大胜利召开作出安排部署，是做好新时代纪检监察工作的重要指导性文件。陈润儿同志和马汉成同志在区、市纪委全会上对全面贯彻习近平总书记重要讲话精神、以自我革命精神推进全面从严治党提出明确要求。区市纪委全会工作报告全面部署了今年党风廉政建设和反腐败工作重要任务，为纪检监察机关更好履行职责明确了方向路径。全县各级党组织和纪检监察机关要深入学习领会、一体贯彻落实，切实推进我县全面从严治党向纵深发展。

勇于自我革命是我们党区别于其他政党的显著标志，是中国共产党的鲜明政治品格。全县各级纪检监察机关要提高政治站位，增强政治定力，坚定职责定位，切实用马克思主义中国化最新成果武装头脑，深刻把握新的赶考之路对全面从严治党的新要求，充分发扬自我革命精神，在维护党的集中统一领导、督促落实党的理论和路线方针政策、捍卫党的先进性和纯洁性上忠诚履职、担当尽责。要始终保持作风建设永远在路上、全面从严治党永远在路上的清醒坚定，坚持“严”的主基调不动摇，坚持问题导向、目标导向、结果导向相统一，把正风肃纪反腐与深化改革、完善制度、促进治理、推动发展贯通起来，着力破解体制性障碍、机制性梗阻、政策性创新等方面的问题，持续营造良好的政治生态和发展环境。要坚持边学习、边调研、边工作、边总结，持续推进理念思路、工作机制和方式方法创新，与时俱进推动纪检监察工作高质量发展。

（一）持之以恒推动政治监督具体化常态化，确保重大决策部署落地见效。坚持和完善常委会“第一议题”制度、干部理论学习制度，深入学习贯彻习近平新时代中国特色社会主义思想和党的十九届六中全会精神，深化运用党的自我革命历史经验，拓展党史学习教育成果。坚持党中央和区市县党委重大决策部署到哪里、政治监督就跟进到哪里，紧扣学习贯彻十九届六中全会精神和习近平总书记视察宁夏重要讲话精神，围绕县第九次党代会确定的目标任务、先行区建设、实施乡村振兴战略、铸牢中华民族共同体意识、疫情防控常态化，以及全县“九大重点产业”“十大工程项目”“四大提升行动”“四权改革”等中心任务落实加强监督检查。督促全县各级党组织切实履行管党治党主体责任，严格教育管理党员干部，推动全县广大党员干部坚定不移捍卫“两个确立”、做到“两个维护”，确保党中央和区、市、县党委决策部署落实不偏向、不变通、不走样。持续加强对“一把手”和领导班子落实全面从严治党责任、执行民主集中制、依规依纪依法履职用权等情况的监督，督促“关键少数”发挥关键作用。健全“回头看”长效机制，坚持党中央和区市县党委部署什么，就监督问效什么，确保全县上下政令畅通、令行禁止。

（二）持之以恒深化“三不”一体推进方略，坚定不移推进反腐败斗争。坚持无禁区、全覆盖、零容忍，坚持重遏制、强高压、长震慑，坚持行贿受贿一起查。始终坚持正风肃纪反腐首先从政治上看，严肃查处政治问题与经济问题交织的腐败案件，及时发现解决“七个有之”问题，重点查处搞团团伙伙、拉帮结派、对定下来的事情落实不力等突出问题，加强对“一把手”腐败案件查处，形成更为有力的震慑。聚焦政策支持力度大、投资密集、资源集中的领域和环节，持续推进工程建设政府采购等重点领域突出问题专项治理，重点查处擅自变更项目，违规招投标、超概算批复等问题，并向药品医疗器械采购、国有产权交易、土地和矿业权交易等领域扩展，严肃查处基础设施建设、项目审批、征地拆迁、资金管理使用等方面的违纪违法和腐败问题。继续深化粮食购销领域腐败问题专项整治，重点抓好线索查处和整改工作。加大打击行贿力度，探索实行行贿人“黑名单”制度。坚持把“三不”一体推进重心落在“治理”上，认真落实“三会两书两报告”，充分用好纪检监察建议，持续深化同级同类警示教育，提高以案示警、以案促改、以案促治效应。全面总结廉洁文化建设好经验好做法，充分挖掘、整合、提炼彭阳县红色文化和当地社风、民风、家风中蕴含的廉政元素，全面推开“红色+”廉洁文化教育模式。把领导干部配偶、子女及其配偶、亲属作为警示教育重要对象，注重加强新选拔年轻干部教育监督，引导党员、干部修身律己、廉洁齐家。

（三）持之以恒纠“四风”树新风，不断加固作风建设堤坝。紧紧扭住落实中央八项规定精神和自治区“八条禁令”、市委“十项规定”不放，坚守重要节点，对违规吃喝、餐饮浪费等突出问题长期监督，对由明转暗、费用转嫁等隐形变异问题露头就打，对“节日腐败”坚决纠治，对我行我素、顶风违纪的一律从严查办、从重处理、决不姑息、绝不手软。密切关注不正之风的新动向、新表现，坚持党风党纪一起抓，在全县开展“转作风重实干勇担当”活动，对作风涣散、工作滞后的乡镇、部门，整合纪委、组织、巡察三支力量，面对面分析症结，点对点提出方案，手牵手专项整治，以城阳乡专项整治为试点，逐步在教育、卫生、自然资源等部门全面开展，通过抓点带面，激发“躺平式”干部想干事的激情。以督导“流动红旗”“黄牌警告”制度落实落细为抓手，充分调动全县各乡镇、各部门工作积极性。坚决纠治影响党中央决策部署贯彻落实、漠视侵害群众利益、加重基层负担的形式主义、官僚主义，深入整治损害党的形象、群众反映强烈的享乐主义、奢靡之风。坚决查处不尊重规律、不尊重客观实际和群众需求的乱作为问题以及推诿扯皮、玩忽职守、求稳不求进的不作为问题。紧盯惠民富民、共同富裕政策措施落实，深化巩固拓展脱贫攻坚成果同乡村振兴有效衔接专项监督，扎实开展惠民惠农财政补贴资金“一卡通”问题专项治理，集中纠治教育医疗、养老社保、生态环保、安全生产、食品药品安全等领域群众反映强烈的突出问题，让群众获得感、幸福感、安全感更加充实、更有保障、更可持续。巩固深化扫黑除恶专项斗争和政法队伍教育整顿成果，推进“打伞破网”常态化。加强乡镇纪委和村监会规范化建设，强化履职培训，探索推广“双监督”闭环模式，实现“自上而下”与“自下而上”乡村两级上下联动监督全覆盖，有效打通监督“最后一公里”。配合建成党风廉政监督信息综合平台，用数据赋能监督、用监督推动治理，不断加固作风建设堤坝。

（四）持之以恒推进政治巡察，不断彰显管党治党利剑作用。坚守政治巡察定位，聚焦“两个维护”根本任务，聚焦党的理论路线方针政策、党中央和区市县党委决策部署、基层党组织建设和全县中心、重点任务，制定《中共彭阳县委员会巡察工作规划（2022—2026年）》，高效推动九届县委巡察启航，持续强化成果运用和巡察工作规范化建设，有效发挥巡察政治监督作用。年内部署开展3轮对10个乡镇党委的巡察，并延伸巡察所属村（社区）党组织，着力发现问题，纠正偏差，促进发展。严格落实《关于进一步强化县委巡察整改工作的实施意见》，把巡视巡察整改摆在突出位置，纳入党风廉政建设责任制和全面从严治党考核的重要内容，持续开展整改“回头看”，高质量完成涉粮问题专项巡察反馈问题整改“回头看”，做细“政治复检”，杜绝数字整改、表面整改，探索实施巡察工作常态化进驻，对不作为、慢作为的乡镇、部门开展专项巡察。深化创新巡察组织方式，推动巡察监督与纪律、监察、派驻、组织等纪检监察监督统筹衔接，与宣传、政法、审计、财会、群众、舆论等部门监督协作配合，凝聚监督合力，进一步发挥巡察综合监督作用。

（五）持之以恒深化纪检监察体制改革，构建系统集成、协同高效的监督体系。坚持改革的先导、突破和创立作用，坚决落实党中央、中央纪委国家监委和区市纪委监委关于县级纪检监察体制改革任务，推动监督体系更好融入国家治理体系、有效转化为治理效能。严格落实县纪委监委对乡镇纪委（监察办公室）、派出机关对派驻机构的领导，健全“室组”“室组地”联动监督机制，制定执纪执法审查调查协作片区工作机制、问题线索“清零”制度，构建纵向指挥有力、横向协作紧密、整体联动、高效协作的工作机制，不断推动纪检监察工作高质量发展。依法有序推进县监委向县人大常委会报告专项工作。继续深化派驻机构改革，研究制定派驻机构工作办法，进一步拓宽监督覆盖面、提高监督有效性。健全完善精准运用“四种形态”工作机制，坚持实事求是、宽严相济，坚持严管厚爱结合、激励约束并重，做到“三个区分开来”，实现监督执纪执法政治效果、纪法效果和社会效果有机统一。规范化推进容错纠错、澄清正名和打击诬告陷害工作，常态化做好被问责干部和受处分干部跟踪回访教育，保护和激发干部干事创业积极性。

（六）持之以恒强化自身建设，锻造政治过硬、本领高强的忠诚卫士。深入学习贯彻《中国共产党纪律检查委员会工作条例》，持之以恒加强县纪委常委会自身建设，带头捍卫“两个确立”、坚决做到“两个维护”，不断提高政治判断力、政治领悟力、政治执行力，打造政治过硬、信念过硬、能力过硬、作风过硬的坚强班子。做实做强机关党建工作，扎实推进“三强九严”工程，实现党建与业务深度融合、互促共进，不断巩固党史学习教育成果。扎实开展“高素质专业化队伍建设年”活动，以新任职纪检监察干部为重点，将村监会成员纳入培训范畴，分级分类深化全员培训，系统学习并严格执行监察法、监察官法、监察法实施条例等法律法规，稳妥做好监察官等级确定工作，配合县人大开展专题调研，不断提高纪检监察工作规范化、法治化、正规化水平。提升纪检监察机关信息化建设水平，全面深化应用检举举报等信息化平台，探索引进“智慧审理”等数字技术为监督执纪执法赋能增效，促进现代化信息技术与纪检监察业务深度融合。严格落实办案安全制度，分管审查调查工作领导与留置对象首谈等制度，压实安全管理责任，依规依纪依法文明办案，坚决守住不发生安全事故底线。关心关爱纪检监察干部，充分利用“一网一号”新媒体加大纪检监察工作宣传力度。利用“彭阳县纪委监委网站”刊登纪检监察工作经验做法；利用“彭阳纪检”微信公众号等新媒体大力宣传纪检监察战线涌现的先进典型。严格落实“7+3”纪检监察干部“八小时外”监督机制，聘请第二届特约监察员，自觉接受最严格的约束和监督，进一步健全完善考核机制、内控机制，将“三不”一体推进理念贯穿自身建设全过程，坚决防止“灯下黑”，树立遵纪守法、严格自律的标杆。

统计资料

Statistical Material

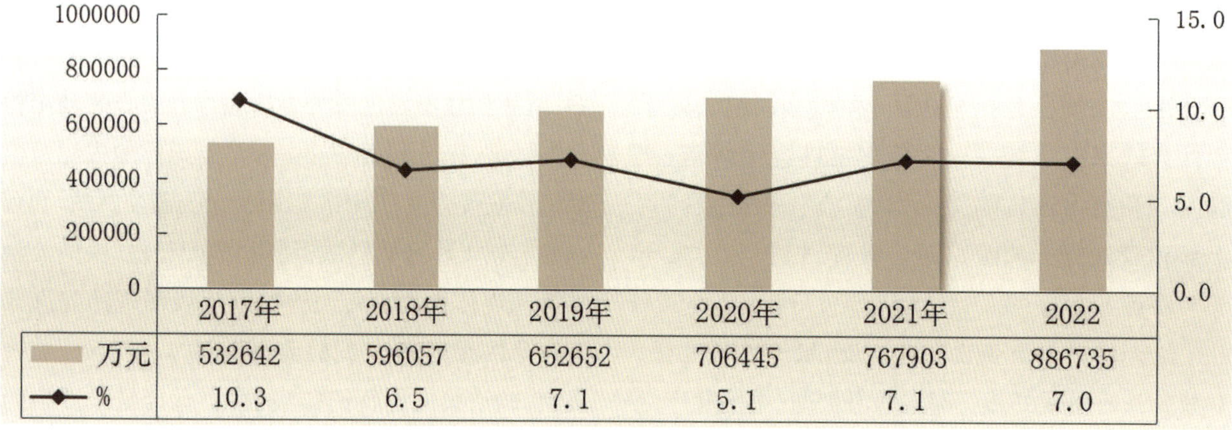

图 1　2017—2022 年彭阳县地区生产总值及增长速度

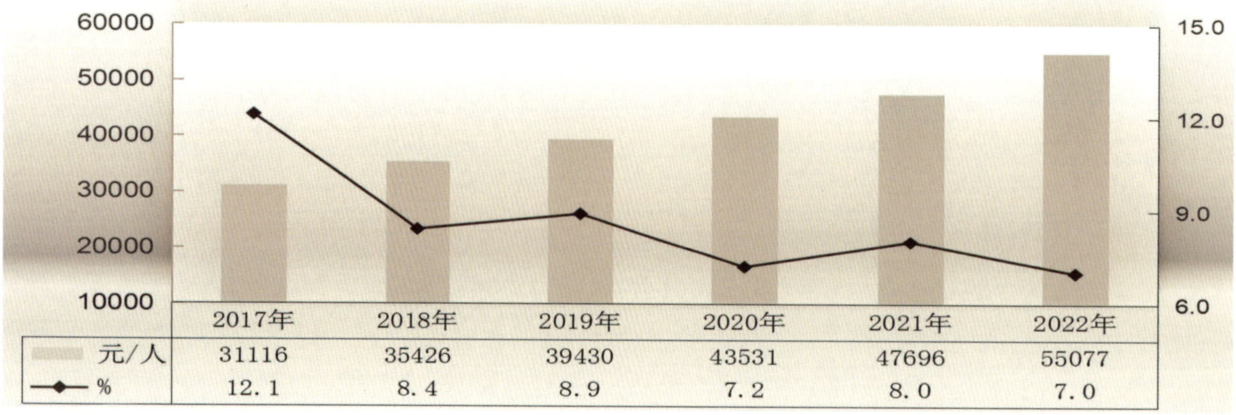

图 2　2017—2022 年彭阳县人均地区生产总值及增长速度

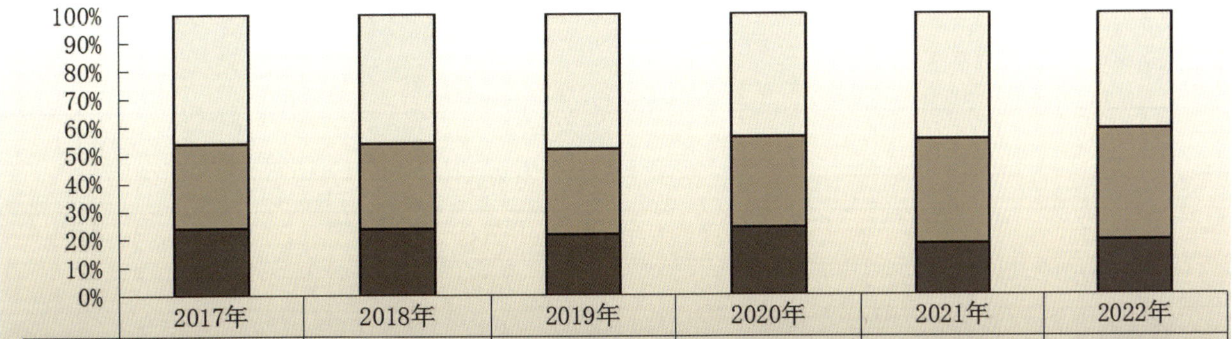

	2017年	2018年	2019年	2020年	2021年	2022年
三产(%)	45.9	45.5	48.0	43.8	44.8	41.3
二产(%)	30.2	30.0	30.3	32.2	37.0	39.6
一产(%)	23.9	23.5	21.7	24.0	18.2	19.1

图 3　2017—2022 年彭阳县生产总值三次产业构成

2022 年彭阳县地区生产总值构成及增长速度统计表

表 30

指　　标	绝对值(万元)	增长速度(%)
地区生产总值	886735	7.0
农林牧渔业	176178	4.3
工业	293725	10.3
建筑业	57419	8.9
批发和零售业	41298	1.0
交通运输、仓储和邮政业	28969	1.0
住宿和餐饮业	7593	−0.2
金融业	26734	3.4
房地产业	21083	3.1
其他服务业	233736	8.9
营利性服务业	35681	2.8
非营利性服务业	198056	10.1
第一产业	168944	4.1
第二产业	351144	10.0
第三产业	366647	6.4

2022 年彭阳县主要农林牧产品产量及增长速度统计表

表 31

指　　标	产量(吨)	比上年增长(%)
粮食作物	214002	10.0
夏收粮食	18250	−23.4
冬小麦	17850	−22.9
秋收粮食	195752	14.7
玉米	162408	9.1
薯类(折粮计算)	15944	6.7
油料合计	1776	−6.5
其中:胡麻籽	1740	−6.5
烟叶	455	1.1
药材	7201	−39.9
蔬菜	226339	0.5
瓜果类	7578	95.3
园林水果	16755	38.6
肉类总产量	21120	7.5
其中:牛肉产量	10993	4.3
猪肉产量	3533	19.1
羊肉产量	4939	5.2
禽肉产量	1655	16.5
禽蛋产量	3663	8.2

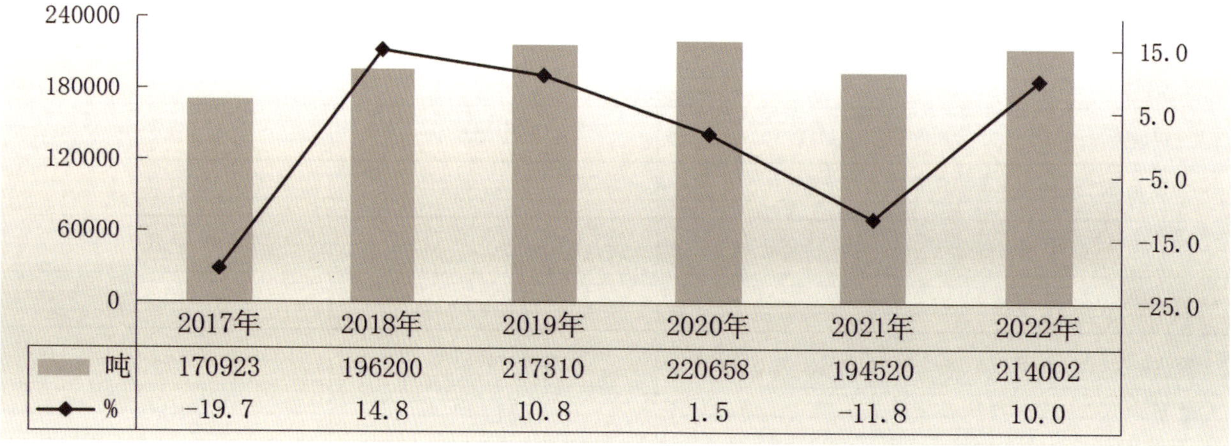

图 4　2017—2022 年彭阳县粮食产量及增长速度

2022年彭阳县全社会固定资产投资及增长速度统计表

表32

指　　标	完成额(万元)	比上年增长(%)
全社会固定资产投资完成额	422010	27.5
其中:基础设施	354612	46.1
其中:民间投资	31015	4.2
按注册类型分		
国有企业	365643	44.3
有限责任公司	17554	-27.3
私营企业	7786	-14.9
其他企业	31027	-30.0
按构成分		
建筑安装工程	406194	27.7
设备工器具购置	4748	60.7
其他费用	11068	10.6
按建设性质分		
新建	406748	27.6
扩建	101	-97.0
改建和技术改造	15161	73.1
本年施工项目个数	174	54.0

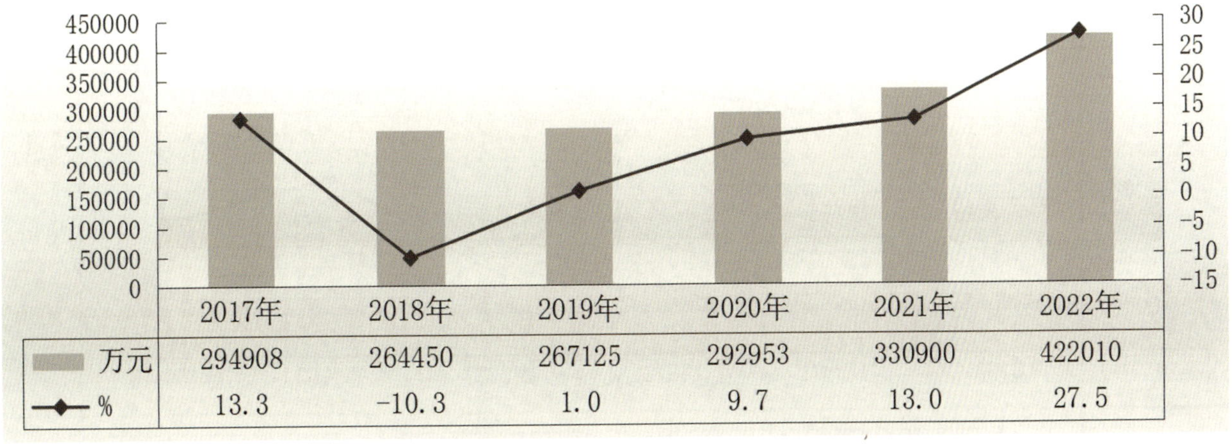

图5　2017—2022年彭阳县全社会固定资产投资及增长速度

2022年彭阳县社会消费品零售总额及增长速度统计表

表33

指　　标	完成额(万元)	比上年增长(%)
社会消费品零售总额	150411	0.2
1.按地区分:城镇	101212	1.3
乡村	49199	-2.1
2.按规模分:限额以上	27597	11.8
限额以下	122814	-2.1
3.按类型分:国有经济	332	-2.1
集体经济	1682	-2.1
私营企业	20801	1.9
个体经济	106283	-2.1
股份制经济	16081	17.0
其他各种经济	5232	-2.1
4.按行业分:批发业	48267	0.8
零售业	84150	0.2
住宿业	808	-17.2
餐饮业	17186	-0.7
5.按消费形态:商品销售	132418	0.4
餐饮收入	17993	-1.6

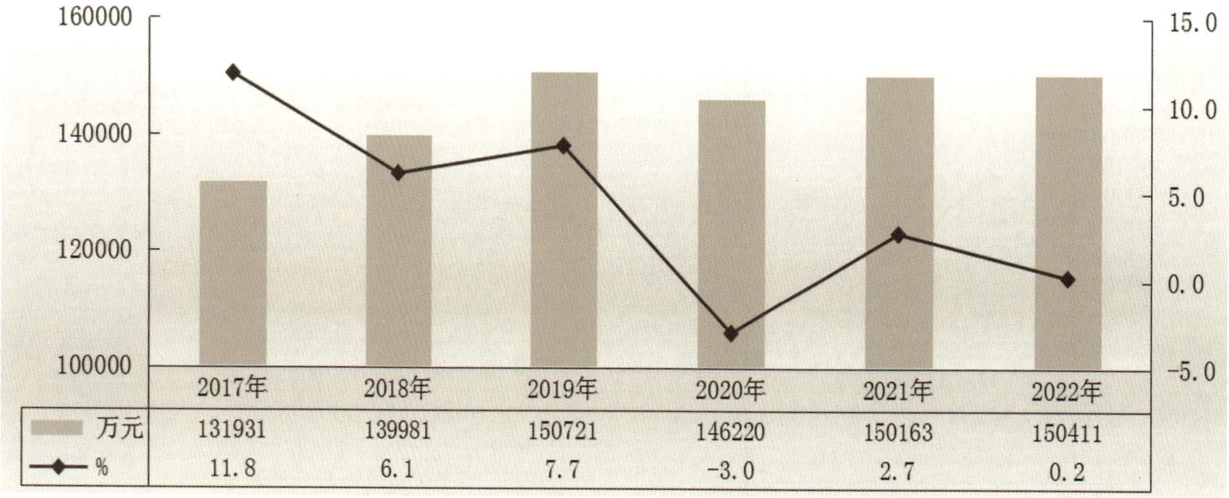

图6　2017—2022年彭阳县社会消费品零售总额及增长速度

2022 年彭阳县城乡居民人均可支配收入及增长速度统计表

表 34

指　　标	金额(元)	比上年增长(%)
城镇居民人均可支配收入	32206.6	5.9
1.工资性收入	27895.9	5.6
2.经营净收入	1278.3	5.8
3.财产净收入	964.5	3.7
4.转移净收入	2068.0	12.3
农村居民人均可支配收入	14682.3	8.6
1.工资性收入	5330.3	8.0
2.经营净收入	6747.2	8.6
第一产业经营净收入	5535.8	9.4
其中:农业	2691.8	7.7
第二产业经营净收入	0	0
第三产业经营净收入	1211.3	5.2
其中:批发和零售业	670.7	10.3
3.财产净收入	3.7	109.7
4.转移性收入	2601.1	9.9

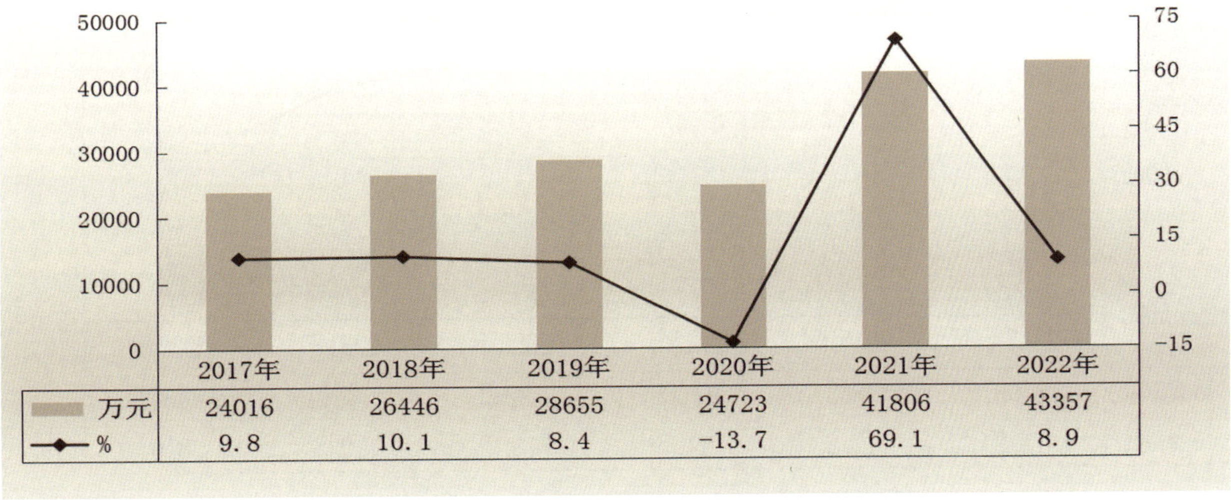

图 7　2017—2022 年彭阳县公共财政预算收入及增长速度

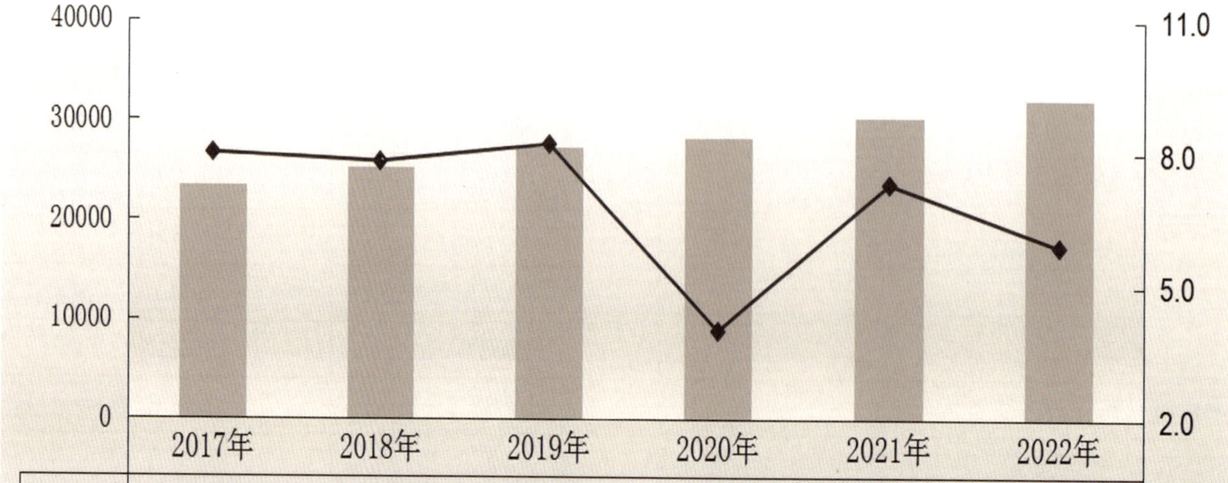

	2017年	2018年	2019年	2020年	2021年	2022年
元	23345	25166	27239	28328	30404	32207
%	8.0	7.8	8.2	4.0	7.3	5.9

图 8　2017—2022 年彭阳县城镇居民人均可支配收入及增长速度

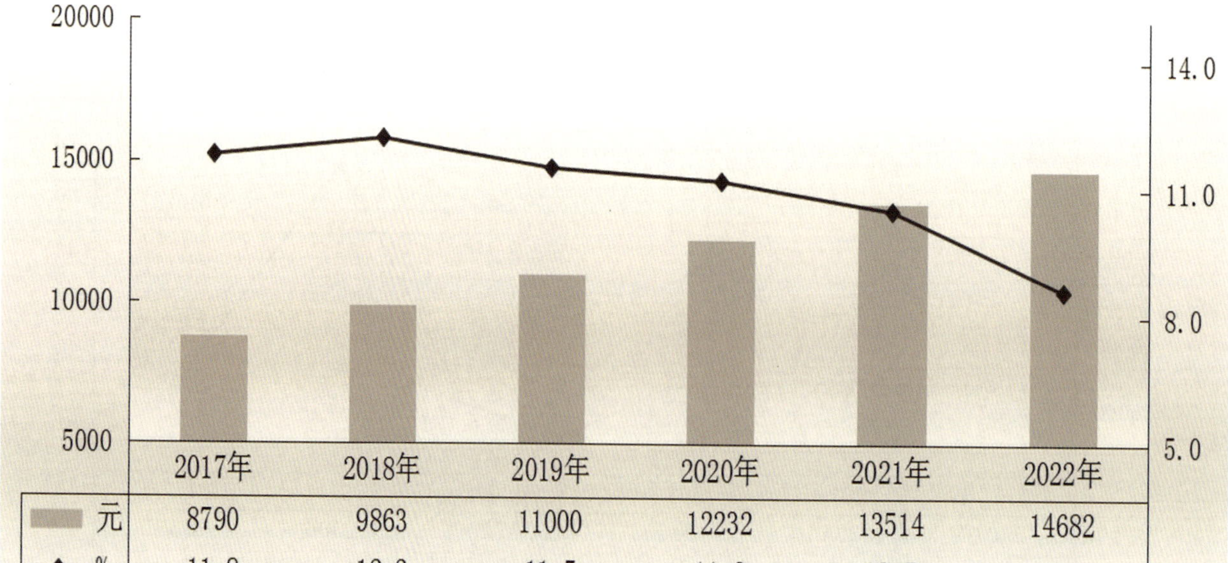

	2017年	2018年	2019年	2020年	2021年	2022年
元	8790	9863	11000	12232	13514	14682
%	11.8	12.2	11.5	11.2	10.5	8.6

图 9　2017—2022 年彭阳县农村居民人均可支配收入及增长速度

附　录

Appendices

组织机构与负责人名录

（起讫时间：2022 年 1 月—12 月）

县级领导机构成员名录

中共彭阳县委员会

书　记　　　　张永强
副书记（县长）　周　浩
副书记　　　　李　芊
常委（政府党组副书记、副县长）
　　　　　　　刘　旭
常委（统战部部长）
　　　　　　　丁志刚（回族）
常委（人武部部长）
　　　　　　　彭　波
常委（纪委书记、监委主任）
　　　　　　　蔡文刚
常委（宣传部部长）
　　　　　　　李双美（女）
常委（副县长）　陈振能（挂职）
常委（政法委书记）
　　　　　　　安续堂
常委（副县长）　高云霞（女，回族）
　　　　　　　荆瑞芳（挂职，任至 4 月）
　　　　　　　刘洪涛（挂职，4 月任职）
常委（组织部部长）
　　　　　　　张利军（任至 8 月）
　　　　　　　刘　瑾（9 月任职）

彭阳县人民代表大会常务委员会

党组书记、主任　何少庸
党组副书记、副主任
　　　　　　　王志会
副主任　　　　王　儒
党组成员、副主任
　　　　　　　马素贵（回族）
　　　　　　　陈宗惠

彭阳县人民政府

党组书记、县长　周　浩
党组副书记、副县长
　　　　　　　刘　旭

副县长　陈振能（挂职）
高云霞（女，回族）
荆瑞芳（挂职，任至4月）
刘洪涛（挂职，4月任职）
张　学（任至6月）
戴小维（6月任职）
王继讲（任至8月）
张国仁
杨　志（8月任职）
范忠于

政协彭阳县委员会

党组书记、主席　马文山（回族）
党组副书记、副主席
赵　坤
党组成员、副主席　文珍珠（女）
副主席　杨世福
党组成员、秘书长　刘世锋

中国共产党纪律检查委员会（监察委员会）

纪委书记、监委主任
蔡文刚

彭阳县人民法院

党组书记、院长
孙有平

彭阳县人民检察院

党组书记、检察长
王东强

彭阳县人武部

部　长　彭　波

王洼产业园区管理委员会

主　任　马文生

县委工作部门

中共彭阳县委办公室
（县委督查室、保密办〈保密局〉、机要局、档案局）

主　任　余长会
副主任　虎　富
高泽民（任至11月）
王　文
雷　霏
县委督查室
主　任　王　文
保密委员会办公室（县国家保密局）
主任（局长）　余长会
副主任（副局长）　高泽民（任至11月）
机要局
局　长　高泽民（任至11月）
档案局（档案馆）
局　长　余长会
副局长　张　琦（任至5月）
馆　长　马继祥（5月任职）

组织部
（县直机关工委、县委老干部局、县公务员局）

部　长　张利军（任至8月）
刘　瑾（9月任职）
副部长　张生录
余小龙（任至10月）

张启元
县直机关工委
书 记　张利军(任至 8 月)
　　　　刘 瑾(9 月任职)
常务副书记　张生录
非公有制经济和社会组织工委
书 记　张启元
副书记　韩 瑜
党员电化教育中心
主 任　张 明
老干部局
局 长　张生录
离退休干部工委
书 记　张生录
专职副书记　何国功
关工委办公室
主 任　张 明
公务员局
局 长　张生录

宣传部
(文明办、新闻出版局)

部 长　李双美
副部长　安振杰
　　　　王 霖
文明办
主 任　安振杰
副主任　王 宇
新闻出版局
局 长　安振杰

统一战线工作部
(民族宗教事务局、县政府侨务办公室、县委港澳台工作办公室〈县政府港澳台事务办公室〉)

部 长　丁志刚(回族)
副部长　剡成龙(回族)
　　　　高志涛
　　　　海文春(回族)
　　　　张 勇(回族)
民族宗教事务局、县政府侨务办公室、县委港澳台工作办公室(县政府港澳台事务办公室)
局长(主任)　剡成龙(回族)

政法委员会

书 记　安续堂
副书记　张 学(任至 6 月)
　　　　戴小维(6 月任职)
　　　　孙有平
　　　　王东强
　　　　剡成龙(回族)
　　　　赵银汉
　　　　晁海军
　　　　史学文

政策研究室

主 任　王凤海
副主任　黄 勇

网络安全和信息化委员会办公室
(县互联网信息办公室)

主 任　李 剑
副主任　王雪晶(女,回族)

机构编制委员会办公室
(县事业单位登记管理局)

主 任　虎俭斌
副主任　杨 新
　　　　王晓霞(女)

中共彭阳县委巡察工作领导小组办公室

主　任　　张　娟(女,任至1月)
　　　　　张晓东(1月任职)
副主任　　张　斌
巡察组
副组长　　台平虎
　　　　　刘永明(任至5月)
　　　　　马德仁(回族,5月任职)

党校(行政学校)

校　长　　李　芊
常务副校长、行政学校校长
　　　　　王宏东
副校长　　董　彦
　　　　　米占国

党史和地方志研究室

主　任　　杨占辉
副主任　　苟丽红(女,任至6月)
　　　　　杨彦彬(6月任职)

融媒体中心(广播电视台)

主　任　　杨万库
副主任　　杨彦彬(任至6月)
　　　　　刘喜臣
　　　　　张彩云(6月任职)
广播电视台
台　长　　杨万库

县人大常委会机关

机关党组书记、办公室主任
　　　　　张建荣
机关党组副书记、办公室副主任
　　　　　韩春东(任至6月)
办公室副主任
　　　　　张欢欢(女,6月任职)
党组成员、财政经济工作委员会
主　任　　李　伟
党组成员、法制工作委员会
主　任　　李佐江
党组成员、教科文卫工作委员会
主　任　　李　龙
党组成员、代表联络和选举工作委员会
主　任　　王效雄

县政协机关

机关党组书记、办公室主任
　　　　　刘世锋
机关党组副书记、办公室副主任
　　　　　剡晓明
机关党组成员、提案和委员联络委员会
主　任　　余在德
机关党组成员、经济委员会
主　任　　王志成
机关党组成员、教科文卫体委员会
主　任　　杜占山
机关党组成员、社会治理委员会
主　任　　韩星明

纪委监委机关

纪委书记　蔡文刚
纪委副书记
　　虎佑峰(任至7月)
　　杨廷财(7月任职)
　　张庚红(7月任职)
纪委常委　张晓东
　　杨剑锋
　　马存林(回族)
　　虎小慧(女)
监委主任　蔡文刚
监委副主任
　　虎佑峰(任至7月)
　　杨廷财(7月任职)
　　张庚红(7月任职)
监委委员　马存林(回族)
　　杨剑锋
　　马启峰(回族)
　　张彦春(5—10月任职)
办公室(宣教政研室)
主　任　虎小慧(女)
党风政风监督室
主　任　张　婧(女,任至5月)
　　褚映红(女,5月任职)
信访室
主　任　杨慧贞(女,任至5月)
　　马若玉(女,回族,5月任职)
案件监督管理室
主　任　马存林(回族)
第一纪检监察室
主　任　马爱琴(女,回族,任至5月)
　　张彦春(5—10月任职)
第二纪检监察室
主　任　马启峰(回族)
案件审理室
主　任　杨剑锋
派驻纪检监察组
第一纪检监察组
组　长　马　晶(女,回族)
第二纪检监察组
组　长　李亚茹(女,任至10月)
第三纪检监察组
组　长　伏小明
第四纪检监察组
组　长　刘　戈(女)
第五纪检监察组
组　长　褚映红(女,任至5月)
　　杨慧贞(女,5月任职)
第六纪检监察组
组　长　鲁　东
第七纪检监察组
组　长　张向玲(女)
第八纪检监察组
组　长　王　丽(女)
第九纪检监察组
组　长　沙彦秀(女,回族)

法　院

党组书记、院长
　　孙有平
党组副书记、副院长
　　武应龙
党组成员、副院长
　　米占廷
党组成员、派驻第八纪检监察组组长
　　王　丽(女)

审委会专职委员
　　高俊龙
立案庭(诉讼服务中心)
庭　长　　刘具文(2月任职)
刑事审判庭
庭　长　　杨占川
综合审判庭
庭　长　　宽富平(2月任职)
执行局
局　长　　查　安(回族)
审管办
主　任　　海　文(回族,2月任职)
政治部
主　任　　张卫宁
综合办公室
主　任　　孙彦龙
司法警察大队
大队长　　海玉安(回族,任至6月)
大队长　　马凤虎(回族,6月任职)
草庙法庭
庭　长　　曹海波(6月任职)
王洼法庭
庭　长　　韩治国(6月任职)

检察院

党组书记、检察长
　　王东强
党组副书记、副检察长
　　秦　春(回族)
党组成员、副检察长
　　刘　广(任至8月)
　　陈永明(8月任职)
党组成员、派驻第九纪检监察组组长
　　沙彦秀(女,回族)
检委会专职委员
　　梁向坤(任至8月)
　　杨志永
办公室
主　任　　黄立华(女)
党组成员、第一检察部
主　任　　张庚红(任至7月)
　　　　　高春琴(女,7月任职)
第二检察部
主　任　　王文军(8月任职)
第三检察部
主　任　　刘　镯(女)
政治部
主　任　　王向丽(女,7月任职)

县政府工作部门

政府办公室
(信访局、政府督查室、政府外事办公室、政务公开办公室)

机关党组书记、主任
　　孙有亮
机关党组成员、副主任
　　陈冬川(挂职)
　　马　福
　　祁久文
　　杨瑞昇(任至7月)
　　惠泽仁(11月任职)
政府督查室

主　任　　孙有亮

信访局

局　长　　马　福(回族)

网络信息中心

主　任　　王　雄

政务公开办公室

主　任　　孙有亮

发展和改革局
（粮食和物资储备局、工业信息化和商务局、投资促进服务中心）

党组书记　马文生(任至6月)

　　　　　姚世平(6月任职)

局　长　　马文生(任至6月)

　　　　　余昊东(8月任职)

副局长　　惠忠民

　　　　　赵锦华(女)

　　　　　张志禄

投资促进服务中心

主　任　　祁　玉(女)

副主任　　杨巨强

　　　　　王三军

　　　　　牛彩羽(女)

石油产业发展服务中心

主　任　　何万兵

教育体育局
（县人民政府教育督导室）

工委(党组)书记、局长

　　　　　贺永顺

工委专职副书记、党组成员

　　　　　火占宝(任至1月)

　　　　　韩广新(5月任职)

工委委员、党组成员、副局长

　　　　　杨田仓

　　　　　王兴旺

　　　　　王克勇(6月任职)

党组成员、纪委监委派驻第六纪检监察组组长

　　　　　鲁　东

县人民政府教育督导委员会办公室

主　任　　贺永顺

副主任　　李世权

科技局

党组书记、局长

　　　　　刘　惠

党组成员、副局长

　　　　　苟丽红(女,6月任职)

党组成员　虎德钰(任至6月)

公安局

党委书记、局长、督察长

　　　　　张　学(任至6月)

　　　　　戴小维(6月任职)

党委副书记、政委

　　　　　张　宝

党委委员、副局长

　　　　　张彦文

　　　　　贾文怀

　　　　　杨培昌

　　　　　马贵仁(回族)

民政局

党组书记、局长

　　　　　韩治军

党组成员、副局长

　　　　　朱建鹏

　　　　　马均臻(回族)

司法局

党组书记、局长
乔　升(任至8月)
杨正虎(8月任职)
党组成员、副局长
张和凯
副局长　陈让云
党组成员　赵占雄

财政局(金融工作局)

党组(党总支)书记、局长
王永贤
党组成员、副局长
丁会林(回族)
陈效义
蔺　杰
金融工作局
局　长　王永贤
副局长　陈效义
会计核算中心
主　任　王志宏

人力资源和社会保障局

党组书记、局长
杨正虎(任至8月)
乔　升(8月任职)
党组成员、副局长
王　莉(女)
韩　乾
县劳动保障监察执法局
局　长　海立峰(回族)
县劳动人事争议仲裁院
院　长　夏　涛(女,任至10月)
就业创业和人才服务中心
主　任　虎秀乾
社会保险事业管理中心
主　任　周凤勤

自然资源局(林业和草原局)

党组书记、局长
王克祥
党组成员、副局长
王继科
岳　鹏(挂职,任至5月)
余昊东(1—8月任职)
赵慧芳(女,6月任职)
海力立(8月任职)
林业和草原局
局　长　王克祥
不动产确权登记中心
主　任　张世杰
草原工作站
站　长　杨彦军

住房和城乡建设局
(城市管理综合执法局、人民防空办公室)

党组书记、局长、防空办主任
景德镇
党组成员、副局长
黄金智
马爱琴(女,回族,5月任职)
买吉财(回族,任至8月)
任正坤(任至10月)
副局长　颜建平(挂职,1月任职)

交通运输局

党组(党总支)书记、局长
杨昌基

党组成员、副局长
　　祁士龙（任至8月）
　　袁治栋
　　贺永乾（6月任职）
　　虎佑峰（8月任职）
副局长　杨国禄（挂职，6月任职）
农村公路建设管理中心
主　任　李俊文（任至8月）
　　孙　磊（8月任职）
公路管理段
党支部书记
　　张旭清
段　长　杨桂霞（女，任至8月）
　　李俊文（8月任职）
交通运输综合执法大队
大队长　刘　慧

水务局

局　长　张志科（1月任职）
党组书记、副局长
　　马宏芳（女，回族，1月任职）
党组成员、副局长
　　常富礼
　　孟成才（任至4月）
水土保持工作站
站　长　晁永福
水利服务中心
主　任　梁生蕃（任至4月）
　　吴进财（6月任职）

农业农村局

党组书记、局长
　　曹建刚
副局长　吴生勤（任至1月）
　　李　云（任至6月）
　　马玉星（回族）
　　陈宏璋（8月任职）
　　谈志斌（11月任职）
农业机械化推广服务中心（农机安全监理站）
主　任　谈志斌（任至11月）
　　韩广卿（11月任职）
农村合作经济经营管理站
站　长　胡长青
蔬菜产业发展服务中心
主　任　陈德明
农业综合开发服务中心
党支部书记、主任
　　王　利（任至5月）
　　杨生蕃（5月任职）

文化旅游广电局（文物局）

党组书记、局长
　　韩文涛
党组成员、副局长
　　马宏芳（女，回族，任至1月）
　　刘克效（任至5月）
　　李　凡（女，5月任职）
　　甄长青（5月任职）
文物局
局　长　韩文涛

卫生健康局

党组书记、局长
　　郭耀武
党组成员、副局长
　　时彩武（女）
　　党孝奇
　　米克仕
县疾病预防控制中心
主　任　周　勇

县人民医院
院　长　　高　勇
县中医医院
院　长　　张俊秀（女）
县妇幼保健院
院　长　　冯秀梅（女）

退役军人事务局

党组书记、局长
　　　　　马　福（回族，任至1月）
　　　　　火占宝（1月任职）
党组成员、副局长
　　　　　郭　伟
党组成员、退役军人服务中心
主　任　　张　涛（回族）

应急管理局

党委书记、局长
　　　　　吴生勤（1月任职）
党委委员、副局长
　　　　　兰振禧（回族）
　　　　　马少科（回族）
　　　　　刘克效（6月任职）
地震局
党支部书记
　　　　　宋克武
局　长　　王克岳
消防救援大队
大队长　　代建立
教导员　　魏礼全（任至3月）
　　　　　连　龙（3月任职）
中队长　　高　雄（任至3月）
　　　　　秦瑞伸（3月任职）
政治指导员
　　　　　常秋阳

审计局

党组书记、局长
　　　　　罗会云（女）
党组成员、副局长
　　　　　惠彬琴（女）
副局长　　袁治贤（任至11月）

市场监督管理局

党组书记、局长
　　　　　白云鹏
副局长　　虎志忠（任至5月）
　　　　　李　云（5月任职）
　　　　　海　鹏（回族）
　　　　　李占琪

统计局

党组书记、局长
　　　　　冯天生
党组成员、副局长
　　　　　任三敬

乡村振兴局

党组书记、局长
　　　　　袁　仁
党组成员、副局长
　　　　　袁志清（任至5月）
　　　　　马德仁（回族，任至5月）
　　　　　马科龙（回族，5月任职）
　　　　　张正武（12月任职）
　　　　　张秉强
乡村振兴服务中心
主　任　　张正武（任至12月）
　　　　　黄彦贵（12月任职）

医疗保障局

党组书记、局长
海立平(回族)
党组成员、副局长
张金霞(女)
医疗保险服务中心
主　任　李鸿奎

审批服务管理局

党组书记、局长
杨如芝
党组成员、副局长
张宁霞(女)
姬文军(回族)
政务服务中心
主　任　张文忠

机关事务服务中心

主　任　张明山
副主任　王克文
杨　伟

王洼产业园区管理委员会

工委书记　周　浩
工委副书记、主任
马文生
工委副书记、纪委书记、副主任
张明山(任至5月)
副主任　杜玉斌(8月任职)
综合办公室(党工委办公室)
主　任　杜玉斌(任至8月)
副主任　王克勇(任至6月)
李东升(8月任职)
规划建设与审批服务局
局　长　马成智(回族)
副局长　白展瑞
经济发展局
局　长　张志政
安全环保管理局
局　长　杨存祥

群众团体

总工会

党组书记、主席
王志会
党组副书记、副主席
马文智(回族)
党组成员、副主席
赵志武
党组成员　杨晓琴(女)
经费审查委员会
主　任　杨晓琴(女)

团县委

书　记　谭成帅(任至10月)
副书记　杨立慧(女)

妇女联合会

党组书记、主席

职晓霞（女）

党组成员、副主席

李　凡（女，任至5月）

伏亚妮（女，5月任职）

工商业联合会

党组书记、副主席、商会副会长

张　勇（回族）

党组成员、副主席、商会副会长

王生林

伊斯兰教协会

会　长　海玉满（回族）

副会长　海向武（回族）

马国斌（回族）

残疾人联合会

理事长　姬志珍（回族）

副理事长　李维春（任至5月）

李　静（5月任职）

科学技术协会

主　席　文珍珠（女，任至1月）

张　娟（女，1月任职）

副主席　虎　威

文学艺术界联合会

主　席　林生库

副主席　李　扬（女）

红十字会

常务副会长

高　勇

副会长、秘书长

杨登凯

驻县单位

国家税务总局彭阳县税务局

党委书记、局长

马红军（回族）

副局长　张启程（任至8月）

周光靖

王国海

王元元

纪检组组长　杨显东

中国人民银行彭阳县支行

党组书记、行长

陶　勇

副行长、工会主席

赵　博

副行长、纪检组组长

刘　燧（任至2月）

吴永强（3月任职）

中国建设银行股份有限公司彭阳支行

党支部书记、行长

王维一（任至6月）

贾立庭（6月任职）

党支部副书记

王　柱

副行长　徐荣荣（女）

杨晓东

中国农业银行股份有限公司彭阳支行

行　长　杨海滨（回族）
副行长　陈淑环（女，挂职）
　　　　海建梅（女，回族）
　　　　张海健
　　　　宋政毅（9月任职）
纪委书记　高　湧（回族）

宁夏彭阳农村商业银行股份有限公司

董事长　王玉君
行　长　段亚斌（回族）
监事长　郭建平
纪委书记　侯慧东
副行长　王　赟
　　　　徐万平

中国工商银行彭阳支行

行　长　牛雅玮
副行长　刘　渊

中国邮政储蓄银行彭阳县支行

行　长　毛国顺（任至2月）
　　　　陈利雄（2月任职）
副行长　李　宽（任至2月）

贺兰山村镇银行

董事长　唐国庆
行　长　雷立斌
副行长　庞克锋
　　　　祁占全
监事长　朱　广

宁夏银行

行　长　田跃川
副行长　祁　力

国网彭阳县供电公司

党总支书记
　　　　付成英
经　理　穆宏帅
副经理　司小雄
副经理、工会主席
　　　　杨铠华

固原市生态环境局彭阳分局

局　长　虎　攀
副局长　王应鹏（任至4月）
　　　　任　魏（4月任职）
执法大队
队　长　张银付

中国电信股份有限公司彭阳分公司

总经理　安剑炜
副书记　金　旗（回族，10月任职）
副总经理　张　翔（任至3月）
　　　　张　博

中国邮政集团有限公司彭阳县分公司

经　理　王永锋
副经理　申恩洋

烟草专卖局

局长（经理）
　　　　张　刚（任至5月）

崔　楠（5月任职）
副局长　李　勇（任至4月）
何海龙（4月任职）
副经理　赵文云（女）

社会经济调查队

队　长　杨汉邦
副队长　海平燕（女，回族）

中国人民财产保险股份有限公司

彭阳支公司
经　理　张旭升（任至9月）
刘俊国（9月任职）
副经理　张卫东

中国人寿保险股份有限公司彭阳支公司

经　理　杜学峰（回族）

中国移动通信集团宁夏有限公司彭阳县分公司

经　理　王新文（任至12月）
张泽文（12月任职）

中国联合网络通信有限公司彭阳县分公司

经　理　祁天刚（任至1月）
杨　亮（1月任职）

宁夏广播电视台彭阳转播台

台　长　马彦峰（任至5月）
副台长　王满祥（任至5月）
焦双亮（5月任职）

新华书店

副经理　李　东

固原市住房公积金管理中心彭阳管理部

主　任　伏永斌

宁夏广播电视网络有限公司彭阳分公司

总经理　张建贵
副总经理　吴　麟
总经理助理
扈广鹏

供销社

党总支书记
张生忠
主　任　黄彦忠
副主任　邓志儒
杨化军
监事会主任
张生忠
工会主席　火起红

烟叶公司

党支部书记
吴富祥（任至5月）
张和先（5月任职）
总经理　张和先

宁夏王洼煤业有限公司

党委书记、执行董事、总经理
叶力进
党委副书记、副总经理
欧朝阳（任至8月）
王　强（8月任职）

乡　　镇

白阳镇

党委书记　陈伯洲
党委副书记、镇长
　　　薛　强
党委委员、人大主席
　　　杨廷财(任至6月)
　　　祁士龙(6月任职)

古城镇

党委书记　高应广
党委副书记、镇长
　　　文小荣
党委委员、人大主席
　　　姬秀金(回族)

王洼镇

党委书记　祁　涛
党委副书记、镇长
　　　薛　凯
党委委员、人大主席
　　　马继祥(回族,任至5月)
　　　张　锐(5月任职)

红河镇

党委书记　王生东
党委副书记、镇长
　　　杨国儒
党委委员、人大主席
　　　贺永乾(任至5月)
　　　马学武(回族,5月任职)

新集乡

党委书记
　　　马文龙(回族)
党委副书记、乡长
　　　李万斌
党委委员、人大主席
　　　何绍龙

城阳乡

党委书记　徐枫兰(女)
党委副书记、乡长
　　　姚世平(任至6月)
　　　宋来功(6月任职)
党委委员、人大主席
　　　韩广新(任至5月)
　　　郭　仁(5月任职)

草庙乡

党委书记　雅玉贵
党委副书记、乡长
　　　韩　钊
党委委员、人大主席
　　　佘春广

孟塬乡

党委书记　高文学
党委副书记、乡长
　　　宋来功(任至5月)

孟成才(5月任职)

党委委员、人大主席

杨　慧(女)

冯庄乡

党委书记

陈彩云(女)

党委副书记、乡长

张耀辉

党委委员、人大主席

安海斌

小岔乡

党委书记　罗金彩(女)

党委副书记、乡长

王继东

党委委员、人大主席

张　锐(任至6月)

朱建军(6月任职)

罗洼乡

党委书记　刘　库

党委副书记、乡长

王　霞(女)

党委委员、人大主席

张　翔

交岔乡

党委书记　余德明

党委副书记、乡长

杨海鹏(回族)

党委委员、人大主席

马学武(回族,任至5月)

韩春东(5月任职)

文件目录

2022年中共彭阳县委文件一览表

表35

日期	作者	文号	标题
1月6日	生态环境局	彭党发〔2022〕2号	关于呈报《彭阳县2021年度生态环境保护工作总结暨2022年工作要点》的报告
1月6日	组织部	彭党发〔2022〕3号	关于呈报彭阳县第十届人民代表大会第二次会议选举结果的报告
1月17日	组织部	彭党发〔2022〕5号	关于彭阳县中国共产党第二十次全国代表大会代表候选人推荐人选的通知
1月17日	组织部	彭党发〔2022〕6号	关于彭阳县推荐自治区第十三次党代表大会代表候选人推荐人选情况的报告
1月28日	党学办	彭党发〔2022〕8号	关于呈报《彭阳县委常委会党史学习教育专题民主生活会情况报告》的报告
1月30日	县委办	彭党发〔2022〕9号	关于呈报《彭阳县2021年县级领导请销假制度执行情况》的报告
2月11日	组织部	彭党发〔2022〕11号	关于推荐公务员职级晋升考察人选的报告
2月26日	司法局	彭党发〔2022〕13号	关于呈报《彭阳县人民政府2021年法治政府建设情况》的报告
3月2日	县委农办	彭党发〔2022〕15号	关于《彭阳县全面推进乡村振兴重点工作实施方案》的通知
3月8日	人社局	彭党发〔2022〕16号	关于彭阳县2022年度拟开展评比达标表彰活动项目的请示
3月9日	发改局	彭党发〔2022〕17号	关于呈报《市委涉粮食领域整改》的报告
3月11日	组织部	彭党发〔2022〕18号	关于推荐第十三届自治区党委委员候补委员候选人初步人选的报告
4月14日	县委办	彭党发〔2022〕20号	关于自治区党委第十二轮巡视整改情况报告
5月7日	发改局	彭党发〔2022〕22号	关于呈报《中共彭阳县委涉粮领域巡察整改进展情况》的报告
5月16日	农业农村局	彭党发〔2022〕23号	关于呈报《2022年彭阳县扶持壮大村集体经济实施方案》的报告
5月12日	县委办	彭党发〔2022〕24号	关于印发效能目标管理考核情况的决定
5月27日	纪委监委	彭党发〔2022〕25号	关于呈报《彭阳县全面从严治党三个清单》的报告
6月1日	县委办	彭党发〔2022〕26号	中共彭阳县委 彭阳县人民政府关于对买吉财等147名同志嘉奖袁晓娟等14名同志记三等功的决定
6月8日	宣传部	彭党发〔2022〕27号	关于成立姚河源遗址管理机构的请示
6月17日	县委办	彭党发〔2022〕28号	关于深入学习宣传贯彻自治区第十三次党代会精神的通知
6月20日	县委办	彭党发〔2022〕29号	中共彭阳县委员会关于转发《自治区党委关于印发自治区第十三次党代会报告的通知》的通知
6月20日	组织部	彭党发〔2022〕30号	彭阳县城阳乡长城村推动组织振兴建设红色美丽村庄项目综合评估报告
6月24日	文广局	彭党发〔2022〕31号	中共彭阳县委员会关于宁夏彭阳红梅杏开园节暨六盘山特色农产品线上线下展销活动的请示

续表 35

日期	作者	文号	标题
7月2日	组织部	彭党发〔2022〕33号	关于呈报《在编不在岗专项整治工作总结》的报告
7月2日	县委办	彭党发〔2022〕34号	关于恳请自治区党委组织部选派挂职干部的请示
7月2日	政府办	彭党发〔2022〕35号	关于网上有关彭阳县滑坡敏感性研究论文涉及相关问题的报告
7月18日	组织部	彭党发〔2022〕36号	关于推荐公务员职级晋升考察人选的报告
7月17日	政协办	彭党发〔2022〕37号	关于印发《关于明确政协协商于党委政府决策之前和决策实施之中事项的实施意见》的通知
7月18日	政府办	彭党发〔2022〕38号	关于宁夏王洼煤业有限公司矿井水害防治情况的报告
8月10日	县委办	彭党发〔2022〕39号	关于增设姚河塬遗址管理机构的请示
8月12日	政府办	彭党发〔2022〕40号	关于彭阳县“8·10”故意伤害案犯罪嫌疑人自杀事故的报告
8月14日	政府办	彭党发〔2022〕41号	关于彭阳县“8·10”故意伤害案犯罪嫌疑人自杀事故的报告（续报）
8月15日	宣传部	彭党发〔2022〕42号	中共彭阳县委员会关于印发《关于广泛开展习近平总书记视察宁夏重要讲话精神和重要指示批示精神“大学习、大讨论、大宣传、大实践”的活动方案》的通知
8月15日	县委办	彭党发〔2022〕43号	中共彭阳县委员会关于中共彭阳县第九届委员会第三次全体会议情况的报告
8月16日	组织部	彭党发〔2022〕44号	关于推荐公务员职级晋升考察人选的报告
8月26日	生态环境局	彭党发〔2022〕46号	关于呈报《彭阳县2021年度污染防治攻坚战成效考核自评报告》的报告
9月2日	组织部	彭党发〔2022〕47号	中共彭阳县委 县人民政府关于印发《彭阳县推进新时代人才强县建设若干措施》的通知
9月2日	审计局	彭党发〔2022〕48号	关于增设县委审计委员会副主任的通知
9月8日	教体局	彭党发〔2022〕49号	关于表彰教育体育工作先进集体先进个人的决定
11月8日	人社局	彭党发〔2022〕51号	关于彭阳县2023年度开展评比表彰项目的请示
11月11日	县委办	彭党发〔2022〕52号	关于印发《中共彭阳县委员会关于学习宣传贯彻党的二十大精神的实施方案》的通知
12月5日	组织部	彭党发〔2022〕54号	关于推荐固原市第五届人民代表大会代表候选人的通知
12月22日	市监督局	彭党发〔2022〕57号	关于呈报《彭阳县2022年食品安全监督管理工作总结》的报告
12月23日	组织部	彭党发〔2022〕58号	关于推荐公务员职务职级晋升考察人选的报告
12月25日	组织部	彭党发〔2022〕59号	关于成立彭阳县第十届人民代表大会第三次会议政协彭阳县第十届委员会第二次会议临时党组织的通知
12月25日	组织部	彭党发〔2022〕60号	中共彭阳县委员会关于追授郭明同志“全县优秀共产党员”称号的决定
12月27日	宣传部	彭党发〔2022〕61号	中共彭阳县委员会关于2022年意识形态工作责任制落实情况的报告
12月27日	宣传部	彭党发〔2022〕62号	关于呈报《彭阳县2022年宣传思想文化工作总结及2023年工作打算》的报告

2022年中共彭阳县委办公室发文一览表

表36

日 期	作 者	文 号	标 题
1月14日	县委办	彭党办发〔2022〕2号	关于召开中共彭阳县第九届委员会第二次全体会议的通知
1月15日	司法局	彭党办发〔2022〕3号	关于印发《彭阳县法治政府建设任务清单(2022—2025年)》的通知
1月20日	民政局	彭党办发〔2022〕4号	关于印发《彭阳县2022年两节慰问困难群众救助工作方案》的通知
1月28日	纪委监委	彭党办发〔2022〕5号	关于召开九届纪律检查委员会第二次全体会议的通知
1月28日	发改局	彭党办发〔2022〕6号	关于印发《市委涉粮问题专项巡察县委政府反馈意见整改方案》的通知
1月28日	发改局	彭党办发〔2022〕7号	关于印发《彭阳县推进工业经济高质量发展实施方案》的通知
1月28日	发改局	彭党办发〔2022〕8号	关于调整彭阳县县级领导包抓重点企业责任清单的通知
1月28日	组织部	彭党办发〔2022〕9号	关于印发《彭阳县模范机关建设重点任务清单》的通知
1月29日	发改局	彭党办发〔2022〕11号	关于印发《彭阳县2022年建设项目责任清单》的通知
2月8日	纪委监委	彭党办发〔2022〕12号	关于印发《彭阳县2022年干部转作风重实干勇担当活动实施方案》的通知
2月9日	自然资源局	彭党办发〔2022〕13号	关于印发《彭阳县全面推行林长制实施方案》的通知
2月9日	农业农村局	彭党办发〔2022〕14号	关于印发《2022年彭阳县草畜产业高质量发展实方案》和《2022年彭阳县绿色食品产业高质量发展实施方案》的通知
2月21日	自然资源局	彭党办发〔2022〕16号	关于印发《2022年彭阳县林果产业高质量发展实施方案》的通知
2月23日	科技局	彭党办发〔2022〕17号	关于印发《2022年彭阳县中药材和食用菌产业高质量发展实施方案》的通知
2月23日	投促中心	彭党办发〔2022〕18号	关于印发《彭阳县招商引资政策若干规定》的通知
2月26日	巡察办	彭党办发〔2022〕19号	关于印发《九届县委第一轮巡察工作方案》的通知
2月28日	人社局	彭党办发〔2022〕20号	关于印发《彭阳县数据外包产业发展方案》《彭阳县促进数据外包产业发展暂行办法》的通知
3月2日	县委农办	彭党办发〔2022〕22号	关于印发《彭阳县2022年实施“四大提升行动”任务清单》的通知
3月4日	机关局	彭党办发〔2022〕23号	关于印发《彭阳县公务接待管理办法》的通知
3月8日	县委办	彭党办发〔2022〕24号	中共彭阳县委办公室　县人民政府办公室关于印发《彭阳县2022年督查检查考核工作计划》的通知
3月15日	组织部	彭党办发〔2022〕25号	关于印发《2021年度五县区党委书记和市委直属党工委书记抓基层党建工作述职评议反馈问题整改方案》的通知

续表 36

日期	作者	文号	标题
3月21日	教体局	彭党办发〔2022〕27号	印发《关于深化新时代教育督导体制机制改革的实施方案》的通知
3月22日	纪委监委	彭党办发〔2022〕28号	关于印发《2022年全县领导干部廉政警示教育周活动方案》的通知
3月25日	纪委监委	彭党办发〔2022〕29号	关于印发《市委反馈彭阳县“一把手”述责述廉评议意见整改方案》的通知
4月1日	农业农村局	彭党办发〔2022〕30号	关于印发《彭阳县农村人居环境整治提升五年行动实施方案(2021—2025)》的通知
4月2日	生态环境局	彭党办发〔2022〕31号	关于印发《党委和政府有关部门生态环境保护责任》的通知
4月8日	生态环境局	彭党办发〔2022〕32号	关于印发《彭阳县贯彻落实中央生态环境保护督察曝光典型案例整改方案》的通知
4月2日	市场监管局	彭党办发〔2022〕33号	关于印发《彭阳县创建全县食品安全示范城市》的通知
4月15日	乡村振兴局	彭党办发〔2022〕35号	关于调整2022年帮扶责任人的通知
4月20日	司法局	彭党办发〔2022〕37号	印发《关于加强社会主义法治文化建设的实施方案》的通知
4月26日	县纪委	彭党办发〔2022〕38号	中共彭阳县委办公室关于印发《2022年彭阳县全面从严治党党风廉政建设和反腐败工作主要任务分工方案》的通知
5月5日	发改局	彭党办发〔2022〕40号	关于市委涉粮领域巡察整改进展情况的通报
5月9日	住建局	彭党办发〔2022〕41号	关于开展彭阳县自建房等建筑安全隐患排查整治工作的通知
5月12日	宣传部	彭党办发〔2022〕42号	关于印发《彭阳县拓展新时代文明实践中心建设实施方案》的通知
5月13日	乡村振兴局	彭党办发〔2022〕43号	关于印发《彭阳县2021年巩固脱贫攻坚成果同乡村振兴有效衔接考核评估问题整改方案》的通知
5月11日	宣传部	彭党办发〔2022〕44号	关于印发《彭阳县创建全国文明城市“五项工作机制”》的通知
5月26日	县委办	彭党办发〔2022〕45号	中共彭阳县委办公室　县人民政府办公室关于印发《彭阳县2022年督查检查考核工作计划》的通知
5月30日	应急局	彭党办发〔2022〕46号	关于印发《彭阳县贯彻落实国务院安全生产15条硬措施和自治区进一步加强安全生产工作若干措施的实施方案》的通知
5月31日	残联	彭党办发〔2022〕48号	关于印发《关于推进新时代残疾人事业高质量发展的实施方案》的通知
6月6日	组织部	彭党办发〔2022〕49号	关于印发《彭阳县开展“在编不在岗”专项整治加强干部作风纪律建设工作方案》的通知
6月7日	生态环境局	彭党办发〔2022〕50号	关于印发《彭阳县“绿水青山就是金山银山”实践创新基地建设工作方案》的通知
6月7日	发展改革局	彭党办发〔2022〕51号	关于印发《彭阳县稳经济保增长促发展守底线政策措施》的通知
6月7日	发展改革局	彭党办发〔2022〕52号	关于印发《彭阳县2022年支持扩大消费实施方案》的通知
6月7日	住房城乡建设局	彭党办发〔2022〕53号	关于印发《彭阳县促进房地产市场平稳健康发展若干措施》的通知

续表 36

日 期	作 者	文 号	标 题
6月2日	文联	彭党办发〔2022〕54号	关于印发《彭阳县推进社会主义文艺繁荣发展实施方案》的通知
6月9日	政协办	彭党办发〔2022〕55号	关于印发《自治区党委督查调研中央和自治区党委政协工作会议精神贯彻落实情况通报问题整改方案》的通知
6月17日	组织部	彭党办发〔2022〕56号	关于印发《彭阳县乡科级及以上领导干部请假报告制度》和《彭阳县加强退出领导干部管理实施办法》的通知
6月18日	纪委监委	彭党办发〔2022〕57号	关于印发《彭阳县小微权利"监督一点通"服务平台试点应用工作实施方案》的通知
6月24日	宣传部	彭党办发〔2022〕58号	关于印发《自治区第十三次党代会精神宣讲工作方案》的通知
6月27日	发展改革局	彭党办发〔2022〕59号	关于印发《彭阳县深化要素市场配置改革重点任务责任清单》的通知
6月29日	文广局	彭党办发〔2022〕60号	关于印发《宁夏彭阳红梅杏节暨六盘山特色农产品线上先下展销活动实施方案》的通知
7月2日	人社局	彭党办发〔2022〕61号	关于印发《彭阳县事业单位管理岗位职员等级晋升实施方案》的通知
7月2日	纪委监委	彭党办发〔2022〕62号	中共彭阳县委办公室关于印发《关于加强县直部门(单位)机关纪委建设的实施方案(试行)》的通知
7月15日	政协办	彭党办发〔2022〕64号	《关于印发贯彻落实自治区党委办公厅〈关于加强和改进新时代市县政协工作的实施意见〉任务分工方案的通知》
7月15日	教体局	彭党办发〔2022〕65号	关于印发彭阳县中小学教师"县管校聘"改革实施方案的通知
7月20日	应急局	彭党办发〔2022〕66号	关于印发《彭阳县安全生产百日专项整治行动实施方案》的通知
7月21日	宣传部	彭党办发〔2022〕68号	中共彭阳县委办公室转发《中共彭阳县委宣传部、中共彭阳县委组织部关于认真组织学习〈习近平谈治国理政〉第四卷的通知》的通知
7月20日	组织部	彭党办发〔2022〕69号	关于印发《彭阳县村(社区)绩效考核实施细则(试行)》的通知
7月21日	自然资源局	彭党办发〔2022〕70号	关于印发《彭阳县关于解决不动产登记历史遗留问题的实施方案》的通知
8月2日	残联	彭党办发〔2022〕71号	关于印发《彭阳县县乡残联换届工作方案》的通知
8月2日	教体局	彭党办发〔2022〕72号	关于印发《彭阳县2022年未成年人思想道德建设检查考评工作实施方案》的通知
8月2日	宣传部	彭党办发〔2022〕73号	中共彭阳县委办公室关于印发《关于巩固拓展党史学习教育成果推动党史学习教育常态化长效化实施方案》
8月8日	县委办	彭党办发〔2022〕74号	关于印发《中共彭阳县委员会贯彻落实自治区第十三次党代会和市委五届五次全会任务分工方案》的通知
8月10日	党校	彭党办发〔2022〕75号	关于印发《彭阳县委党校行政学院办学质量评估反馈问题整改方案》的通知

续表 36

日期	作者	文号	标题
8月12日	纪委监委	彭党办发〔2022〕76号	中共彭阳县委办公室印发《关于进一步加强干部作风建设的实施方案》的通知
8月16日	乡村振兴局	彭党办发〔2022〕77号	关于印发《彭阳县2022年闽宁协作工作意见》的通知
8月19日	司法局	彭党办发〔2022〕78号	关于印发《彭阳县开展矛盾纠纷大排查大起底大化解奋战100天专项行动方案》的通知
8月26日	生态环境局	彭党办发〔2022〕79号	关于印发《彭阳县生态环境问题排查整治专项行动方案》的通知
9月2日	统战部	彭党办发〔2022〕80号	关于印发《彭阳县2022年“民族团结进步月”活动的安排》的通知
9月6日	教育体育局	彭党办发〔2022〕81号	关于印发《彭阳县第38各教师节慰问活动安排》的通知
9月6日	应急管理局	彭党办发〔2022〕82号	关于印发《彭阳县委政府和党政领导干部安全生产责任清单》的通知
9月8日	政法委	彭党办发〔2022〕83号	中共彭阳县委办公室 县人民政府办公室关于印发《党建引领基层治理“1+1+3”工作机制方案》的通知
9月23日	园区办	彭党办发〔2022〕84号	中共彭阳县委办公室 县人民政府办公室关于印发《关于加快推进彭阳县王洼产业园区体制机制改革和高质量发展的实施意见》的通知
9月29日	档案局	彭党办发〔2022〕85号	关于印发《彭阳县档案事业发展“十四五”规划》的通知
10月2日	人社局	彭党办发〔2022〕86号	关于印发《彭阳县支持劳动密集型企业发展促进稳岗就业实施方案(试行)》的通知
10月11日	宣传部	彭党办发〔2022〕87号	关于印发《彭阳县文明素养提升行动实施方案》的通知
10月11日	宣传部	彭党办发〔2022〕88号	中共彭阳县委办公室关于印发《彭阳县县级领导干部新闻报道工作实施细则》的通知
10月17日	生态环境局	彭党办发〔2022〕89号	关于印发《“十四五”彭阳县国家重点生态功能区县域生态环境质量考核工作实施方案》的通知
10月19日	团县委	彭党办发〔2022〕90号	关于印发《彭阳县共青团基层组织改革工作实施方案》的通知
10月24日	环保	彭党办发〔2022〕91号	关于印发《彭阳县贯彻落实第二轮中央环境保护督察报告整改方案》的通知
11月1日	政协办	彭党办发〔2022〕92号	关于征集2023年县政协协商计划的通知
11月7日	县委办	彭党办发〔2022〕93号	关于召开中共彭阳县第九届委员会第四次全体会议的通知
11月7日	纪委监委	彭党办发〔2022〕94号	中共彭阳县委办公室印发《关于加强新时代廉洁文化建设的实施方案》的通知
11月10日	教体局	彭党办发〔2022〕95号	关于印发《彭阳县建设黄河流域体育公共服务体系高质量发展先行区的实施方案》的通知
11月11日	宣传部	彭党办发〔2022〕96号	中共彭阳县委办公室关于印发《全县党的二十大精神宣讲工作方案》的通知
11月23日	组织部	彭党办发〔2022〕97号	彭阳县委2022年全面从严治党工作情况报告

续表 36

日期	作者	文号	标题
11月24日	政协办	彭党办发〔2022〕98号	关于印发《政协彭阳县委员会2023年协商计划》的通知
12月12日	县委办	彭党办发〔2022〕99号	关于印发《2022年度效能目标管理考核实施方案》的通知
12月22日	市场监管局	彭党办发〔2022〕100号	关于印发《建立分层分级精准防控末端发力终端见效工作机制推动食品安全属地管理责任落地落实实施方案》通知
12月26日	县委办	彭党办发〔2022〕101号	关于召开中共彭阳县委第九届委员会第五次全体会议的通知
12月28日	发展改革局	彭党办发〔2022〕102号	中共彭阳县委办公室 县人民政府办公室关于印发《彭阳县2023年重点建设项目责任清单》的通知
12月30日	县委办	彭党办发〔2022〕104号	关于做好2023年元旦春节期间有关工作的通知
12月31日	农业农村局	彭党办发〔2022〕105号	关于印发《彭阳县肉牛产业高质量发展实施方案(2023—2027年)》《彭阳县冷凉蔬菜产业高质量发展实施方案(2023—2027年)》《彭阳县特色板块产业高质量发展实施方案(2023—2027年)》的通知
12月31日	发展改革局	彭党办发〔2022〕106号	关于印发《彭阳县推进煤炭综合利用、农副产品加工、轻工纺织、数字信息产业高质量发展实施方案》《彭阳县推进文化旅游、现代物流、健康养老、电子商务产业高质量发展实施方案》的通知
12月30日	自然资源局	彭党办发〔2022〕107号	中共彭阳县委办公室关于印发《彭阳县生态经济产业高质量发展规划(2023—2017)》的通知
12月30日	自然资源局	彭党办发〔2022〕108号	中共彭阳县委办公室关于印发《彭阳县红杏子产业高质量发展规划(2023—2017)》的通知
12月30日	妇联	彭党办发〔2022〕109号	关于印发《彭阳县妇女发展规划2021—2030年》和《彭阳县儿童发展规划2021—2030年》的通知
12月30日	住建局	彭党办发〔2022〕110号	关于印发《彭阳县推动城乡建设绿色发展的实施方案》的通知
12月30日	教育体育局	彭党办发〔2022〕112号	关于印发《彭阳县实施教育质量提升行动工作方案》的通知

2022年彭阳县人民政府发文一览表

表 37

发文日期	发文文号	文件标题
1月5日	彭政发〔2022〕1号	彭阳县人民政府关于申请批准彭阳县2022年土地征收成片开发方案的请示
1月6日	彭政发〔2022〕2号	彭阳县人民政府关于呈报《彭阳县2021年水土保持规划实施情况自查报告》的报告
1月14日	彭政发〔2022〕3号	彭阳县政府落实县人大对2020年度财政预算执行和其他财政收支审计情况审议意见的报告
1月14日	彭政发〔2022〕4号	彭阳县政府落实县人大对2021年上半年财政预算执行情况的审议意见的报告

续表 37

发文日期	发文文号	文件标题
1月14日	彭政发〔2022〕5号	彭阳县政府落实县人大对2021年上半年国民经济和社会发展计划执行情况审议意见的报告
1月14日	彭政发〔2022〕6号	彭阳县政府落实县人大对国有资产管理工作审议意见的报告
1月14日	彭政发〔2022〕7号	彭阳县政府落实县人大对“七五”普法决议执行情况审议意见的报告
1月14日	彭政发〔2022〕8号	彭阳县政府落实县人大对全县公安执法规范化建设工作审议意见的报告
1月14日	彭政发〔2022〕9号	彭阳县政府落实县人大对全县就业促进工作情况审议意见的报告
1月14日	彭政发〔2022〕10号	彭阳县政府落实县人大对全县流域综合治理改造提升工作审议意见的报告
1月14日	彭政发〔2022〕11号	彭阳县政府落实县人大对全县美丽乡村建设情况审议意见
1月14日	彭政发〔2022〕12号	彭阳县政府落实县人大对医疗保障工作审议意见的报告
1月25日	彭政发〔2022〕13号	彭阳县人民政府关于分解下达2022年度水土流失治理任务的通知
1月30日	彭政发〔2022〕14号	彭阳县人民政府关于印发《彭阳县第二轮土地承包到期后再延长三十年试点工作方案》的通知
2月9日	彭政发〔2022〕15号	彭阳县人民政府　彭阳县人民武装部关于调整彭阳县2022年军地领导小组的通知
2月14日	彭政发〔2022〕16号	彭阳县人民政府关于申报彭阳县2022年高标准重点小城镇、高质量美丽宜居村庄建设项目的请示
2月15日	彭政发〔2022〕17号	彭阳县人民政府关于申请《宁夏黄河流域生态环境警示片举一反三自查问题整改台账》反馈问题整改销号的请示
2月22日	彭政发〔2022〕18号	彭阳县人民政府关于同意成立宁夏智讯市场发展有限责任公司的批复
2月24日	彭政发〔2022〕19号	彭阳县人民政府关于印发《大气污染防治和节能减排资金专项审计调查反馈问题整改方案》的通知
2月25日	彭政发〔2022〕20号	彭阳县人民政府关于彭阳县2022年第一批次城镇建设用地的请示
3月10日	彭政发〔2022〕21号	关于许可彭阳县皇甫存灸材(艾草)扶贫车间生产灸疗装置等专用配套设备的请示
3月11日	彭政发〔2022〕22号	彭阳县人民政府关于上报2022年耕地地力保护补贴面积的报告
3月14日	彭政发〔2022〕23号	彭阳县人民政府关于彭阳县2022年第一批次集体农用地转为集体建设用地的请示
3月17日	彭政发〔2022〕24号	彭阳县人民政府关于创建第二批国家文物保护利用示范区的请示
3月18日	彭政发〔2022〕25号	彭阳县人民政府关于印发《彭阳县2022年度闽宁协作资金使用方案》的通知
3月18日	彭政发〔2022〕26号	彭阳县人民政府关于印发《彭阳县2022年财政涉农资金统筹整合使用方案》的通知
3月31日	彭政发〔2022〕27号	密件
4月1日	彭政发〔2022〕28号	关于呈报《彭阳县农业面源污染治理与监督指导重点工作方案》《彭阳县农业面源污染治理与监督指导监测方案》的报告
4月8日	彭政发〔2022〕29号	彭阳县人民政府关于上报2022年粮食作物种植面积的报告
4月13日	彭政发〔2022〕30号	彭阳县人民政府关于申请建设“数字供销”先行先试示范县的请示

续表 37

发文日期	发文文号	文件标题
4月28日	彭政发〔2022〕31号	彭阳县人民政府关于颁发扶贫资产证书的通知
5月9日	彭政发〔2022〕32号	关于调整王洼产业园区用地布局的请示
5月17日	彭政发〔2022〕33号	关于困难群众救助补助资金审计问题的整改报告
5月28日	彭政发〔2022〕34号	关于彭阳县住宅专项维修资金审计问题整改情况的报告
5月30日	彭政发〔2022〕35号	关于上报彭阳县2022年中央专项彩票公益金支持欠发达革命老区乡村振兴项目申报书的报告
6月13日	彭政发〔2022〕37号	彭阳县人民政府关于彭阳县2022年第二批次城镇建设用地的请示
6月13日	彭政发〔2022〕38号	彭阳县人民政府关于彭阳县2022年第三批次城镇建设用地的请示
6月14日	彭政发〔2022〕39号	关于县人大常委会对消防工作报告审议意见办理情况的报告
6月14日	彭政发〔2022〕40号	关于对2021年度法治政府建设工作报告审议意见办理情况的报告
6月24日	彭政发〔2022〕41号	彭阳县人民政府关于宁夏(彭阳)红梅杏开园节暨六盘山特色产品线上线下展销活动启动仪式的请示
6月24日	彭政发〔2022〕42号	彭阳县人民政府关于邀请出席宁夏(彭阳)红梅杏开园节暨六盘山特色产品线上线下展销活动启动仪式的请示
6月28日	彭政发〔2022〕43号	彭阳县人民政府关于贯彻落实自治区党委生态环境保护专项督察反馈意见第四项整改任务销号备案的报告
6月29日	彭政发〔2022〕44号	彭阳县人民政府关于公布第四批县级文物保护单位的通知
7月2日	彭政发〔2022〕45号	关于网上有关彭阳县滑坡敏感性研究论文涉及相关问题的报告(区)
7月2日	彭政发〔2022〕46号	关于网上有关彭阳县滑坡敏感性研究论文涉及相关问题的报告(市)
7月14日	彭政发〔2022〕47号	关于印发《彭阳县巩固拓展脱贫攻坚成果同乡村振兴有效衔接“十四五”规划》的通知
7月28日	彭政发〔2022〕48号	2022年第二批次集体农用地转为集体建设用地的请示
8月8日	彭政发〔2022〕49号	彭阳县人民政府关于《彭阳县茹河、红河和安家川河河湖岸线保护与利用规划》的批复
8月12日	彭政发〔2022〕50号	彭阳县人民政府关于彭阳县小河流域石家峡水库工程项目建设用地的请示
8月12日	彭政发〔2022〕51号	彭阳县人民政府关于彭阳县2022年第四批次城镇建设用地的请示
8月12日	彭政发〔2022〕52号	彭阳县人民政府关于彭阳县2022年第五批次城镇建设用地的请示
8月26日	彭政发〔2022〕53号	关于呈报《宁夏回族自治区固原市彭阳县国家乡村振兴示范县创建方案》的报告
8月30日	彭政发〔2022〕54号	彭阳县人民政府关于彭阳县2022年第三批次集体农用地转为集体建设用地的请示
8月30日	彭政发〔2022〕55号	彭阳县人民政府关于彭阳县2022年第六批次城镇建设用地的请示
9月2日	彭政发〔2022〕56号	彭阳县人民政府关于呈报彭阳县2021年财政总决算的报告
9月6日	彭政发〔2022〕57号	密件
9月27日	彭政发〔2022〕59号	彭阳县人民政府关于彭阳县2022年第七批次城镇建设用地的请示

续表 37

发文日期	发文文号	文件标题
10 月 10 日	彭政发〔2022〕60 号	彭阳县人民政府关于彭阳县 2023 年第八批次城镇建设用地的请示
10 月 10 日	彭政发〔2022〕61 号	关于县城部分新建街路命名的通知
10 月 12 日	彭政发〔2022〕62 号	关于县委人大常委会议办理情况的报告
10 月 18 日	彭政发〔2022〕63 号	彭阳县人民政府关于对县人大常委会移民致富提升行动工作审议意见办理落实情况的报告
10 月 20 日	彭政发〔2022〕64 号	关于彭阳县 2023 年保障性租赁住房及棚户区改造项目财政承受能力论证情况的报告
10 月 24 日	彭政发〔2022〕65 号	彭阳县人民政府关于建设引黄入彭工程的请示
10 月 25 日	彭政发〔2022〕66 号	关于申请调整 G327、S202 彭阳县城过境段养护管理的报告
10 月 31 日	彭政发〔2022〕67 号	彭阳县人民政府关于申请固原市彭阳县王洼独立矿区县人民医院王洼分院项目自治区预算内统筹资金的请示
11 月 2 日	彭政发〔2022〕68 号	彭阳县人民政府关于呈报《彭阳县 2022 年国家重点生态功能区县域生态环境质量监测与评价考核自查报告》的报告
11 月 4 日	彭政发〔2022〕69 号	关于印发《彭阳县 2022 年度闽宁协作资金使用方案》的通知
9 月 1 日	彭政发〔2022〕70 号	彭阳县人民政府关于给予县消防救援大队记集体三等功的决定
11 月 14 日	彭政发〔2022〕71 号	彭阳县人民政府申请复查国家园林县城的报告
12 月 15 日	彭政发〔2022〕73 号	彭阳县人民政府关于呈报彭阳县 2022 年水土规划实施情况自查等报告的报告
12 月 15 日	彭政发〔2022〕74 号	彭阳县人民政府关于批准彭阳县中心城区土地级别与基准地价更新等成果的请示
12 月 17 日	彭政发〔2022〕75 号	彭阳县人民政府关于实施彭阳县姚河塬遗址保护及基础设施项目的请示
12 月 30 日	彭政发〔2022〕76 号	彭阳县人民政府　武装部关于调整征兵领导小组的通知

2022 年彭阳县人民政府办公室发文一览表

表 38

发文日期	发文字号	文件标题
1 月 14 日	彭政办发〔2022〕1 号	彭阳县人民政府办公室　中共彭阳县纪律检查委员会机关中共彭阳县委宣传部关于开展国有企业清欠专项行动工作的通知
1 月 14 日	彭政办发〔2022〕2 号	彭阳县人民政府办公室关于提高全县城乡居民基本养老保险基础养老金标准的通知
1 月 15 日	彭政办发〔2022〕3 号	彭阳县人民政府办公室关于启用王洼镇人民政府印章的通知
1 月 20 日	彭政办发〔2022〕4 号	彭阳县人民政府办公室关于印发《彭阳县开展村集体违规承包土地乱象及撂荒耕地专项整治行动工作方案》通知
1 月 25 日	彭政办发〔2022〕5 号	彭阳县人民政府办公室关于印发彭阳县地下水取水井专项治理行动实施方案的通知
1 月 28 日	彭政办发〔2022〕6 号	彭阳县人民政府办公室关于印发《彭阳县美丽茹河建设 PPP 项目绩效考核安排》的通知

续表 38

发文日期	发文字号	文件标题
1 月 29 日	彭政办发〔2022〕7 号	彭阳县人民政府办公室关于认真做好县十届人大一次会议代表议案建议和县政协十届一次会议提案办理工作的通知
1 月 29 日	彭政办发〔2022〕8 号	彭阳县人民政府办公室关于《彭阳县用水权确权结果》的通知
2 月 21 日	彭政办发〔2022〕9 号	关于成立彭阳县古城镇重点小城镇建设项目工作领导小组的通知
2 月 23 日	彭政办发〔2022〕10 号	彭阳县人民政府办公室关于提高城乡居民最低生活保障标准和城乡特困人员救助供养标准及孤儿养育津贴标准的通知
2 月 24 日	彭政办发〔2022〕11 号	关于印发《推进全县村(居)民委员会下属公共卫生委员会建设实施方案》的通知
2 月 24 日	彭政办发〔2022〕12 号	彭阳县人民政府办公室关于申请调入工作人员的报告
2 月 25 日	彭政办发〔2022〕13 号	彭阳县电子政务外网安全风险排查及整改专项工作实施方案
2 月 25 日	彭政办发〔2022〕14 号	关于《彭阳县网络信息中心公务用车制度改革实施方案》的批复
3 月 1 日	彭政办发〔2022〕15 号	彭阳县人民政府办公室 2021 年度法治政府建设工作报告
3 月 7 日	彭政办发〔2022〕16 号	关于成立彭阳县普惠金融服务乡村振兴改革试验区申创工作领导小组的通知
3 月 9 日	彭政办发〔2022〕17 号	关于印发《彭阳县城阳乡长城乔家渠、杨坪百窑古村传统村落保护工作方案的通知》
3 月 9 日	彭政办发〔2022〕18 号	关于给予朱云降低岗位等级处分的决定
3 月 9 日	彭政办发〔2022〕19 号	关于印发《2022 年彭阳县审批服务重点工作实施方案》的通知
3 月 18 日	彭政办发〔2022〕20 号	彭阳县人民政府办公室关于数字政府建设、政务公开、政府网站和政务新媒体等工作开展情况的报告
3 月 21 日	彭政办发〔2022〕21 号	关于印发《彭阳县王洼产业园区道路及排水工程项目建设用地土地及房屋等附着物征收补偿安置方案》的通知
3 月 21 日	彭政办发〔2022〕22 号	关于印发《彭阳县全域乡村旅游基础设施项目建设用地土地及房屋等附着物征收补偿安置方案》的通知
3 月 25 日	彭政办发〔2022〕23 号	彭阳县人民政府办公室关于印发彭阳县农业保险实施方案的通知
3 月 25 日	彭政办发〔2022〕24 号	彭阳县人民政府办公室关于调整县人民政府领导工作分工的通知
3 月 30 日	彭政办发〔2022〕25 号	彭阳县人民政府办公室关于印发《彭阳县全民科学素质行动规划刚要实施方案(2021—2025 年)》的通知
3 月 31 日	彭政办发〔2022〕26 号	彭阳县人民政府办公室关于印发《彭阳县引导金融机构支持全县重点产业发展的实施方案》的通知
4 月 1 日	彭政办发〔2022〕27 号	关于启用彭阳县闽宁协作工作领导小组及其办公室印章的通知
4 月 1 日	彭政办发〔2022〕28 号	关于印发《彭阳县审批前期工作标准化运作规程(试行)》的通知
4 月 13 日	彭政办发〔2022〕29 号	关于印发《彭阳县食品安全突发事件应急预案》和《彭阳县药品和医疗器械安全突发事件应急预案》的通知
4 月 13 日	彭政办发〔2022〕30 号	彭阳县人民政府办公室关于印发彭阳县王洼产业园区用水管控问题整改方案
4 月 18 日	彭政办发〔2022〕31 号	关于印发《彭阳县 2022 年农村适龄妇女“两癌”筛查工作实施方案》的通知
4 月 20 日	彭政办发〔2022〕32 号	关于印发《彭阳县 2022 年大豆价格保险实施方案》的通知

续表 38

发文日期	发文字号	文件标题
4月20日	彭政办发〔2022〕33号	关于印发《彭阳县白阳镇政府街社区等8个千人以上移民村(社区)移民致富提升行动实施方案(2021—2025)》的通知
4月22日	彭政办发〔2022〕34号	关于印发《彭阳县2022年住户调查大样本轮换实施方案》的通知
4月26日	彭政办发〔2022〕35号	彭阳县人民政府办公室关于印发《彭阳县综合治费工作方案》的通知
4月26日	彭政办发〔2022〕36号	关于印发《彭阳县人民政府领导同志2022年度安全生产重点工作责任清单》的通知
4月27日	彭政办发〔2022〕37号	彭阳县人民政府办公室关于加强彭阳县电子政务外网安全防护的通知
5月3日	彭政办发〔2022〕38号	关于开展全县自建房等建筑安全隐患排查整治工作的通知
5月5日	彭政办发〔2022〕39号	关于印发《彭阳县2022年"乡村振兴健康保"项目实施方案》的通知
5月7日	彭政办发〔2022〕40号	彭阳县人民政府办公室关于开展2022年防灾减灾周地震应急演练活动的通知
5月8日	彭政办发〔2022〕41号	彭阳县人民政府办公室关于印发《彭阳县2022年第一批购买公益性岗位安置就业实施方案》的通知
5月9日	彭政办发〔2022〕42号	彭阳县人民政府办公室关于印发《彭阳县2022年肉牛养殖"出户入园"实施方案》的通知
5月9日	彭政办发〔2022〕43号	彭阳县人民政府办公室关于印发《彭阳县外来入侵物种普查实施方案》的通知
5月16日	彭政办发〔2022〕44号	彭阳县人民政府办公室关于印发《2022年彭阳县科技赋能产业高质量发展实施方案》的通知
5月16日	彭政办发〔2022〕45号	彭阳县人民政府办公室关于印发《彭阳县住宿餐饮行业服务质量提升行动实施方案》的通知
6月13日	彭政办发〔2022〕46号	彭阳县人民政府办公室关于印发《全区汛期地址灾害防治业务专题培训班暨地质灾害应急响应演练现场会方案》的通知
6月16日	彭政办发〔2022〕47号	彭阳县人民政府办公室关于印发《彭阳县乡村振兴基金设立方案》和《彭阳县乡村振兴融资担保基金管理办法》的通知
6月16日	彭政办发〔2022〕48号	彭阳县人民政府办公室关于印发《"彭阳红梅杏"地理标志专用标志使用管理办法》的通知
6月21日	彭政办发〔2022〕49号	彭阳县人民政府办公室关于印发《彭阳县光伏帮扶项目收益分配管理办法》的通知
6月21日	彭政办发〔2022〕50号	彭阳县人民政府办公室关于成立彭阳县脱贫人口小额信贷逾期贷款清收工作领导小组的通知
6月28日	彭政办发〔2022〕51号	彭阳县人民政府办公室关于印发《彭阳县王洼矿区煤矸石综合利用规划(2022—2025)》的通知
6月29日	彭政办发〔2022〕52号	彭阳县人民政府办公室关于印发《彭阳县水资源最大刚性约束制定实施方案》的通知
6月29日	彭政办发〔2022〕53号	彭阳县人民政府办公室关于印发《彭阳县用水权收储交易及收益分配管理暂行办法的》的通知
7月8日	彭政办发〔2022〕54号	彭阳县人民政府办公室关于印发《彭阳县中小学生课后服务经费保障实施方案》的通知

续表 38

发文日期	发文字号	文件标题
6月28日	彭政办发〔2022〕55号	彭阳县人民政府办公室关于调整县人民政府领导工作分工的通知
7月14日	彭政办发〔2022〕56号	彭阳县人民政府办公室关于调整办公室主任副主任分工的通知
7月14日	彭政办发〔2022〕57号	彭阳县人民政府办公室关于调整办公室秘书及工作人员分工通知
7月15日	彭政办发〔2022〕58号	关于印发《彭阳县数据服务外包产业员工公共租赁住房租金标准》的通知
7月18日	彭政办发〔2022〕59号	关于印发《彭阳县关于坚决遏制耕地“非农化”防止耕地“非粮化”专项整治工作方案》的通知
7月25日	彭政办发〔2022〕60号	关于印发《2022年彭阳县公开招聘公办幼儿园县聘教师实施方案》的通知
7月25日	彭政办发〔2022〕61号	关于印发《彭阳县乡镇基层消防力量建设工作实施方案》的通知
7月26日	彭政办发〔2022〕62号	关于印发《彭阳县防汛抗旱应急预案方案》的通知
7月26日	彭政办发〔2022〕63号	关于印发《彭阳县开展2022年乡村建设评价工作实施方案》的通知
7月26日	彭政办发〔2022〕64号	关于印发《彭阳县国家园林县城复查实施方案》的通知
7月28日	彭政办发〔2022〕65号	关于印发《彭阳县公安局冯庄派出所迁建等项目建设用地土地及房屋等附着物征收与补偿安置实施方案》的通知》
8月9日	彭政办发〔2022〕66号	彭阳县人民政府办公室关于聘请陈让云同志担任政府法律顾问的通知
8月10日	彭政办发〔2022〕67号	彭阳县人民政府办公室关于印发《彭阳县牛羊布鲁氏菌病防治工作实施方案》的通知
8月16日	彭政办发〔2022〕68号	彭阳县人民政府办公室关于工作人员调动的报告
9月1日	彭政办发〔2022〕69号	彭阳县人民政府办公室关于调整人民政府领导工作分工的通知
9月1日	彭政办发〔2022〕70号	关于印发《彭阳县人民政府2022年度重大行政决策事项目录》的通知
9月20日	彭政办发〔2022〕71号	关于印发《彭阳县冬季清洁取暖项目实施方案》的通知
9月20日	彭政办发〔2022〕72号	彭阳县人民政府办公室关于印发《彭阳县集体土地所有权变更调查和确权登记成果更新会叫工作实施方案》的通知
10月13日	彭政办发〔2022〕73号	彭阳县人民政府办公室关于印发《彭阳县2022年闽宁协作社会帮扶资金使用方案》的通知
10月17日	彭政办发〔2022〕74号	彭阳县人民政府办公室关于调整办公室主任副主任分工的通知
10月26日	彭政办发〔2022〕75号	彭阳县人民政府办公室关于印发《彭阳县“一业一证”改革实施方案》的通知
10月26日	彭政办发〔2022〕76号	关于呈送《彭阳县人民政府办公室档案分类、文件材料归档范围和档案保管期限表三合一制度》的报告
10月27日	彭政办发〔2022〕77号	彭阳县人民政府办公室关于印发《彭阳县新集全民健身中心等项目建设用地及房屋等附着物征收与补偿安置实施方案》的通知
10月30日	彭政办发〔2022〕78号	彭阳县人民政府办公室关于成立彭阳县引黄入彭工程建设工作专组的通知
10月30日	彭政办发〔2022〕79号	彭阳县人民政府办公室关于成立彭阳县煤矿矿井水综合利用工作专组的通知
10月31日	彭政办发〔2022〕80号	彭阳县人民政府办公室关于做好第三次全国土壤普查工作的通知

续表38

发文日期	发文字号	文件标题
10月31日	彭政办发〔2022〕81号	彭阳县人民政府办公室关于印发《彭阳县全面提升"获得电力"服务水平延伸电力工程投资界面实施方案》的通知
11月4日	彭政办发〔2022〕82号	彭阳县人民政府办公室关于印发《彭阳县机关事业单位编外聘用人员薪酬实施方案(试行)》的通知
11月4日	彭政办发〔2022〕83号	彭阳县人民政府办公室关于调整政府议事协调机构小组的通知
11月8日	彭政办发〔2022〕84号	彭阳县人民政府办公室关于印发《彭阳县行政许可事项清单(2022年版)》
11月14日	彭政办发〔2022〕85号	彭阳县人民政府关于命名县级园林式小区(单位)的通知
11月28日	彭政办发〔2022〕87号	关于印发《彭阳县乡村振兴重点帮扶县相关政策落实和资金审计反馈问题整改责任清单》的通知
11月28日	彭政办发〔2022〕89号	彭阳县人民政府办公室关于印发《彭阳县重大项目前期工作经费管理暂行办法》的通知
12月5日	彭政办发〔2022〕90号	关于《彭阳县鑫卓能源科技发展有限公司固废综合资源综合利用——年产60万煤矿石蒸压加气混凝土砌块及墙板绿色产品项目用能替代方案》的报告
12月9日	彭政办发〔2022〕91号	彭阳县人民政府办公室关于印发《彭阳县组团参加自治区第十六届运动会方案》的通知
12月12日	彭政办发〔2022〕92号	彭阳县人民政府办公室关于印发《彭阳县全民健身实施计划(2021—2025年)》的通知
12月22日	彭政办发〔2022〕93号	彭阳县人民政府办公室关于印发《彭阳县县域商业体系建设实施方案》的通知
12月23日	彭政办发〔2022〕94号	彭阳县"数字政府"建设工作领导小组办公室关于呈报《彭阳县2023年数字政府建设工作计划》的报告
12月28日	彭政办发〔2022〕95号	彭阳县人民政府办公室关于新冠网民留言单办理情况的报告
12月28日	彭政办发〔2022〕96号	关于成立彭阳县鑫源汽车客运出租有限公司责任公司车辆综合检测维修中心建设项目工地务工人员高处坠落伤人事故调查组的通知

索 引
Indexes

说明：1.本索引以主题分析方法为主，按主题词首字汉语拼音字母顺序排列。

2.主题词后的数字表示内容所在的页码，数字后面的 a、b、c 表示该页码自左至右的栏别。

E

F

G

H

J

K

L

M

N

P

Q

R

S

T

Y